Segunda edição

Desenho de Moda

Segunda edição

Desenho de Moda

Técnicas de ilustração para estilistas

Michele Wesen Bryant

Tradução de Joana Canêdo

Editora Senac São Paulo – São Paulo – 2020

ADMINISTRAÇÃO REGIONAL DO SENAC NO ESTADO DE SÃO PAULO
Presidente do Conselho Regional: Abram Szajman
Diretor do Departamento Regional: Luiz Francisco de A. Salgado
Superintendente Universitário e de Desenvolvimento: Luiz Carlos Dourado

EDITORA SENAC SÃO PAULO
Conselho Editorial: Luiz Francisco de A. Salgado
　　　　　　　　　Luiz Carlos Dourado
　　　　　　　　　Darcio Sayad Maia
　　　　　　　　　Lucila Mara Sbrana Sciotti
　　　　　　　　　Luís Américo Tousi Botelho

Gerente/Publisher: Luís Américo Tousi Botelho
Coordenação Editorial: Ricardo Diana
Prospecção: Dolores Crisci Manzano
Administrativo: Verônica Pirani de Oliveira
Comercial: Aldair Novais Pereira

Edição de Texto: Maísa Kawata
Colaboradores: Ana Laura Marchi, Daniela Nunes Figueira Belichansky,
　　　　　　　Jung Eun Ro, Luz Garcia Neira Laudisio, Mitiko Kodaira Medeiros
Preparação de Texto: Rinaldo Miles
Coordenação de Revisão de Texto: Luiza Elena Luchini
Revisão de Texto: Edna Viana, Kimie Imai, Elaine Azevedo Pinto,
　　　　　　　　Luciana Baraldi, Isabela Talarico
Tradução das Atualizações: Lana Lim
Preparação de Texto das Atualizações: Janaina Lira
Editoração Eletrônica: Sandra Regina Santana

© Michele Wesen Bryant afirma que, segundo a Lei de Direitos Autorais, Desenhos e Patentes, de 1988, foi identificada como a autora deste trabalho. Tradução © 2020, Senac São Paulo.

A edição original deste livro foi projetada, produzida e publicada em 2016 pela Laurence King Publishing Ltd., Londres, sob o título Fashion Drawing Second Edition.

Proibida a reprodução sem autorização expressa.
Todos os direitos desta edição reservados à
Editora Senac São Paulo
Av. Engenheiro Eusébio Stevaux, 823 – Prédio Editora
Jurubatuba – CEP 04696-000 – São Paulo – SP
Tel. (11) 2187-4450
editora@sp.senac.br
https://www.editorasenacsp.com.br

© Editora Senac São Paulo, 2020

Dados Internacionais de Catalogação na Publicação (CIP)
(Jeane Passos de Souza – CRB 8ª/6189)

Bryant, Michele Wesen
　　Desenho de moda : técnicas de ilustração para estilistas / Michele Wesen Bryant ; tradução de Joana Canêdo e Lana Lim. – 2. ed. – São Paulo : Editora Senac São Paulo, 2020.

　　ISBN 978-65-5536-101-8 (Impresso/2020)

　　1. Desenho de Moda. 2. Desenho de moda – Técnicas 3. Estilistas de moda. 4. Moda – Criação I. Título. II. Canêdo, Joana. III. Lim, Lana.

20-1120t　　　　　　　　　　　　　　　CDD – 746.92
　　　　　　　　　　　　　　　　　　　BISAC DES005000
　　　　　　　　　　　　　　　　　　　ART010000

Índice para catálogo sistemático:

1. Desenho de moda : Técnicas de ilustração　　746.92

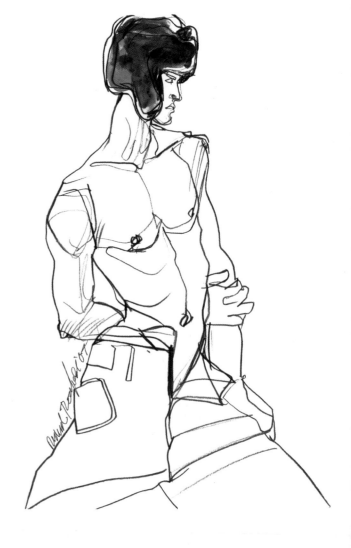

Sumário

Introdução — 7

PARTE I
COMO DESENHAR FIGURAS DE MODA — 8

Olhando para trás — 10

CAPÍTULO 1
COMO DESENHAR A MULHER — 28

Planejamento — 29
A proporção tradicional da figura de moda — 33
Equilíbrio — 40
Perspectiva — 49
Poses — 58
Ajustes — 62

CAPÍTULO 2
COMO DESENHAR O HOMEM — 68

Planejamento — 70
A proporção tradicional da figura masculina — 74
Equilíbrio — 82
Poses — 86
A figura virada — 88

CAPÍTULO 3
COMO DESENHAR CRIANÇAS E JOVENS — 94

Bebês — 97
Crianças — 102
Pré-adolescentes — 115
Adolescentes — 120

CAPÍTULO 4
CABEÇA, MÃOS E PÉS — 130

Cabeças — 132
A cabeça feminina — 134
A cabeça masculina — 150
Cabeças infantis — 155
Chapéus — 159
Mãos — 164
Pernas e pés — 168
Sapatos — 171

CAPÍTULO 5
DESENHANDO COM MODELO VIVO — 174

Para começar — 175
Princípios básicos — 179
Juntando tudo — 193

PARTE II
DETALHES DAS ROUPAS — 194

O bloco de desenhos — 198
Apresentações finalizadas — 205
Desenhos de produção — 212

CAPÍTULO 6
DETALHES BÁSICOS E SILHUETAS — 214

O desenho planificado básico dos detalhes e das silhuetas — 218
O desenho de peças básicas na figura — 225
O efeito combinado do movimento do corpo e da gravidade — 228
Glossário ilustrado de detalhes das roupas — 238

CAPÍTULO 7
DRAPEADO — 248

Princípios básicos do drapeado — 252
O desenho planificado de roupas drapeadas básicas — 254
Drapeado na figura — 255
Pregas e babados — 256
Criando com pregas — 259
O desenho planificado de roupas com pregas — 260
Pregas na figura — 262
Godês e evasês — 266

CAPÍTULO 8
ALFAIATARIA — 278

Paletós e casacos — 280
Criando peças de alfaiataria — 289
Pregas estruturadas — 294
Criando com pregas estruturadas — 299

PARTE III
TÉCNICAS DE REPRESENTAÇÃO E ACABAMENTO — 304

Para começar	306
Materiais	310
Cores	319

CAPÍTULO 9
COMO REPRESENTAR BRILHO — 324

A natureza física do brilho	327
Brilho e drapeado	328
Roupas com brilho	330
Especialização: Acessórios	340
Glossário ilustrado de tecidos com brilho	349

CAPÍTULO 10
COMO REPRESENTAR TEXTURA — 350

Texturas de tecido	353
Texturas de tecido plano	354
Texturas de malha	364
Feltro	369
Especialização: Roupas de inverno	370
Glossário ilustrado de tecidos com textura	374

CAPÍTULO 11
COMO REPRESENTAR ESTAMPAS — 376

Motivos	377
Estampas	382
Padrões com fio tinto	394
Padrões de malha	410
Especialização: Trajes de banho	414
Glossário ilustrado de tecidos estampados	416

CAPÍTULO 12
COMO REPRESENTAR TECIDOS TRANSPARENTES — 418

Princípios básicos para representar transparência	420
Especialização: Roupas íntimas	430
Glossário ilustrado da renda	435
Glossário	436
Leitura complementar	440
Fontes de pesquisa	441
Índice	444
Crédito das imagens	447
Agradecimentos	448

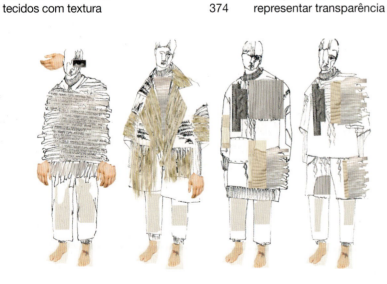

Introdução

Um desenho de moda é um pouco como um conto de fadas – uma criação imaginativa que incorpora apenas o suficiente da realidade para contar uma história convincente. Embora a tradição peça para alongar os membros e editar rigorosamente a informação visual, a mensagem-chave deste livro é a de que não há maneira certa ou errada de desenhar a moda.

Na Parte I, a investigação da proporção da figura não pretende estabelecer regras definitivas. A observação direta de modelos vivos é usada para entender a proporção e o equilíbrio da figura.

A Parte II centra-se no desenho como parte do processo de criação de roupas, mostrando como desenhar silhuetas e detalhes de construção – como os elementos virão a se combinar, é com você.

Na Parte III, apresentamos uma ampla variedade de materiais e técnicas para representar graficamente diferentes tipos de tecido; propomos exemplos com diferentes níveis de finalização, de acordo com o propósito do trabalho.

No decorrer do livro, os exemplos são acompanhados de um amplo leque de estilos de ilustração dos mais variados artistas e ilustradores. Uma estética mais inclusiva pretende encorajar uma expressão verdadeiramente criativa. O conteúdo está organizado em doze capítulos e, dependendo da sua experiência anterior e do seu interesse, pode ser lido em qualquer ordem. Apresentamos guias para desenhar as figuras de mulheres, homens e crianças, que podem ser adaptados de acordo com a sua necessidade, com o mercado específico em que você vai trabalhar ou com diferentes públicos-alvo. Tarefas adicionais conduzem a mais investigações e favorecem o desenvolvimento das habilidades. Um glossário ilustrado de detalhes de construção e de silhuetas auxiliará o desenvolvimento de um amplo vocabulário para a criação de moda. Embora o ideal seja trabalhar com amostras de verdade, a galeria fotográfica de tecidos, no final de cada capítulo da Parte III, pode ser usada para praticar a representação dos diversos tipos. Finalmente, a discussão em torno das diferentes especializações dentro do mundo da moda (também na Parte III) pode ajudar a guiar suas decisões sobre como orientar melhor seus estudos ou desenvolver um portfólio para um projeto profissional.

Nesta segunda edição, meu objetivo foi preencher as lacunas e abordar avanços recentes na indústria e no ensino. Novos exemplos são representativos dessa combinação fluida de processos manuais e digitais usados hoje em dia. A introdução para a Parte I traz novas artes históricas icônicas. Os capítulos sobre o desenho de figuras foram revisados de forma a contemplar as poses mais sutis que são preferidas atualmente na moda. A androginia e a subversão das normas de gênero – temas atuais na sociedade, que começaram a surgir primeiramente nas passarelas – também são abordadas nesses capítulos.

A Parte II foi ampliada para incluir mais exemplos e informações sobre desenhos planificados técnicos. Como muitas escolas de moda têm incentivado os alunos a integrar processos 2D e 3D em suas criações, muitos dos novos desenhos da Parte II incorporam

▲ Nesta ilustração de Laura Laine, a oposição entre a cabeleira abundante e os minúsculos pezinhos cria um ponto de vista acima da cabeça extremo, rompendo com a tradicional proporção alongada da figura de moda.

imagens fotográficas de drapeados experimentais e elementos de colagem dimensional.

Na Parte III, os capítulos foram reordenados e ampliados para incluir malharias. O Capítulo 10, agora intitulado "Como representar texturas", traz representações de tecidos como brim, peles falsas e feltro. O Capítulo 11, agora intitulado "Como representar padrões", engloba tecidos estampados, malharia e tecelagem, além de uma nova especialização em trajes de banho.

Tenho a satisfação de incluir o trabalho de alunos talentosos que conheci nos anos após a publicação da primeira edição. Seus desenhos de moda são baseados em um ponto de vista ainda mais internacional e diverso. Espero sinceramente que, ao trabalhar com este livro, você também venha a desenvolver sua própria linguagem visual, única e exclusiva.

PARTE I **COMO DESENHAR FIGURAS DE MODA**

A parte I deste livro fornece exemplos e orientações sobre como desenhar versões estilizadas de mulheres, homens e crianças. O desenvolvimento de guias personalizados ajudará a determinar a proporção das figuras e a mantê-las consistentes. Introduziremos regras básicas para equilibrar e escorçar corretamente a figura, a fim de facilitar a criação de poses. Tanto a proporção da figura quanto as poses podem ser ajustadas para transmitir diferentes ideias e conceitos. Decisões sobre que formas enfatizar ou como usar cores e estampas são importantes porque afetam a maneira como o desenho será percebido – tanto antes da criação das roupas (no croqui do estilista) quanto depois (na ilustração editorial de moda).

Olhando para trás

Uma rápida olhada no passado revela que a representação das figuras, sua apresentação na página e os materiais usados na ilustração mudam em conformidade com as mesmas considerações que afetam o design das roupas. Por exemplo, o surgimento de novas atividades (como a patinação nos anos 1980) exige não apenas novos tipos de roupa, mas também novas figuras e poses para ilustrar os conceitos de design. Os gestos das figuras refletem as convenções sociais de cada época (por exemplo, a revolução sexual da década de 1960 fez com que o desenho de moda se tornasse mais ousado). Os perfis demográficos que influenciam padrões de beleza – em perpétua evolução e transformação – também determinam a etnia e a idade das figuras usadas nos desenhos de moda. A mesma estética aplicada ao corte das peças de vestuário afeta a maneira como as roupas e as figuras são desenhadas.

Tendo em vista as inúmeras opções fornecidas pela moda contemporânea, pode ser surpreendente descobrir que, por longos períodos de tempo, a moda foi dominada por uma única tendência, que influenciava profundamente a representação no papel. Uma breve visita ao século XX vai explicar como e por que o desenho de moda evolui, apresentando subsídios para que você desenvolva um estilo pessoal que represente a sua própria época… e o futuro.

◀◀ *(Página anterior) Uma interpretação artística da roupa pode ser usada para posicionar a moda num contexto único e específico. Ilustração de Alfredo Cabrera.*

◀ *A extrema atenção concedida aos detalhes das roupas fez da moda o elemento central das composições de Coles Phillips, como as "Fadeaway Girls" (garotas desvanecendo) – assim chamadas porque pareciam se "desfazer" na pintura. As ilustrações eram usadas para contar histórias complexas, antecipando de certa maneira as* graphic novels *do século XXI.*

A Belle Époque (1890–1914)

Na virada do século, jornais diários ou semanais ilustrados eram as únicas fontes de notícias. Como resultado, ícones da moda da época ganhavam vida pelas mãos de ilustradores como Charles Dana Gibson, J. C. Leyendecker e Coles Phillips. As ilustrações não apenas documentavam, mas também ditavam a moda. A famosa "Gibson Girl", figura do ideal americano, inspirou tendências de moda para as mulheres, que protestavam pelo sufrágio feminino – longas saias **evasê** e blusas bordadas de colarinho alto, com gravata, echarpe ou jabô completando o visual.

Paris era considerada a capital mundial da moda, e a moda francesa ditava para o Ocidente as formas da silhueta ampulheta. Como as viagens intercontinentais nos novos navios de passageiros aumentavam a exposição do Oriente, os estilos começaram a mudar. O **orientalismo** veio a se tornar uma força na moda, levando Paul Poiret a introduzir uma forma cilíndrica menos constringente – a linha **Directoire**.

▲ *A ilustração de moda da Belle Époque usava muito sombreado para enfatizar os contornos da silhueta ampulheta. O visual "peito de pombo", obtido por meio de espartilhos apertados na vida real, era muito mais facilmente atingido no desenho. Figuras em poses inertes e uma técnica de desenho rígida refletiam a estrutura social austera e afetada da era eduardiana.*

▶ *Quando o orientalismo conquistou a moda, também provocou um grande impacto nas ilustrações. As figuras adotaram a nova silhueta cilíndrica. As poses ficaram menos estáticas e um estilo de desenho mais sensual passou a ser usado para priorizar as estampas, as cores e o caimento dos tecidos exóticos.*

A Primeira Guerra Mundial (1914–1918)

A postura e o estilo de vida das pessoas mudaram dramaticamente após o início da Primeira Guerra Mundial. Os privilégios associados à Belle Époque se tornaram coisa do passado. Mulheres e crianças passaram a vestir roupas de trabalho e uniformes assim que foram obrigadas a assumir os empregos dos homens que haviam partido para o *front*. A austeridade dos tempos de guerra logo se expressou na eliminação dos códigos de vestimenta e no aparecimento dos trench coats (literalmente, casacos de trincheira) e de outras modas militares e utilitárias. Como consequência, o desenho de moda da época ficou mais limitado. Havia algumas poucas influências do Oriente e do novo cinema mudo.

▼ *Serviço à nação e moda misturam-se num pôster de recrutamento (c. 1916).*

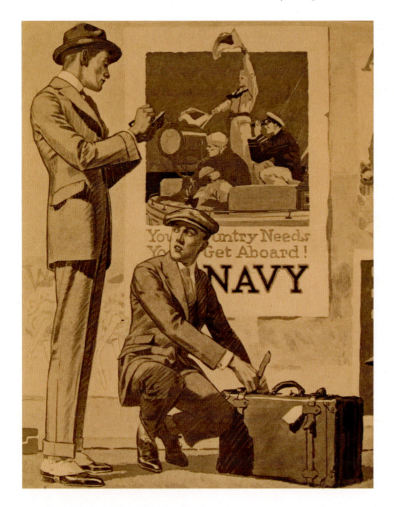

▲ *Tendo conquistado um novo prestígio, a moda começou a ser apresentada como arte nas primeiras revistas luxuosas de moda. A Gazette du Bon Ton e o Journal des Dames et des Modes incluíam ilustrações de artistas como Georges Barbier, Eduardo Garcia Benito, Bernard Boutet de Monvel, Georges Lepape e Gerda Wegener (acima). As composições tinham cores fortes e motivos decorativos inspirados no orientalismo.*

Os frenéticos anos 1920

A moda da década de 1920 se desenvolveu em conjunto com a **Art Déco**, o *jazz* e as melindrosas. O inovador **corte enviesado** (1922) de Madeleine Vionnet propiciava mais liberdade de movimento e seria amplamente difundido nos anos 1930. (Sobre o corte enviesado, ver pp. 266-273). O "pretinho básico" de Coco Chanel era tanto um símbolo como uma extensão da nova modernidade. Os ternos justos (*jazz suits*) entraram e saíram rapidamente da moda masculina, substituídos pelos trajes mais amplos exigidos para dançar o *charleston* e o *lindy hop*.

Anos após o sufrágio feminino e o deslocamento dos papéis de gênero durante a guerra, o ideal da mulher nos anos 1920 era um garoto andrógino. Roupas íntimas com elástico minimizavam as mesmas partes do corpo que os corpetes haviam antes enfatizado. As cinturas caíram e depois desapareceram, reaparecendo repentinamente no final da década. Saias mais curtas, tanto de dia quanto à noite, revelavam meias soltas e joelhos empoados.

A ilustração de moda durante esse período refletiu um estilo de vida cada vez mais mecanizado, que agora incluía roupas produzidas em massa. A frenética *joie de vivre* do primeiro culto à juventude da cidade moderna era representada por figuras jovens e ativas. O orientalismo dominava, e a proporção das figuras mudou para uma forma mais cilíndrica. O tamanho da cabeça foi reduzido com os cortes curtos de cabelo e os chapéus *cloche*, moda na época. As composições exibiam as cores vibrantes e as formas geométricas puras associadas à Art Déco. A investigação do subconsciente pelos surrealistas também teve uma grande influência e levou à criação de composições oníricas.

◄ Os vestidos para meninas tinham as mesmas cinturas baixas e barras altas que os das melindrosas. Os chapéus cloche davam a aparência de cabeças menores repousando sobre corpos cilíndricos.

▲ A emancipação estimulou uma maior participação das mulheres em atividades ao ar livre – golfe, tiro com arco, tênis e banhos de sol – e a necessidade de roupas esportivas integrou a tendência para uma moda ativa. Ilustração de Jean Pages.

Os anos 1930

Após a quebra da bolsa de valores em 1929, os filmes de Hollywood (agora com som) forneciam distração da difícil realidade econômica. Os figurinos de Gilbert Adrian para Jean Harlow, Greta Garbo e Joan Crawford marcaram um novo padrão para a moda feminina. As aparições de Amelia Earhart nos cinejornais levaram os chapéus e blusões de aviador para o auge da moda.

Dentro e fora das telas, a moda passou a rejeitar os estilos dos anos 1920. As roupas para mulheres tornaram-se extremamente femininas e glamorosas. A cintura natural voltou, e as pences foram substituídas por pregas suaves. **Basques** e babados foram acrescentados a paletós, vestidos para o dia e longos para a noite. Chanel substituiu seu pretinho básico por um vestido branco longo para dançar o swing.

Uma análise do desenho de moda desse período revela uma proporção mais alongada da figura e uma representação pictórica apropriada a um modo de vestir mais feminino. Aparecem os jogos de luz e sombra, e inicia-se uma mudança gradual para um traço menos preciso e mais impressionista.

▶ *O revelador corte enviesado esculpia uma figura mais natural com ombros largos, busto mais baixo e quadris estreitos – um ideal difícil, se não impossível, de atingir naturalmente. Ilustração de René Bouët-Willaumez.*

INTRODUÇÃO 15

A Segunda Guerra Mundial (1939-1945)

Durante e após a Segunda Guerra Mundial, a moda foi afetada pelo racionamento de fibras naturais e matérias-primas reservadas para o esforço de guerra. Os civis deviam "se virar e remendar". O racionamento levou as mulheres a vestirem saias curtas e justas e os homens a optarem por paletós mais curtos, calças retas e sem coletes, fendas, pregas ou bainhas dobradas. Acessórios criativos eram a maneira de evidenciar as diferenças entre os estilos feminino e masculino.

A moda dos tempos de guerra, embora de escopo limitado, continuava a ser monitorada pela ilustração. Imagens icônicas de "Rosie the Riveter", a emblemática operária americana mostrando o muque, eram usadas para recrutar mulheres para o trabalho nas fábricas como parte do esforço de guerra. Publicados pela primeira vez na revista *Esquire*, em 1933, os pôsteres coloridos com aerógrafos das *pinups*, chamadas de "Petty Girls" (que levam o nome de seu criador, o artista George Petty), elevavam o moral dos soldados e eram frequentemente reinterpretados na pintura de aviões.

A silhueta em V, concebida para enfatizar a força física, permaneceu refletida na proporção estilizada da figura usada para desenhar homens, mulheres e crianças.

▲ A década de 1940 viu um retorno do naturalismo dos anos 1930 com a volta, mais discreta, de enchimentos, espartilhos e cintas usados para obter ombros largos, seios cônicos, cintura fina e a supressão da linha do quadril.

◄ As tendências de moda da Vogue para a primavera de 1941 pretendiam ser "significativas e prescritivas" – cores fortes e compras como terapia supostamente elevariam os ânimos durante a guerra. Contudo, ombreiras militares se tornariam mais suaves até o final da guerra. Ilustração de René Bouët-Willaumez.

O pós-guerra (1945–1959)

A moda francesa do pós-guerra trouxe uma redescoberta das curvas femininas, com uma modelagem artificial do corpo. O **New Look** de Dior era enfatizado por uma postura curvada, característica tanto dos novos estilos constringentes como das roupas em si. O salto agulha, inventado por Salvatore Ferragamo, em 1955, completava o visual. A conformidade do uso de uniformes durante a guerra foi levada para a vida civil, e os homens passaram a se vestir com ternos de flanela cinza de abotoamento simples. A população do pós-guerra cresceu, e a influência dos *baby boomers* como um segmento de mercado permaneceu por décadas.

Em 1948, Jack Kerouac cunhou o termo "geração *beat*" para caracterizar o movimento de uma juventude anticonformista em Nova York. Os *beats* migraram depois para a Costa Oeste e tiveram enorme impacto sobre toda a cultura americana. O movimento se transformou numa contracultura mais dominante nos anos 1960.

As formas biomórficas dominaram o design de produtos da "Era Atômica", incluindo os vestidos de noite curvilíneos criados por Charles James. Versões mais discretas, de Claire McCardell, davam às mulheres uma opção mais confortável para estilos de vida mais ativos. Em meados dos anos 1950, a introdução do **vestido saco** (Cristóbal Balenciaga, 1955) e do **vestido trapézio** (Yves Saint Laurent para Dior, 1957) estimulou mais uma volta para o naturalismo. No vestuário masculino, os ternos justos de alta-costura caíram no gosto dos jovens *mods* britânicos e dos *rat packs* de Las Vegas. Jovens trajavam uma combinação de jaqueta de motoqueiro, camiseta branca e jeans como o uniforme masculino da rebeldia.

Nos anos seguintes à Segunda Guerra Mundial, o desenho de moda passou a refletir a influência do expressionismo abstrato; a precisão nítida deu lugar a uma descrição vaga das superfícies e dos detalhes das roupas. Poses e cenários mostravam a moda no contexto de um tempo de lazer e de uma mobilidade social sem precedentes. No início da década, uma figura de moda mais voluptuosa correspondia às mulheres abertamente sensuais vistas em filmes dos anos 1950 e ao retorno dos papéis de gênero tradicionais. No entanto, no final da década, as figuras de moda começaram a se afinar em antecipação ao culto da juventude dos anos 1960.

▼ *O desenho de Al Pimsler captura o "clube do Bolinha" corporativo do anos 1950. Enquanto a moda feminina aumentava em volume, a alfaiataria masculina tornou-se mais simplificada com o uso de paletós retos de abotoamento simples (e sem ombreiras), combinados com calças mais estreitas e curtas.*

INTRODUÇÃO **17**

◀ *A prosperidade econômica do pós-guerra foi celebrada com o New Look de Dior e extravagantes saias rodadas, que caíam logo abaixo do joelho. Ilustração de Carl Erickson.*

Os anos 1960

Os revolucionários anos 1960 foram uma mistura explosiva de aceleração da tecnologia e rebeldia dos jovens. Os *baby boomers*, agora um culto à juventude mundial, desafiavam a sociedade, dando início a uma reviravolta das estruturas sociais, políticas e artísticas. A moda dessa década refletia essa ampliação dos horizontes e a rejeição da tradição. A corrida espacial excitava a imaginação de estilistas futuristas como André Courrèges, Pierre Cardin e Mary Quant. A revolução sexual encontrou expressão num vestuário andrógino. A subversão dos códigos de vestimenta abriu novas opções para as mulheres, que agora incluíam minissaias combinadas com as recém-inventadas meias-calças de uma peça só e calças para todas as ocasiões.

Políticas de esquerda desafiavam o elitismo e por extensão a **alta-costura**. De seus ateliês londrinos, jovens estilistas como Ossie Clark e Mary Quant ofereciam formas soltas, ternos femininos de tricô e a liberdade do **chemise** como alternativas para os visuais sérios de uso social. Yves Saint Laurent revolucionou a costura fazendo referências à Pop Art e ao uniforme de protesto estudantil: casacos militares, suéteres e jeans. Sua fonte de inspiração logo se expandiria para as culturas étnicas, com os visuais ciganos, cossacos, safári e até uma releitura do smoking para mulheres. No vestuário masculino, o visual minimalista dos *mods* – com ou sem as **golas Nehru** – logo deu lugar às cores fortes e aos ternos eduardianos da **Revolução do Pavão**. O movimento hippie Flower Power (força das flores) veio a seguir, com as estampas psicodélicas, o *paisley* (o padrão florido contínuo escocês) e os florais.

▼ *O estilo de desenho impressionista dos anos 1950 foi substituído por linhas minuciosamente traçadas, o que se tornou possível graças às novas canetas para desenho técnico Rapidograph. Ilustração de Richard Rosenfeld.*

INTRODUÇÃO **19**

▶ *O uso que Antonio Lopez faz da imagística psicodélica foi emprestado dos pôsteres de rock e da arte das capas de discos. Durante os anos 1960, o estilo de desenho impressionista dos anos 1950 foi substituído por massas de cor definidas por linhas minuciosamente traçadas.*

Na ilustração de moda, a elegância madura dos anos 1950 deu lugar à imagem de uma perpétua adolescência. As figuras femininas, andróginas, tinham bustos pequenos, cinturas naturais e membros alongados, não muito diferentes do visual *garçon* dos anos 1920. Os rostos com olhos arregalados carregavam mais do que uma semelhança passageira com a Twiggy, a quintessência da *gamine* e a primeira top model do mundo. As figuras masculinas, alongadas, ostentando agora cabelos longos, eram um reflexo dos Beatles e da Invasão Britânica, bem como da quebra de barreiras entre os papéis de gênero. O uso que a Pop Art fez dos processos comerciais de reprodução era evidente também na aplicação decorativa das serigrafias e dos *ben-day dots* (a técnica pontilhista que simulava os pontos reticulados da impressão).

Os anos 1970

Enquanto o culto à juventude da década de 1960 abraçava a tecnologia e rejeitava as tradições, nos anos 1970 teve início uma preferência pela preservação histórica, por materiais naturais e pelo trabalho manual. A moda se tornou retrospectiva, influenciada pela era vitoriana, pela Art Déco e pela era dourada de Hollywood. Peças encontradas em brechós se misturavam com artesanato feito em casa e com a parafernália multicultural para os novos boêmios adeptos do **vintage chic**. As referências folclóricas dos hippies refletiam-se na moda com o estilo de desenho naïf.

As formas cilíndricas da era espacial da década de 1960 se metamorfosearam numa silhueta mais feminina e alongada, que lembrava a moda dos anos 1930. A subversão dos códigos de vestimenta culminou na ampla aceitação das calças para mulheres (agora de cintura baixa e com bocas largas) e macacões, roupas de trabalho e trajes de passeio tricotados para os homens. Os elegantes ternos bem estruturados, com tecidos firmes, deram lugar a uma alfaiataria italiana mais leve, sem cintura marcada, com lapelas maiores e botões posicionados mais para baixo.

A música e a moda começaram a criar laços cada vez mais fortes. No final dos anos 1970, surgiu a cultura das discotecas, com uma sensibilidade inteiramente diferente da moda. Roupas justas feitas com fibras sintéticas exibiam estampas inspiradas na Art Déco, possíveis graças às novas tecnologias de transferência de calor. Os Sex Pistols, vestidos com figurinos de Vivienne Westwood e da loja Seditionaries, de Malcolm McLaren, lançaram o movimento punk no Reino Unido. Roqueiros como David Bowie e Patti Smith estabeleceram-se como ícones andróginos da moda.

Os novos ternos masculinos e femininos de Giorgio Armani tinham ombreiras enormes. A silhueta alongada que se via nas ruas no início da década inverteu-se para formar um V, em antecipação ao *power dressing* dos anos 1980.

Antecipando a chegada da era digital, o desenho de moda foi se tornando mais premeditado e controlado. A falsa arte de aerógrafo, simulada com tinta em aerossol e canetas *spray*, era ao mesmo tempo tecnológica e uma regressão à era das *pinups* dos anos 1940. O pós-modernismo estava a caminho.

▶ *A relação entre arte e moda se intensificou nos anos 1970. Neste prognóstico de moda para o New York Times, (c. 1976), a inclusão de pássaros gigantes no desenho de Barbara Pearlman é, ao mesmo tempo, uma referência ao surrealismo e às percepções alteradas pelas drogas nas experiências psicodélicas.*

▶▶ *A ilustração de George Stavrinos remete à arte com aerógrafo das pinups dos anos 1930 e 1940. No final da década de 1970, a proporção da figura que começou a surgir para o* power dressing *era mais realista e exibia uma cintura marcada, acentuada por ganchos mais altos.*

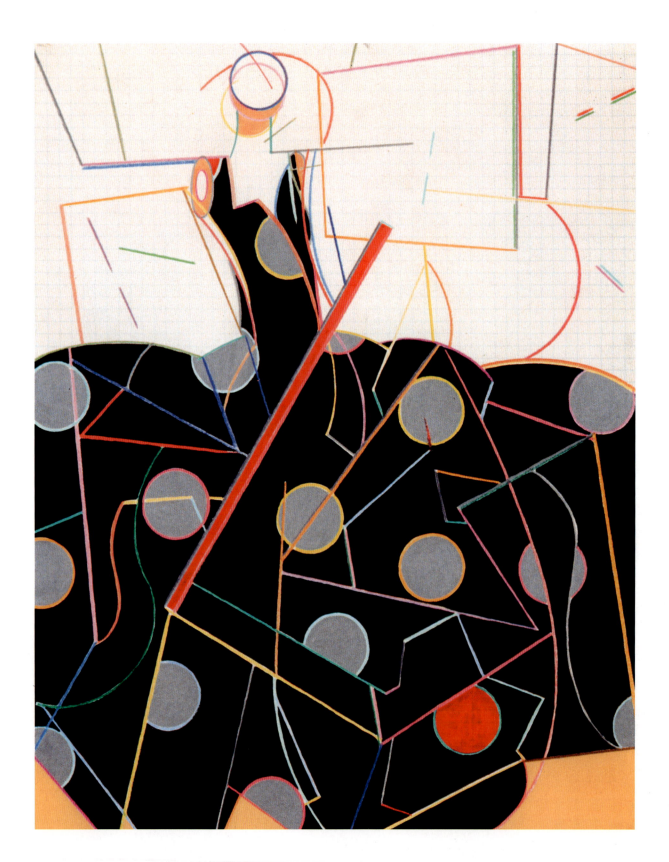

▲ Durante os anos 1980, Milão tornou-se o centro criativo do design interdisciplinar, no qual adeptos do movimento Memphis usavam cores e materiais fortes para causar impacto emocional. O Memphis encontrou expressão nos gráficos da MTV e logo depois no desenho de moda. Ilustração de Albert Elia.

INTRODUÇÃO 23

Os anos 1980

A chegada da década trouxe para a moda um materialismo extravagante, uma ciberestética e a cultura das ruas. Os visuais *ghetto fabulous*, estampados com falsos logos de marca, eram comentários irônicos sobre a proliferação das grifes chiques. Todos simulavam a aparência do luxo, vestindo roupas de grife das novas **coleções intermediárias** (linhas de difusão). A televisão e o *rock* continuavam a ser a principal fonte da cultura de massa e das tendências da contracultura, com visuais exagerados, retrô e *new wave* apresentados na MTV e em novelas americanas, como *Dallas* e *Dinastia*.

O uso de computadores pessoais no dia a dia pôs um fim ao pensamento linear, o que desencadeou tendências sobrepostas e contraditórias. Os desenhos fetichistas da artista Leigh Bowery quebraram as barreiras entre a arte e a moda. Os visuais desconstruídos dos novos estilistas japoneses e belgas exibiam roupas volumosas, viradas do avesso, de cabeça para baixo e rasgadas. O movimento pós-feminista foi responsável pelo retorno dos espartilhos e das crinolinas. Os visuais de pirata cheios de babados, para os "novos românticos", eram um reflexo da pirataria de músicas dos rádios. Christian Lacroix entrou na alta-costura com uma extravagante mistura pós-moderna de estampas e saias balonê. O uso de materiais tecnológicos na arquitetura de interiores refletia-se nas roupas da alta moda criadas com tecidos para paraquedas e lã sintética para agasalhos. A única conexão entre essas tendências era o volume.

Na moda masculina, a alfaiataria ficou mais macia graças às novas microfibras de poliéster e foi depois desconstruída para criar paletós de cores pastel no estilo *Miami Vice*. A cultura *hip hop* queria agasalhos esportivos com aparência de veludo, calças superlargas e emblemas de carros de luxo usados como joias.

A ilustração de moda deu forma visível às mudanças na tecnologia, na sociedade e na política. Estratégias de marketing para a moda se voltavam para uma base maior e mais diversa de consumidores, o que resultou em detalhes faciais mais abstratos em croquis de moda para refletir o maior público possível. Surgiu também uma nova força que consistia em vender "estilo de vida" (como a cultura das ruas), criando um cenário social implícito ou desenhado detalhadamente.

O anonimato frio dos recursos gráficos digitais acabou por motivar uma nova apreciação da arte *outsider* e do grafite, refletidos como tendências de estilo naïf na ilustração de moda.

◀ *O estilo direto de ilustração de Tony Viramontes evoluiu com a cena dos clubes e a* new wave *experimental dos anos 1980.*

24 PARTE I COMO DESENHAR FIGURAS DE MODA

▲ *Os jogos de computador e as* graphic novels *produziram ícones da moda mais voluptuosos e militantes, como a* Tank Girl *e o avatar de* Tomb Raider, Lara Croft. Aqui, a ilustração de 1992 de Alfredo Cabrera reflete um ideal pós-feminista. As mulheres têm mais do que uma leve semelhança com a replicante Rachael de* Blade Runner, *na versão do diretor Ridley Scott para seu cultuado filme de ficção científica lançado naquele mesmo ano.*

Os anos 1990

A transição para a nova "sociedade da informação" digital trouxe mudanças significativas para a moda. O trabalho realizado em casa durante toda a semana ou parte dela redefiniu a maneira de se vestir profissionalmente. Os receios que precederam a passagem do milênio, ligados ao colapso dos sistemas de informática no ano 2000, estimularam uma nova tendência de se "encasular" que expandiu o mercado de roupas "para ficar em casa". As tradicionais lojas de rua foram suplementadas pelo comércio virtual 24/7 (24 horas por dia, 7 dias por semana) em redes de compra e na internet. A ampla disseminação das informações sobre moda, anteriormente disponíveis apenas para a indústria, resultou numa oferta quase simultânea de imitações das grandes grifes. Casas de alta--costura, agora parte de corporações monolíticas, foram obrigadas a se reinventar recrutando jovens estilistas como John Galliano, Alexander McQueen e Tom Ford.

Como os ciclos da moda continuaram a acelerar e a se sobrepor, ficou difícil lançar uma única visão no mercado de massa global. O impacto das subculturas, agora chamadas de "tribos", passou a ter cada vez mais peso, e a pesquisa de tendências, especialmente o **cool hunting**, passou a conduzir a moda de massa. A moda *grunge* surgiu na costa noroeste americana, exibindo camisas xadrez extragrandes, camisetas com estampas de bandas de música e calças cargo, para os garotos, e saias floridas, usadas do avesso sobre as calças, para as meninas. Uma combinação maluca de roupas tradicionais japonesas com estilo ocidental e *cyberpunk* era a preferida das lolitas góticas do distrito Harajuku de Tóquio. O sucesso anunciado das empresas de internet motivou uma tendência para o *nerd chic* e o *geek chic* – finalizada com óculos escuros e paletós de três botões.

O ecletismo na moda era refletido numa ampla variedade de estilos de desenhos digitais e manuais. Os processos digitais revolucionaram a criação e a reprodução de arte comercial e tecidos. O computador não era apenas usado para representar uma ficção fotográfica, mas também para simular materiais artísticos de uma maneira natural. Os **mangás** e os **animês** inspiraram fãs obsessivos (chamados de otaku) e influenciaram muito os estilos de desenho utilizados para descrever a antimoda nas subculturas *underground*.

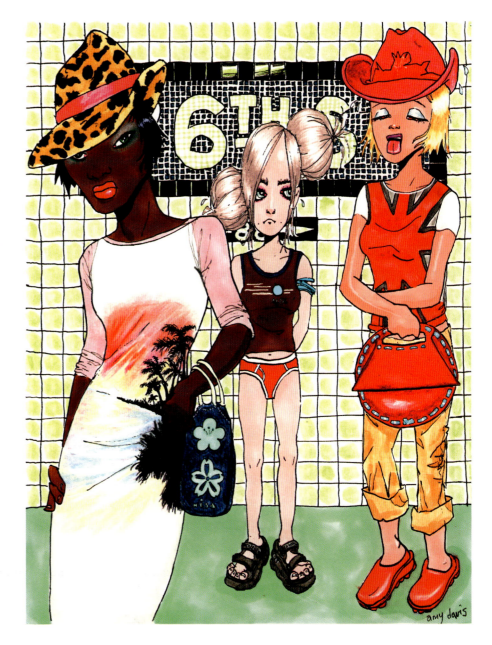

▼ Amy Davis foi atrás da subcultura para desenvolver a seção "Style Fiends" da Paper Magazine. *Havia uma tendência geral na ilustração de moda de desenhar cabeças maiores, mudando o foco para o indivíduo e sugerindo juventude.*

Século XXI e além

No século XXI, as revistas impressas passam a competir com a cobertura de moda *on-line*, em que blogueiros – especialistas autodeclarados – expressam pontos de vista pessoais em tempo real. A onipresença das câmeras de celular teve um impacto extenso, homogeneizando toda a mídia visual. Portanto, o desenho se tornou um meio ainda mais significativo de distinguir uma identidade visual. Em alguns casos, o desenho de moda se tornou mais imediato, usado por blogueiros como Garance Doré e o "*designerman*" Richard Haines (ver p. 120) para coberturas ao vivo de desfiles, observações das ruas e animações interativas. Em outros casos, poder encontrar ou tirar uma foto rápida de quase qualquer coisa fornece uma profusão de momentos congelados como referência para desenhos detalhados. Ilustrações ricas em detalhes aparecem em **blogs** como *Paper Fashion*, de Kathryn Elyse Rodgers (ver p. 102), e *What My Daughter Wore*, de Jenny Williams (ver p. 128).

▲ ▶ *Kazue Shima mistura **técnicas digitais** e manuais de forma fluida. Suas ilustrações são muito mais envolventes em virtude da inclusão de elementos dimensionais de alta tecnologia, como renda de papel cortada a laser.*

INTRODUÇÃO 27

◀ *A ausência de experiências táteis gerou uma preocupação com a superfície e a dimensão. Aqui, Jonathan Kyle Farmer desenha literalmente com tesouras.*

▶ *Jonathan Kyle Farmer atualiza sua figura com uma rebeldia ousada e uma pose mais sutil que envolve somente um ligeiro deslocamento de peso.*

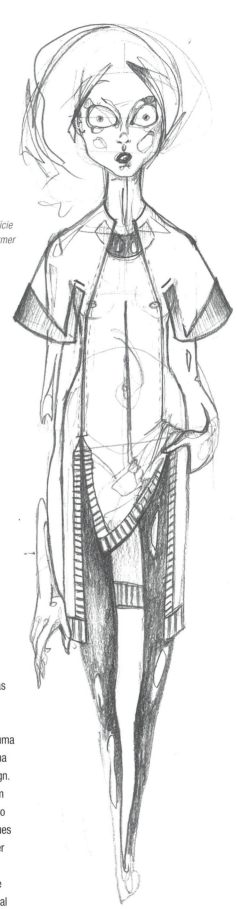

Com inovações importantes pensadas para romper com tudo o que veio antes, as tradições no desenho de moda também estão sendo subvertidas. Algumas das poses parecem desafiar as leis da gravidade. Estilistas como Jonathan Kyle Farmer (acima) invertem a perspectiva de moda tradicional olhando para a figura de cima para baixo, aumentando a cabeça e encurtando os membros – refletindo, talvez, o fortalecimento do consumidor individual como consequência do **financiamento coletivo**, das mídias sociais e até da produção do tipo "faça você mesmo" por meio da **impressão 3D**.

Assim como os consumidores podem imprimir objetos em vez de comprá-los, os artistas estão se tornando cada vez mais independentes na reprodução gráfica e na disseminação de seus croquis na internet, por meio de blogs e mídias sociais. Além disso, os anúncios no Facebook podem não incluir imagens com textos que cubram mais que 20% da área da imagem, resultando numa dependência ainda maior das imagens para uma comunicação instantânea que transcenda a barreira da língua.

É importante também notar mudanças sociais relacionadas à identidade sexual e desafios às normas tradicionais de gênero. Dependendo de uma estética específica de design e do perfil do público-alvo, as figuras podem ter uma aparência mais andrógina (ver p. 93).

Como sempre, as escolhas dos materiais refletem a aceitação das inovações técnicas e o acesso a elas. Hoje, uma integração completa de técnicas digitais e manuais costuma ser usada para a comunicação visual de conceitos de design. A individualidade está em uma mistura pessoal, própria. Em alguns casos, o produto final é estritamente visual, ao passo que, em outros, a arte digital é produzida para receber toques finais à mão. Uma espontaneidade perfeita e única pode ser simulada com desenhos à mão, editados e montados no Photoshop e depois habilmente transferidos para papéis de *fine art* com uma impressora a jato de tinta. O resultado final é a ilusão de um desenho perfeito e natural.

CAPÍTULO 1
COMO DESENHAR A MULHER

Há muito tempo que a representação da figura humana é essencial para a prática artística. Ao longo da história, a beleza foi considerada uma questão de proporções corretas. No desenho clássico, a cabeça, vista em relação ao corpo como um todo, é usada como unidade de medida para determinar pontos de referência e larguras para diferentes partes do corpo. Enquanto na vida real uma pessoa mede cerca de sete cabeças e meia em média, a figura clássica ideal teria oito cabeças de altura.

Comparada ao desenho clássico, a ilustração de moda exige uma correspondência menor com a realidade. A figura de moda, ou o **croqui**, é infinitamente maleável, perfeita para visualizar padrões de beleza na maioria das vezes inatingíveis. A proporção estilizada pode ser a que você quiser, desde que funcione com o conceito proposto, tenha consistência dentro da composição e reflita o **público-alvo**.

Planejamento

A proporção da figura é uma das muitas premissas sobre as quais sua narrativa de moda será construída. E, como a figura é, em última instância, uma ferramenta para visualizar conceitos de design, a maneira como você estiliza deve servir a esse propósito. Por exemplo, não faria sentido diminuir o tronco a ponto de tornar difícil a visualização de detalhes de construção. É também crucial que a proporção estilizada da figura tenha alguma relação com a realidade, de modo que os esboços do conceito se aproximem da realização das roupas. É importante apresentar maneiras variadas de ver a figura, para conseguir transmitir todos os aspectos da construção das peças.

À medida que você desenvolve poses diferentes, vai ficando mais difícil manter a proporção da figura consistente. Desenhar a figura da cabeça aos pés é uma habilidade que se conquista. É muito mais fácil administrar elementos separados da figura – você não tem que se preocupar com a relação entre as partes. Mas, como a moda se preocupa com a coordenação entre diferentes peças de vestuário e acessórios, desenhar a figura em sua totalidade é uma habilidade que se exige de estilistas e ilustradores. De início, não se preocupe em desenhar os detalhes do rosto. Dê atenção à proporção e aos movimento do corpo.

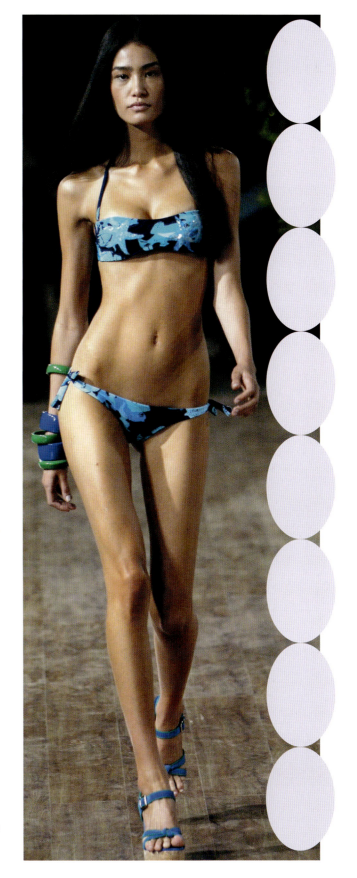

◀ Eri Wakiyama desenha vistas variadas de suas criações. Esses croquis foram apresentados no concurso de design de moda "Swarovski Crystal", da Parson's School of Fashion, em Nova York.

▶ Mulheres de proporção corporal excepcional desfilam pela passarela. Aqui, uma modelo mede cerca de oito cabeças. A cabeça e o tronco juntos representam metade da altura total.

Oito, nove ou dez cabeças?

Essa é uma decisão extremamente pessoal. Mesmo quando estudantes tentam usar a mesma proporção, a figura de cada um ainda sai diferente. Hoje, a ilustração de moda incorpora uma diversidade de proporções para a figura como nunca ocorreu antes.

A chave é experimentar e, então, escolher uma proporção que funcione para você. Procure manter-se o mais aberto possível. Uma maneira de propiciar um desenho mais fluido e proporções consistentes é usar um guia, que será especialmente útil para desenvolver as figuras de **pose relaxada** ou de três quartos. À medida que suas habilidades se aprimoram, você poderá usar cada vez mais licenças criativas; mas é sempre bom começar seguindo algumas das convenções tradicionais. O guia pode ser criado do zero ou ter como base a análise de algum dos seus desenhos antigos.

▶ ▶▶ *Cada estilista estabelece uma proporção corporal característica e única para expressar sua visão de moda. A figura superalongada de Pippa McManus (à direita) mede onze cabeças. As figuras de Rebecca Lester (página ao lado) medem nove cabeças, e uma proporção maior é usada para enfatizar o volume das roupas.*

COMO DESENHAR A MULHER CAPÍTULO 1 31

▲ *Stefanie Nieuwenhuyse (à esquerda), Issa Grimm (no centro) e Bijou Karman (à direita) estabeleceram proporções peculiares para suas figuras.*

A proporção tradicional da figura de moda

Para começar do zero, uma das muitas boas fórmulas para criar uma figura moderna é usar um guia de nove cabeças (ver p. 35). Observe as referências verticais e as larguras das diferentes partes do corpo. Você pode recriar o guia do tamanho que melhor funcionar para você, medindo e replicando nove espaços iguais (ver p. 181). Cada pessoa faz seu desenho de um tamanho diferente, como for mais confortável. Você vai entender melhor a construção geral da figura feminina decompondo-a em formas geométricas simplificadas, como mostrado abaixo. O tronco pode ser dividido em dois, com o tórax e os quadris representados por dois trapézios.

É uma boa ideia acostumar-se logo a trabalhar num formato de papel padrão, como o A3 (297 mm x 420 mm). É importante pensar com cuidado no tamanho e na orientação do seu portfólio e só então planejar sua figura de acordo com sua decisão, atentando para usar a altura toda do papel que escolher. Se estiver considerando criar um portfólio virtual, você também vai precisar levar em consideração a proporção da imagem no monitor do computador na hora de planejar suas composições. Embora tradicionalmente a orientação preferida em uma apresentação de portfólio fosse a vertical, agora a horizontal é considerada melhor para a maior parte dos formatos manuais e digitais. Tudo isso pode parecer prematuro, mas o impacto emocional de um trabalho artístico original em seu portfólio não deve ser subestimado. Se você se acostumar a desenhar num tamanho uniforme desde o início, não precisará reproduzir desenhos em outras escalas quando chegar a hora de consolidar seu trabalho em um portfólio.

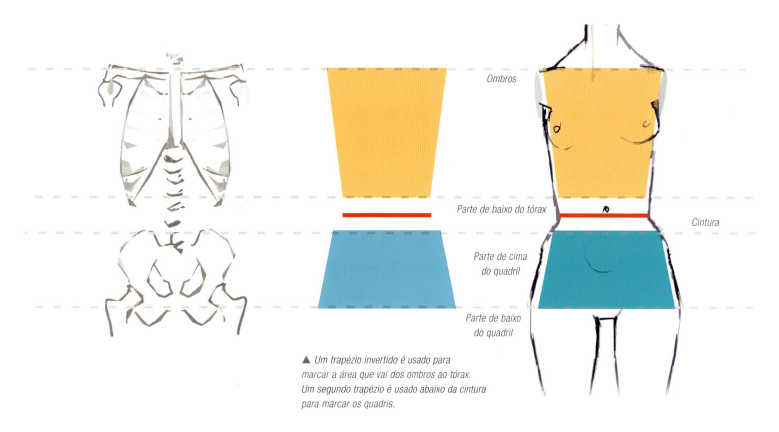

▲ Um trapézio invertido é usado para marcar a área que vai dos ombros ao tórax. Um segundo trapézio é usado abaixo da cintura para marcar os quadris.

A figura anatômica

Pense em formas geométricas simples (à direita), mais ou menos como se fosse um manequim articulado. Usando um guia de proporção como base, você vai desenhar as formas da figura, atentando para sua ordem e localização no espaço (por exemplo, acima ou abaixo da altura do olhar).

1 Trabalhando com papel multiuso, divida a folha verticalmente em nove espaços iguais. Trace uma linha vermelha vertical passando pelo centro de modo que estabeleça um "prumo", ou uma **linha de equilíbrio**. Então, marque os pontos de referência verticais e as larguras das diferentes partes do corpo, como indicado no guia de proporção (exemplo 1, página ao lado).

2 Coloque uma folha de papel vegetal sobre o guia. Prenda-a com fita adesiva para que não se mova enquanto você desenha. Trace uma linha de equilíbrio vermelha. Trabalhando com um lápis nº 2 ou HB, desenhe uma forma oval para a cabeça. Comece a delinear as outras formas geométricas. Os cotovelos e punhos têm uma relação constante com o corpo, localizados ligeiramente abaixo da cintura e dos quadris, respectivamente. Indique essa relação com um arco tracejado sobre os dois pontos de referência.

3 Quando estiver satisfeito com o traçado dessas formas, você pode colocar o desenho sob uma segunda folha de papel vegetal e usá-lo como base para a figura anatômica.

NOTA É vital desenhar as formas geométricas a fim de aperfeiçoar suas habilidades. Resista à tentação de decalcar.

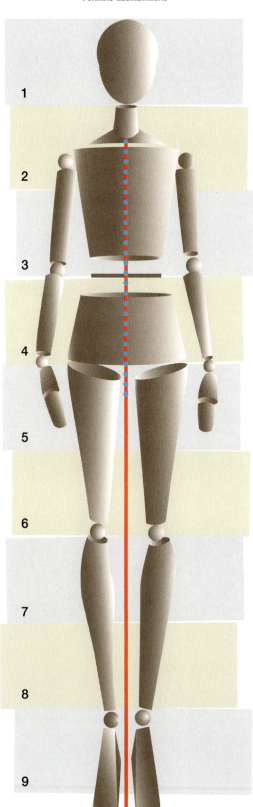

FORMAS GEOMÉTRICAS

Ombros 1 ½ cabeça de largura @ 1 ½ cabeça

Parte de baixo do tórax Cintura 1 ⅞ de cabeça de largura @ 3 cabeças Parte de cima do quadril

Parte de baixo do quadril 1 ⅜ cabeça de largura @ 4 cabeças

Joelho @ 6 cabeças

Tornozelos @ 8 cabeças

LINHA DE EQUILÍBRIO

COMO DESENHAR A MULHER CAPÍTULO 1

GUIA DE PROPORÇÃO: NOVE CABEÇAS

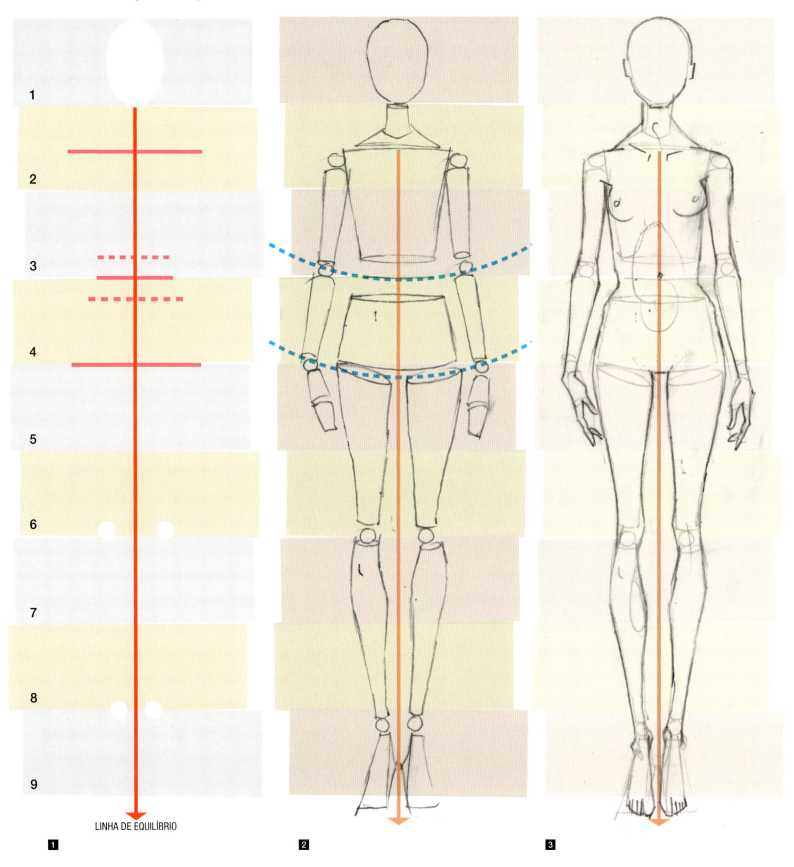

LINHA DE EQUILÍBRIO

36 PARTE I COMO DESENHAR FIGURAS DE MODA

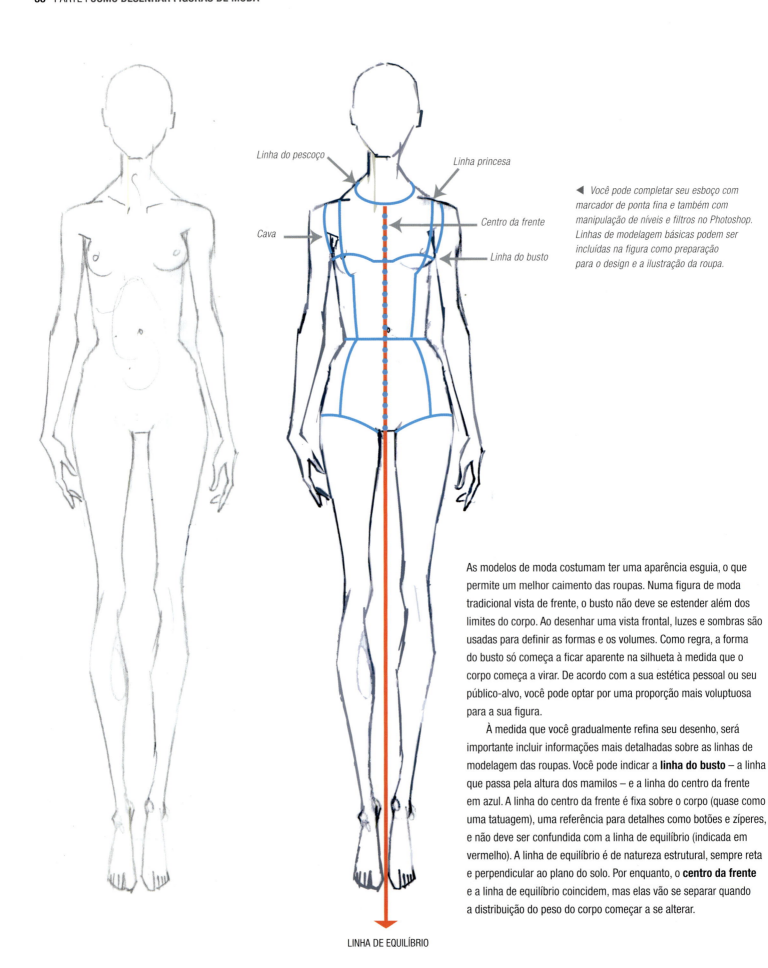

Linha do pescoço

Linha princesa

Cava

Centro da frente

Linha do busto

◀ Você pode completar seu esboço com marcador de ponta fina e também com manipulação de níveis e filtros no Photoshop. Linhas de modelagem básicas podem ser incluídas na figura como preparação para o design e a ilustração da roupa.

LINHA DE EQUILÍBRIO

As modelos de moda costumam ter uma aparência esguia, o que permite um melhor caimento das roupas. Numa figura de moda tradicional vista de frente, o busto não deve se estender além dos limites do corpo. Ao desenhar uma vista frontal, luzes e sombras são usadas para definir as formas e os volumes. Como regra, a forma do busto só começa a ficar aparente na silhueta à medida que o corpo começa a virar. De acordo com a sua estética pessoal ou seu público-alvo, você pode optar por uma proporção mais voluptuosa para a sua figura.

À medida que você gradualmente refina seu desenho, será importante incluir informações mais detalhadas sobre as linhas de modelagem das roupas. Você pode indicar a **linha do busto** – a linha que passa pela altura dos mamilos – e a linha do centro da frente em azul. A linha do centro da frente é fixa sobre o corpo (quase como uma tatuagem), uma referência para detalhes como botões e zíperes, e não deve ser confundida com a linha de equilíbrio (indicada em vermelho). A linha de equilíbrio é de natureza estrutural, sempre reta e perpendicular ao plano do solo. Por enquanto, o **centro da frente** e a linha de equilíbrio coincidem, mas elas vão se separar quando a distribuição do peso do corpo começar a se alterar.

A figura planificada

A melhor maneira de descrever um **desenho planificado** (desenho técnico) é imaginar como suas roupas ficam quando abertas sobre uma superfície – planas e um pouco mais largas, por causa da folga do tecido, que junta a frente e as costas. Os desenhos planificados são usados para apresentar o conceito, mas também para a produção das peças, quando mais informações técnicas são necessárias. Estilistas e ilustradores usam uma figura planificada para ajudar a manter uniforme a proporção de seus desenhos. Ela pode refletir as proporções de um **modelo vivo** que se aproxime de seu público-alvo (uma modelo de passarela tem medidas mais extremas). Faça a sua própria, ajustando a proporção da figura anatômica como se a abrisse com um rolo de macarrão. Mas procure mantê-la atraente e descolada. Os desenhos planificados costumam dar suporte e complementar as ilustrações da figura estilizada numa apresentação. Se seu estilo de desenho de figuras for muito esotérico e seus desenhos técnicos forem ultrarrealistas, pode haver uma disparidade entre os dois. Busque criar uma conexão visual entre eles.

FIGURA PLANIFICADA FEMININA

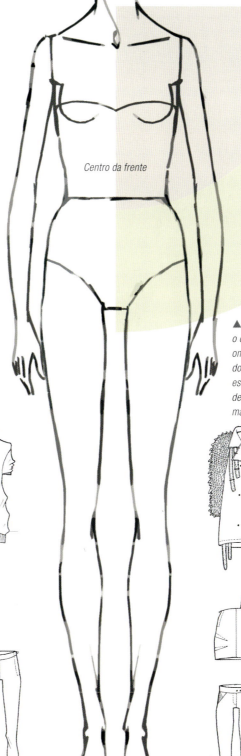

Ponto mais alto do ombro

Centro da frente

▼ *Como muitos estilistas, Hae Won (Anna) Lee usa uma figura planificada para manter uma proporção relativa consistente em seus desenhos planificados. Embora os desenhos sejam bastante técnicos, sua personalidade se expressa pela qualidade da linha e do próprio design.*

▲ *O quadrante serve como guia para marcar o centro da frente e o ponto mais alto do ombro. Use um arco para determinar a posição dos cotovelos e dos punhos quando os braços estiverem em posição elevada (necessário para detalhes de vestuário como as cavas raglã e as mangas de quimono).*

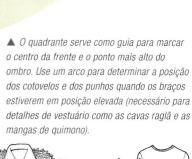

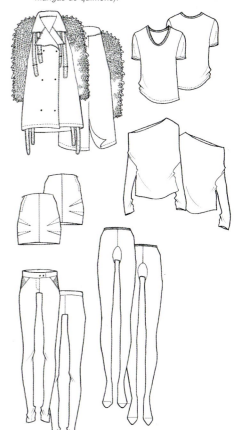

COMO DESENHAR A MULHER CAPÍTULO 1 37

Senso intuitivo da proporção da figura

Você pode se surpreender ao descobrir que já tem um senso inato de proporção. No primeiro dia de aula, costuma-se pedir aos alunos para fazerem um rápido croqui de moda a fim de avaliar suas habilidades intuitivas de desenho. Esse "pré-teste" em geral provoca grunhidos descontentes, mas esses desenhos são um excelente guia para avaliar o que é verdadeiramente único em cada artista. Se o teste é considerado bom, os alunos têm a opção de usar o desenho como base para construir seus guias de proporção.

Análise da proporção da figura

1 Trabalhando com papel de decalque, meça o tamanho da cabeça em seu desenho e marque o número de cabeças da sua figura.

2 Trace uma linha de equilíbrio. Determine os pontos de referência verticais e as larguras dos ombros, da cintura e dos quadris. Neste exemplo, a figura de Jessica caracteriza-se por coxas e quadris exagerados. Uma linha de referência adicional para a largura das coxas é usada para facilitar uma proporção coerente com seu desenho original. Estabeleça os pontos de referência verticais para os joelhos, calcanhares, cotovelos e punhos.

3 Então, interprete as formas geométricas, usando sua própria figura.

4 Use as formas geométricas como base para a sua figura anatômica personalizada.

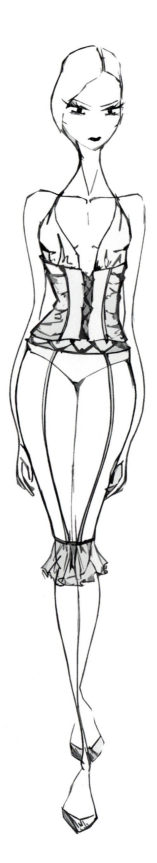

▶ *Jessica Strimbu demonstrou um senso incomum (e totalmente encantador!) de proporção em seu pré-teste.*

NOTA Leve o tempo que quiser para experimentar. Não importa quão extrema seja, qualquer proporção que escolher é válida. Se você for iniciante em desenho de moda, tente um esboço rápido para descobrir seu senso intuitivo de proporção. Se isso parecer muito difícil, você pode desenhar em menor escala, como pequenas garatujas, experimentando diferentes proporções. Se chegar a algo com que dê para trabalhar, aumente a imagem com uma copiadora ou um escâner.

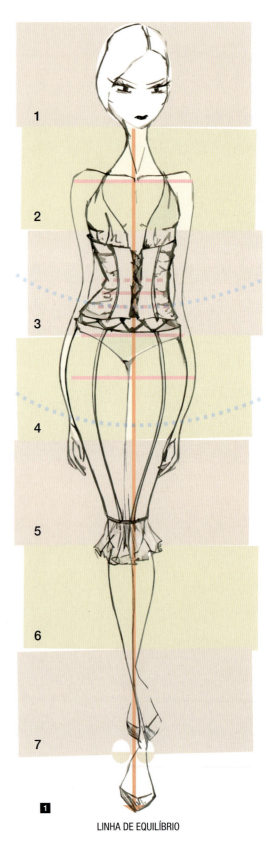

1 LINHA DE EQUILÍBRIO

COMO DESENHAR A MULHER CAPÍTULO 1

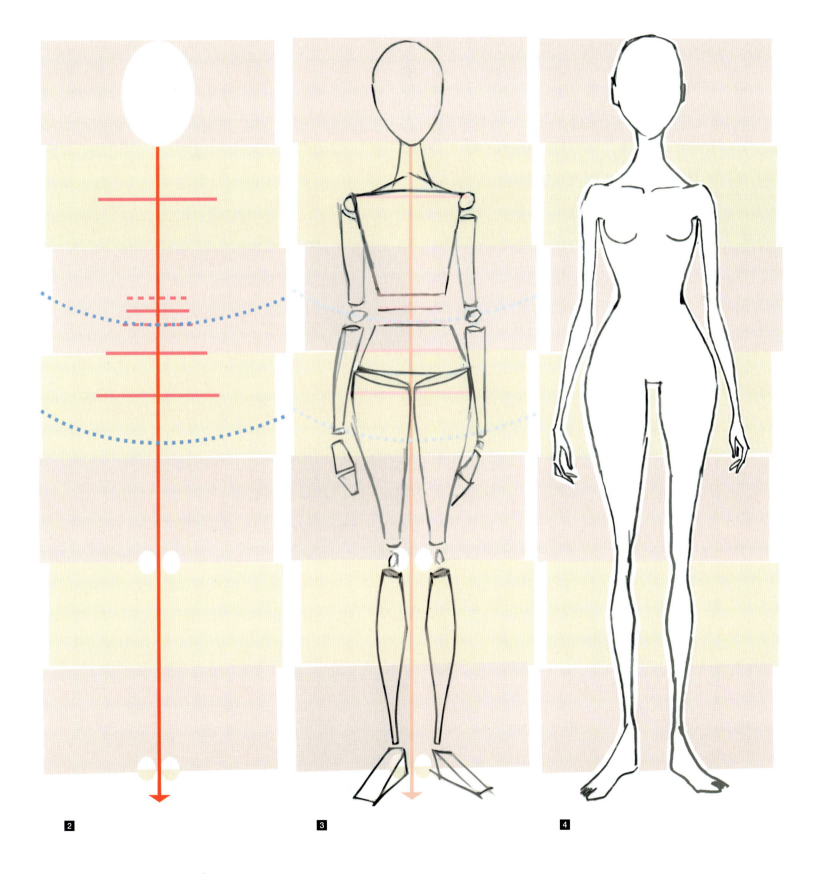

2 3 4

Equilíbrio

Assim que a proporção estiver determinada, é hora de dar um pouco de movimento à figura. A vista frontal, com uma distribuição uniforme do peso, é útil para determinar a proporção geral. Mas essa figura parece um tanto estática quando comparada à ação que observamos nas passarelas. Mais uma vez vamos nos remeter ao desenho clássico, que dita que antes de dar movimento ao corpo é preciso mostrar a figura em descanso. Na "pose relaxada", conhecida mais formalmente como **contraposto**, o peso do corpo fica sobre uma perna.

Antes de começar a equilibrar a figura, vale a pena ficar de pé diante de um grande espelho e observar o que acontece com o seu corpo quando você transfere o peso de um lado para o outro. Observe como as inclinações dos seus ombros e quadris seguem em direções opostas e como seu corpo todo se move em direção à perna que está carregando o peso. Depois de transferir o peso para uma perna, olhe para baixo e observe como o pé da perna que está carregando o peso está posicionado diretamente sob seu queixo, seguindo uma linha de equilíbrio imaginária.

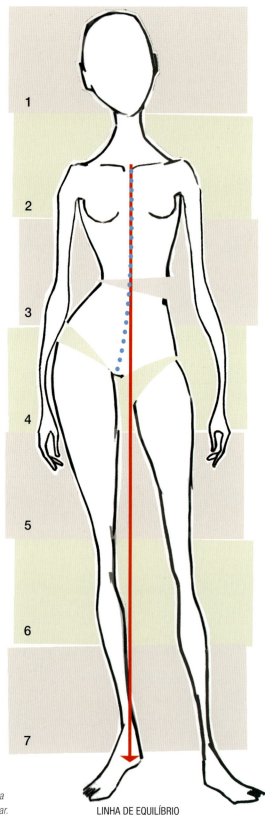

▶ Você pode manipular as partes da sua figura intuitiva para criar uma pose relaxada preliminar.

LINHA DE EQUILÍBRIO

As formas geométricas na pose relaxada

Delinear as formas geométricas ajudará a entender melhor o movimento do corpo e a desenvolver uma ampla variedade de poses. Trabalhando com seu guia, você vai desenhar as formas geométricas (à direita), adaptando-as à sua proporção personalizada. À medida que desenha, certifique-se de que a disposição das formas esteja coerente com as regras do contraposto.

Checklist para a figura de pose relaxada

✓ A linha do centro da frente desloca-se em direção à perna que carrega o peso.

✓ A cabeça está diretamente acima do pé da perna que carrega o peso.

✓ A oposição entre as formas de cima e as de baixo do tronco equilibra o corpo.

✓ A perna que carrega o peso fica reta (é estranho carregar o peso sobre uma perna dobrada).

✓ A inclinação dos joelhos é paralela à dos quadris.

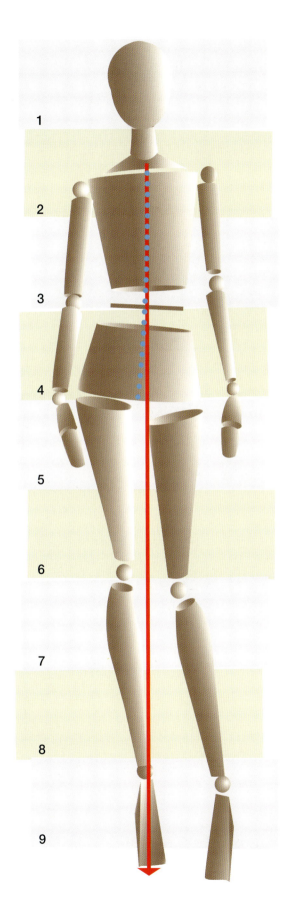

FORMAS GEOMÉTRICAS NA FIGURA DE POSE RELAXADA

▲ Antes de começar a desenhar a figura de pose relaxada, analise a pose fazendo figurinhas de palitos.

Como desenhar a pose relaxada

Seu desenho das formas geométricas pode agora ser usado como base para sua primeira pose relaxada. Coloque o desenho sob diversas folhas de papel vegetal. O desenho de baixo deve ser apenas uma referência vaga, pois, mais uma vez, você não vai decalcar, mas desenhar.

1 Usando lápis de cor ou marcador, analise a pose da seguinte maneira:
a. Trace uma linha de equilíbrio perpendicular ao solo a partir do centro do pescoço (note como essa linha passa através do pé da perna que carrega o peso).
b. Marque a linha do centro da frente conectando o centro do pescoço ao umbigo e à virilha (note como essa linha pende em direção à perna que carrega o peso).
c. Determine a inclinação da cintura e dos quadris e, em seguida, dos ombros e da linha do busto.
d. Conclua sua análise marcando a posição dos joelhos e dos pés, observando sua relação com a inclinação dos quadris e a proximidade com a linha de equilíbrio.

2 Comece a esboçar sua pose relaxada, guiando-se pelos vários pontos de referência. Procure distribuir as larguras estabelecidas para os ombros, a cintura e os quadris de maneira uniforme sobre a linha do centro da frente. Não confunda o centro da frente com a linha de equilíbrio.

3 Indique a clavícula, a linha do busto e o alto das pernas.

4 Acrescente o pescoço, o contorno do busto e os braços.

5 Refine seu desenho, usando uma segunda folha de papel vegetal se necessário.

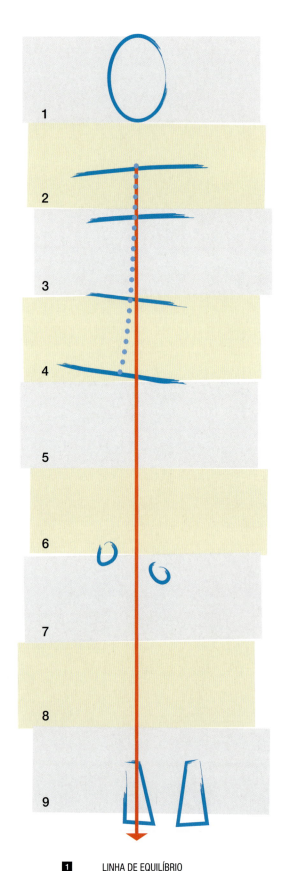

1 LINHA DE EQUILÍBRIO

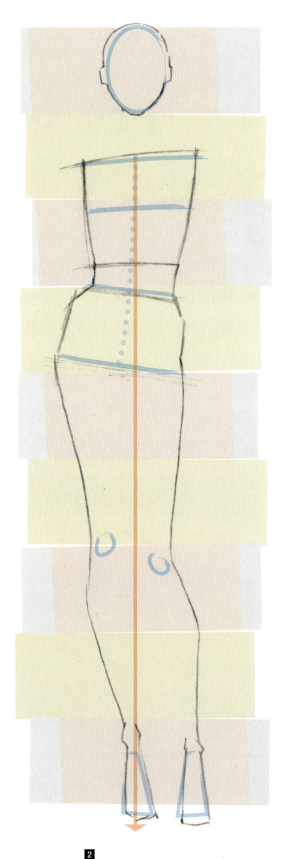

2

COMO DESENHAR A MULHER CAPÍTULO 1

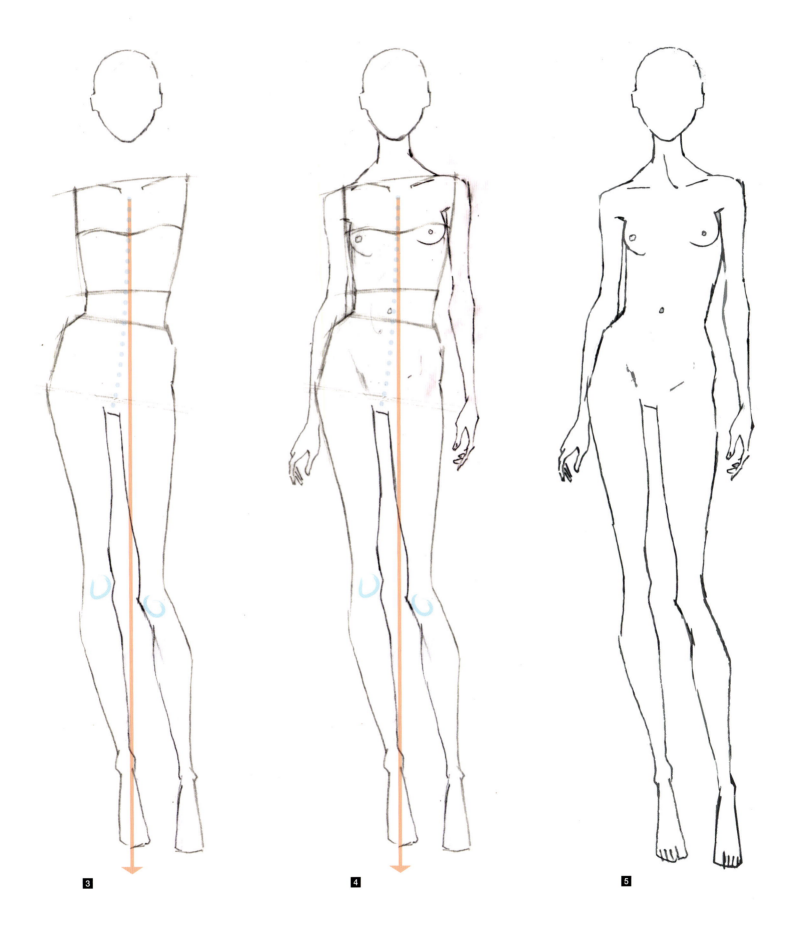

3 4 5

Variações

Quando estiver satisfeito com seu desenho, comece a desenvolver outras poses manipulando a imagem e experimentado várias posições de braços e pernas. Tente não ser ambicioso demais e lembre-se de que, mais para frente, o design das peças é que vai ditar a pose da sua figura.

Como se pode ver (página ao lado, à direita), o contraposto é na realidade uma pose universal. Quando o peso do corpo repousa inteiramente sobre uma perna, a ação da perna livre fica completamente arbitrária. As formas opostas das partes de cima e de baixo do tronco se combinam com a perna reta para formar a base tanto de uma pose relaxada como de uma pose de ação (à esquerda e no centro da página ao lado).

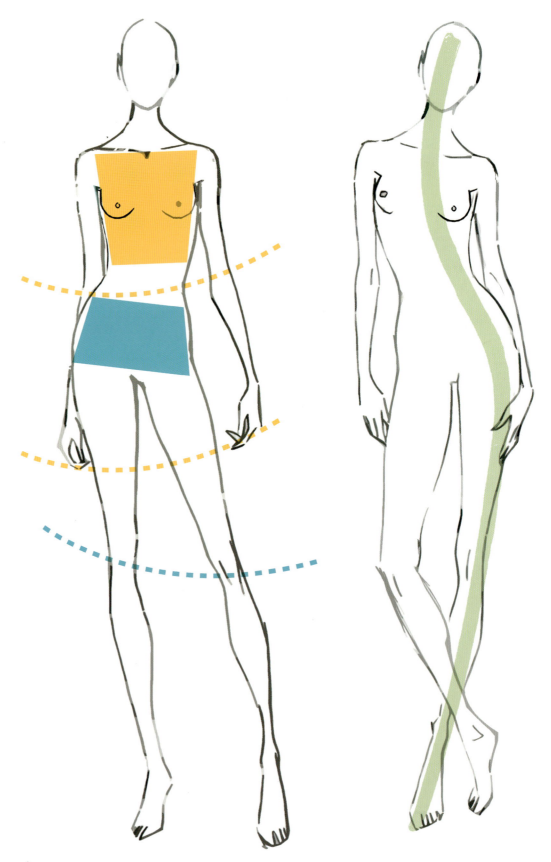

▲ À medida que você desenvolve sua figura de pose relaxada, note como a inclinação dos cotovelos e punhos corresponde à dos ombros e como a inclinação dos joelhos acompanha a ação dos quadris.

▲ A insinuação da curva em S, que acomoda as variações do peso do corpo, vai dar ritmo à versão final do seu desenho.

COMO DESENHAR A MULHER CAPÍTULO 1 **45**

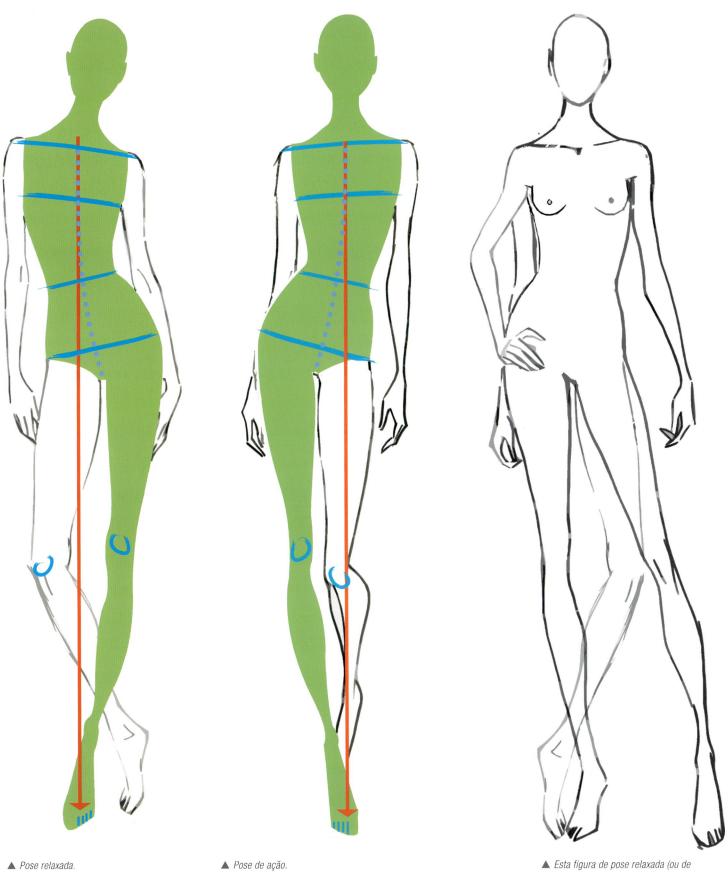

▲ *Pose relaxada.*

▲ *Pose de ação.*

▲ *Esta figura de pose relaxada (ou de quadril alto) é extremamente versátil e pode ser adaptada para uma variedade de poses relaxadas e de movimento.*

PARTE I COMO DESENHAR FIGURAS DE MODA

Como desenhar uma pose caminhando a partir de uma foto

Uma forma de criar uma narrativa de moda mais convincente é trabalhar com um modelo vivo, para que você possa ver os mecanismos físicos do contraposto. Uma fotografia também pode ser bastante útil. Tente encontrar uma imagem frontal de uma figura de corpo inteiro caminhando, cujo corpo não esteja coberto por camadas de roupas.

1 Usando lápis de cor ou marcador, analise a foto da seguinte maneira:
a. Trace uma linha de equilíbrio perpendicular ao solo a partir do centro do pescoço (note como essa linha passa através do pé da perna que carrega o peso).
b. Marque a linha do centro da frente conectando o centro do pescoço ao umbigo e à virilha (note como essa linha pende em direção à perna que carrega o peso).
c. Determine a inclinação da cintura e dos quadris e, em seguida, dos ombros e da linha do busto.
d. Conclua sua análise marcando a posição dos joelhos e dos pés, atentando para sua relação com a inclinação dos quadris e a proximidade com a linha de equilíbrio.

2 Trabalhando com seu guia e uma folha de papel vegetal, use os pontos de referência marcados em sua figura estática para interpretar a análise da pose caminhando na foto. Siga os passos de **a** até **d** descritos acima, mas dessa vez ajuste o posicionamento e as larguras das partes do corpo de forma que correspondam à proporção que você idealizou para a figura de moda.

3 Comece a esboçar sua figura, guiando-se pelos vários pontos de referência. Procure distribuir as larguras estabelecidas para os ombros, a cintura e os quadris de maneira uniforme sobre a linha do centro da frente. Esboce primeiro a cabeça e o tronco, em seguida acrescente as pernas e os pés. Observe a definição e a sombra projetada pelo joelho dobrado. Indique a clavícula e a linha do busto.

4 Usando a foto como referência, desenhe os braços e em seguida refine seu desenho.

1 LINHA DE EQUILÍBRIO

COMO DESENHAR A MULHER CAPÍTULO 1 47

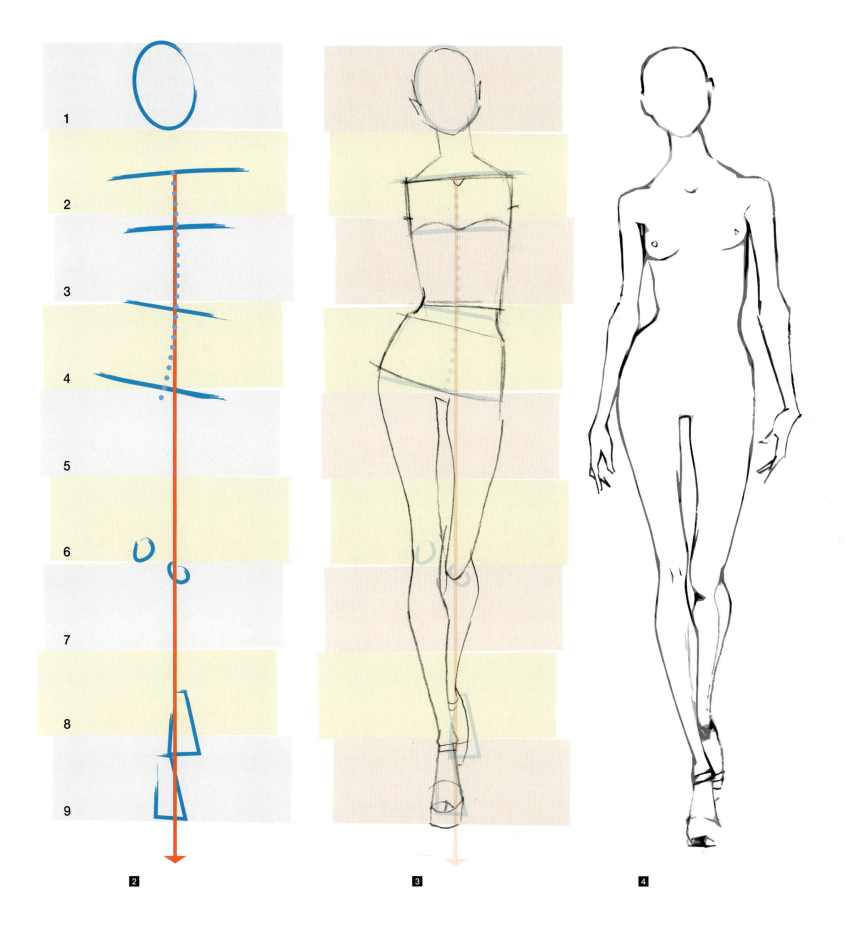

A estrutura do esqueleto

Como a figura de moda idealizada é magra, seria normal ver alguma expressão da estrutura óssea. Isso não quer dizer que você deva articular cada osso do corpo, o que faria a figura parecer bem mais velha ou macilenta. Tampouco é o caso de acrescentar arbitrariamente protuberâncias ao seu desenho. A fim de deixar seus desenhos mais convincentes, é importante fazer alguma indicação da estrutura óssea, com base na anatomia clássica, mas adaptada à sua própria proporção de moda.

Neste exercício, você vai usar sua figura de pose relaxada como base para um estudo do esqueleto. A descoberta de cada osso e sua relação com os outros vai propiciar um melhor entendimento de como o corpo se movimenta e se equilibra. Não há razão para simplesmente aceitar as regras do contraposto sem explicação; ao estudar os ossos você verá por que os ombros e os quadris trabalham em oposição, como a inclinação dos joelhos é governada pela inclinação dos quadris e assim por diante. Ao desenhar uma pose, você está, na verdade, traçando as várias articulações e os ossos. Por exemplo, a linha do centro da frente é de fato a espinha dorsal, a linha dos quadris é o alto do osso pélvico e assim por diante.

Pode ser interessante fazer uma pesquisa preliminar num livro de anatomia básica para ter uma visão geral de como o esqueleto trabalha. Existem bons diagramas anatômicos na internet. Sua abordagem para este desenho deve ser casual, priorizando o gesto sobre a representação exata de cada osso. Observando um modelo ou uma foto, você vai notar como os ossos afetam a forma da figura e onde eles encontram expressão sob a pele.

1 Coloque sua figura de pose relaxada sob um papel de decalque. Baseando-se em um diagrama anatômico, comece a construir um esqueleto rudimentar que corresponda às proporções da sua figura.

2 Refine seu desenho; os ossos devem ser desenhados com precisão e a ação da espinha deve corresponder à curva em S. A linha do centro da frente reflete a ação da espinha.

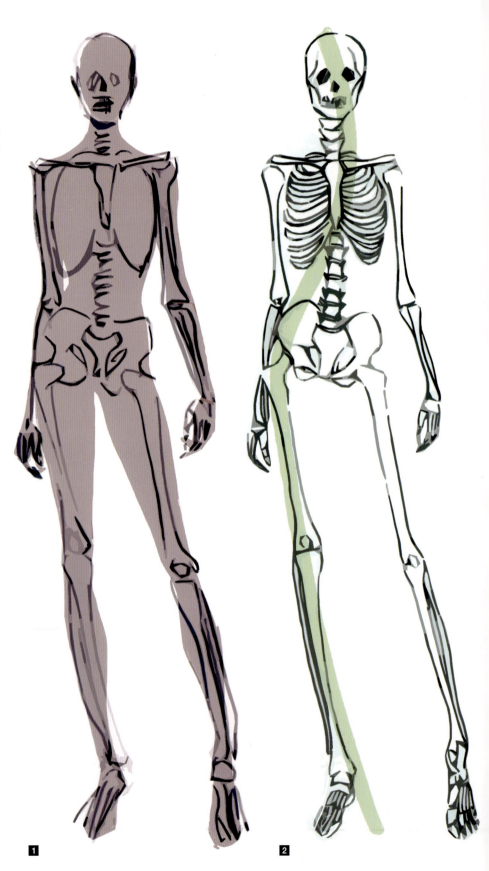

Perspectiva

Depois de estabelecer a relação de sua figura com a gravidade (equilíbrio), você pode avançar para a próxima premissa do seu desenho, a perspectiva. Para os propósitos da ilustração de moda, as regras da perspectiva podem ser usadas em termos bem gerais. Resumidamente, seus olhos percebem o tamanho e a forma de um objeto de tal maneira que lhe fornecem informações sobre sua posição. Por exemplo, à medida que um objeto se afasta de você, ele parecerá menor; inversamente, à medida que se aproxima, vai parecer maior. Sua percepção daquele objeto também vai mudar de acordo com o ponto de vista: do alto, de baixo ou de frente.

A aparência das diferentes partes da figura de moda (e, mais adiante, dos detalhes das peças) também vai variar dependendo da posição em relação à altura do olhar do observador. Assim, para representar convincentemente uma figura no espaço, você precisa tomar decisões sobre a posição da altura do olhar no **plano da imagem**. Um jeito simples é marcar a altura do olhar nos quadris. Tudo o que estiver acima dos quadris, ou seja, da altura do olhar, será representado com uma linha convexa, e tudo o que estiver abaixo deles será representado com uma linha côncava.

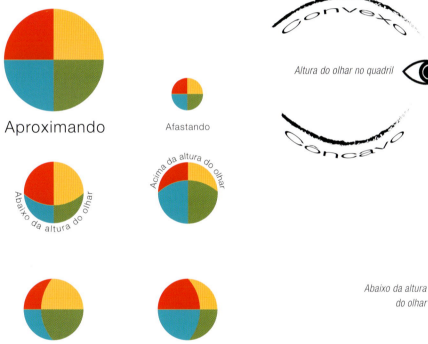

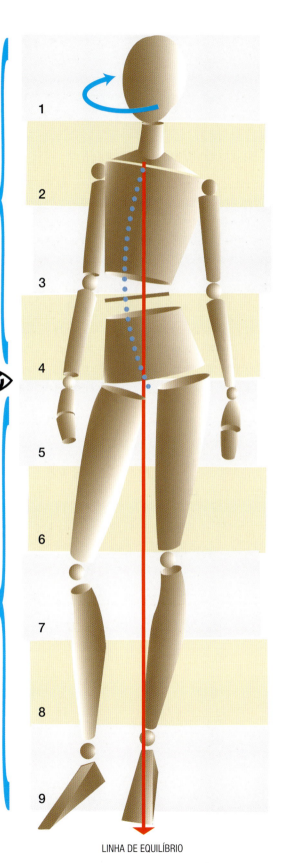

FORMAS GEOMÉTRICAS NA FIGURA VIRADA

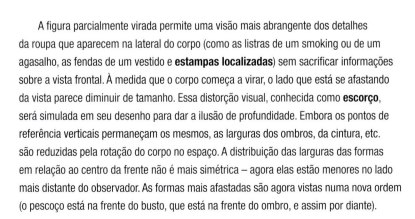

A figura parcialmente virada permite uma visão mais abrangente dos detalhes da roupa que aparecem na lateral do corpo (como as listras de um smoking ou de um agasalho, as fendas de um vestido e **estampas localizadas**) sem sacrificar informações sobre a vista frontal. À medida que o corpo começa a virar, o lado que está se afastando da vista parece diminuir de tamanho. Essa distorção visual, conhecida como **escorço**, será simulada em seu desenho para dar a ilusão de profundidade. Embora os pontos de referência verticais permaneçam os mesmos, as larguras dos ombros, da cintura, etc. são reduzidas pela rotação do corpo no espaço. A distribuição das larguras das formas em relação ao centro da frente não é mais simétrica – agora elas estão menores no lado mais distante do observador. As formas mais afastadas são agora vistas numa nova ordem (o pescoço está na frente do busto, que está na frente do ombro, e assim por diante).

50 PARTE I COMO DESENHAR FIGURAS DE MODA

Como desenhar a figura virada

Como discutimos na p. 46, é melhor trabalhar a partir de um modelo vivo para produzir desenhos de moda convincentes, mas uma fotografia também pode ser muito útil. Experimente encontrar uma imagem ou uma **página de revista** que mostre uma figura de corpo inteiro numa vista de três quartos.

1 Trabalhando com seu guia e uma folha de decalque, marque a linha de equilíbrio, a linha do centro da frente, a inclinação dos quadris, a cintura e os ombros, a posição dos joelhos, dos tornozelos e dos pés. Procure encurtar consistentemente as larguras no lado que está se afastando da vista.

2 Esboce a cabeça e o tronco, em seguida acrescente a parte de fora das pernas e dos pés.

3 Desenhe os braços, a linha do busto e a parte de dentro das pernas.

4 Refine seu desenho.

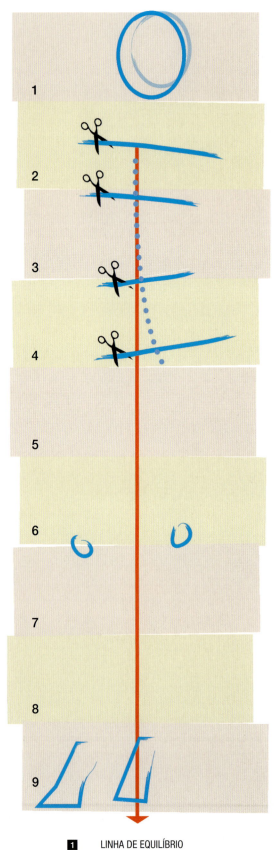

1 LINHA DE EQUILÍBRIO

COMO DESENHAR A MULHER CAPÍTULO 1

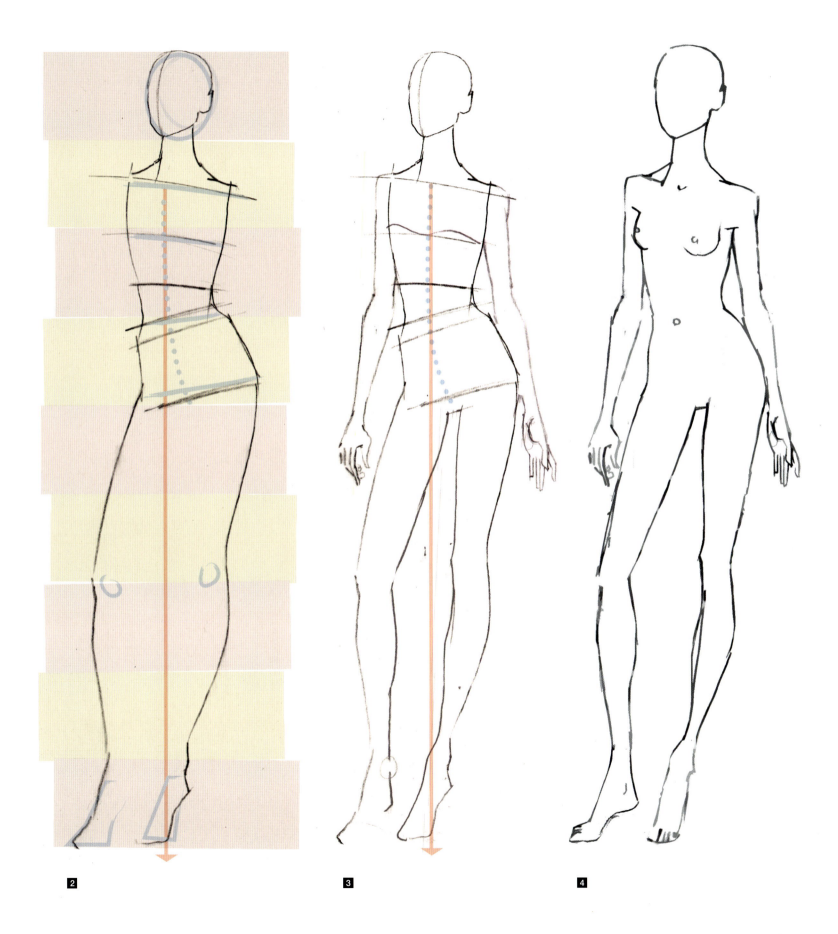

2   3   4

TAREFA 1

Os dois hemisférios do cérebro que processam palavras e imagens operam de maneiras muito diferentes. Quando você sente que está brigando com seu desenho, muito provavelmente é porque o lado do seu cérebro que lida com as palavras deu um nome (e os vários atributos associados a esse nome) à parte difícil do desenho. Essas noções preconcebidas interferem em sua habilidade de observar objetivamente a forma e o volume. Um método fácil de resolver esse problema é virar o seu desenho e a sua foto de referência de cabeça para baixo, abstraindo a imagem. Quando você não consegue "nomear" as partes do corpo, vai achar muito mais fácil desenhar as partes difíceis (como o rosto, as mãos e os pés). Contudo, o método invertido não é bom para estabelecer o todo, pois você precisa ser mais subjetivo quando estiliza a proporção. Trabalhando com uma série de referências fotográficas, analise e reinterprete as poses usando seu guia de proporção. Então, ajuste seu trabalho virando a foto de referência e o desenho de cabeça para baixo.

▲ *Você pode preservar seu esboço preliminar a lápis fazendo uma representação simples com marcador em uma fotocópia ou impressão a jato de tinta do desenho. Estas podem ser reproduzidas em papel translúcido para marcador. Ilustrações de Alfredo Cabrera.*

COMO DESENHAR A MULHER CAPÍTULO 1 53

TAREFA 2

Para começar a se soltar com o uso de marcadores e para entender melhor as noções de equilíbrio e escorço da figura, desenhe figuras em pose relaxada, viradas e de perfil usando maiô e saídas de praia. Desenhe as roupas usando as linhas de modelagem indicadas na p. 36. Experimente usar marcador colorido no verso do papel para evitar borrar sua linha. Você também pode acrescentar elementos de colagem, especialmente se quiser incluir algum tecido estampado. Para mais sobre trajes de banho, ver pp. 414-415, onde essa especialização é abordada de forma mais detalhada. Ver também Parte III para mais dicas sobre representação.

TAREFA 3

Integrar seu desenho manual com suas habilidades digitais vai otimizar ambos. Depois de terminar os desenhos a lápis das tarefas 1 e 2, escaneie-os e abra-os no Photoshop ou no Illustrator. Você pode então experimentar as várias ferramentas de caneta, pincel, preenchimento, filtros, efeitos e mescla de camadas para fazer o acabamento do desenho. O comando "Traçado de imagem" do Illustrator é uma excelente maneira de preservar a espontaneidade de um esboço a lápis convertido para a aparência de um desenho a tinta. Há também o bônus de a **imagem vetorial** poder ser editada.

54 PARTE I COMO DESENHAR FIGURAS DE MODA

A figura feminina de perfil

Você pode agora continuar a rotação de sua figura com a vista de perfil. Para esse exercício, seu desenho das formas geométricas escorçadas servirá como base para sua vista de perfil.

Quando o corpo estiver totalmente virado em uma verdadeira vista de perfil, somente metade da largura das formas geométricas ficará visível.

1 Usando seu guia de proporção, marque em um dos lados da linha do centro da frente a metade das larguras de referência.

2 Desenhe a figura usando os novos pontos de referência verticais e larguras.

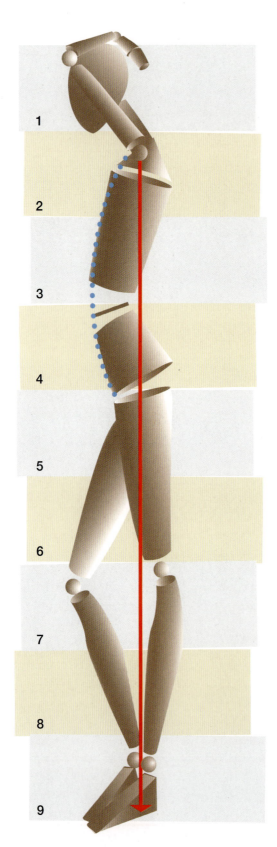

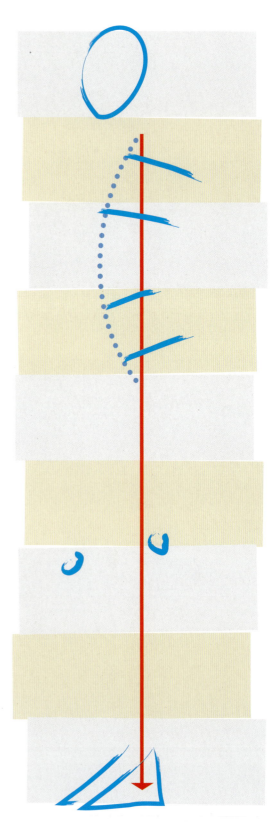

NOTA Observe a posição da linha do centro da frente; a figura de perfil é exatamente a metade da vista frontal.

FORMAS GEOMÉTRICAS DE PERFIL

1

COMO DESENHAR A MULHER CAPÍTULO 1   55

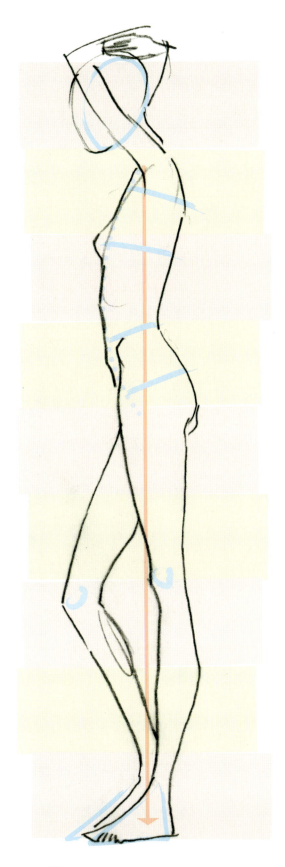

2

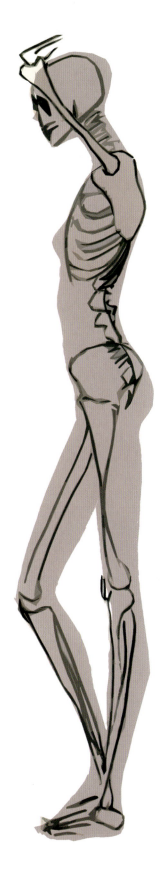

▲ A expressão dos ossos próximos à superfície fica mais aparente na vista de perfil.

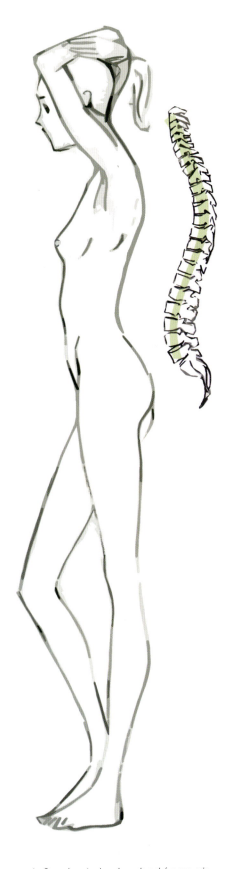

▲ O movimento da coluna dorsal é o que cria a curva em S.

A figura de costas

Seguindo os mesmos passos que para a vista frontal da figura de pose relaxada, você vai criar uma vista de costas. Trabalhando com seu guia e com papel vegetal:

1 Trace uma linha de equilíbrio vermelha. Então desenhe o lado de trás da cabeça a lápis. A parte de trás da cabeça é mais circular que a da frente, que tem forma oval. Marque o **centro das costas**, os ombros, o busto, a cintura, os quadris, os joelhos e os pés.

2 Comece a esboçar sua figura dorsal na pose relaxada, guiando-se pelos vários pontos de referência.

3 Refine seu desenho, usando uma segunda folha de papel vegetal se necessário; procure manter o movimento da curva em S.

4 Use a vista frontal de seu esqueleto como guia para a vista de costas. A vista dorsal da coluna também deve acompanhar a curva em S.

NOTA Em certas ocasiões, embora o peso do corpo tenha se transferido para um lado, ele ainda é partilhado pelas duas pernas, ainda que desproporcionalmente; assim, a linha de equilíbrio vai cair mais perto do pé que estiver carregando o maior peso. Neste desenho, o escorço da perna livre lhe dá a aparência de estar recuando.

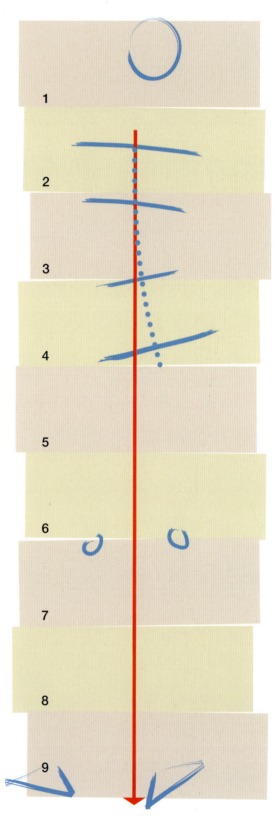

LINHA DE EQUILÍBRIO

COMO DESENHAR A MULHER CAPÍTULO 1 57

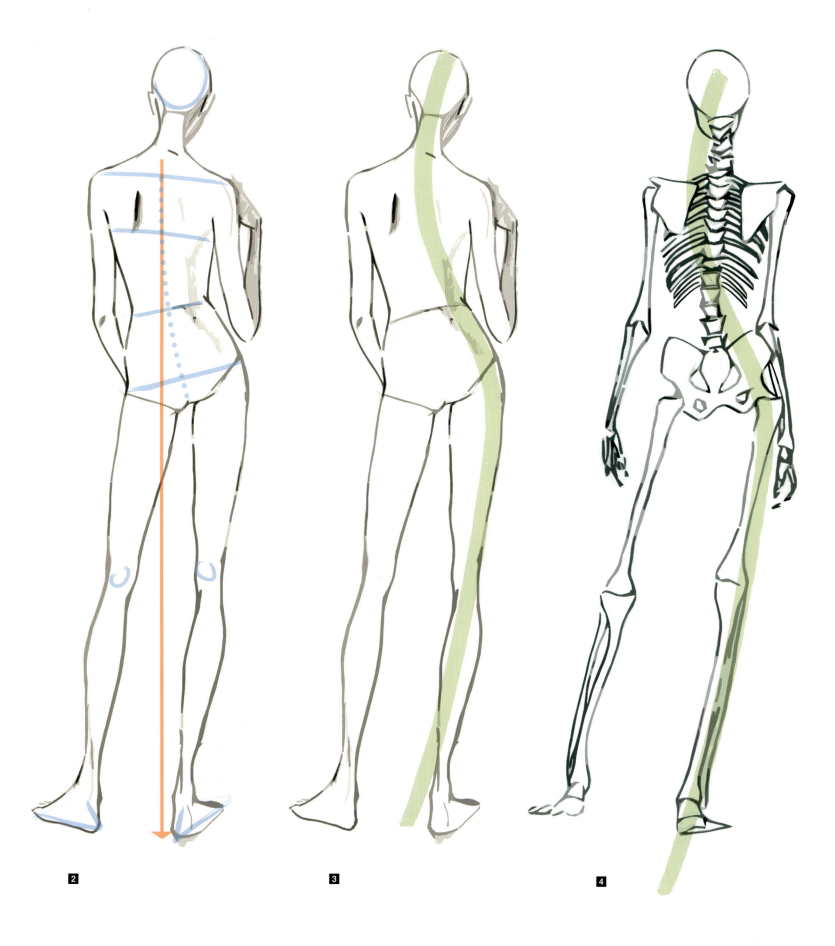

2

3

4

Poses

Ao se sentir mais seguro para desenhar a figura, você vai descobrir o valor de um **arquivo de imagens**, para criar poses mais ambiciosas com escorço extremo. Existem muitas imagens disponíveis na internet – lojas de roupas íntimas e de trajes de banho de alto padrão são uma ótima fonte para encontrar referências. Em sites pagos específicos e bancos de imagens (ex., catwalking.com e WGSN), você encontra fotos de desfiles, mas, como seria esperado, elas são em sua maioria de modelos caminhando. Imagens editoriais e de galerias podem ter mais variedade a oferecer. Se você se vir trabalhando com mais de uma foto (ex., uma para o rosto e o cabelo, outra para sapatos), a câmera provavelmente terá sido posicionada de maneira diferente em cada foto, então seus materiais de referência podem ter múltiplos pontos de vista. É aqui que a premissa da altura do olhar vai entrar em jogo e unificar o ponto de vista. Além disso, procure avaliar as fotos. Pergunte a si mesmo se a figura realmente parece estar de pé. Uma pose que contradiz as regras do contraposto (mesmo se isso ocorreu num momento paralisado pela câmera) pode parecer inverossímil num desenho.

▶ *A ilustradora Andrea Marshall usa uma combinação habilidosa de peças de apoio, acessórios e uma pose dinâmica para dar vida a uma roupa simples.*

Por outro lado, uma figura que esteja ligeiramente desequilibrada pode ser usada para criar um efeito dramático – não dá para saber sem tentar. É importante considerar como uma pessoa pode se movimentar em determinada roupa (ex., levar em conta se o tecido e/ou a silhueta restringe a amplitude do movimento) e sob quais circunstâncias a roupa pode ser usada. Também existe o impacto da inspiração para a coleção (ex., uma coleção inspirada pelo fundo do mar pode pedir poses flutuantes).

Nem todas as poses precisam ser excessivamente complicadas. Figuras contorcidas demais podem, aliás, ofuscar e desviar a atenção da roupa. O uso de uma figura estática com pequenos gestos está na moda. As composições também podem trazer uma sequência de modelos exatamente na mesma pose caminhando. Cabe a você determinar qual pose exibe melhor o design da sua peça.

◄ Se a figura está se debruçando sobre uma mesa ou contra uma porta, você deve incluir esses elementos em seu desenho, ou vai parecer que ela está caindo.

▲ As criações e as ilustrações de Kelly DeNooyer são inspiradas nas marionetes de Scott Radke. As poses – também em consonância com sua inspiração – não poderiam ficar soltas no ar sem o suporte de fios de marionete.

TAREFA 4

Trabalhando com seu guia de proporção e com várias fotos de referência, desenvolva seis novas poses. Experimente escorços mais dramáticos, objetos e acessórios (abaixo), além de compor com pares de figuras que partilhem algum gesto ou posição.

COMO DESENHAR A MULHER CAPÍTULO 1

◂◂ *Uma vez desenvolvida, você pode espelhar a pose caminhando em uma segunda figura, como nesta ilustração de Eri Wakiyama.*

◂ *Camadas externas volumosas costumam ser ilustradas em figuras estáticas. Ilustração de John Bauernfeind.*

▼ *O uso de figuras estáticas por Jiwon Kang cria um contexto formal para sua coleção de alfaiataria.*

TAREFA 5

Existem muitas considerações a se fazer ao decidir a melhor pose possível. Uma roupa que marque o corpo pode exigir uma figura mais ativa (a ilustração de Alfredo Cabrera na p. 53 é um bom exemplo). Por outro lado, a pose relaxada com ombros e quadris em ângulos opostos pode causar vincos que interrompam uma forma mais escultural. Já uma pose estática pode não descrever completamente o peso e o comportamento do tecido. Então é melhor experimentar do que automaticamente usar a mesma figura para toda a coleção. Trabalhando com seu guia de proporção e uma folha de decalque, desenhe exatamente a mesma roupa em uma figura estática, relaxada, caminhando e virada. Em seguida, avalie seus desenhos para ver qual pose funciona melhor para seu conceito.

Ajustes

Embora atualmente a medida de nove cabeças seja considerada a norma para o desenho de moda, a proporção costuma variar de acordo com o perfil do público-alvo, a categoria de mercado e a inspiração por trás de uma coleção. Ainda que seu desenho seja meio mecânico no começo, à medida que você se torna mais confiante, vai começar a se soltar e a improvisar. A dificuldade de ajustar a proporção é que quando você muda uma parte do corpo o tamanho das outras partes vai parecer desproporcional. Depois de muitas tentativas e erros, quando você finalmente se decidir por uma nova proporção mais pessoal, será necessário um novo guia e muita prática para implementar a mudança de forma consistente.

Mudando os padrões

Os hábitos se formam rapidamente e é fácil cair em uma rotina, prendendo-se a uma proporção padrão. De tempos em tempos, procure renovar as proporções. Você pode também criar uma nova proporção por puro acidente se, inesperadamente, desenhar uma figura diferente de tudo o que fez anteriormente ou caso um modelo vivo inspire uma mudança repentina. Seja como for, o método descrito para a proporção intuitiva (ver p. 38) vai ajudar a adaptar e perpetuar o acidente feliz.

> **TAREFA 6**
>
> A manipulação digital é uma ferramenta valiosa para ajustar a proporção. Escaneie sua pose relaxada e abra o documento no Photoshop. Então selecione e transforme separadamente a cintura, os quadris, as coxas, etc. Voltando à figura original, experimente fazer ajustes nos pontos de referência verticais. Evite transformar a figura toda de uma vez só, já que isso resultará em uma figura de menor escala com a proporção original padrão. Uma combinação de transformações verticais e horizontais dará a você o melhor resultado.

▶ *Você pode ajustar sua figura de forma que corresponda a um ideal mais andrógino.*

Ajustando a proporção

A abordagem do design de roupas vai variar conforme o nicho e as medidas do cliente, por isso é muito importante ter a figura certa para visualizar os conceitos. Os detalhes das roupas precisarão ser aumentados ou diminuídos para corpos maiores e menores, respectivamente. Contudo, ao adaptar a proporção de forma que corresponda a um perfil específico de cliente, procure manter a economia de linha, a estilização e a elegância de seus outros desenhos de moda.

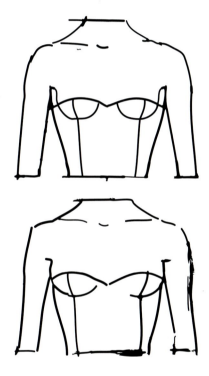

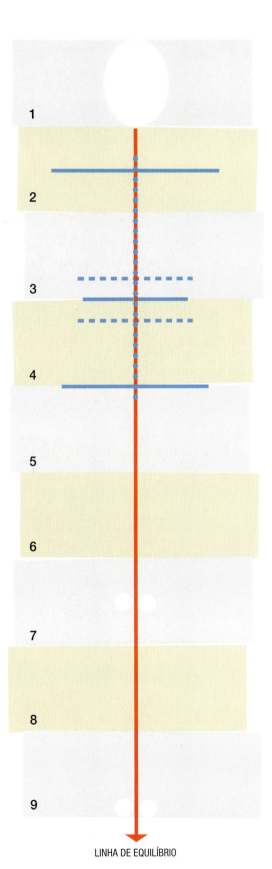

LINHA DE EQUILÍBRIO

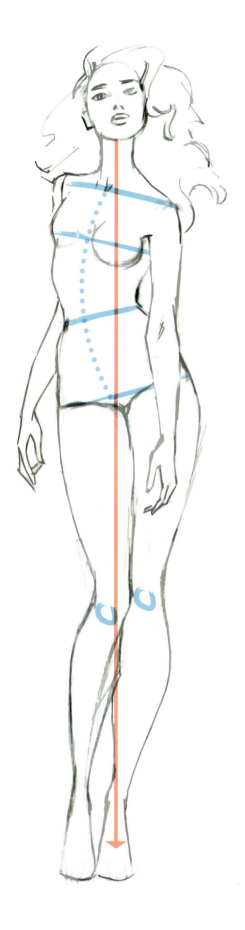

▲ Ampliar o busto terá impacto na forma como os braços se conectam com o tronco; você precisará tomar um cuidado extra ao ilustrar as cavas e o caimento das mangas.

▶ Neste guia, o número de cabeças permanece consistente com o desenho de moda tradicional, mas as larguras dos ombros, da cintura e dos quadris foram ajustadas para atingir uma figura mais voluptuosa. Ao modificar a pose relaxada, você também vai precisar fazer as mudanças correspondentes na figura planificada, de forma a manter uma conexão visual entre as duas. Você pode ver uma figura planificada ajustada na página seguinte.

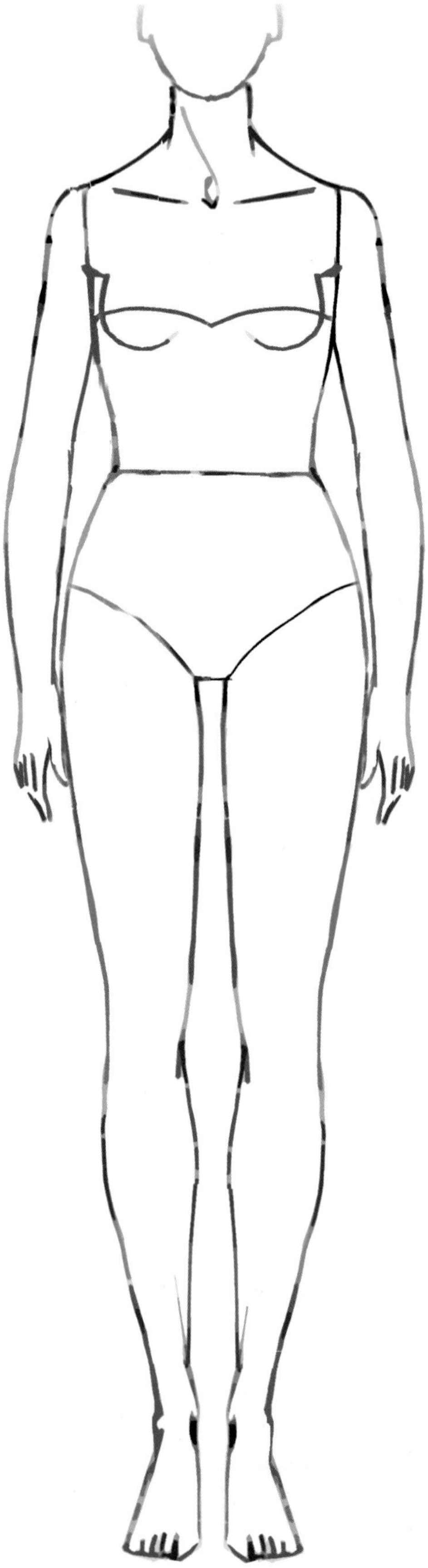

64 PARTE I **COMO DESENHAR FIGURAS DE MODA**

▲ *A figura planificada deve ser alterada de forma que sua proporção corresponda à figura de moda ajustada. Aqui, exemplos de roupas desenhadas na figura planificada com uma proporção mais robusta (à esquerda).*

A barriga

De uns anos para cá, a gravidez de mulheres famosas levou a moda gestante para o primeiro plano da moda. Parte dessa nova noção de pré-natal chique repousa numa sensibilidade completamente diferente quanto ao corpo da mulher grávida. Diferentemente do passado, quando a gestante cobria o corpo com camadas volumosas, as mulheres de hoje muitas vezes se vestem com roupas justas que acentuam a forma crescente.

A estilista Liz Lange foi uma das pioneiras na tendência de moda gestante, e hoje em dia mulheres grávidas podem facilmente exibir sua barriga com roupas que refletem os visuais dos últimos desfiles. Até mesmo o Agent Provocateur, criador de roupas íntimas escandalosas, oferece agora coleções de moda pré e pós-natal.

    A glamorização da maternidade começa com conceitos que podem ser visualizados numa figura apropriada. A figura da gestante deve ser tão estilizada e descolada quanto a figura feminina comum – apenas com uma barriga a mais! Sutileza não é uma boa ideia aqui, já que você não quer que essa figura seja confundida com uma de tamanho grande. As vistas de três quartos e de perfil são ideais para enfatizar a barriga na moda.

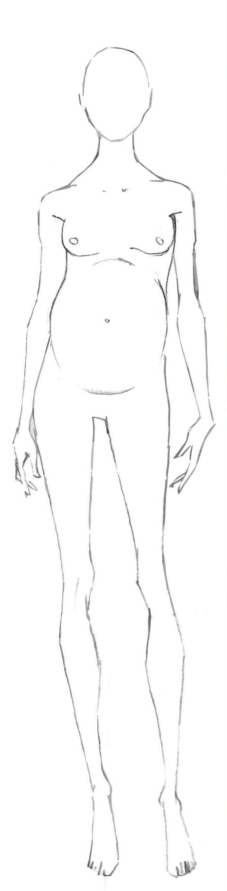

▶ A oposição entre a parte de cima e a de baixo do tronco será menos marcante na figura gestante em pose relaxada, e ela terá uma postura ligeiramente mais aberta.

▶▶ Jourdan Dunn na passarela usando um modelo assinado por Jean-Paul Gaultier adaptado à sua barriga.

Traduzindo inspiração

Às vezes, para passar uma tradução mais completa da inspiração por trás de uma coleção, você pode querer ajustar a proporção da sua figura. Por exemplo, se sua coleção for inspirada por ou para um ícone, pode ser essencial captar uma semelhança para fornecer o contexto certo. Se um movimento cultural ou um artista específico for sua inspiração, faria sentido que isso se refletisse não somente na estilização da figura, como também na proporção e nos materiais usados.

▼ *Com o trabalho de Diane Arbus como inspiração para sua coleção, a figura de moda de proporções não convencionais de Mary-Ellen Rankeillor reflete a fascinação da fotógrafa com o que é tido como anormalidade.*

▶ ▼ *Kelley Carollo faz uma interpretação para a moda do universo fantástico surrealista de Nick Sheehy, conhecido como "Showchicken" (à direita). Além de retratar suas garotas como uma raça mítica de criaturas parecidas com gnomos, Carollo replica o método de Sheehy, com hachuras intrincadas e sobreposição de cores.*

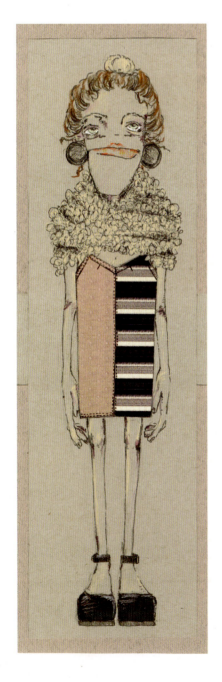

COMO DESENHAR A MULHER CAPÍTULO 1

▶ *Nesta coleção resort, Lydia Palmiotti mistura de forma fluida acabamentos digitais e manuais para captar a essência de sua musa, Lana Del Rey.*

TAREFA 7

Crie uma pequena coleção cuja inspiração não esteja somente refletida na estilização da figura, mas também completamente integrada na proporção da figura e nos materiais utilizados para ilustrá-la.

▲ *Zirui Huang usa pinceladas de caligrafia em seu texto e também para desenhar suas figuras de moda.*

▶ *Em uma referência ao cubismo, em especial à série "Mulher Chorando", de Pablo Picasso, Dahae Lee apresenta suas roupas e figuras em um plano com múltiplos pontos de vista.*

CAPÍTULO 2
COMO DESENHAR O HOMEM

Como no caso da figura feminina, as tendências da moda, o conceito de design e o público-alvo serão fatores determinantes para representar a figura masculina. Por exemplo, se o design das roupas tende a ser mais experimental, as apresentações também serão não convencionais, tanto em termos de proporção da figura quanto dos materiais usados para representá-la. Por outro lado, uma filosofia de design clássica vai ditar uma abordagem mais tradicional. O tipo de roupa também vai influenciar a apresentação visual. Por exemplo, roupas atléticas voltadas para algum esporte específico serão mais bem representadas em figuras mais musculosas em poses ativas.

◀ Os estilistas de Nina Donis aplicam a mesma estética para as roupas de homens e mulheres.

▲ Dylan Taverner usa um estilo de desenho ousado e uma proporção apropriada para moda de vanguarda para homens.

▶ Para mostrar trajes de banho, a preferência é por um físico mais musculoso. Na realidade, o corpo do homem mede cerca de oito cabeças.

70 PARTE I COMO DESENHAR FIGURAS DE MODA

Planejamento

Qualquer proporção estilizada que você venha a escolher é aceitável – na realidade, costuma haver mais liberdade para o ideal masculino. Estilistas como Nina Donis costumam estabelecer uma proporção relativa entre as figuras masculina e feminina. Se você opta por desenhar uma cabeça grande para a figura feminina, faz sentido seguir uma proporção similar para a masculina. A altura da figura masculina tende a ser um pouco maior que a da feminina. Se a sua figura feminina tem uma proporção de nove cabeças, a masculina também deve ter essa proporção – mas a cabeça usada como unidade de medida será ligeiramente maior.

▶ Cada estilista estabelece uma proporção característica única para transmitir sua visão de moda. Richard Haines (à direita) alonga sua figura de acordo com uma proporção tradicional da moda, de nove cabeças. Kazue Shima (no centro e à direita) usa sete cabeças para a altura de sua figura. Jiakuann também usa sete cabeças para a altura de sua figura, mas os pontos de referência para as partes do corpo são bem diferentes e utilizados para atingir um escorço mais dramático.

COMO DESENHAR O HOMEM CAPÍTULO 2 71

72 PARTE I COMO DESENHAR FIGURAS DE MODA

▲ A fotografia não desbanca mais a ilustração na blogosfera, onde um conteúdo com trabalho manual se destaca. Aqui, uma cobertura artística de um desfile por Alex Mein para a Slashstroke.com.

◤ Nesta ilustração editorial, Jiiakuann imagina o estilista Riccardo Tisci vestindo roupas de sua própria criação para a Givenchy.

O objetivo do seu desenho também será um fator de grande influência. Estilistas de moda enfrentam o desafio de visualizar roupas que só existem na sua imaginação, e o esboço de conceitos iniciais pode ser bem abstrato. Uma proporção de uma figura excessivamente estilizada usada com esse propósito pode acabar causando disparidade entre os esboços, as figuras terminadas e os desenhos técnicos. Apresentações mais formais, que ocorrem mais à frente no processo, devem ser tão criativas quanto abrangentes para predizer a realização da roupa. Desenhos de moda criados para propaganda, revistas e blogs têm parâmetros completamente diferentes. É trabalho do ilustrador de moda fornecer contexto para uma coleção, e ele pode empregar maior licença criativa ao fazê-lo. O ilustrador também tem mais chances de ter visto a roupa de verdade e sua missão é transmitir uma impressão. O trabalho artístico, portanto, pode ser menos específico e mais experimental em termos de proporção e escolha de materiais.

COMO DESENHAR O HOMEM CAPÍTULO 2 73

▲ Os rascunhos preliminares de Peter Do são bem abstratos e servem como ponto de partida para uma experimentação mais dimensional (por exemplo, drapeados e estamparias).

▲ Uma apresentação formal de Seksarit Thanaprasittikul traz informações mais abrangentes sobre a construção da roupa, além de cores, tecido e textura.

A proporção tradicional da figura masculina

Existem evidentemente muitas diferenças baseadas no gênero, que se tornam logo aparentes nas formas geométricas (à direita). Comparados às mulheres, os homens têm estruturas óssea e muscular mais desenvolvidas e, consequentemente, mais proeminentes. Os traços faciais são mais marcados e o maxilar é mais quadrado (sobre como desenhar rostos masculinos, ver Capítulo 4). A figura masculina também será mais larga nos ombros e no tórax. Homens têm troncos mais longos com cinturas mais baixas e quadris mais estreitos. No entanto, a aparência de masculinidade para a moda não se traduz necessariamente em um homem "grandalhão".

Se você prefere uma base de nove cabeças para a figura feminina, é melhor empregar uma fórmula similar para a masculina. Você pode usar a base de nove cabeças para a figura masculina fornecida aqui. Recrie o guia no tamanho que funcione melhor para você, medindo ou dobrando seu papel em nove partes iguais. Se estiver usando uma proporção própria para a figura feminina, será melhor adaptá-la para a masculina, aumentando o tamanho da cabeça, modificando a largura dos ombros, estendendo o comprimento do tronco e enfatizando a expressão dos músculos e ossos.

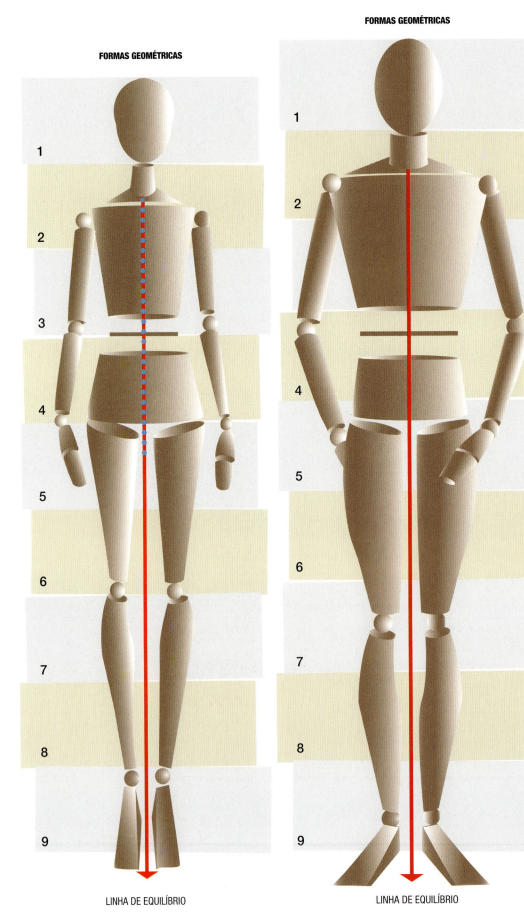

FORMAS GEOMÉTRICAS

FORMAS GEOMÉTRICAS

LINHA DE EQUILÍBRIO

LINHA DE EQUILÍBRIO

COMO DESENHAR O HOMEM CAPÍTULO 2   75

GUIA DE PROPORÇÃO MASCULINA: NOVE CABEÇAS

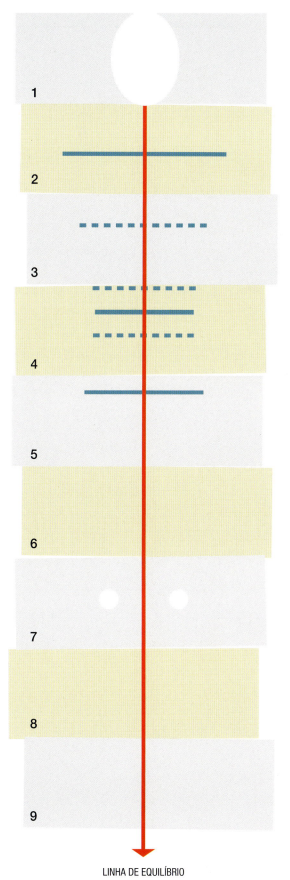

A figura anatômica masculina

Procure representar o homem com formas geométricas simplificadas, como as de um manequim articulado. Usando o guia de proporção masculino, desenhe as formas da figura, atentando para a ordem e a posição no espaço – por exemplo, acima ou abaixo da altura do olhar. (A respeito de relações espaciais e escorço, ver pp. 49-51.)

Ombros 2 cabeças de largura @ 1 ½ cabeça

Parte de baixo dos músculos peitorais @ 2 ⅓ cabeças

Parte de baixo do tórax @ 3 cabeças

Cintura 1 ¼ cabeça de largura @ 3 ¼ cabeças

Parte de cima do quadril @ 4 ½ cabeças

Parte de baixo do quadril 1 ⅓ cabeça de largura @ 4 ¼ cabeças

Joelhos @ 6 ½ cabeças

Calcanhar @ 9 cabeças

LINHA DE EQUILÍBRIO

1 Coloque uma folha de papel vegetal sobre o guia e trace uma linha vertical vermelha para estabelecer um "prumo", ou linha de equilíbrio. Trabalhando com um lápis nº 2 ou HB, desenhe uma forma oval para a cabeça e depois o resto do corpo, indicando as formas geométricas da figura masculina.

2 Quando tiver estabelecido as formas, delineie os ombros, o tórax e o abdômen num segundo papel de decalque. Lembre-se de que o físico masculino de moda não é necessariamente grandalhão.

3 Termine de esboçar o resto da figura.

4 Refine seu desenho e inclua os detalhes do rosto, das mãos e dos pés.

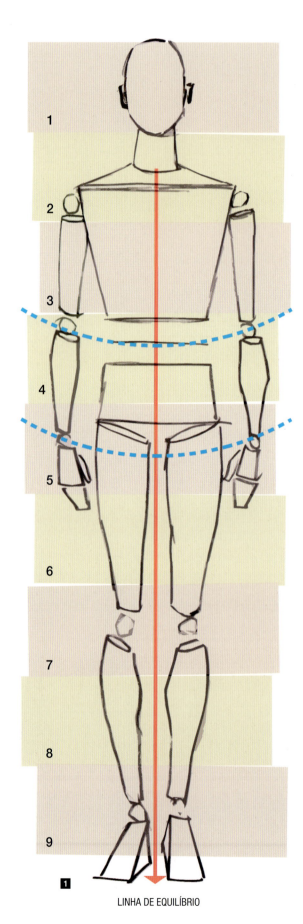

1 LINHA DE EQUILÍBRIO

COMO DESENHAR O HOMEM CAPÍTULO 2 77

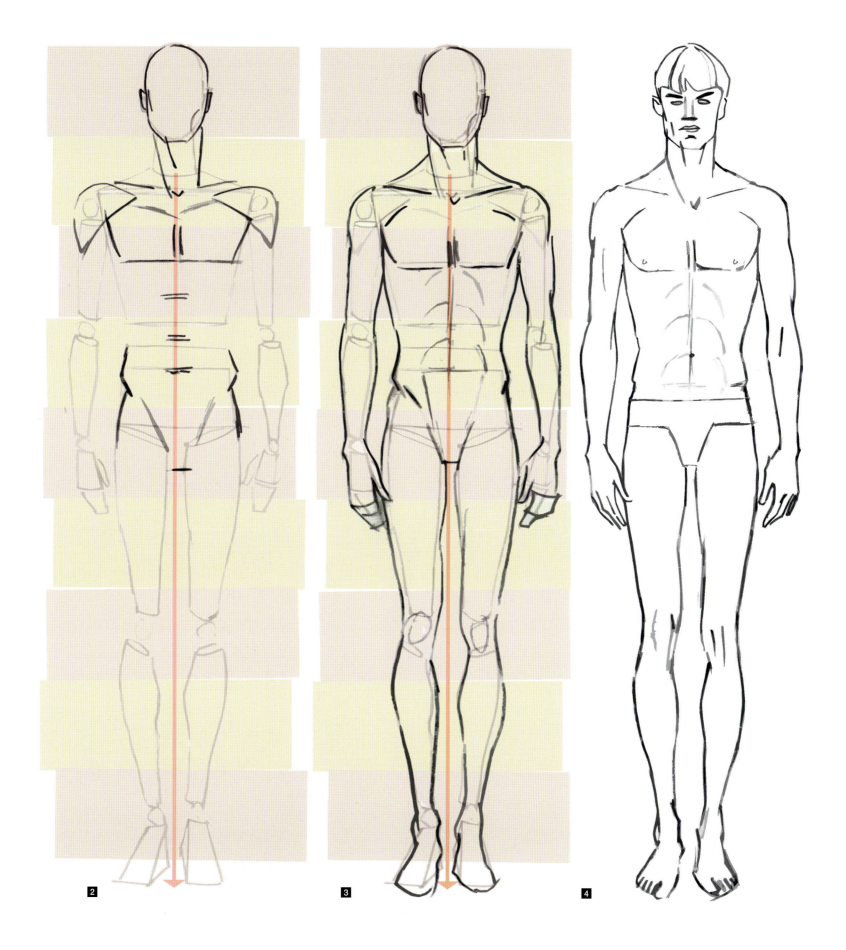

A figura planificada masculina

Os desenhos planificados, que representam as peças de vestuário fora do corpo, são parte integrante da criação e da produção das roupas. Enquanto a figura estilizada é usada para idealizar e predizer como uma roupa vai ficar, os desenhos planificados servem para comunicar informações técnicas sobre a construção das peças. Os desenhos planificados usados para descrever as roupas nas **fichas técnicas** devem ser muito precisos, pois funcionam como chave para a criação das primeiras amostras. Um maior grau de imaginação entra em jogo quando os desenhos planificados são usados para desenvolver um conceito – e, na realidade, muitos estilistas de moda masculina costumam criar sobre a figura planificada. Quando usados para marketing e vendas, os desenhos planificados podem ser mais inventivos. Um ilustrador pode ser contratado para reinterpretar o conceito de um estilista numa apresentação promocional. Detalhes são algumas vezes intencionalmente deixados de lado em tais apresentações para proteger os modelos contra cópias.

Uma figura planificada pode ajudar a manter uma proporção uniforme entre as diferentes peças da coleção. Ao adaptar a vista frontal estilizada da figura masculina para esse propósito, você pode estabelecer uma relação entre as figuras de moda e as planificadas. Como as roupas são concebidas para acomodar uma forma tridimensional, as peças vão parecer mais largas quando colocadas abertas sobre um plano, fora do corpo. Assim, a figura planificada também será um pouco mais larga. A posição das pernas deve ser alinhada com a largura dos quadris, e os braços devem ser paralelos ao centro da frente. Assim, se você precisar preencher seus desenhos com alguma estampa, o corpo e as mangas terão os motivos na mesma direção.

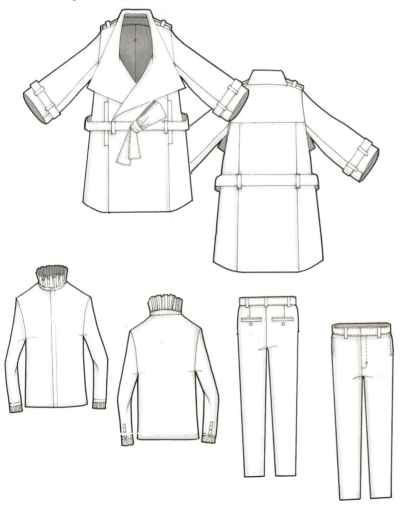

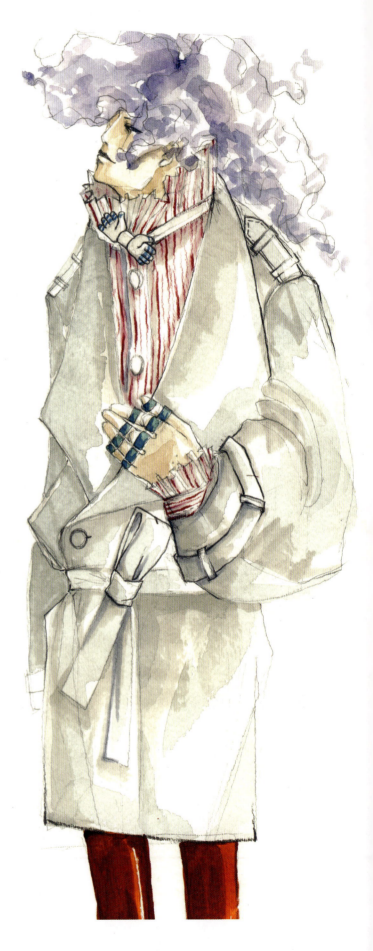

COMO DESENHAR O HOMEM CAPÍTULO 2 **79**

FIGURA PLANIFICADA MASCULINA

Ponto mais alto do ombro

Centro da frente

◄ *Para Chris Lee, homem de verdade usa babado! Um ajuste na proporção é também crucial em seu conceito de design, expresso aqui tanto em suas figuras quanto em seus desenhos técnicos.*

▼ *Peter Clark reinventa a jaqueta de motoqueiro como obra de arte. Uma colagem feita sobre a figura planificada pode inspirar o design de uma peça.*

▲ *O quadrante é usado para posicionar o centro da frente e o ponto mais alto do ombro. Esses pontos de referência são especialmente úteis para marcar medidas de modelagem planificadas em desenhos para fichas técnicas. A fim de ilustrar diferentes modelos de cavas e mangas, você pode determinar diversas posições para os braços, usando o arco como eixo para posicionar cotovelos e punhos.*

Proporção derivada de desenho com modelo vivo

Por causa das diferenças entre desenhar a partir de um modelo vivo e a partir de uma foto (ou até mesmo a partir da imaginação), muitas pessoas sentem dificuldade quando trabalham em circunstâncias diferentes das habituais. Mais do que se imagina, a proporção das figuras desenhadas sem o recurso de um modelo vivo não chega nem aos pés da proporção das figuras desenhadas a partir da observação da realidade. Pode ser que você seja muito habilidoso no desenho com modelos vivos e sinta dificuldade quando tiver de trabalhar sem esse recurso (ou vice-versa).

Você pode facilitar a transição entre os diferentes tipos de desenho ao analisar a proporção de um de seus desenhos de observação e aplicá-la a um novo guia de proporção. Então, quando desenhar a partir de uma referência fotográfica ou da imaginação, você pode usar o guia criado com base no desenho de modelo vivo para obter uma nova proporção, talvez mais apropriada para determinado público-alvo ou para uma especialização da indústria. (Sobre como desenhar modelos vivos, ver Capítulo 5.)

▲ *Richard Rosenfeld captura o modelo com habilidade, numa pose de perspectiva muito acentuada.*

COMO DESENHAR O HOMEM CAPÍTULO 2 **81**

GUIA DE PROPORÇÃO CRIADO A PARTIR DE DESENHO COM MODELO

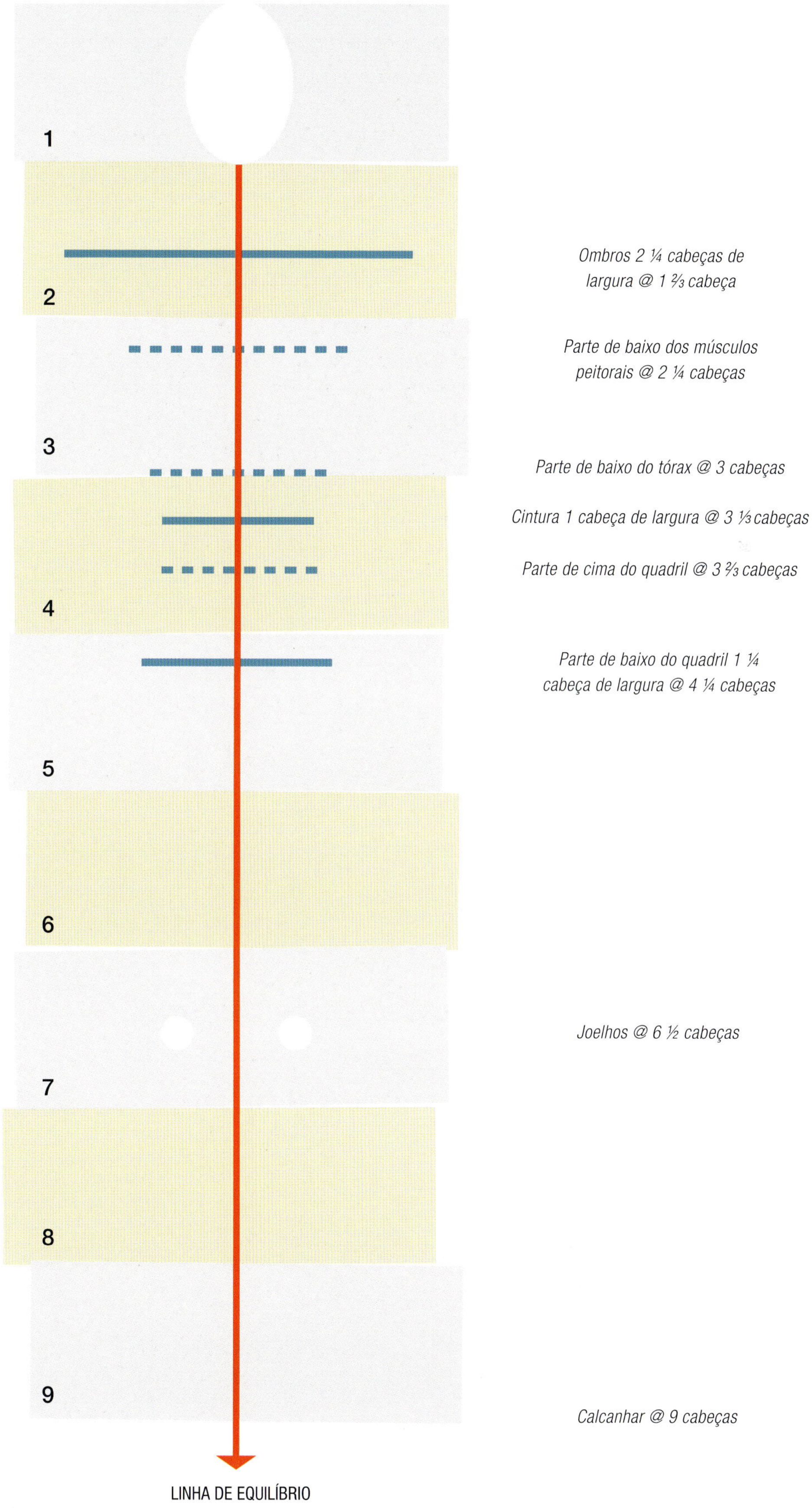

Ombros 2 ¼ cabeças de largura @ 1 ⅔ cabeça

Parte de baixo dos músculos peitorais @ 2 ¼ cabeças

Parte de baixo do tórax @ 3 cabeças

Cintura 1 cabeça de largura @ 3 ⅓ cabeças

Parte de cima do quadril @ 3 ⅔ cabeças

Parte de baixo do quadril 1 ¼ cabeça de largura @ 4 ¼ cabeças

Joelhos @ 6 ½ cabeças

Calcanhar @ 9 cabeças

LINHA DE EQUILÍBRIO

▲ *Uma proporção mais extrema surge num desenho com modelo vivo com tempo marcado.*

Equilíbrio

Antes de começar a desenhar a figura do homem em uma pose relaxada, certifique-se de ter lido a explicação sobre o equilíbrio da figura no Capítulo 1. Como a gravidade tem o mesmo efeito sobre homens e mulheres, as regras do contraposto também se aplicarão aqui. A inclinação dos ombros vai se opor à dos quadris. À medida que a parte de baixo do tronco se deslocar em direção à parte de cima do quadril, a cabeça ficará posicionada diretamente acima do pé da perna que está carregando o peso. Há também uma insinuação da curva em S, embora menos marcante que nas mulheres.

Mas existem também muitas diferenças de gênero. Comparados às mulheres, os homens têm sistemas muscular e ósseo mais desenvolvidos. Como consequência, eles têm comparativamente menos flexibilidade e, quando seu peso se desloca, a oposição entre a parte de cima e a de baixo do tronco não é tão acentuada. A postura e os gestos das mãos e dos pés são também particulares a cada gênero – por exemplo, poses com uma distribuição do peso mais uniforme são percebidas como mais masculinas.

A figura masculina de pose relaxada

Usando seu guia de proporção e a *checklist* para a figura de pose relaxada (ver p. 41), desenhe a figura masculina na pose relaxada, tanto de frente quanto de costas. A vantagem de trabalhar com papel vegetal é que, assim que estiver satisfeito com os desenhos, você poderá virá-los para criar figuras espelhadas adicionais.

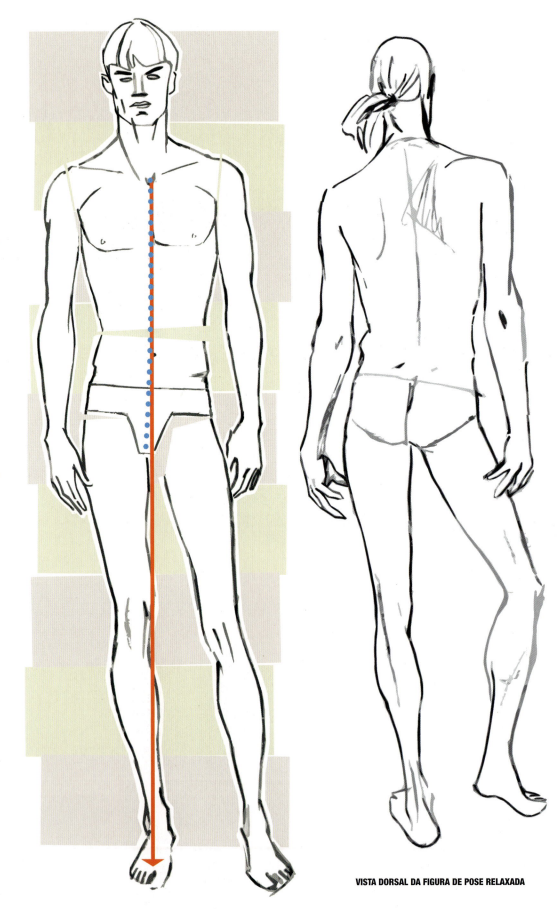

▶ *Seguindo as regras do contraposto, você pode manipular partes da figura estática de frente para criar uma pose relaxada.*

VISTA DORSAL DA FIGURA DE POSE RELAXADA

Músculos e ossos na figura masculina

Quando tiver determinado a proporção geral, você poderá inventar os ossos e os músculos para sua figura masculina. Coloque a figura sob um papel de decalque. Observando um diagrama anatômico (como mencionado anteriormente, existem vários muito bons na internet), reinterprete o esqueleto de acordo com sua figura estilizada. Depois desenhe os músculos num segundo papel de decalque. Estudar os músculos e os ossos – que encontram maior expressão nos homens – será muito importante para desenvolver a figura masculina. O posicionamento de sombras e áreas mais claras sobre a pele (ou roupas justas) será determinado pelo seu conhecimento das principais estruturas ósseas e grupos musculares.

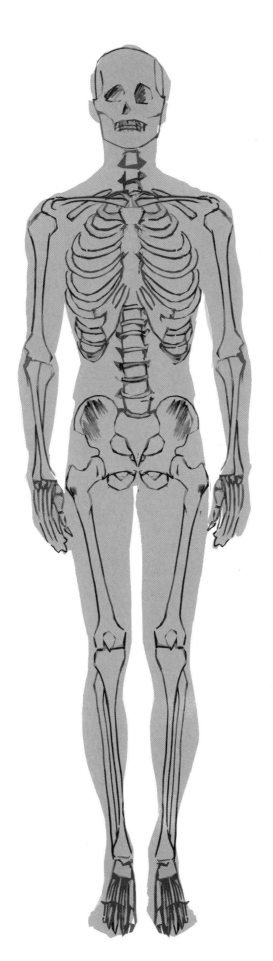
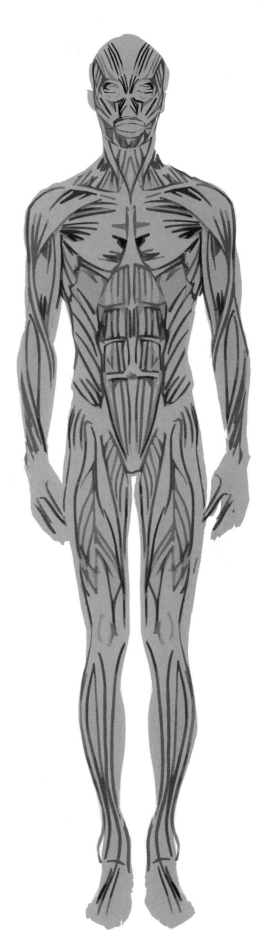

▶ *Reinterpretando o esqueleto e a musculatura para uma figura de moda masculina estilizada.*

84 PARTE I **COMO DESENHAR FIGURAS DE MODA**

TAREFA 1

Adapte a proporção da sua figura masculina para refletir uma variedade de públicos-alvo e especializações – por exemplo, uma forma jovem, despojada e atlética para a moda casual (nesta página e na página ao lado), ou uma figura mais madura, que seria apropriada para uma alfaiataria conservadora.

▶ *Trabalhando com modelos vivos, o ilustrador Richard Rosenfeld transporta suas observações da figura masculina para uma ampla variedade de públicos-alvo.*

Poses

Como discutido no Capítulo 1, a pose relaxada pode ser adaptada infinitamente, desde que você respeite as regras do contraposto. A perna que carrega o peso deve ficar reta, com o pé posicionado diretamente abaixo da cabeça; a ação da perna livre, no entanto, é completamente arbitrária. Você talvez queira capturar a ação da passarela com uma pose andando (ao lado). No final, é o design das roupas que vai determinar a pose. Por exemplo, as mangas de um blazer, por serem encaixadas mais alto e junto ao corpo, restringiriam o movimento dos braços. Há também comportamentos e posturas associados a diferentes tipos de roupa. Usando novamente o exemplo do blazer, você provavelmente escolheria uma pose mais grave e reservada.

A pose caminhando

Fotos de desfiles de moda são excelentes referências para poses caminhando. Coleções de moda praia são particularmente adequadas para isso, mas é preciso notar que os modelos de passarelas tendem a ter o físico mais musculoso. Procure desenvolver uma figura elegante e descolada, não um levantador de peso! Como já foi dito, é melhor não copiar ou decalcar a foto. Seu objetivo é reinterpretar a pose com a ajuda da base estilizada que você criou para o homem. (Sobre como trabalhar com referências fotográficas, ver p. 46.)

Trabalhando com uma foto e seu guia de proporção masculino colocado sob uma folha de papel vegetal:

1 Analise a foto da figura caminhando; determine a linha de equilíbrio, o centro da frente e a inclinação dos ombros e dos quadris. Então, marque a posição dos joelhos e dos pés.

2 Reinterprete essa análise indicando os mesmos pontos de referência em seu guia de proporção. Então, estabeleça as formas para as partes superiores e inferiores do tronco, os joelhos e os pés.

3 Esboce o corpo todo.

4 Refine seu desenho e inclua detalhes do rosto, das mãos e dos pés. Procure estabelecer as relações espaciais e escorçar as partes do corpo que avançam ou se afastam no plano da imagem. Articule os músculos com economia de linhas para criar um físico apropriado para a moda. Avalie a figura para ter certeza de que ela respeita sua filosofia de design, seu público-alvo, a especialização da indústria e as tendências relevantes de moda.

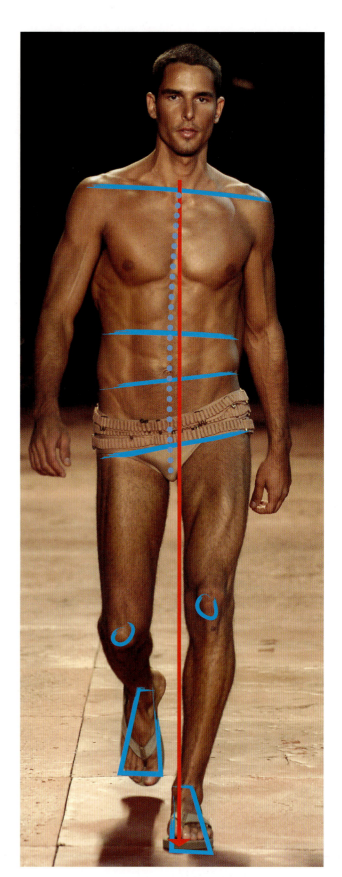

COMO DESENHAR O HOMEM CAPÍTULO 2   87

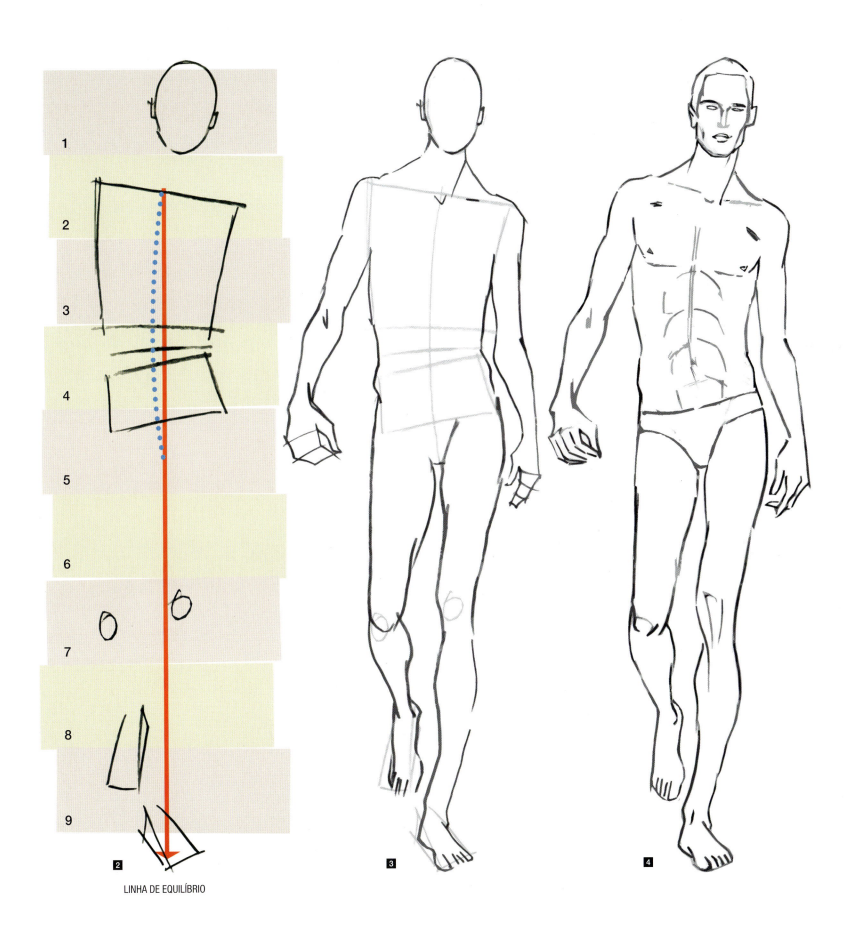

LINHA DE EQUILÍBRIO

A figura virada

Antes de tentar desenhar a figura masculina virada, leia sobre relações espaciais e escorço no Capítulo 1 (ver pp. 49-51). As figuras viradas são usadas para enfatizar detalhes de construção que aparecem na lateral da roupa. Por exemplo, um desenho do conceito pode exibir uma figura virada para chamar a atenção para a localização deslocada de listras contrastantes na lateral de uma calça.

Uma boa maneira de começar a virar a figura masculina é com uma pose de três quartos.

1 Trabalhando com seu guia de proporção colocado sob uma folha de papel vegetal, faça a análise da pose, prestando atenção para reduzir as partes do corpo que estão se afastando da vista. Refine seu desenho, usando uma segunda ou terceira folha de papel vegetal, se necessário.

2 Experimente fazer diferentes graus de rotação até conseguir a posição que enfatize o maior conjunto possível de detalhes. Uma vista de perfil é conveniente para fornecer informações como listras ou vivos de cetim em costuras laterais.

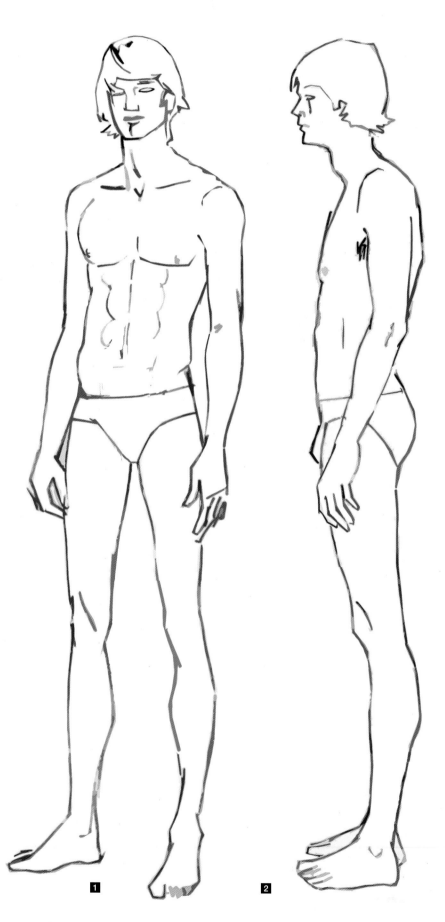

COMO DESENHAR O HOMEM CAPÍTULO 2

TAREFA 2

Crie e ilustre uma pequena coleção de vestuário esportivo masculino usando pelo menos três poses diferentes (à esquerda e abaixo). (Ver Capítulo 6 para mais informações sobre como desenhar detalhes básicos de roupas.)

◀ *Roupas esportivas ajustadas. Ilustração de Kazue Shima.*

▲ *Uma combinação bem-sucedida de desenho à mão com acabamento digital por Jiiakuann.*

▼ *O uso de foco seletivo e escorço extremo por Bil Donovan resulta em uma composição agradável e uma hierarquia visual.*

TAREFA 3

Trabalhando com um modelo vivo ou uma variedade de fotos de referência, desenvolva cinco novas figuras masculinas. Experimente criar escorços mais dramáticos e usar objetos para insinuar uma narrativa.

TAREFA 4

Nunca hesite em integrar técnicas manuais e digitais, equilibrando as duas de acordo com suas habilidades. Você pode, por exemplo, escanear um esboço desenhado à mão e manipular as linhas no Photoshop, transformando seleções, mudando modos de camada e aplicando filtros e ajustes de imagem diversos. Os comandos "Máscaras de camada" e "Colar em" podem ser usados para representar texturas e padrões. Os preenchimentos de padrões podem ser convertidos em objetos inteligentes e alterados com comandos de distorção para simular o caimento na vida real. Se não tiver familiaridade com esses termos, consulte o menu "Ajuda".

Ao trabalhar com Photoshop, considere fazer parte do acabamento à mão, especialmente se suas habilidades digitais forem limitadas. Mas não deixe de imprimir o desenho de linha pura em um papel que possa receber a combinação de materiais com que você planeja trabalhar.

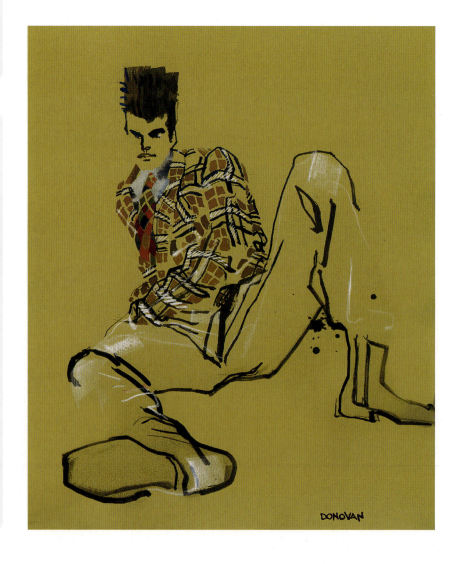

COMO DESENHAR O HOMEM CAPÍTULO 2   91

◀ ▲ *Uma coleção de vestuário esportivo para jovens traz artes localizadas. A ilustração da artista anti-pizza combina desenho manual com acabamento digital.*

TAREFA 5

Trabalhando com qualquer uma das figuras desenvolvidas nas tarefas anteriores, escaneie um desenho a lápis (antes de colorir) e abra o arquivo no Illustrator. Depois selecione o desenho e vá para Objeto>Traçado de imagem>Criar. Uma vez que tiver completado o traçado de imagem, você pode expandir o objeto e aplicar cores, texturas e padrões usando as ferramentas "Pintura em tempo real". Se você não estiver habituado a usar as ferramentas "Traçado de imagem" e "Pintura em tempo real", procure o menu "Ajuda". Uma alternativa é imprimir o desenho feito no "Traçado de imagem" em papel de marcador e fazer o acabamento com marcadores. Certifique-se de testar seus marcadores antes!

92 PARTE I **COMO DESENHAR FIGURAS DE MODA**

◀ ▲ *Para estilistas como Rad Hourani (ilustrações de Robso, à esquerda) e John Bauernfeind (acima e página seguinte), a moda não se separa por gênero; o intuito é criar um caimento que fique bom tanto em homens quanto em mulheres.*

TAREFA 6

Os limites entre homens e mulheres costumam ser reforçados por meio das roupas que usamos. No entanto, existem alguns estilistas de roupas masculinas que estão tentando romper com as normas de gênero aceitas. J.W. Anderson, que desenha tanto coleções femininas quanto masculinas, tem o hábito de sobrepor as duas. E há as coleções unissex de marcas como Hood by Air, que rejeitam completamente as noções de gênero. O **vestuário sem gênero** virou *mainstream*, com grandes marcas como Uniqlo e American Apparel vendendo roupas que não são nem masculinas nem femininas.

É importante conseguir adaptar a figura de moda para diferentes públicos-alvo. Para retratar o subgrupo de clientes mais jovens que estão desafiando as normas de gênero aceitas, faça adaptações de modo que sua figura fique mais ambígua, trazendo características tanto masculinas quanto femininas.

▶ A ilustradora Jiiakuann retrata seus homens como provocativos, frágeis e efeminados.

CAPÍTULO 2
COMO DESENHAR CRIANÇAS E JOVENS

Para criar e ilustrar roupas infantis, você pode (e deve!) usar mais licença criativa. Se a sua abordagem for excessivamente realista, as crianças podem acabar parecendo maduras e sérias demais – como se fossem adultos em miniatura. Uma abordagem mais leve e criativa, inspirada talvez em bonecas antigas, fantoches, personagens de TV ou cinema **(licenciamento)** ou quadrinhos (incluindo mangá), é mais recomendada. A arte naïf e os livros infantis são outras boas fontes de inspiração.

A escolha dos materiais e técnicas também deve ser ampliada para propiciar composições mais criativas (para acrescentar dimensão ao trabalho é possível usar colagem ou costura, por exemplo). Você também pode querer que suas ilustrações pareçam desenhos de crianças. Apresentações interativas, como livros com dobraduras, são particularmente interessantes. Para uma abordagem mais futurista, dê uma olhada em avatares de ambientes virtuais e jogos de computador feitos para crianças. Assim como para as figuras de adultos, será importante dar suporte às ilustrações com desenhos planificados. (Sobre desenhos planificados, ver Capítulo 2, pp. 37, 78-79.)

Para determinar a proporção de suas figuras infantis, é importante levar em conta que o crescimento físico ocorre em ritmos variáveis. Crianças pequenas para a sua idade podem de repente crescer abruptamente nos anos seguintes. Isso também acontece com os marcos de desenvolvimento. Bebês, por exemplo, podem dar seus primeiros passos em qualquer momento entre os nove e quatorze meses de idade. Tanto o crescimento físico quanto o cognitivo têm um impacto enorme na proporção das figuras, nas poses e no design das roupas. Por causa do ritmo variado de crescimento, é impossível estabelecer uma proporção para uma

◀ *Tina Berning usa observações para capturar a essência dessas gêmeas.*

▶ *Incluir crianças de diferentes idades e gêneros interagindo umas com as outras em uma atividade específica pode valorizar suas apresentações de vestuário infantil, como no caso do arrojado vestuário esportivo de Imogine Brown.*

96 PARTE I **COMO DESENHAR FIGURAS DE MODA**

idade específica. O que você pode fazer é desenvolver uma figura que se aproxime de uma faixa etária. Essas faixas também vão corresponder aos tamanhos das roupas oferecidos pelos vários mercados de moda infantil.

Como em geral se exige a representação de mais de uma faixa etária nas coleções de roupas infantojuvenis, é especialmente importante que as figuras de diferentes idades e tamanhos sejam proporcionais entre si. O tamanho da cabeça, comparada ao corpo, será crucial para o estabelecimento das proporções das diferentes faixas etárias. Aos doze meses, a cabeça do bebê mede aproximadamente dois terços do tamanho da cabeça de um adulto. Por ela já ser grande, o maior crescimento da criança vai ocorrer principalmente no tronco e, mais ainda, nos membros. Portanto, se você desenhar uma cabeça grande demais para o corpo, a figura terá uma aparência mais jovem, de bebê. Sua figura estilizada pode então ser facilmente modificada para faixas etárias mais velhas – basta aumentar o número de cabeças da altura total.

Como para o desenvolvimento das figuras de adultos (ver capítulos 1 e 2), a proporção das figuras mais jovens fica inteiramente a seu critério. Preste atenção para não criar uma figura de proporções exageradas, o que pode interferir em sua função como ferramenta para visualizar o design das roupas. Deve haver sempre uma forte relação visual entre o desenho do conceito e a realização da roupa. Trabalhe com os guias fornecidos neste capítulo para obter proporções mais próximas da realidade. Ou, então, deixe sua imaginação correr solta – sua primeira figura infantil pode até começar como uma garatuja. Enquanto experimenta, permita-se estilizar a figura ao extremo. Quando estiver satisfeito com o resultado de sua "narrativa de moda", ao mesmo tempo criativa e verossímil, ajuste a proporção para as diversas faixas etárias. Certifique-se de estabelecer relações espaciais verossímeis mantendo a mesma altura do olhar – em geral posicionada nos quadris. Lembre-se também de reduzir a largura das diversas partes do corpo no lado que está se afastando da vista. (Sobre escorço, ver Capítulo 1, pp. 49-51.)

NOTA Todas as figuras deste capítulo são proporcionais umas em relação às outras. Elas não têm, no entanto, uma relação real com as figuras adultas (capítulos 1 e 2), que foram reduzidas para caber no tamanho da página deste livro. Para mais informações sobre como desenhar rostos, mãos e pés de crianças, ver Capítulo 4.

BEBÊ DE COLO   BEBÊ MAIOR   CRIANÇA PEQUENA   CRIANÇA GRANDE   PRÉ-ADOLESCENTE   ADOLESCENTE MENINA   ADOLESCENTE MENINO

Bebês

O grupo dos bebês é dividido entre os bebês de colo, ou recém-nascidos, e os que já andam. O tamanho das roupas para os bebês de colo são calculados de três em três meses, de recém-nascido aos dezoito meses, com os tamanhos nos Estados Unidos indo de 3M a 24M. (Na Europa, os tamanhos são às vezes dados em centímetros.) Os tamanhos das roupas dos bebês que já andam são indicados pela idade também, de um ano e meio a três anos, com os tamanhos nos Estados Unidos indo de 2T a 4T. No Brasil, segundo a norma da Associação Brasileira de Normas Técnicas (ABNT), recém-nascidos e bebês com até 12 meses de vida usam roupas do PP ao GG; bebês de 18 meses a 3 anos vestem do 1 ao 3.

▼ *Estampas localizadas e contínuas aparecem com destaque no vestuário das crianças pequenas. (Sobre estampas, ver Capítulo 11.) Ilustração de Sarah Beetson.*

▲ ▶ *As ilustrações de Yuki Hatori exibem uma imagística de personagens que podem ser incorporados como aplicação, impressão localizada ou estampa contínua no enxoval do bebê.*

Bebês de colo

A cabeça de um recém-nascido é bem grande em comparação ao corpo, compreendendo um pouco mais de um quarto da altura total. Um minúsculo pescoço suporta essa grande cabeça. Bebês de colo têm um troco rechonchudo e membros curtos. As formas parecem bastante gorduchas porque o esqueleto é envolto em uma camada de gordura que ajuda a proteger o bebê. Existem poucas diferenças de gênero nessa idade – use o corte e a cor das roupas para fornecer pistas visuais sobre o sexo. Tanto meninos quanto meninas têm o cabelo fino e curto que cai para a frente; a quantidade de cabelo vai aumentar com a idade. Para desenhar a figura do bebê de colo, comece estabelecendo medidas para o guia de proporção.

1 Decida a altura da sua figura e desenhe uma linha vertical desse tamanho. Então divida a altura em quatro segmentos iguais. Indique a cabeça como uma forma oval no espaço de cima. A largura da figura na linha do ombro é igual à altura da cabeça. Posicione essa medida verticalmente a 1 ¼ cabeça. Usando os pontos de referência indicados, marque a posição da cintura, dos quadris e dos joelhos e complete seu guia de proporção para bebês.

2 Antes de começar a construir a figura, determine as formas geométricas usando seu guia de proporção e papel vegetal. Esse diagrama vai servir como base para a figura do bebê.

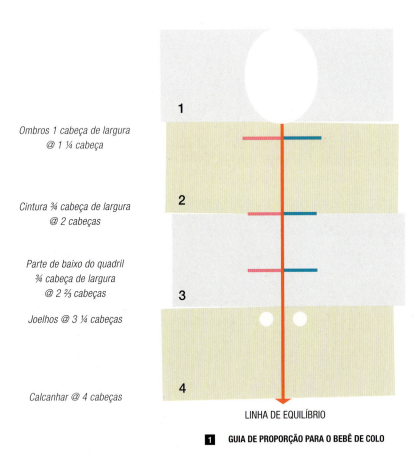

Ombros 1 cabeça de largura @ 1 ¼ cabeça

Cintura ¾ cabeça de largura @ 2 cabeças

Parte de baixo do quadril ¾ cabeça de largura @ 2 ⅔ cabeças

Joelhos @ 3 ¼ cabeças

Calcanhar @ 4 cabeças

LINHA DE EQUILÍBRIO

1 GUIA DE PROPORÇÃO PARA O BEBÊ DE COLO

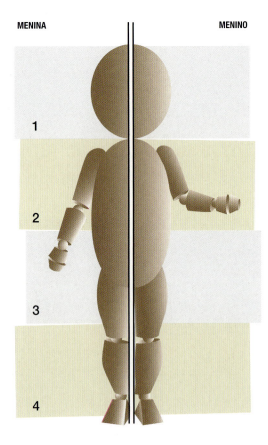

MENINA   MENINO

2 FORMAS GEOMÉTRICAS PARA A FIGURA DO BEBÊ

COMO DESENHAR CRIANÇAS E JOVENS CAPÍTULO 3 99

3 Coloque uma segunda folha de papel vegetal sobre seu guia e, usando formas geométricas, desenhe a figura toda.

4 Refine seu desenho para incluir detalhes do rosto, das mãos e dos pés. Mantenha o desenho simples, com poucas sombras. (Sobre como desenhar rostos e membros de crianças, ver Capítulo 4.)

5 Quando estiver satisfeito com a vista frontal, experimente fazer a figura virada (por exemplo, de três quartos e de perfil). Procure usar o escorço apropriado.

> **TAREFA 1**
>
> Crie um pequeno **enxoval** para recém-nascidos usando uma estampa inusitada (ver p. 97). Certifique-se de usar personagens ou motivos que sejam adequados para bebês. Para saber mais sobre estampas, ver Capítulo 11.

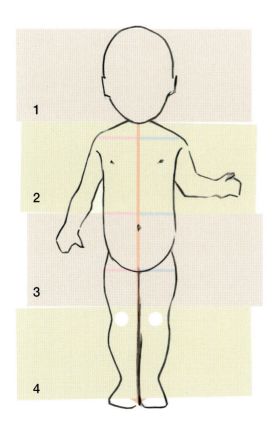

3 DESENHO PRELIMINAR

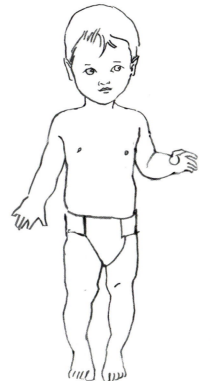

4 VISTA FRONTAL

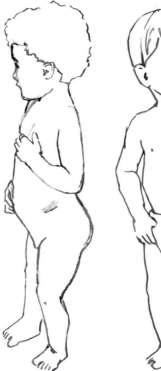

5 VISTA DE PERFIL

VISTA DE TRÊS QUARTOS

O bebê sentado

Quando estiver criando uma pose para o bebê, é importante levar em conta que seus músculos mal começaram a se desenvolver. Com efeito, a maioria dos bebês não tem força na perna para ficar de pé sem apoio até aproximadamente 11 meses. Portanto, o **enxoval** (a coleção de roupas e acessórios de quarto essenciais para recém-nascidos) é frequentemente ilustrado com um bebê engatinhando, deitado ou sentado.

1 Trabalhando com um papel de decalque e o guia de proporção, delineie a cabeça e o tronco usando os mesmos pontos de referência da pose em pé.

2 A maioria das poses sentadas exige um escorço da perna que está se afastando da vista. Isso vai variar de acordo com a pose. Delineie os membros atentando para a posição e a ordem das formas no espaço. A altura total da figura sentada é de aproximadamente três cabeças.

3 Faça os últimos ajustes e termine sua pose sentada.

POSE SENTADA

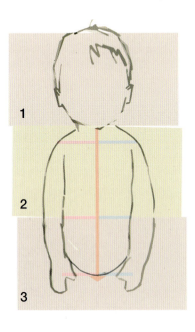

1 POSE SENTADA: TRÊS CABEÇAS

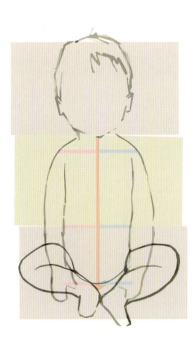

2 PERNAS ESCORÇADAS

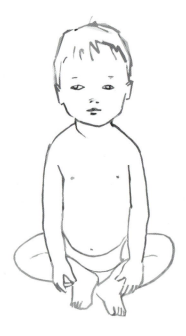

3 BEBÊ SENTADO

COMO DESENHAR CRIANÇAS E JOVENS CAPÍTULO 3

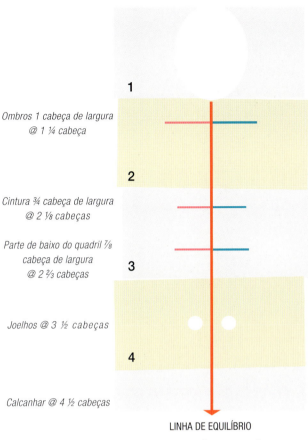

Ombros 1 cabeça de largura @ 1 ¼ cabeça

Cintura ¾ cabeça de largura @ 2 ⅛ cabeças

Parte de baixo do quadril ⅞ cabeça de largura @ 2 ⅔ cabeças

Joelhos @ 3 ½ cabeças

Calcanhar @ 4 ½ cabeças

LINHA DE EQUILÍBRIO
GUIA DE PROPORÇÃO PARA O BEBÊ MAIOR

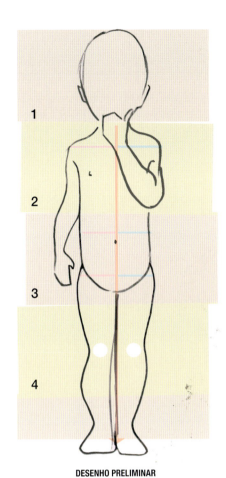

DESENHO PRELIMINAR

VISTA FRONTAL

Bebês maiores

Os bebês maiores, de um a três anos mais ou menos, estão dando seus primeiros passos e ainda não têm muito equilíbrio. A cabeça é similar em tamanho à do bebê de colo. Os membros e o tronco da criança nessa faixa etária começam a se alongar e ela tem uma altura total de quatro cabeças e meia. A impressão geral é de que ela ainda é bem rechonchuda, e você pode adaptar as formas geométricas usadas para o bebê de colo, alongando-as um pouquinho. Para desenhar o bebê maiorzinho, siga o mesmo procedimento usado para o bebê de colo (ver pp. 98-99). Primeiro determine as medidas para seu guia de proporção (use as informações fornecidas acima). Então, delineie as formas geométricas, que serão a base para o seu desenho preliminar. Depois de concluir o desenho, você pode começar a trabalhar com outras vistas e variações da figura. Ao criar uma pose para o bebê, certifique-se de que ele esteja com os pés firmes no chão, deixando os deslocamentos de peso mais acentuados para as crianças maiores.

VISTA DORSAL BEBÊ MAIOR MENINO

VISTA FRONTAL BEBÊ MAIOR MENINA

Crianças

O grupo das crianças inclui as pequenas, de quatro a seis anos, e as grandes, de seis a onze anos. Nos Estados Unidos, as meninas e os meninos "pequenos" usam tamanhos de 2 a 6 e de 3 a 7, respectivamente. As meninas e os meninos "grandes" usam tamanhos de 7 a 16 e de 8 a 16, respectivamente. No Brasil, as medidas correspodem à idade da criança e não há, segundo a norma da ABNT, diferença de tamanhos entre meninos e meninas. Como a gordura do bebê começa a desaparecer, algumas diferenças sutis de gênero vão emergindo, como a leve expressão dos quadris nas meninas e músculos mais desenvolvidos nos meninos.

COMO DESENHAR CRIANÇAS E JOVENS CAPÍTULO 3 103

▼ A coleção de roupas e acessórios de Jonathan Kyle Farmer para pré-adolescentes traz estampas contínuas e localizadas apropriadas para a idade.

▲ Desenhos de crianças (meninos, em especial) não precisam ser fofinhos. Sarah Beetson usa referências à cultura *vintage pop* para criar um contexto ousado em suas ilustrações de crianças.

◀ Como costumam aparecer juntas em apresentações de roupas infantis, crianças grandes e pequenas devem ter uma proporção relativa, como nessas ilustrações de Kathryn Elyse Rodgers.

▶ A moda infantil costuma refletir tendências da moda adulta. Aqui, coleção de alta moda para meninos, por Joey Casey.

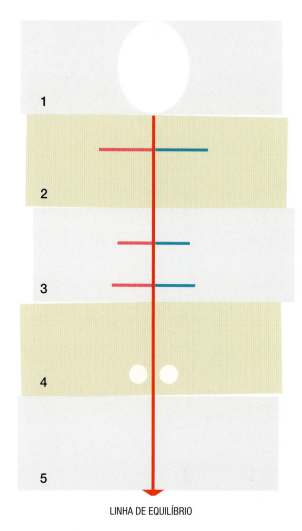

*Ombros 1¼ cabeça de largura
@ 1 ⅓ cabeça*

*Cintura ⅔ cabeça de largura
@ 2 ⅓ cabeças*

*Parte de baixo do quadril ⅞ cabeças de largura
@ 2 ¾ cabeças*

Joelhos @ 3 ¾ cabeças

Calcanhar @ 5 cabeças

VISTA DE PERFIL

LINHA DE EQUILÍBRIO

GUIA DE PROPORÇÃO PARA CRIANÇAS PEQUENAS

Meninas pequenas

Quando a criança cresce mais um pouco e seus membros se alongam, a cabeça passa a representar um quinto da altura total. Para desenhar meninas pequenas, siga o mesmo procedimento usado para o bebê de colo (ver pp. 98-99). Primeiro, determine as medidas para o guia de proporção (use as informações fornecidas acima). Então, modifique as formas geométricas do bebê para criar uma figura mais alongada. Isso vai criar a base para o esboço preliminar da menininha. Depois de refinar o desenho, você pode começar a trabalhar com outras vistas e variações da figura. As crianças pequenas já desenvolveram uma pisada mais firme, então as poses podem se tornar mais ambiciosas, refletindo mais atividade.

COMO DESENHAR CRIANÇAS E JOVENS CAPÍTULO 3 **105**

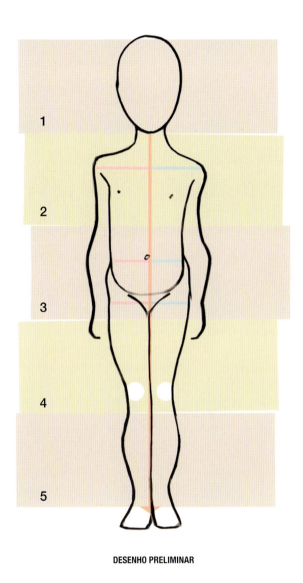

DESENHO PRELIMINAR

VISTA FRONTAL

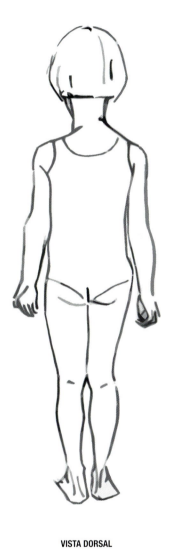

VISTA DORSAL

Meninos pequenos

Embora haja pequenas diferenças de gênero (o menino tem um tronco ligeiramente mais longo), você pode usar o mesmo guia para as crianças pequenas dos dois sexos. Para desenhar um menino pequeno, siga os mesmos passos usados para o bebê de colo (ver pp. 98-99). Use as mesmas medidas do guia de proporção de menina pequena (ver p. 104). Então, delineie as formas geométricas como base para o esboço preliminar. Depois de concluir o desenho, você pode começar a trabalhar com outras vistas e variações da figura. Embora o menino pequeno já seja mais desenvolvido que o bebê, sua barriga ainda é bem arredondada – especialmente quando vista de perfil.

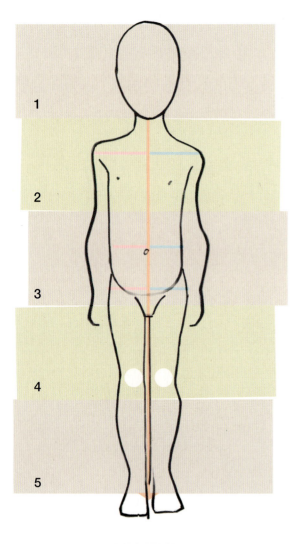

DESENHO PRELIMINAR

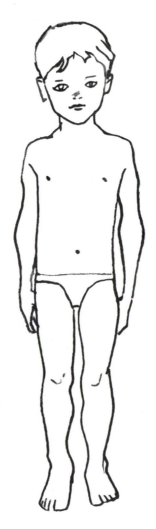

VISTA FRONTAL

VISTA DORSAL

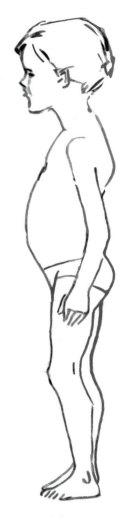

VISTA DE PERFIL

COMO DESENHAR CRIANÇAS E JOVENS CAPÍTULO 3 107

▶ Uma coleção de volta às aulas para meninos, por Katie Davis. A projeção de sombras dá profundidade ao acabamento digital.

▼ Ike Ahn usa uma economia de linha e um toque de cor para predizer a realização de vestuário urbano para meninos.

108 PARTE I **COMO DESENHAR FIGURAS DE MODA**

COMO DESENHAR CRIANÇAS E JOVENS CAPÍTULO 3 109

◀ ▲ *Devon Dagworthy mistura desenho à mão com manipulação digital de fotografias para um impacto gráfico.*

TAREFA 2

Crie uma coleção simples de roupas de brincar para meninos e meninas pequenos (para saber mais sobre como desenhar detalhes básicos de roupas, ver Capítulo 6). Para sua apresentação, combine esboços à mão com fotografia manipulada digitalmente. Dependendo de seu nível de habilidade, você pode querer abrir uma referência fotográfica no Photoshop, transformar a proporção e usar um ou mais ajustes de imagem para abstrair a figura. Imprima a figura e, usando uma folha de decalque, desenhe as roupas à mão. Escaneie o desenho das roupas e copie e cole como uma nova camada no documento para sua figura. Você pode usar vários filtros para melhorar a qualidade da linha feita à mão. Então faça o acabamento usando uma máscara de camada ou o comando "Colar em" para tecidos escaneados ou padrões digitais. Esses preenchimentos de padrão podem ser convertidos em objetos inteligentes e, usando o comando "Distorcer", alterados para simular um caimento na vida real. Trabalhando em uma nova camada ("Modo Multiplicar"), crie sombras e realces, manipulando os controles de opacidade para obter o efeito certo. Se você não estiver familiarizado com os termos e os comandos, consulte o menu "Ajuda" do Photoshop.

Meninas grandes

Meninas grandes têm o corpo quase cilíndrico e uma altura total de seis cabeças e meia. Começa a haver uma ligeira definição da cintura, e a parte inferior do tronco abre-se um pouco no quadril. Para desenhar meninas grandes, primeiro determine as medidas para o guia de proporção usando as informações fornecidas abaixo.

Para determinar a forma do corpo, você pode começar a utilizar as formas geométricas mais angulares associadas ao desenvolvimento de figuras adultas. Elas vão servir como base para o desenho preliminar da menina grande. Depois de refinar o desenho, você pode começar a trabalhar com outras vistas e variações da figura.

Ombros 1 ⅓ cabeça de largura @ 1½ cabeça

Cintura 1 cabeça de largura @ 2 ⅔ cabeças

Parte de baixo do quadril 1 ⅛ cabeça de largura @ 3 ⅓ cabeças

Joelhos @ 4 ¾ cabeças

Calcanhar @ 6½ cabeças

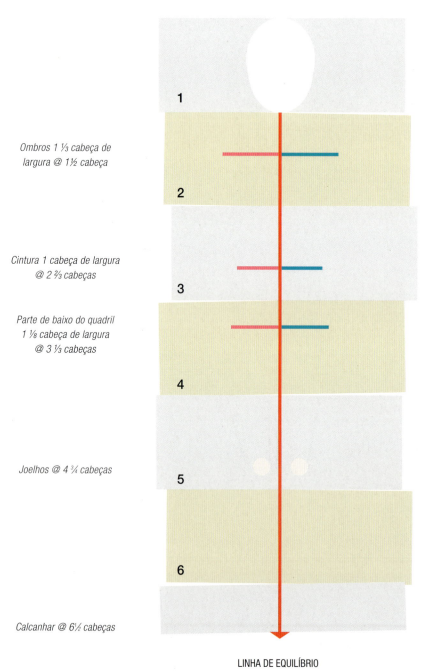

LINHA DE EQUILÍBRIO

GUIA DE PROPORÇÃO PARA CRIANÇAS GRANDES

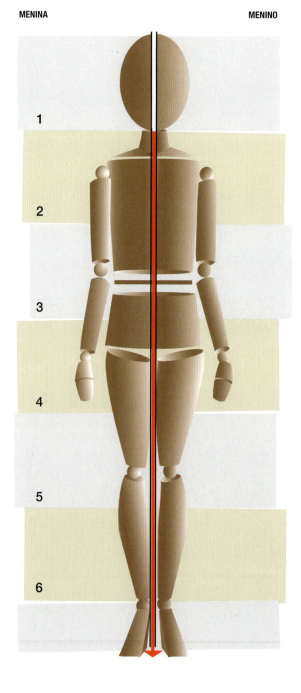

FORMAS GEOMÉTRICAS DE MENINOS E MENINAS COMPARADAS

COMO DESENHAR CRIANÇAS E JOVENS CAPÍTULO 3   111

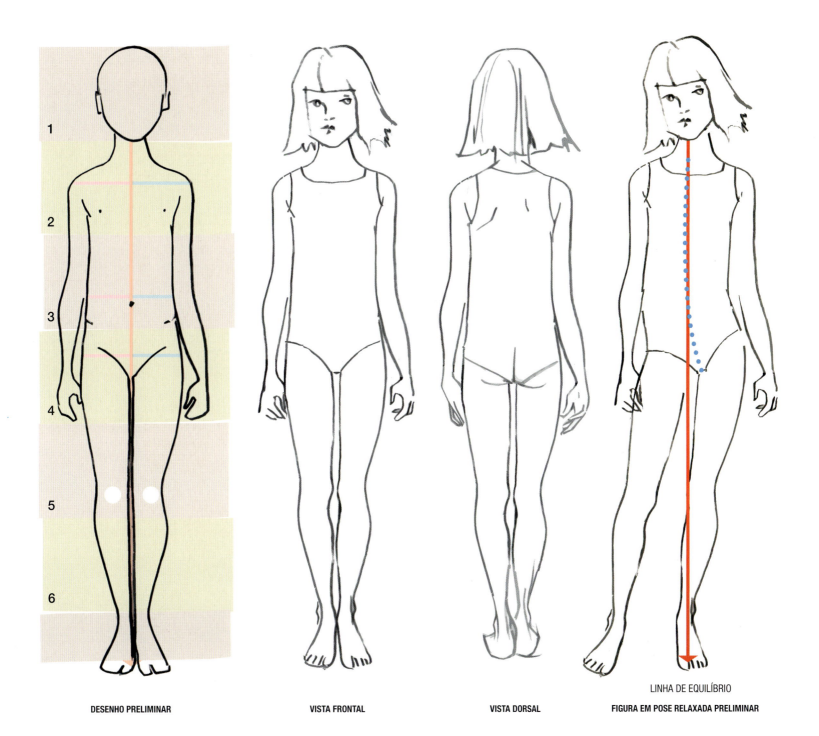

DESENHO PRELIMINAR   VISTA FRONTAL   VISTA DORSAL   LINHA DE EQUILÍBRIO
FIGURA EM POSE RELAXADA PRELIMINAR

112 PARTE I COMO DESENHAR FIGURAS DE MODA

▲ *Devon Dagworthy desenha suas meninas de corpo inteiro. Assim como para o vestuário feminino, as figuras predizem a realização das roupas, ao passo que os desenhos planificados servem como um guia para a construção.*

Meninos grandes

Meninos grandes têm corpo cilíndrico com pouca ou nenhuma cintura. O tronco é um pouco mais longo que o de uma menina e é mais delgado nos quadris. A linha do ombro, que ainda é curta, começa a aumentar à medida que os músculos e a estrutura óssea ganham mais expressão. Apesar dessas pequenas diferenças, a proporção geral dos meninos e das meninas ainda é bastante semelhante e você pode usar o mesmo guia e as mesmas formas geométricas para ambos (ver p. 110). As diferenças de comportamento, no entanto, são significativas; escolha poses representativas para transmitir feminilidade ou masculinidade. (Sobre poses e gestos adequados para cada sexo, ver Capítulo 2, p. 86.)

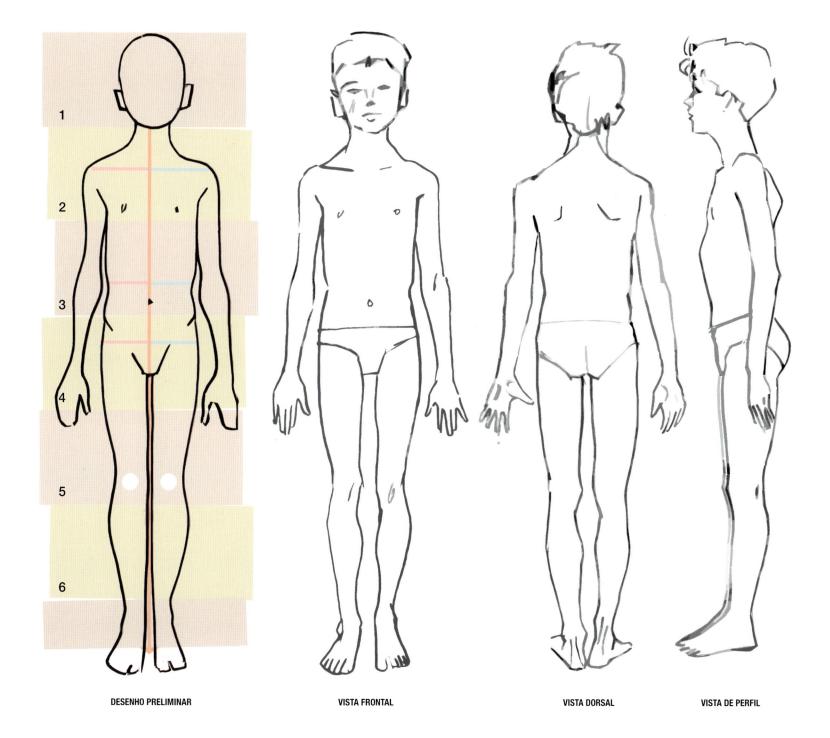

DESENHO PRELIMINAR   **VISTA FRONTAL**   **VISTA DORSAL**   **VISTA DE PERFIL**

▲ *Acessórios de moda são essenciais para compor o visual completo para pré-adolescentes, como ilustrado aqui por Steven Broadway.*

TAREFA 3

Usando um formato interativo, como um livro de dobraduras ou uma novela gráfica (à esquerda e abaixo), crie uma apresentação para uma coleção de moda infantil. Você vai sentir como uma narrativa de fundo e um senso de lugar podem ajudar a inspirar uma direção totalmente nova para o seu design de roupas. Lembre-se apenas de que esses elementos servem para dar apoio à sua criação e não podem tomar o lugar dela.

Pré-adolescentes

Existem opiniões conflitantes sobre a idade em que a pré-adolescência de fato começa. Alguns experts de marketing dizem que a pré-adolescência começa a partir dos oito anos, podendo chegar aos catorze. Mas, independentemente de como você determina a idade, os pré-adolescentes compreendem um segmento distinto e cada vez mais importante do mercado de moda infantil. Para os propósitos do desenho de moda, a faixa de onze a catorze anos vai funcionar muito bem para as figuras de pré-adolescentes, cujas roupas nos Estados Unidos vão do tamanho 8 ao 16, tanto para meninas quanto para meninos. No Brasil, a numeração de roupas para os pré-adolescentes pode começar a partir do número 10.

Pré-adolescentes não pensam em si como crianças. A rebeldia e o interesse pela moda, que vão se intensificar na adolescência, começam para valer. Eles ainda precisam adquirir a sofisticação dos adolescentes e o interesse pelo sexo oposto é em geral limitado a uma obsessão por alguma celebridade. Eles são bastante ligados em moda e têm opiniões fortes sobre sua escolha de roupas, que, na maioria das vezes, é guiada pela opinião dos amigos. Pré-adolescentes já têm uma personalidade forte, que sabem expressar bem. Portanto, sua representação deve ser um pouco mais ousada que a das crianças mais novas. A moda adulta pode aparecer, mas o mercado pré-adolescente tem suas próprias tendências.

▼ *Alfredo Cabrera utiliza estampas contínuas e localizadas nesse esboço de desenvolvimento de design para garotas pré-adolescentes. (Consulte a p. 53 para ver a conexão estilística entre garotas de todas as idades no trabalho de Cabrera.)*

A figura do pré-adolescente

O corpo dos pré-adolescentes continua a se alongar e a cabeça agora quase atingiu o tamanho final. A altura total é de sete cabeças. O rosto está começando a mostrar sinais de maturidade – ficando mais fino e alongado na parte inferior do crânio. As diferenças de gênero são mais pronunciadas; um pequeno busto começa a aparecer nas meninas e os meninos têm mais massa corporal e tronco ligeiramente menos longo. Para desenhar as figuras de pré-adolescentes, siga os mesmos passos estabelecidos para as crianças menores. Primeiro você vai precisar determinar as medidas para a proporção dos pré-adolescentes, criando dois guias distintos, com pontos de referência diferentes para meninas e meninos.

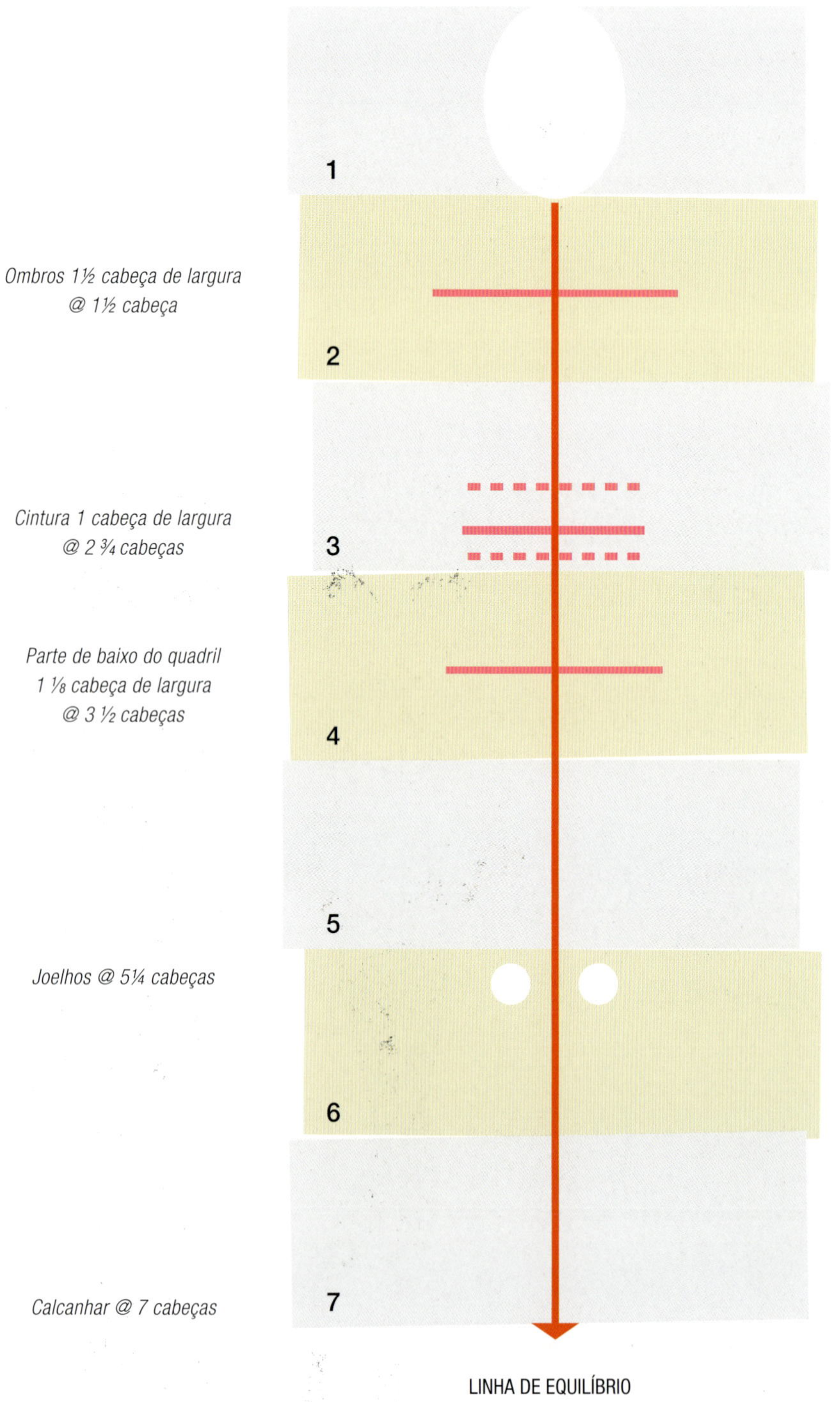

Ombros 1½ cabeça de largura
@ 1½ cabeça

Cintura 1 cabeça de largura
@ 2 ¾ cabeças

Parte de baixo do quadril
1 ⅛ cabeça de largura
@ 3 ½ cabeças

Joelhos @ 5¼ cabeças

Calcanhar @ 7 cabeças

LINHA DE EQUILÍBRIO

GUIA DE PROPORÇÃO PARA O PRÉ-ADOLESCENTE: SETE CABEÇAS

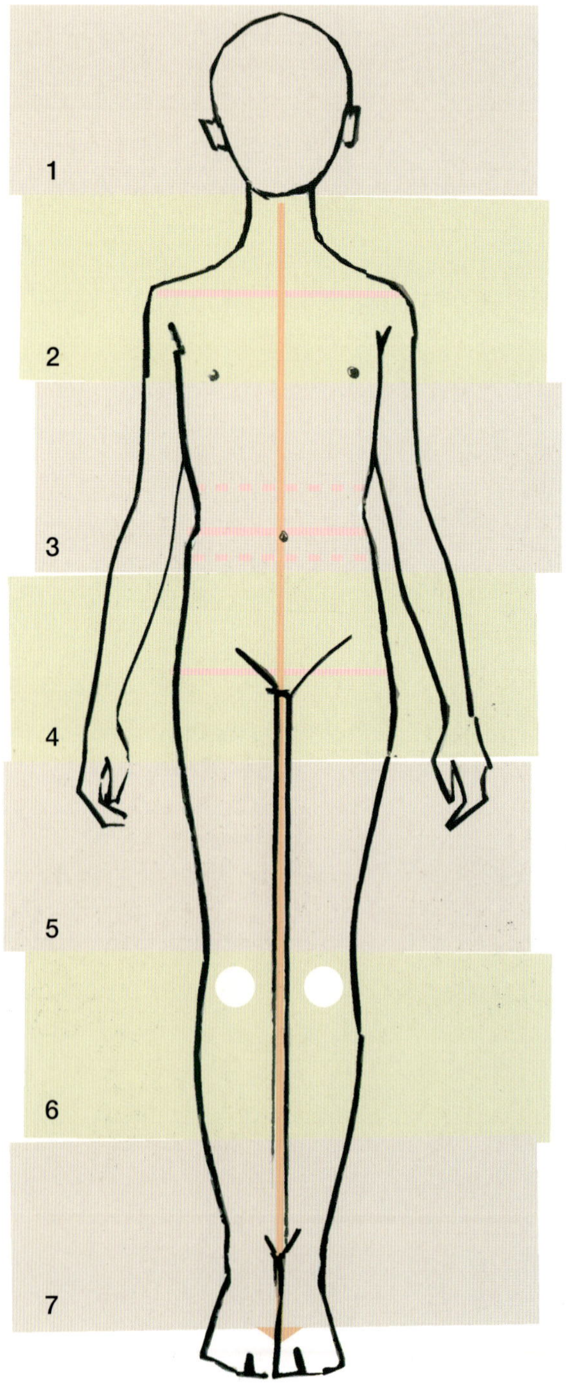

DESENHO PRELIMINAR

COMO DESENHAR CRIANÇAS E JOVENS CAPÍTULO 3

As formas geométricas das crianças grandes (ver p. 110) podem ser adaptadas para os pré-adolescentes. Depois de delinear as formas, você pode começar os esboços preliminares e, então, desenhar as outras vistas e variações das figuras (ver p. 118).

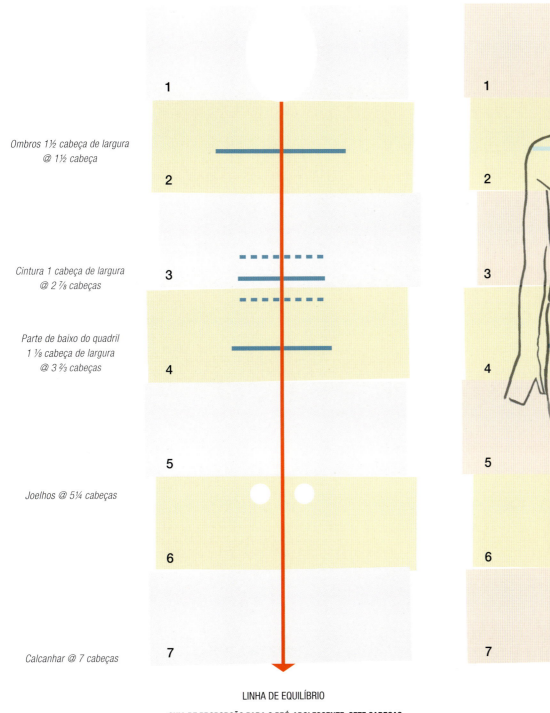

Ombros 1½ cabeça de largura @ 1½ cabeça

Cintura 1 cabeça de largura @ 2 ⅞ cabeças

Parte de baixo do quadril 1 ⅛ cabeça de largura @ 3 ⅔ cabeças

Joelhos @ 5¼ cabeças

Calcanhar @ 7 cabeças

LINHA DE EQUILÍBRIO

GUIA DE PROPORÇÃO PARA O PRÉ-ADOLESCENTE: SETE CABEÇAS

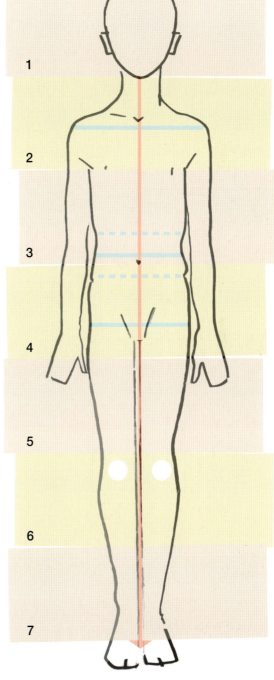

DESENHO PRELIMINAR

118 PARTE I **COMO DESENHAR FIGURAS DE MODA**

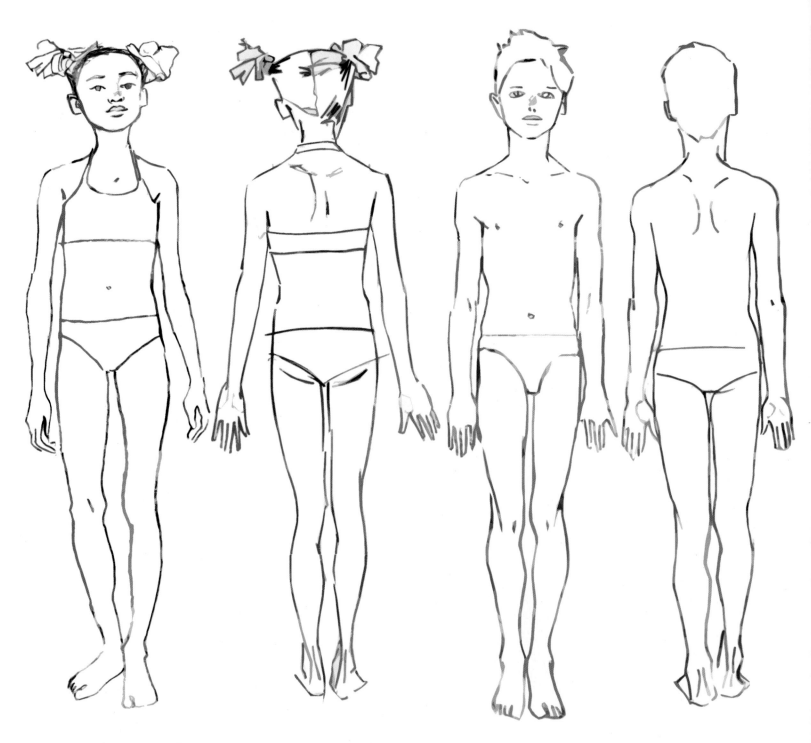

VISTA FRONTAL DA MENINA　　**VISTA DORSAL DA MENINA**　　**VISTA FRONTAL DO MENINO**　　**VISTA DORSAL DO MENINO**

Há uma influência recíproca entre o mundo real e a moda virtual. Aqui, uma Lolita gótica virtual, de Mark Grady.

TAREFA 4

Pense num personagem licenciado ou de quadrinhos que não apenas instigue o interesse dos pré-adolescente, mas também influencie a maneira como você vai desenhá-los. Depois de ajustar sua figura para refletir esse personagem, desenvolva uma variedade de vistas consistentes com essa proporção.

Adolescentes

A faixa etária dos adolescentes nos Estados Unidos abrange jovens de dezesseis a dezoito anos. Os tamanhos vão variar para adolescentes mais novos ou mais velhos, de acordo com o gênero e o tipo de roupa. Os manequins podem vir designados como S, M, L, XL ou marcados de acordo com a circunferência da cintura, do pescoço e do peito, assim como o comprimento dos braços e das pernas. Enquanto os manequins para mulheres adultas são indicados com números pares, os manequins de adolescentes meninas são dados em números ímpares (tamanhos 1, 3, 5, etc.). Os manequins de adolescentes mais novos são indicados com uma combinação de números pares e ímpares (por exemplo 1/2, 3/4 e assim por diante). Os adolescentes brasileiros vestem roupas P, M, G, GG ou podem vestir as primeiras numerações de um vestuário adulto.

Revistas para adolescentes e publicações sobre moda de rua e relacionadas a música (ver Leitura complementar no final do livro) são fontes ilimitadas de referências de figuras e informações sobre tendências. *Graphic novels*, quadrinhos mais ousados, grafite e avatares virtuais são outras fontes de inspiração.

▲▼ *A proporção das figuras juvenis é bem parecida com a de adultos – somente uma cabeça mais baixa. Diferenças de gênero requerem dois guias de proporção distintos para meninas e meninos. Ilustrações de Alfredo Cabrera.*

▲▼ *Fazer esboços de observação vai ajudar a capturar adolescentes no contexto de estilos de vida contemporâneos (para saber mais sobre desenho de observação, ver Capítulo 5). Abaixo e na página anterior, Richard Haines documenta moda de rua para seu blog.*

Meninas adolescentes

Comparada à mulher adulta, a adolescente tem um busto mais alto e menor, o tronco mais curto e mais estreito no quadril. Como muitas modelos de passarelas começam sua carreira na adolescência, acaba não havendo uma diferença discernível entre mulheres e adolescentes nas fotografias de moda. No desenho de moda, no entanto, a figura usada para criar e ilustrar roupas para adolescentes deve ser diferente daquela destinada a adultos.

Para desenhar uma adolescente, use os mesmos passos descritos no Capítulo 1 (ver p. 34). Você vai precisar determinar as medidas para a proporção geral da figura. Como a adolescente está quase completamente formada, você pode usar as mesmas formas geométricas estabelecidas para o desenvolvimento da figura feminina (ver pp. 34-35). Você vai precisar adaptar as formas, delineando-as de acordo com seu guia de proporção para a adolescente. Usando essas formas como a base para a sua figura, você pode passar para o esboço preliminar. Depois de refinar sua vista frontal, experimente desenhar outras vistas e poses (ver página ao lado, no centro e à direita). (Sobre como equilibrar e virar a figura, ver Capítulo 1.)

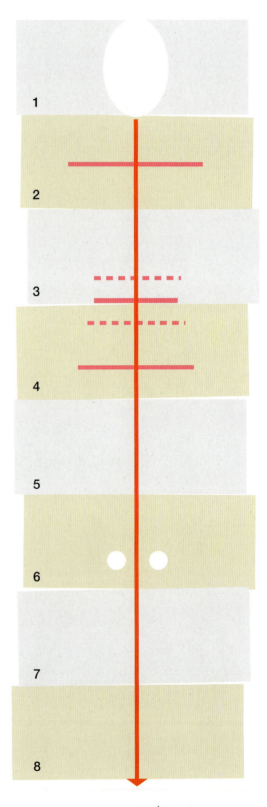

Ombros 1 ½ cabeça de largura @ 1 ½ cabeça

Cintura 1 cabeça de largura @ 3 cabeças

Parte de baixo do quadril 1 ¼ cabeça de largura @ 3 ⅔ cabeças

Joelhos @ 5 ⅔ cabeças

Calcanhar @ 8 cabeças

LINHA DE EQUILÍBRIO

GUIA DE PROPORÇÃO PARA A ADOLESCENTE

COMO DESENHAR CRIANÇAS E JOVENS CAPÍTULO 3

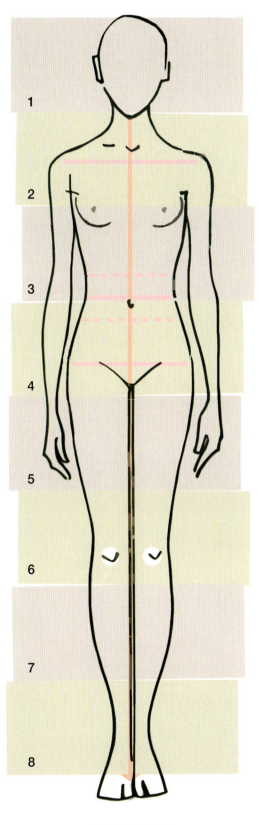
DESENHO PRELIMINAR

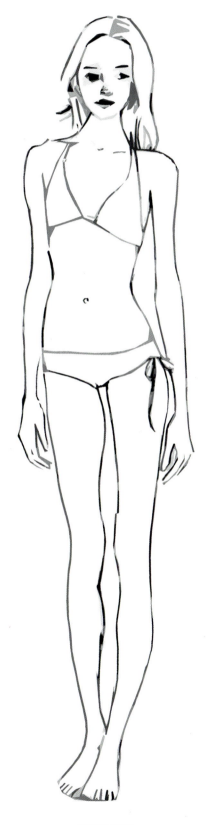
VISTA FRONTAL

VISTA DORSAL

124 PARTE I COMO DESENHAR FIGURAS DE MODA

▲ A marionete "Cinderela", de Shona Reppe, é um exemplo maravilhoso de como a figura pode ser criativamente estilizada.

▶ A arte do grafite (aqui, do grupo de artistas Herakut) pode inspirar uma abordagem mais ousada para ilustrar a moda jovem.

▲ As delicadas "Bonecas Encantadas", de Marina Bychkova, são feitas de porcelana com partes articuladas que podem ser manipuladas para diferentes poses.

TAREFA 5

Trabalhando com uma boneca (acima à esquerda e no centro), marionete (acima à direita) ou grafite (página ao lado) como inspiração, desenvolva uma versão mais estilizada da figura do adolescente. Então, adapte a figura, de acordo com a idade e o sexo aos outros tamanhos de roupas. Evite colar uma cabeça superestilizada num corpo convencional; a proporção geral da figura deve também refletir a sua inspiração.

Meninos adolescentes

O adolescente menino não é um adulto completamente desenvolvido (ainda tem bastante massa muscular a adquirir). No entanto, um aumento significativo da massa corporal distingue os adolescentes dos meninos mais novos. O rosto está mais angular, com um alongamento do maxilar, que fica também mais quadrado. O adolescente tem oito cabeças de altura e ombros mais largos, um tronco longo e esguio e quadris estreitos. Embora tanto os adolescentes meninos como as meninas tenham uma proporção de oito cabeças, o tamanho da cabeça dos meninos é ligeiramente maior, portanto a altura deles também será maior.

Para desenhar o adolescente, siga os passos descritos para a figura masculina no Capítulo 2. Você vai precisar determinar as medidas para a proporção geral da figura. As formas geométricas da figura masculina (ver p. 74) podem ser adaptadas para a proporção dos adolescentes. Depois de delinear as formas você pode começar os esboços preliminares e, depois, desenhar as outras vistas e poses (ver página ao lado, no centro e à direita). (Sobre como equilibrar e criar poses para a figura, ver Capítulo 1.)

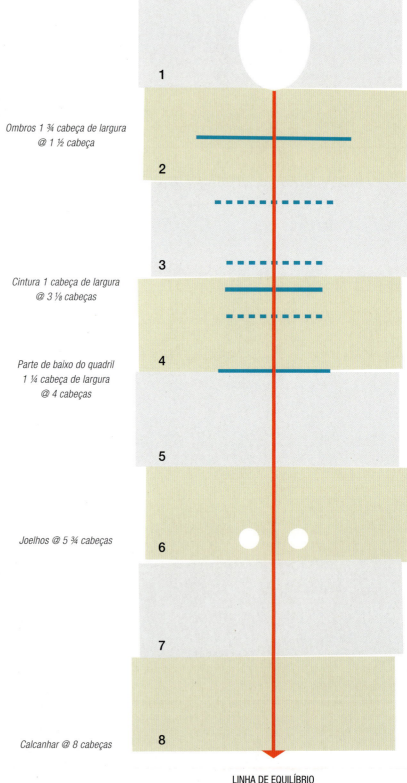

Ombros 1 ¾ cabeça de largura @ 1 ½ cabeça

Cintura 1 cabeça de largura @ 3 ⅛ cabeças

Parte de baixo do quadril 1 ¼ cabeça de largura @ 4 cabeças

Joelhos @ 5 ¾ cabeças

Calcanhar @ 8 cabeças

LINHA DE EQUILÍBRIO

GUIA DE PROPORÇÃO PARA O ADOLESCENTE

COMO DESENHAR CRIANÇAS E JOVENS CAPÍTULO 3 127

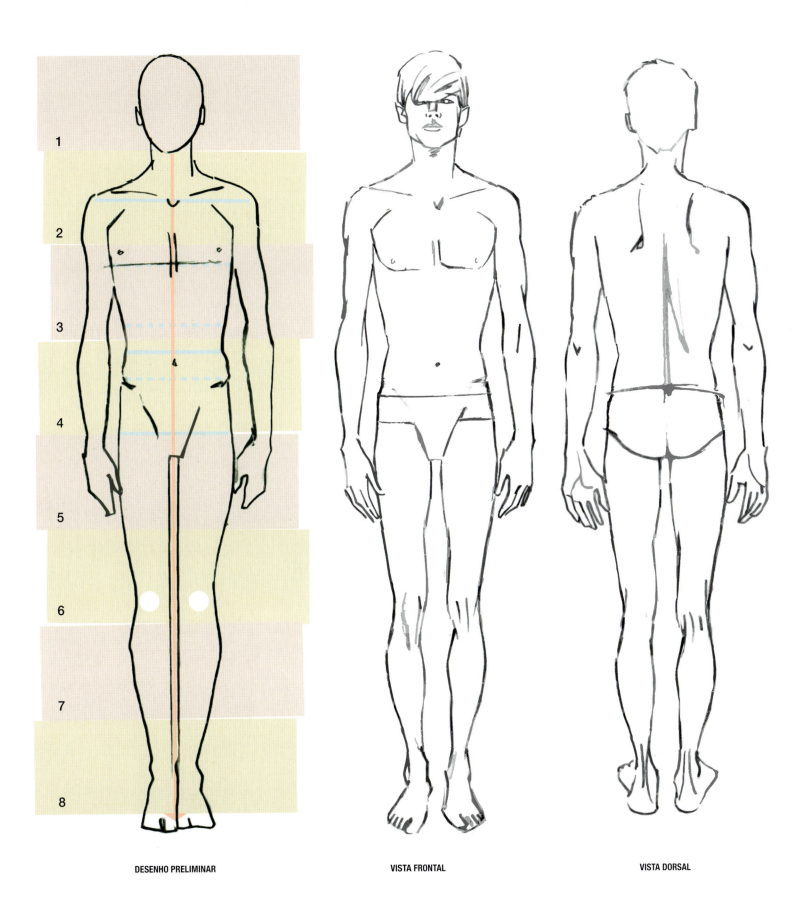

DESENHO PRELIMINAR **VISTA FRONTAL** **VISTA DORSAL**

Desenho a partir de uma referência fotográfica

Como crianças raramente ficam paradas por muito tempo, referências fotográficas serão mais necessárias do que nunca. É importante remeter-se à própria experiência de vida a fim de desenvolver uma filosofia de design única e pessoal. Reserve um tempo para pesquisar fotos de família e até suas fotos de bebê! Estudos fotográficos que documentam as fases do desenvolvimento das crianças são especialmente úteis. Fotos da mesma criança tiradas em condições semelhantes ao longo de um período de tempo fornecem uma comparação realista para as proporções de crianças e jovens. A série de Muybridge (ver Leitura complementar no fim do livro) é um estudo do tipo que será particularmente proveitoso para essa pesquisa.

COMO DESENHAR CRIANÇAS E JOVENS CAPÍTULO 3 129

◀ *Um momento congelado capturado por Jenny Williams para seu blog "What My Daughter Wore" (O que minha filha vestia).*

▼ *Padrões localizados e contínuos são elementos essenciais usados no design e na criação de marca de vestuário esportivo para o mercado de jovens adultos. (Para saber mais sobre representação de padrões, ver Capítulo 11). Design e ilustração por Fiongal Greenlaw.*

TAREFA 6

Trabalhando com várias fotos de referência, crie diversas figuras apropriadas para o mercado infantil ou jovem. (Sobre como desenhar a partir de uma referência fotográfica, ver pp. 46-47.)

CAPÍTULO 4
CABEÇA, MÃOS E PÉS

Depois de determinar um guia geral de proporção de figura, está na hora de voltar sua atenção para refinar a forma como você desenha as partes individuais. Decisões a respeito de cabelo, maquiagem e sapatos são usadas para conceber a figura como um todo, então o desenho do rosto, das mãos e dos pés é muito importante. Assim como para o desenho da figura de moda como um todo, não existe uma maneira certa ou errada de desenhar as partes.
Focar as partes individuais lhe dará a oportunidade de:

- expressar mais completamente sua inspiração;
- criar contexto para a coleção;
- transmitir uma percepção de seu público-alvo.

Com as expressões faciais, os gestos das mãos e dos pés não apenas fornecem informações sobre a pessoa, mas também sugerem uma narrativa.

No decorrer deste capítulo, você será encorajado a fazer estudos mais detalhados do rosto, das mãos e dos pés. Um reexame dos músculos e dos ossos, desta vez focando a cabeça e os membros superiores e inferiores, será de grande ajuda para você. Mas tenha em mente que boa parte dessa informação acabará se simplificando quando as partes forem desenhadas em uma escala menor em figuras inteiras.

◀ Quando desenhar a cabeça, sua abordagem deve ser a mesma usada para qualquer outra parte da figura de moda – é preciso destilar uma grande quantidade de informação visual para estilizar o seu ideal. Ilustração de Tanya Ling.

▼▲ Jenny Yewon Choi elabora o cabelo, as meias e os calçados desde o desenvolvimento de conceito preliminar (à esquerda) até a apresentação final (acima).

Cabeças

Às vezes, alunos que se saem bem desenhando figuras de corpo inteiro descobrem que são desajeitados para desenhar rostos. Isso pode ser consequência de tentar desenhar de uma forma não autêntica, mas também por causa de um problema muito básico de percepção visual. É importante entender que desenhar um rosto não é como desenhar um vaso ou qualquer outro objeto. Partes especiais do cérebro são usadas para distinguir e lembrar rostos, e esse processo é facilmente interrompido por informações falsas. Como somos muito acostumados com o rosto (olhamos para o nosso no espelho todos os dias), noções preconcebidas podem interferir em nossa capacidade de ver e desenhar o que está bem diante de nós. No caso da moda, o problema é agravado por presunções a respeito da beleza, o que também interfere. Será muito mais fácil desenhar o rosto se você o vir como um arranjo de partes abstratas, focando o tamanho e a forma de traços individuais e o espaço entre elas. Se isso for um problema, você pode enganar seu cérebro trabalhando a partir de uma referência fotográfica virada de cabeça para baixo. Tenha em mente que, a menos que esteja fazendo um retrato maior, o tamanho da cabeça em uma figura de corpo inteiro será bem pequeno, e os detalhes que você optar por eliminar serão tão importantes quanto aqueles que optar por incluir.

    Seu estilo de desenho também deve corresponder ao perfil do público-alvo e ao conceito das roupas (um design de vanguarda, por exemplo, exigirá uma apresentação mais criativa). E, não importa como você escolha estilizar a cabeça, a coerência dentro de uma composição com muitas figuras também será importante. Os guias a seguir ajudarão a estabelecer o tamanho e a posição das características individuais. Ao virar a cabeça no espaço, tome o cuidado de criar a ilusão de escorço (ver pp. 49-51). Além disso, saiba que uma linha fora de lugar ou uma sombra podem desvirtuar seu ideal ou acabar criando uma expressão de emoção involuntária.

    Mas, acima de tudo, procure abordar essa tarefa com seu jeito único de ser. Leve o tempo necessário para investigar diferentes públicos-alvo e explorar diversas possibilidades de materiais.

▼ *Usando somente algumas pinceladas estratégicas, Julie Johnson transmite uma abundância de informações sobre o visual e a atitude de seu tema.*

▲ *Aqui, Fabiola Arias incorpora os mesmos materiais usados para os desenhos de suas peças a um retrato tridimensional.*

▶ ▶▶ *Estilos de desenho podem variar de uma representação extremamente detalhada até uma indicação discreta dos traços, com diversos níveis de abstração e uma ampla escolha de materiais. À esquerda, um expressivo desenho em nanquim e, à direita, um croqui mais realista em carvão sobre papel-pergaminho.*

134   PARTE I   COMO DESENHAR FIGURAS DE MODA

▲◀ *Ao trabalhar com figuras de corpo inteiro (acima, à direita), Stefanie Nieuwenhuyse abre mão de boa parte dos detalhes faciais incluídos em seus retratos maiores (acima).*

▶ *O estilo de ilustração único de Angelique Houtkamp vem de sua experiência como tatuadora, em que inclui referências a mitologia, sonhos, iconografia náutica e aos anos dourados de Hollywood.*

A cabeça feminina

Com o tempo, seu estilo pessoal começará a emergir e a forma como você desenha rostos de mulheres se tornará natural e característica sua. Comece formulando um guia para que a posição e o tamanho das feições sejam consistentes em todos os seus desenhos de moda. Tenha em mente que informações visuais que normalmente seriam incluídas em um desenho clássico de observação serão omitidas ou estilizadas no desenho de moda.

CABEÇA, MÃOS E PÉS CAPÍTULO 4 135

A vista frontal

A vista frontal não apresenta as dificuldades do escorço, portanto é um bom ponto de partida. A inserção cuidadosa de sombras e luzes ajudará a definir os traços faciais vistos de frente. Embora rostos possam variar enormemente, e seu movimento seja constante, existem algumas noções básicas que podem ajudar a estabelecer e manter uma proporção consistente. Defina pontos de referência verticais e larguras para as feições do rosto adulto da seguinte maneira:

Proporção relativa e pontos de referência para traços faciais

1 Divida a altura da cabeça em dois; os olhos ficam posicionados sobre essa linha.
a. A partir da linha do cabelo, divida a altura da cabeça em três partes iguais; as sobrancelhas ficam sobre a primeira linha.
b. O nariz fica sobre a segunda linha.
c. Divida o terceiro terço em mais três partes; os lábios superior e inferior vão se encontrar sobre a primeira linha.
d. O alto das orelhas se alinha mais ou menos com os olhos, e a parte de baixo, com o nariz.
e. Embora na realidade os olhos tenham um quinto da largura da cabeça, eles são em geral aumentados no desenho de moda. Independentemente do tamanho, procure espaçá-los colocando a largura de um olho entre eles.

2 A largura da boca pode ser determinada traçando linhas verticais a partir das pupilas.

3 A largura do nariz pode ser determinada traçando linhas verticais a partir dos canais lacrimais.

4 A largura de um pescoço harmonioso se aproxima da distância entre os pontos mais externos dos olhos.

Essas referências vão produzir um desenho bastante próximo da realidade. É claro que é possível usar mais licença criativa para criar a cabeça (como fazer pupilas excepcionalmente grandes, em referência a personagens de mangá e animê).

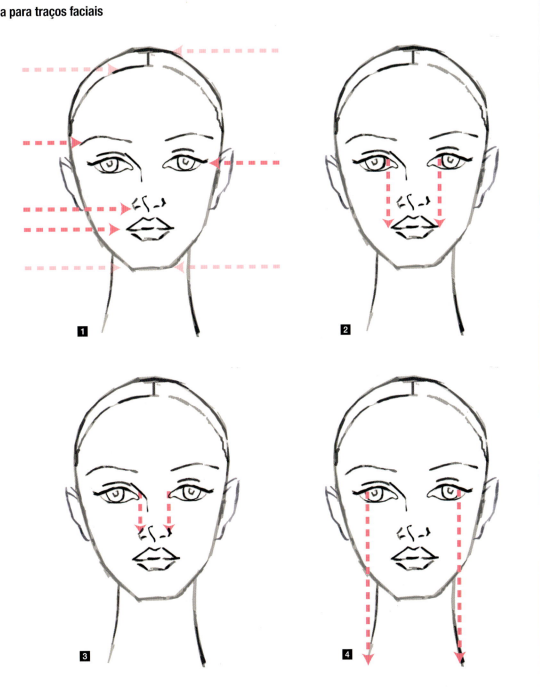

Desenhando as feições individualmente em vista frontal

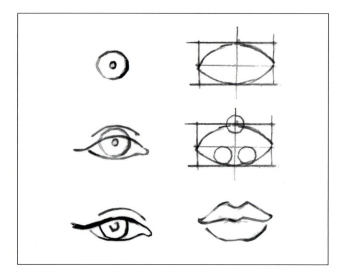

Guia para a vista frontal de uma cabeça feminina

NOTA Caso você precise desenhar um sorriso grande, tome o cuidado de achatar os lábios esticados e simplificar os dentes.

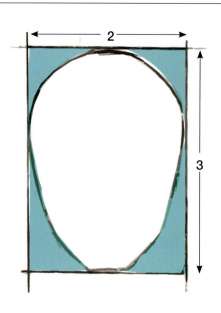

1 Comece com um retângulo de razão 2:3. Então, trace uma forma oval a lápis, com o lado mais largo no alto e o mais estreito embaixo.

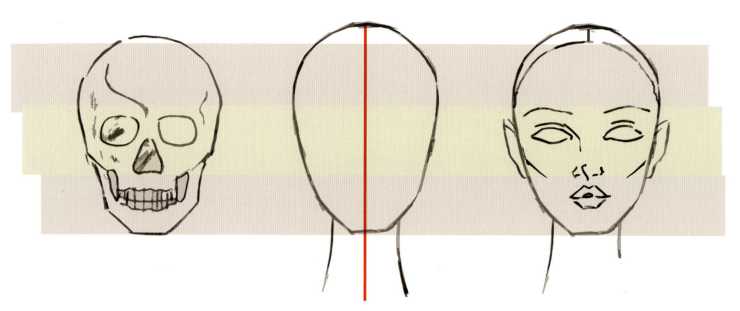

2 Como com relação à figura, é importante ter algum conhecimento dos ossos. O crânio encontra uma expressão sutil no rosto feminino. Note como o maxilar é a única parte que se mexe.

3 Refine esse contorno, ajustando os ossos da face e do maxilar com leves curvas. Estabeleça uma linha vertical no centro para facilitar o posicionamento simétrico dos elementos do rosto.

4 Esboce a linha do cabelo. Divida o rosto em três partes iguais a partir da linha do cabelo. Marque os olhos, o nariz e a boca usando as informações fornecidas na p. 135. Atente para a posição e a proporção entre as partes – por exemplo, o alto das orelhas se alinha com os olhos.

Rotação de frente para trás

Inclinar a cabeça para baixo ou para cima resulta em um escorço do formato da cabeça e também muda a relação entre as feições. A inclinação para baixo faz com que apareça uma porção maior da testa e do topo da cabeça. Como o queixo vai para trás, ele parece menor e mais pontudo. As feições parecem mais achatadas e mais baixas no rosto. O pescoço fica escondido pela parte de baixo do queixo. As orelhas, que se alinham com os olhos na vista frontal, agora parecem estar acima deles. Já quando a cabeça aponta para cima, o formato geral parece ser redondo (e não oval) e fica visível uma porção menor da testa. As feições mudam para o alto do rosto e as orelhas parecem mais baixas em relação aos olhos. As superfícies sob a mandíbula, o nariz, os lábios e a testa se tornam visíveis.

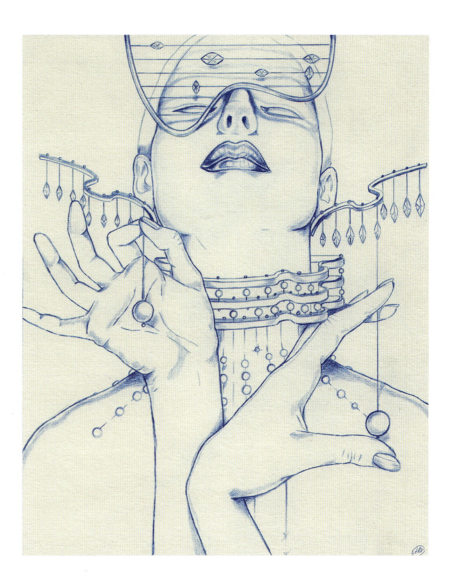

▲ Quando a cabeça se reclina, o queixo parece estar acima da mandíbula, de forma que não há uma linha forte separando queixo e pescoço, como nesta ilustração de Artaksiniya.

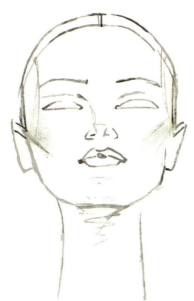

O pescoço

Antes de passar para as outras vistas, é importante entender como a cabeça se apoia sobre o pescoço. Como observado no uso de formas geométricas para o desenvolvimento inicial da figura, o pescoço pode ser representado por um cilindro. Esse cilindro conecta a cabeça ao tronco, sendo mais curto nas costas e mais longo na frente. Cuidado para não desenhar o pescoço e os ombros em ângulo reto – capturar a inclinação graciosa entre essas partes é a chave para criar as vistas frontal, de perfil e, especialmente, dorsal.

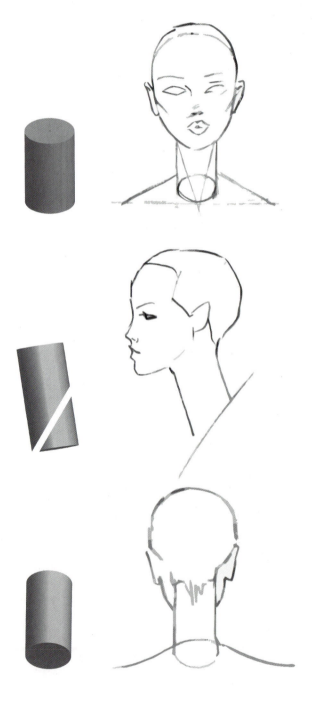

PERSPECTIVA CILÍNDRICA DO PESCOÇO

Cabelo e maquiagem

O visual de um modelo pode variar muito entre uma apresentação e outra na passarela. Da mesma forma, a maneira como você desenha rostos também deve variar e corresponder ao desenvolvimento de design. Uma boa ilustração de cabelo e maquiagem pode realmente ajudar a traduzir completamente a inspiração para seu conceito de design. Além disso, o estilo do cabelo deve refletir a estética do perfil de um público-alvo específico.

Embora alguns artistas sejam muito bons em trabalhar estritamente a partir da imaginação, outros preferem usar referências fotográficas e modelos vivos. Seu objetivo não é uma reprodução fotográfica, mas sim um ideal que se expresse com poucas linhas, de forma que um tanto de criatividade e edição será importante.

Quando desenhar o cabelo, procure primeiro delinear a forma geral. Então, indique a massa e a textura (cachos *versus* liso) com luzes e sombras. O cabelo deve parecer estar crescendo para fora a partir de uma linha orgânica e irregular, criando sombras projetadas perto do rosto e do pescoço. Tome cuidado para não usar um único estilo de cabelo como solução-padrão – você deve mudá-lo de uma coleção para outra. Uma atenção inicial aos detalhes da cabeça dá o tom para a apresentação de todo o seu conceito de design.

CABEÇA, MÃOS E PÉS CAPÍTULO 4   139

Pense em desenhar o cabelo e a maquiagem em relação ao corpo. Por exemplo, a aparência de uma cabeça pequena foi a chave do visual *garçon* dos anos 1920, obtido com um corte de cabelo bem curto e um chapéu *cloche* justo (sobre como desenhar chapéus, ver pp. 159-162). A história mostra que o cabelo e a maquiagem mudam junto com o design de roupas. Por exemplo, no fim dos anos 1970, a cultura punk despertou um gosto pelas cores artificiais no cabelo e na maquiagem, com loiraças pós-modernas ostentando irônicas raízes pretas. Assim como diferentes partes do corpo são enfatizadas pelo design das roupas de acordo com o período histórico, isso também acontece com os elementos do rosto. Por exemplo, na década de 1960, o visual *gamine* procurava enfatizar os olhos, com cílios falsos e uma boca pálida. Pense em como a sua visão pessoal de beleza contemporânea se relaciona com um tipo específico de design de roupas:

- Que traços faciais deveriam ser enfatizados e como?
- O visual é natural ou artificial?
- É uma variação moderna de um estilo histórico?
- A imagem representa seu público-alvo e se comunica com ele?
- Que materiais transmitem melhor a sua mensagem?

Cuidado para não trabalhar demais o seu desenho com lápis, pois marcas residuais de lápis deixam a ilustração suja e podem ter um efeito envelhecedor nos rostos. Deixe as sombras, luzes e maquiagem para quando for colorir. Às vezes, é difícil saber onde o desenho termina e o acabamento começa. Por exemplo, talvez seja melhor indicar a íris apenas quando estiver começando a colorir.

◀ O cabelo e a maquiagem para apresentações de moda são usados para realizar a dramática transformação da aparência de uma modelo na passarela. Aqui, um retrato de moda criativo por Tara Dougans.

TAREFA 1

```
Faça uma série de estudos
progressivos da cabeça,
começando com uma aparência
natural e depois passando para
um cabelo e uma maquiagem mais
criativos. Lembre-se de que,
ao contrário do mundo real, não
há limites quanto ao que você
pode fazer no papel; seu desenho
final deve ser algo totalmente
diferente da realidade.
Tente imaginar que você está
desenhando uma máscara.
```

▲ De forma delicadamente detalhada, Issa Grimm confere arrojamento ao cabelo e à maquiagem.

140 PARTE I **COMO DESENHAR FIGURAS DE MODA**

TAREFA 3

A espontaneidade dos esboços preliminares pode às vezes conduzi-lo a um estilo de desenho mais livre e criativo. Tendo isso em mente, faça estudos rápidos de rostos sempre que puder e onde quer que esteja. Os desenhos podem ser baseados em observação da vida real ou criações da sua imaginação. Veja o que é mais natural para você.

◀ ▼ *Nestas ilustrações de Laurie Marman, o perfil do público-alvo se distingue pelas escolhas mais extremas de cabelo e maquiagem.*

TAREFA 2

No desenho de moda, a cabeça deve ajudar a representar um público-alvo específico. Um cliente clássico pode refletir um padrão atemporal de beleza, um cliente de alta-costura pode ser mais contemporâneo, enquanto um cliente mais inovador pode preferir um visual efêmero ou extremo. Trabalhando com uma variedade de referências fotográficas, desenhe uma série de rostos que representem públicos-alvo distintos. Use penteados, maquiagem e acessórios para comunicar o perfil desse cliente.

CABEÇA, MÃOS E PÉS CAPÍTULO 4   141

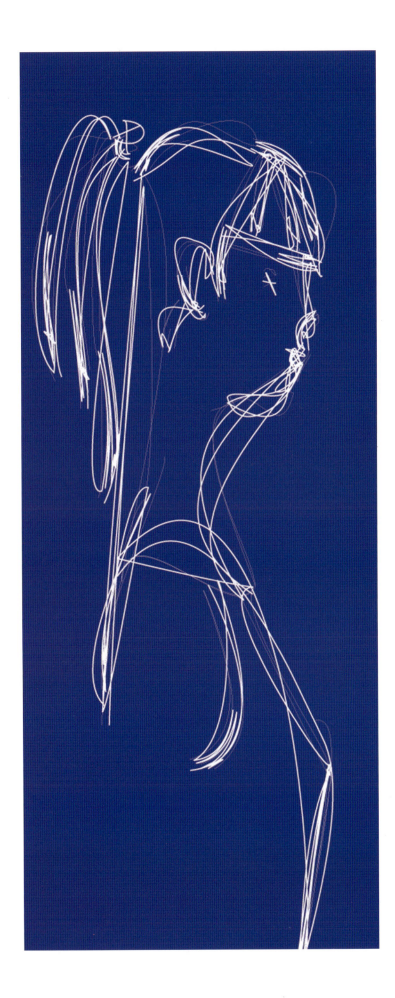

▲ A observação da realidade vai determinar seus desenhos; esses dois esboços foram criados por Richard Haines com seu iPhone, usando o aplicativo "Brushes" de desenho e pintura.

◄ Um esboço digital criado com Adobe Illustrator pode ter a mesma espontaneidade que um desenho de observação a lápis.

A cabeça feminina virada

Baseando-se em sua experiência de virar a figura, você pode predizer o que vai acontecer com a aparência da cabeça à medida que ela se virar no espaço? Os pontos de referência verticais que você estabeleceu para os elementos do rosto vão se manter constantes com a rotação lateral da cabeça. As larguras dos elementos, no entanto, vão diminuir à medida que se afastarem da vista. Você também notará que as formas serão vistas numa nova ordem: a cabeça será vista primeiro, depois o pescoço e, finalmente, o ombro.

A cabeça parcialmente virada talvez seja a vista mais difícil de reproduzir por causa dos graus variados de rotação (quando comparada com as vistas de frente e de perfil, que são absolutas). Para conseguir desenhar as muitas variações, é importante entender como o formato do rosto e a aparência das diferentes partes serão alterados pelo escorço. O rosto, que parece delgado na vista frontal, vai parecer mais largo à medida que a parte de trás do crânio começar a aparecer.

◀ Um acabamento criativo do rosto não precisa se limitar aos tons naturais da pele. Ilustração de David Bray.

▶ À medida que a cabeça vira, a parte de trás do crânio aparece gradualmente. O retângulo, que é a base do desenho do rosto, vai se tornar progressivamente mais largo à medida que o grau de rotação aumentar. Divida o retângulo ao meio horizontalmente para posicionar os olhos e o alto das orelhas. Então divida a metade de baixo novamente, para posicionar a ponta do nariz. Subdivida o quarto de baixo em terços para estabelecer um ponto de referência de onde os lábios superior e inferior se encontram.

CABEÇA, MÃOS E PÉS CAPÍTULO 4 143

▲ Decotes e golas dramáticas, que emolduram o rosto, podem ser usados para obter apresentações gráficas inovadoras, como nesta ilustração de Pippa McManus.

▲ A ilustradora Tina Berning é capaz de capturar a essência de um indivíduo com poucas pinceladas preciosas.

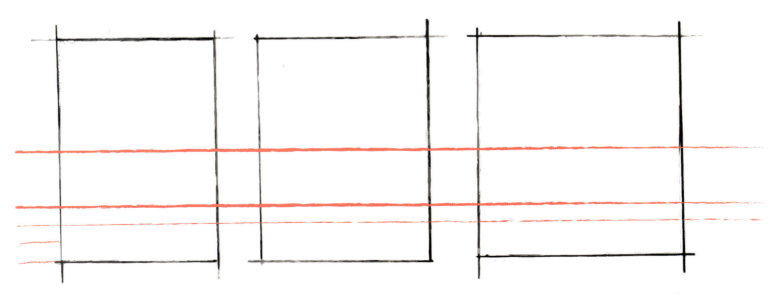

GUIAS PARA A VISTA FRONTAL, DE TRÊS QUARTOS E DE PERFIL

Guia para a vista de três quartos

Como a cabeça parece se alargar à medida que vira, você vai precisar começar a vista de três quartos com um retângulo ligeiramente mais largo do que o usado para a vista frontal. A linha do centro da frente, que parecia reta na vista frontal, se curva e se move com a rotação da cabeça.

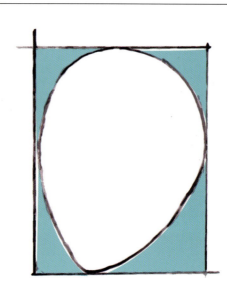

1 Assim que estabelecer o seu retângulo, desenhe uma forma oval. Dessa vez, a forma será inclinada, de modo que o queixo fique mais perto do canto inferior direito do retângulo.

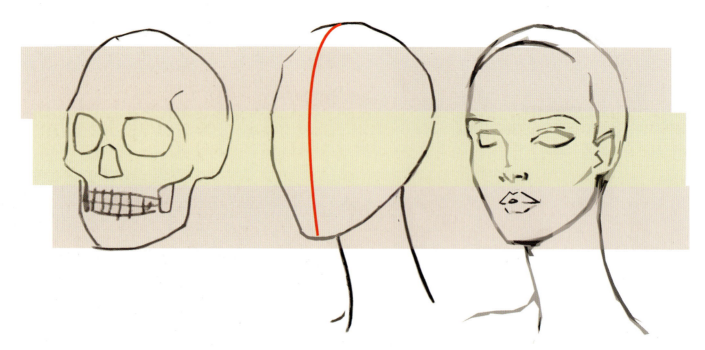

2 É importante entender a perspectiva do crânio e sua expressão na vista de três quartos. O lado do rosto que está se virando é definido pelo buraco do olho e pelo osso da face.

3 Desenhe uma linha curvada para o centro da frente, localizada mais perto do lado direito. Marque os pontos de referência verticais (os mesmos estabelecidos para a vista frontal) para os olhos, o nariz e a boca.

4 Refine a forma do rosto e acrescente os elementos faciais, atentando para escorçar o lado do rosto que está se afastando da vista. Indique uma pequena reentrância perto de onde o buraco do olho e o osso da face se encontram.

Os elementos do rosto na vista de três quartos

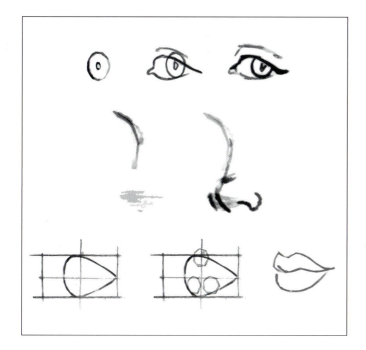

▶ Como demonstra essa ilustração de Pippa McManus, quando a cabeça vira, as duas metades do rosto não parecem mais iguais – um dos lados encurta ao se afastar do observador.

Desenhando feições individuais na vista de perfil

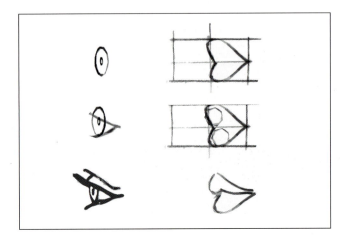

Criando um guia para a vista de perfil

Para essa vista você usará um quadrado como ponto de partida.

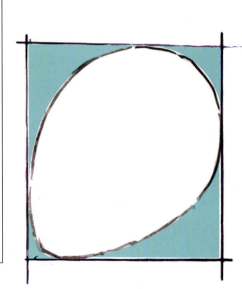

1 Desenhe uma forma oval posicionada dentro do quadrado de tal modo que o queixo fique no canto inferior esquerdo.

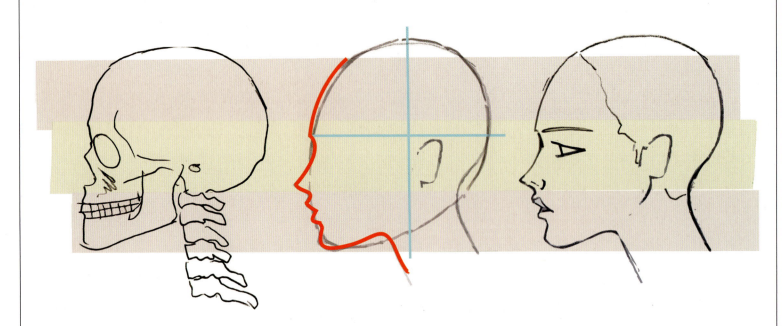

2 É importante entender como a espinha se conecta com o crânio, já que isso determina a inclinação do pescoço.

3 Divida a forma oval em ambas as direções para posicionar os olhos, as orelhas e o fim do maxilar. Desenhe a ponta do nariz, os lábios e o queixo para dar forma ao perfil, que coincide com a linha do centro da frente.

4 Desenhe as feições, posicionando-as nos mesmos pontos de referência verticais estabelecidos para as vistas de frente e de três quartos. Indique vagamente a linha do cabelo.

TAREFA 4

Pratique desenhar a cabeça em vários graus de rotação. Experimente representar diferentes públicos-alvo e, em um desafio mais ambicioso, tente capturar a mesma figura vista em diferentes graus de rotação.

▲ *Um perfil andrógino, por Jiiakuann.*

▲ *Variação do perfil.*

148 PARTE I **COMO DESENHAR FIGURAS DE MODA**

▲ *Eri Wakiyama inclui muito mais detalhes em seu estudo maior da cabeça (acima) do que em sua figura de corpo inteiro (acima, à direita).*

TAREFA 5

A inspiração para uma coleção de design pode (e deve) encontrar expressão na estilização da cabeça. Comece com um estudo maior, levando em consideração como você poderia traduzir completamente a inspiração para uma coleção específica na estilização da cabeça. Depois desenhe a mesma cabeça novamente, só que desta vez em uma escala muito menor, como apareceria na sua figura de corpo inteiro. A versão menor, por necessidade, incluirá muito menos informação e, assim, as decisões sobre quais detalhes eliminar serão muito importantes.

DICA DE ESBOÇO RÁPIDO:

Quando estiver com pouco tempo ou só quiser mudar um pouco as coisas, você pode optar por incorporar uma imagem fotográfica levemente alterada para a cabeça. Tente selecionar uma imagem que seja similar em escala ao seu desenho, ou se prepare para eliminar boa parte dos detalhes no Photoshop. Você também pode incorporar um rosto que tenha desenhado para outro fim, ajustando os níveis no Photoshop de forma que o peso da linha e o contraste sejam similares ao seu desenho do corpo. Certifique-se também de que a rotação da cabeça corresponda à rotação do corpo (por exemplo, uma vista de perfil da cabeça só funcionará bem de fato em uma figura vista de lado).

CABEÇA, MÃOS E PÉS CAPÍTULO 4 149

▲ *Stefanie Nieuwenhuyse traduz seu conceito de design por meio dos adereços de cabelo, que remetem tanto aos materiais quanto ao estilo de suas roupas. Seus desenhos também são melhorados usando processos digitais.*

▶ *Diversas transformações e filtros (por exemplo, o filtro "Recorte de arestas" é usado ao lado, abaixo, à direita) podem ser usados para refinar e/ou abstrair o desenho.*

A cabeça masculina

Desenhar a cabeça do homem é bem mais simples; o ideal é muito menos prescrito e exige-se menos edição que para a mulher. As linhas de expressão e sombras vão ajudar a definir como a estrutura óssea mais desenvolvida do homem se expressa no rosto. O formato será muito mais angular, o maxilar mais quadrado; linhas mais retas serão usadas para definir as feições e sugerir a estrutura óssea. Fora isso, as mesmas noções básicas para desenhar a cabeça feminina serão aplicadas à masculina.

▲ Assim como para as mulheres, uma estilização criativa da cabeça masculina é necessária para a mais completa tradução da inspiração e do conceito de design. Aqui, uma ilustração de Moises Quesada.

◄ Embora de natureza extremamente impressionista, as ilustrações de Anne-Marie Jones transmitem muita informação a respeito do perfil de seu público-alvo – boa parte sugerida pela forma como ela enfeita as cabeças, incluindo acessórios, corte de cabelo, barba e bigode.

▶ *Zoya Smirnova articula os planos mais proeminentes do rosto masculino com poucas linhas bem posicionadas.*

Guia para a vista frontal

Como para a cabeça feminina, a vista frontal é um bom ponto de partida. Defina os mesmos pontos de referência para os elementos faciais de adultos, indicados na p. 135. Use sombras e luzes para acentuar uma estrutura óssea mais marcada e feições mais definidas.

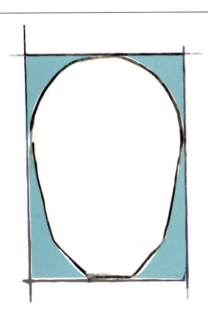

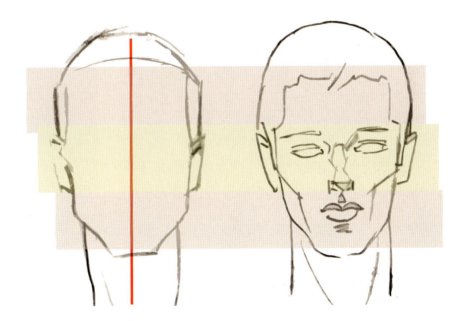

1 Comece com um retângulo de razão 2:3. Então, desenhe uma forma oval ligeiramente mais larga no alto e mais estreita e chata na parte de baixo.

2 Estabeleça uma linha vertical no centro para facilitar o posicionamento simétrico dos elementos faciais. Refine a forma do rosto, indicando um maxilar mais angular do que o da cabeça feminina.

3 Trace a linha do cabelo e os elementos faciais usando os pontos de referência verticais. Comparados aos femininos, os lábios do homem são menos delgados, e os olhos vão parecer menores. Uma indicação cuidadosa dos planos espaciais pode ser usada para definir uma estrutura óssea mais proeminente.

152 PARTE I **COMO DESENHAR FIGURAS DE MODA**

▶ Wyatt Hough consegue transmitir informações muito específicas a respeito do estilo da cabeça de seus homens com algumas poucas linhas e um acabamento rápido e abreviado.

Guia para a vista de três quartos

Como observado ao virar a cabeça feminina, a posição vertical dos elementos faciais vai permanecer constante durante a rotação lateral. A linha do centro da frente vai virar com a cabeça; as duas metades do rosto não vão ter mais a mesma aparência à medida que o lado mais afastado é escorçado. A linha do centro da frente, que aparecia reta na vista frontal, torna-se curva na vista de três quartos.

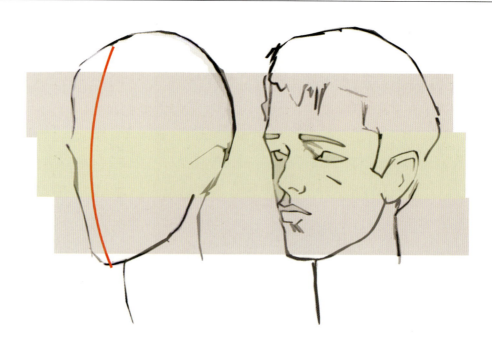

1 Comece desenhando um retângulo ligeiramente mais largo que o da vista frontal. Desenhe uma forma oval inclinada, de modo que a posição do queixo fique mais perto do canto inferior esquerdo do retângulo.

2 Desenhe uma linha de centro da frente curvada, mais perto do lado esquerdo. Marque os pontos de referência verticais dos olhos, do nariz e da boca. Indique a orelha, que agora se insere no contorno geral da cabeça.

3 Refine a forma do rosto e acrescente os elementos faciais, atentando para escorçar o lado do rosto que está se afastando da vista. Indique uma pequena reentrância perto de onde o buraco do olho e o osso da face se encontram.

CABEÇA, MÃOS E PÉS CAPÍTULO 4   153

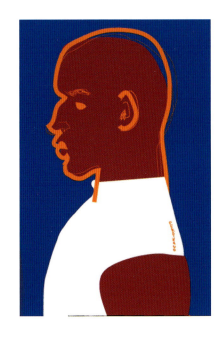

TAREFA 6

Para esta tarefa, você se baseará nos métodos de trabalho do ilustrador Ferdinand (à esquerda), reduzindo o perfil do homem a formas bem simples. Considere trabalhar no Illustrator, no qual objetos vetoriais que recebem um preenchimento, mas sem traços, podem ser usados para descrever uma forma com um mínimo de linhas. (Para mais a respeito de como alternar linha e massa, ver pp. 186-187.)

◀ Nesta ilustração de Ferdinand, o perfil masculino é descrito com o mínimo de linhas.

▲ Variação do perfil.

Guia para a vista de perfil

Assim como para o perfil feminino, você vai precisar de um quadrado como ponto de partida.

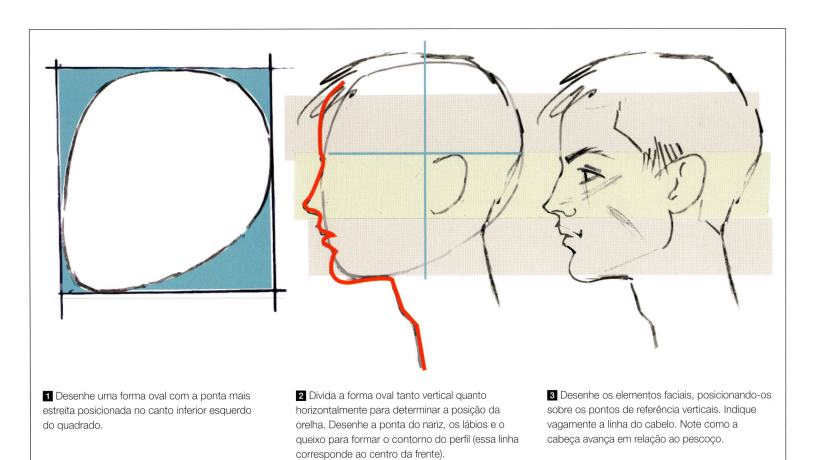

1 Desenhe uma forma oval com a ponta mais estreita posicionada no canto inferior esquerdo do quadrado.

2 Divida a forma oval tanto vertical quanto horizontalmente para determinar a posição da orelha. Desenhe a ponta do nariz, os lábios e o queixo para formar o contorno do perfil (essa linha corresponde ao centro da frente).

3 Desenhe os elementos faciais, posicionando-os sobre os pontos de referência verticais. Indique vagamente a linha do cabelo. Note como a cabeça avança em relação ao pescoço.

154 PARTE I COMO DESENHAR FIGURAS DE MODA

▲ *Jiiakuann experimenta desenhar a mesma cabeça vista de diferentes ângulos e com diferentes escolhas de estilo.*

TAREFA 7

Criar uma realidade para sua cabeça ficcionalizada requer interpretação de um conjunto específico de características em graus variados de rotação. Trabalhando a partir de uma variedade de referências fotográficas e modelos vivos, desenhe três vistas do mesmo homem com diferentes chapéus e cortes de cabelo. Você consegue capturar a essência à medida que a cabeça gira?

Cabeças infantis

Quando se trata de desenhar rosto de criança, é interessante fazer uso de bastante licença criativa, uma vez que uma abordagem excessivamente realista pode envelhecer a aparência da criança. O desenho do rosto de criança também deve refletir mudanças de desenvolvimento. À medida que a criança amadurece, o formato geral fica maior e mais comprido. As feições de um bebê parecem se situar na parte de baixo do rosto por causa da mandíbula pouco desenvolvida. A cabeça é larga até a altura das maçãs do rosto e de repente afina para um queixo pequeno. Conforme a criança cresce, o maxilar se desenvolve e as feições aparecem mais no alto do rosto. Os rostos também começam a se distinguir cada vez mais em função do gênero. A cabeça do menino assume uma aparência mais retangular, enquanto o maxilar se torna quadrado. O rosto da menina assume um formato levemente ovalado.

Quanto aos adultos, a cabeça do adolescente se distingue pela atitude, pelo cabelo e pelos acessórios. Tome o cuidado também de adaptar de forma coerente seu traço de acordo com a faixa etária.

▲ Aqui, Bijou Karman escolhe aparência e atitude específicas para sua ilustração de uma garota carrancuda.

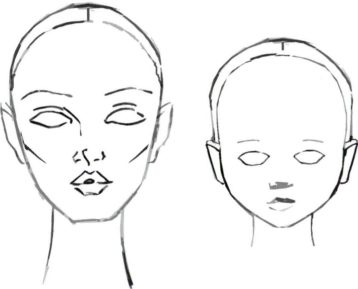

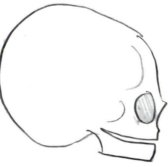

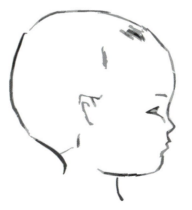

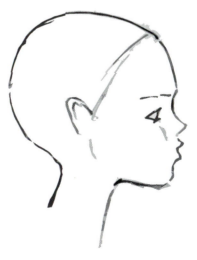

▲ Proporção relativa entre as cabeças de adultos e crianças pequenas.

▶ Como o maxilar inferior se desenvolve ao longo do tempo, os elementos faciais parecem ficar mais altos com a idade.

156 PARTE I COMO DESENHAR FIGURAS DE MODA

▲ As "Damned Dollies", de Dana De Kuyper, subvertem as noções convencionais sobre meninas.

▶ Um estilo de desenho inspirado nos grafites de Herakut seria apropriado para as categorias de pré-adolescentes e adolescentes.

CABEÇA, MÃOS E PÉS CAPÍTULO 4 157

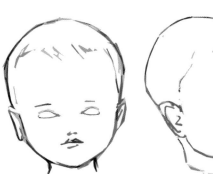
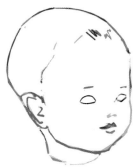
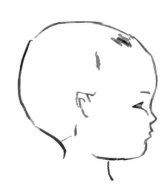

CABEÇA DO BEBÊ

▲ *Com pouco cabelo, bebês costumam usar chapéu para manter a cabeça aquecida.*

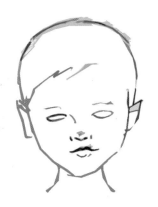
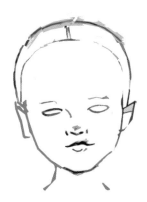

CABEÇA DA CRIANÇA PEQUENA

CABEÇA DA CRIANÇA GRANDE

158 PARTE I **COMO DESENHAR FIGURAS DE MODA**

> **TAREFA 8**
>
> Como mencionado no Capítulo 3, o desenho de crianças e jovens adultos não deve ser adocicado demais. Personagens licenciados e bonecas como Blythe e Emily Strange são bons exemplos de uma representação infantil mais ousada que deu certo. Trabalhando com uma boneca (à esquerda), grafite (abaixo) ou animê japonês como inspiração, desenvolva um estilo de desenho mais radical e criativo para os rostos de crianças e jovens.

▲ *Bonecas artesanais podem ser uma maravilhosa fonte de inspiração. As bonecas de porcelana "Enchanted Dolls", de Marina Bychkova, apresentam uma articulação natural e detalhes requintados que inspiraram ilustrações igualmente belas de seus fãs.*

▶ *Observe murais de grafite para ajudá-lo a desenvolver uma abordagem alternativa para a representação de crianças. Grafite de Herakut.*

Chapéus

Quando estiver dominando melhor o desenho da cabeça, você pode se aventurar a desenhar chapéus. Existem muitas variedades: duro/mole, tricô/tecido e assim por diante. Independentemente do estilo, a colocação do chapéu sobre a cabeça é a chave do design. A posição é determinada pelo tamanho da circunferência do chapéu. A quantidade de espaço entre o alto da cabeça e a copa do chapéu também vai variar de acordo com o design. Chapéus vêm com ou sem aba, cuja forma e tamanho também serão determinados pelo design específico. Dependendo do tamanho e da posição, abas e viseiras podem camuflar os olhos e projetar sombras sobre o rosto.

Uma observação cuidadosa será a chave para desenhar chapéus. Prepare-se para colecionar um grande arquivo de imagens de diferentes estilos e fabricações para ter como referência. Lembre-se de exagerar seu desenho do chapéu, assim como você faria com qualquer outra parte de um desenho de moda.

◀ Chapéus com grande circunferência ficam mais enfiados e cobrem uma porção maior da cabeça. Inversamente, chapéus de circunferência menor apoiam-se mais no alto e cobrem apenas uma pequena porção da cabeça, como nesta ilustração de Antonio Lopez.

Chapéu mole

Neste exercício, você vai desenhar uma boina escocesa (conhecida como Tam o' Shanter) numa vista de três quartos.

1 Indique vagamente os elementos faciais e o cabelo (o penteado deve ser rente à cabeça para que caiba sob o chapéu).

2 Em seguida, desenhe a faixa de modo que a circunferência do chapéu abrace a cabeça logo acima das orelhas.

3 Desenhe a silhueta da copa, indicando o volume drapeado. Certifique-se de deixar bastante espaço entre o alto da cabeça e a copa do chapéu. O pompom tradicionalmente colocado no alto da boina não fica visível com essa altura do olhar.

▶ Variações de chapéu mole com viseiras: jornaleiro (à esquerda) e boina em gomos (à direita).

Desenhando um *snapback*

Neste exercício, você vai desenhar um boné de beisebol ajustável, conhecido como *snapback*.

1 Desenhe a copa de modo que a circunferência do chapéu abrace a cabeça logo acima das orelhas.

2 Acrescente uma aba.

3 Desenhe a silhueta geral da copa, deixando um pouco de espaço entre o topo da cabeça e a copa do chapéu. Adicione o número desejado de gomos.

▶ *Refine o desenho com cabelo e acessórios; acrescente sombras projetadas pela aba.*

Chapéu com aba

Neste exercício, você vai desenhar um fedora, um chapéu de feltro com aba e uma leve depressão na copa.

1 Trabalhando com uma vista frontal da cabeça, indique vagamente os elementos faciais e o cabelo. Delineie a linha inferior da circunferência do chapéu para que se acomode logo acima da têmporas. Desenhe uma segunda linha paralela marcando o limite superior da faixa.

2 Em seguida, desenhe a copa do chapéu, deixando bastante espaço para o alto da cabeça.

3 Complete o desenho acrescentando a aba. Lembre-se de adicionar as sombras projetadas no rosto. Em certos casos, abas mais largas podem esconder os olhos.

▶ Variações de design de um chapéu estruturado: aba virada para cima com copa baixa (à esquerda) e aba pequena com copa alta (à direita).

Óculos

As grifes de moda se estendem para óculos, e os de sol são itens-chave no mercado de luxo. Alguns óculos são criados para causar uma forte impressão visual; outros são tão discretos que parecem quase invisíveis. O tamanho das lentes vai variar de acordo com o design – por exemplo, os óculos de "vovó" da década de 1970 tinham lentes pequenas com armação de metal fino, enquanto os icônicos Ray-Ban dos anos 1950 tinham grandes lentes e armação preta grossa. Neste exercício, você vai desenhar um par de óculos de aviador clássico.

1 Trabalhando com uma vista de três quartos da cabeça, indique vagamente os elementos faciais e o cabelo. Deixe a parte dos olhos bem vaga já que eles serão camuflados pelas lentes e pelo reflexo da luz.

2 Desenhe a forma geral dos óculos de modo que eles se projetem além do contorno da cabeça.

3 Acrescente os detalhes da armação. Para completar o desenho, adicione sombras diagonais e luzes para indicar uma superfície refletiva.

TAREFA 9

Trabalhando com uma variedade de referências fotográficas e reais, esboce rapidamente três vistas da cabeça com diferentes chapéus e estilos de cabelo.

▶ *Richard Haines desenha suas observações pessoais do estilo das ruas e as publica em seu blog. Aqui, os estilos de cabelo, chapéus e óculos foram desenhados a partir de observações da rua.*

Mãos

O desenho da mão na figura de moda é significantemente diferente do desenho clássico. A rede complexa de ossos e articulações deve ser estilizada para a moda, privilegiando o movimento e a posição. Pergunte a si mesmo: como essa mão estilizada ficaria se posicionada sobre o quadril? Como seria segurando um celular ou acenando? Diversos gestos de mão podem ser usados para comunicar emoção, atitude e até mesmo gênero. A posição das mãos pode ser também usada para chamar a atenção para algum detalhe específico.

É preciso ter algum conhecimento dos ossos e das articulações da mão para representar o movimento com naturalidade. Os ossos da mão radiam a partir do pulso, com os dedos se abrindo em leque a partir dos nós. A mão e o pulso se mexem juntos; os músculos do pulso controlam todos os movimentos menos a torção, que é controlada pelo antebraço. Quando o dorso da mão está para cima, o polegar aponta para o corpo. Quando a palma está para cima, o dedo mínimo fica mais próximo do corpo. Por causa da amplitude dos movimentos da mão, raramente você vê os cinco dedos ao mesmo tempo, e os dedos que são vistos serão em geral escorçados. Como em todo desenho de moda, será necessário eliminar alguns detalhes anatômicos para criar uma forma idealizada. Mas cuidado para não eliminar muito dos detalhes estruturais, ou criará a aparência de uma luva de borracha!

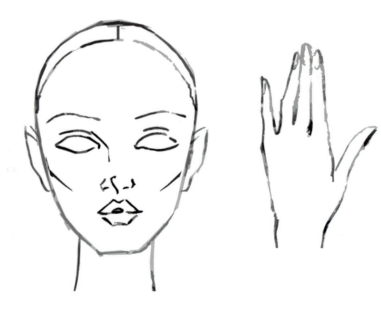

▼ *Iniciantes costumam desenhar mãos (e pés) pequenos demais em relação ao resto do corpo. O tamanho da mão equivale na realidade à altura do rosto até a linha do cabelo.*

▲ *Assim como para as outras partes do corpo, existe uma proporção relativa entre o tamanho da cabeça e o da mão. Ilustração de Glen Tunstull.*

A mão feminina

A fim de entender o volume tridimensional, primeiro analise a mão em termos de formas geométricas simples.

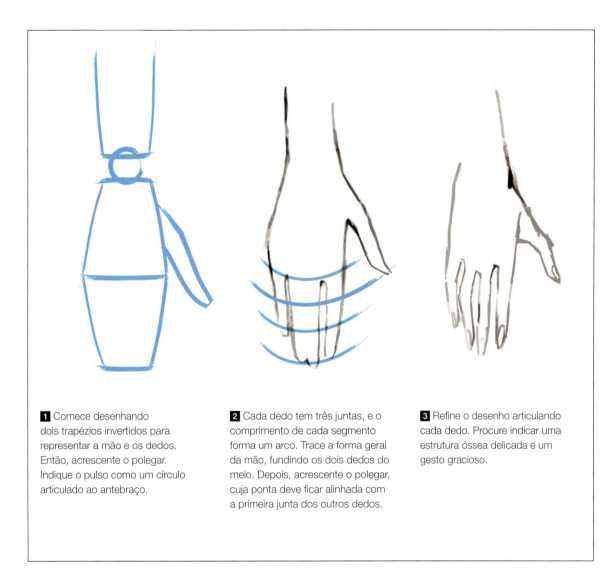

1 Comece desenhando dois trapézios invertidos para representar a mão e os dedos. Então, acrescente o polegar. Indique o pulso como um círculo articulado ao antebraço.

2 Cada dedo tem três juntas, e o comprimento de cada segmento forma um arco. Trace a forma geral da mão, fundindo os dois dedos do meio. Depois, acrescente o polegar, cuja ponta deve ficar alinhada com a primeira junta dos outros dedos.

3 Refine o desenho articulando cada dedo. Procure indicar uma estrutura óssea delicada e um gesto gracioso.

▼ *Quando desenhar luvas, mostre as costuras assim como os vincos criados pelo movimento do pulso, da mão e dos dedos.*

▲◤ *Para lidar com a complexidade visual dos ossos e das articulações da mão, primeiro trabalhe com a forma geral e, em seguida, subdivida-a para indicar dedos individuais.*

Mãos nos quadris

Desenhar as mãos posicionadas nos quadris antes de desenhar os braços evita muitas tentativas e erros. Encontre uma fotografia adequada que possa usar como guia. Em seguida, pinte o espaço negativo entre o braço e o corpo na fotografia com um marcador colorido. Trabalhando com o seu guia de proporções e uma folha de decalque:

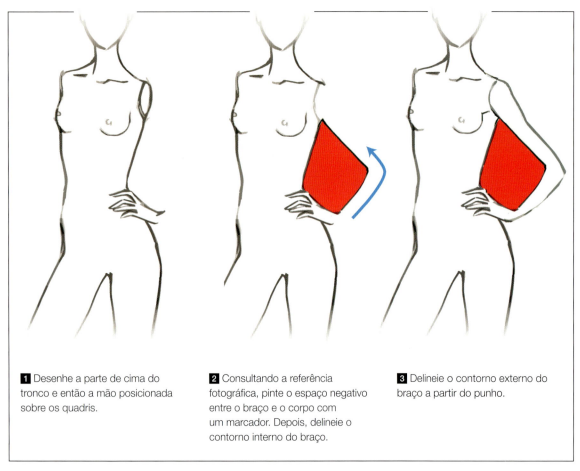

1 Desenhe a parte de cima do tronco e então a mão posicionada sobre os quadris.

2 Consultando a referência fotográfica, pinte o espaço negativo entre o braço e o corpo com um marcador. Depois, delineie o contorno interno do braço.

3 Delineie o contorno externo do braço a partir do punho.

Mãos de crianças

As mãos de bebês e crianças também precisam ser bastante estilizadas no desenho de moda. À medida que as crianças crescem, o tamanho, a proporção e a estrutura de suas mãos mudam. Bebês e crianças pequenas têm dedos curtos e arredondados e juntas rechonchudas que vão ficando mais esguias com a maturidade. Quando uma criança chega aos sete anos, a forma da mão já é bastante similar à de um adulto; ela é apenas menor. Quanto mais nova a criança, mais curtos e arredondados são os dedos. Os gestos da mão de uma criança refletem o nível de destreza característico da idade. (Sobre como desenhar mãos de modelos vivo, ver Capítulo 5, p. 184.)

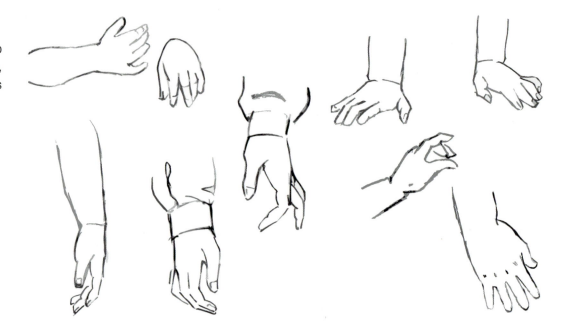

A mão masculina

As mãos do homem são mais quadradas, e as articulações e estruturas ósseas, mais proeminentes. Seguindo os mesmos passos das mãos femininas, desenhe várias vistas das mãos masculinas.

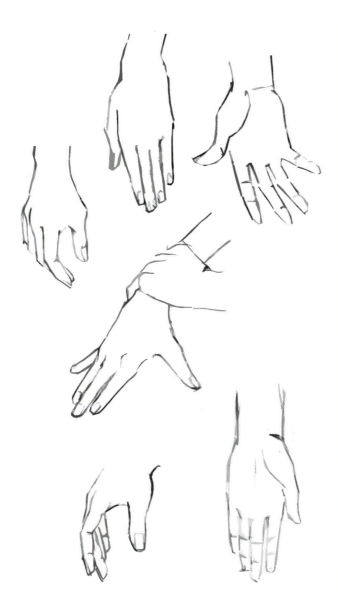

▲ Os retratos de moda de Artaksiniya trazem gestos manuais expressivos, que são usados para enriquecer a narrativa.

TAREFA 10

Trabalhando com fotos, modelo vivo ou até mesmo partes de manequins, desenhe uma série de gestos de mãos para mulheres, homens e crianças. Leve o tempo necessário para analisar as formas e a ordem na qual você as vê. Os desenhos não devem ser grandes demais; procure desenhar as mãos no tamanho que teriam numa figura inteira. Para um desafio mais ambicioso, ilustre as mãos usando luvas. Se a mão estiver segurando alguma coisa, desenhe o objeto primeiro, então observe como a mão se adapta a ele.

Pernas e pés

Assim como para outras partes do corpo, será útil imaginar uma forma geométrica – uma cunha, por exemplo – como o ponto de partida para desenhar o pé. A proporção relativa dessa cunha comparada à altura total do corpo será a chave. Cuidado quando começar, pois os iniciantes tendem a desenhar pés muito pequenos.

Uma investigação do movimento do pé e da perna também servirá como base para seus desenhos. O pé esquerdo e o direito raramente são vistos na mesma posição ou de um mesmo ponto de vista. Por exemplo, o pé direito pode ser visto de frente, enquanto o esquerdo estará parcial ou completamente virado. A posição da perna e do pé em seu desenho de moda deve parecer natural, correspondendo à rotação do resto do corpo. A maneira como você estiliza o pé também deve ter uma relação com o resto do desenho.

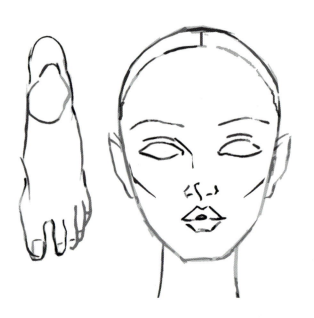

▲ O comprimento do pé é igual à altura da cabeça.

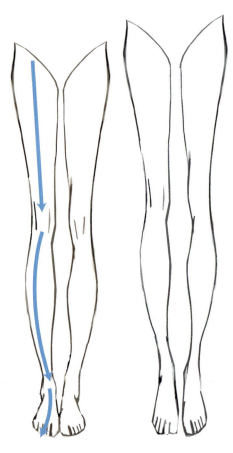

▲ Quando o calcanhar está apoiado no chão, o pé e a perna ficam em ângulo reto. À medida que o calcanhar se eleva, esse ângulo aumenta e, quando visto de frente, o tornozelo fica elevado e o peito do pé fica mais visível. Observe, também, a oposição dos ângulos das panturrilhas e dos tornozelos.

▲ Em uma pose caminhando, o pé que se afasta do observador estará em escorço.

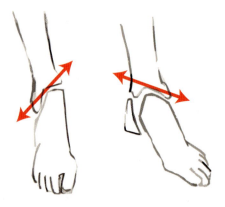

▲ Os ossos do tornozelo se encaixam perfeitamente à curva do peito do pé; a protuberância dos tornozelos é maior do lado de dentro da perna.

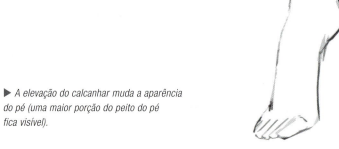

▶ A elevação do calcanhar muda a aparência do pé (uma maior porção do peito do pé fica visível).

CABEÇA, MÃOS E PÉS CAPÍTULO 4   169

A vista lateral do pé

Os lados de dentro e de fora do pé são anatomicamente diferentes. Você precisa primeiro decidir que pé (direito ou esquerdo) quer desenhar e de que ponto de vista. Enquanto todo o lado de fora do pé faz contato com o chão, o lado de dentro tem uma leve elevação no centro, onde um arco forma uma ponte entre a planta e o calcanhar. Virar o pé afeta a ordem como você vê os dedos. Na vista lateral interior, o dedão é visto primeiro e praticamente esconde os outros quatro dedos. Na vista lateral externa, o dedo mínimo aparece primeiro na ordem visual das formas.

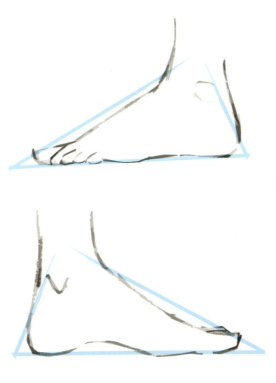

▲ Pense no pé como um triângulo ou uma cunha e imagine como essa forma ficaria de um ponto de vista diferente.

▶ A posição do pé é crucial para a vista de perfil. Ficar na ponta dos pés com o peso suportado pela bola do pé projeta a parte de cima do corpo para a frente.

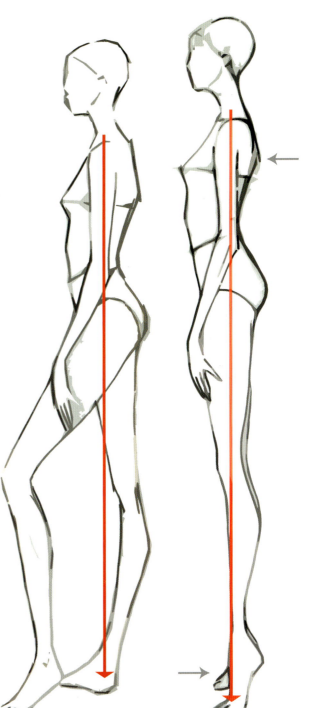

▲ O tendão de aquiles e o calcanhar são vistos primeiro, de frente, na reordenação e escorço das formas para a vista dorsal.

VISTAS EXTERIOR E INTERIOR DO PÉ ESQUERDO

Pés de homens e crianças

As recomendações sobre como desenhar mãos de homens e crianças se mantêm para os pés. O pé masculino é menos delicado e mais quadrado. Nos bebês e nas crianças, a relação entre os pés e o corpo vai mudar à medida que a criança cresce. Bebês e crianças pequenas têm pés relativamente grandes e rechonchudos. Como os bebês ainda não conseguem andar, eles são em geral desenhados sentados ou engatinhando, e a parte de baixo dos pés costuma aparecer. Nas crianças maiores, o pé começa a afinar e é menor em relação ao corpo. Os estilos de sapatos (ver p. 173) também ficam mais sofisticados à medida que a criança cresce.

PÉS MASCULINOS

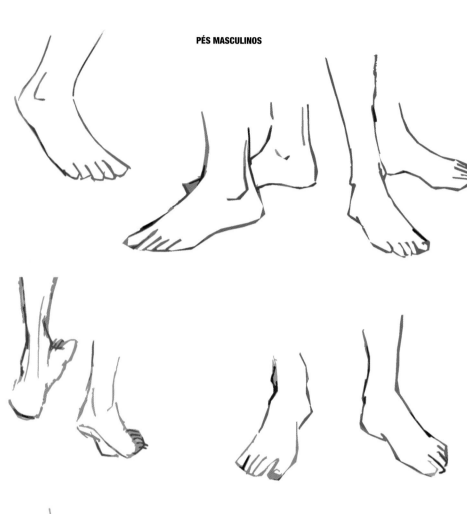
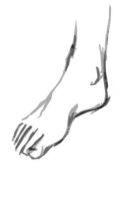
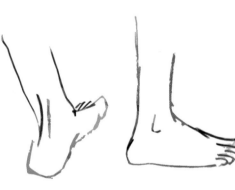

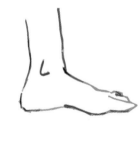

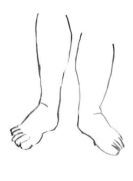
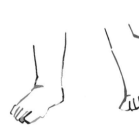

PÉS DE BEBÊS E DE CRIANÇAS

TAREFA 11

Dependendo de sua área de especialização, desenhe uma variedade de posições de pés em mulheres, homens (acima) ou crianças (à esquerda).

Sapatos

Embora o pé deva se encaixar num sapato, alguns designs modernos podem ter pouca ou nenhuma semelhança com a forma natural do pé. Existem sapatos de todas as formas e tamanhos. Há sapatos baixos, como as delicadas sapatilhas de balé e as botinas de sola pesada. Sapatos de salto, como os de saltos agulha (de 10 cm), elevam o calcanhar a fim de aumentar a altura da mulher. As plataformas, com solas grossas, também dão mais altura. A ponta do sapato pode ser arredondada, pontuda, quadrada ou até dividida em partes, agrupando os dedos.

O sapato é um ponto significativo a se levar em conta para determinar a silhueta geral e é uma extensão importante do conceito do design. Por exemplo, a Maison Martin Margiela é tão famosa por suas icônicas botas tabi *split-toe* como por seus designs de roupa.

Assim como chapéus podem ser usados para mudar a aparência do tamanho da cabeça, sapatos também podem fazer o pé parecer menor ou maior em relação ao corpo. A maneira como o pé fica dentro do sapato vai afetar radicalmente sua aparência geral. Por exemplo, a elevação do calcanhar deixa visível uma porção maior do peito do pé (tanto do sapato quanto do pé propriamente dito). Tente imaginar o sapato em uma caixa para chegar a uma perspectiva verossímil.

No passado, as leis da física governavam o posicionamento do calcanhar tanto na concepção quanto no desenho dos sapatos. A tecnologia atual permite um design de sapatos limitado apenas pela sua imaginação. Assim como a arquitetura mais experimental, alguns designs de sapato parecem de fato desafiar a gravidade. Então, quando você concebe ou desenha um sapato, suas únicas exigências são certificar-se de que há uma maneira de o pé se acomodar dentro dele e de que o desenho se conforma à sua proporção estilizada.

▲ A tecnologia possibilita opções praticamente ilimitadas para o design de sapatos, como demonstrado por estes criativos sapatos de Bryan Oknyansky (Shoes by Bryan), feitos em parte por impressão 3D.

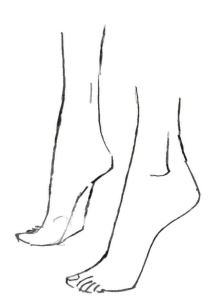

▲ Quando desenhar um sapato baseado na sua imaginação, primeiro desenhe o pé na posição que ele vai assumir dentro do sapato e, depois, desenhe o sapato ao redor dele.

▶ Ao desenhar a partir de uma foto ou de um modelo vivo, tente enxergar o pé e o sapato como uma composição de formas abstratas.

172 PARTE I **COMO DESENHAR FIGURAS DE MODA**

TAREFA 12

Pratique desenhar pés e sapatos em diferentes posições a partir de fotos (nesta página e na página ao lado). Procure estilizar como faria com qualquer outra parte de um desenho de moda.

◀ *Mais sapatos em impressão 3D do arquiteto e designer Bryan Oknyansky.*

SAPATOS E BOTAS FEMININOS

CABEÇA, MÃOS E PÉS CAPÍTULO 4 173

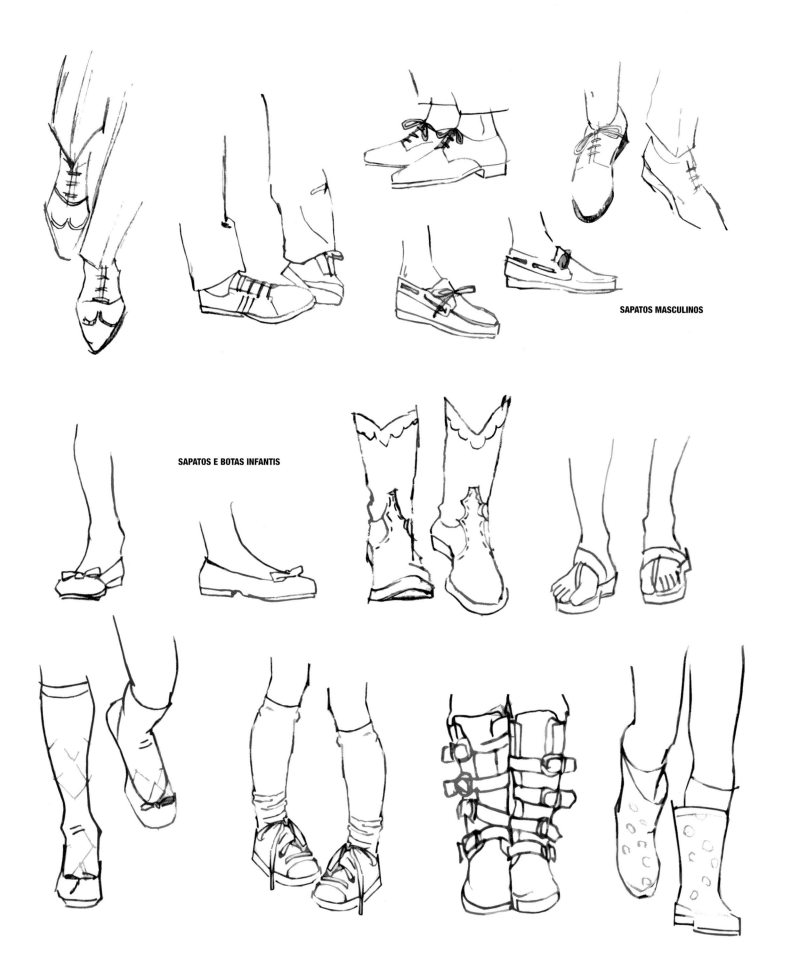

SAPATOS MASCULINOS

SAPATOS E BOTAS INFANTIS

CAPÍTULO 5
DESENHANDO COM MODELO VIVO

Este capítulo trata da maneira como se desenha a partir de modelos vivos. A observação da realidade vai em última instância determinar todos os seus desenhos de moda, até mesmo aqueles criados sem o recurso de um modelo. Os exercícios preliminares fornecem experiência direta para os princípios básicos, introduzidos no Capítulo 1, sobre como dar proporção e equilíbrio à figura. A segunda série de exercícios aborda as funções do lado direito e esquerdo do cérebro e foi concebida para eliminar a frustração e permitir que você desenhe o que de fato está vendo. Os exercícios finais juntam tudo: os desenhos são refinados e incorporados a composições criativas.

◄ ▼ *Como demonstrado por Janae De Laurentis (página anterior) e Howard Tangye (abaixo), um bom desenho de moda se distingue pela espontaneidade, pelo movimento e pelo traço – qualidades que se originam da observação direta da realidade.*

Para começar

A essência do desenho de moda é aprender a ver. Embora desenhar a partir de uma referência fotográfica seja extremamente útil no desenvolvimento de figuras, tal trabalho é baseado em percepções de segunda mão. A imagem de um "momento congelado no tempo" já foi manipulada pelo fotógrafo e pelo editor de imagens. Você nunca pode tratar uma foto como um fato. Por isso tudo, vale a pena trabalhar com um modelo sempre que puder. O currículo da maioria dos cursos de moda exige desenho com modelo vivo, e muitas escolas oferecem sessões abertas de desenho. Você também pode formar seu grupo e fazer uma "vaquinha" para contratar um modelo, ou até mesmo os membros de seu grupo podem desenhar uns aos outros. Assim como todo o seu trabalho, o desenho com modelo vivo deve ser uma expressão pessoal, não uma imitação do estilo de outro artista. Com o tempo, prática, paciência e disciplina vão fazê-lo progredir e adquirir mais espontaneidade.

Como arrumar o estúdio

A melhor maneira de desenhar com modelo vivo é preparar um espaço em seu estúdio, ou sala de aula, dedicado a esse propósito. O estúdio ideal deve ter boa iluminação, ventilação e acesso a uma pia. Deve haver um espaço onde o modelo possa trocar de roupa com privacidade. Você também precisará de *spots* de luz, uma plataforma para elevar o modelo acima da altura do olhar, algum tipo de aparelho de som, um diagrama do sistema muscular humano e, se possível, um esqueleto. Escolas clássicas de desenho recomendam desenhar esculturas e manequins. No mundo da moda, desenhar partes de manequins enquanto seu modelo descansa tem um benefício similar. Isso vai ajudá-lo a entender mais facilmente as proporções estilizadas. Ouvir música ajuda a concentração, com a condição de ser respeitoso com os outros. Limite-se às músicas instrumentais, pois letras podem distrair.

A escolha dos materiais

Como você vai fazer muitos desenhos, escolha um bloco barato de papel-jornal ou *kraft* num tamanho que lhe permita trabalhar confortavelmente na orientação horizontal. Cada figura vai preencher a página de cima para baixo, e você precisa fazer caberem cinco figuras por página nas poses rápidas de aquecimento. (Sobre tipos de papel e materiais para o trabalho artístico, ver pp. 310-318.)

Evite as ferramentas de desenho que não permitem uma linha expressiva (como lapiseiras e canetas esferográficas). Comece com lápis carvão; segurando-o com diferentes inclinações você consegue obter as várias qualidades de linha necessárias para descrever as superfícies e texturas das roupas. Os lápis aquarelados Caran D'Ache Neocolor II podem ser apontados com estilete para fazer o traçado colorido. Adicionar água às pontas transforma os lápis em tinta; as anilinas Dr. Ph. Martin's e Luma proporcionam cores especialmente vibrantes. O giz pastel pode ser bastante estimulante.

▲ As técnicas de acabamento e os materiais que você escolher para trabalhar devem ser diretamente relacionados às roupas e à categoria de mercado que você está ilustrando. Por exemplo, Noriko Kikuchi faz o acabamento de seus designs mais conceituais usando técnicas menos convencionais, como a colagem.

A seleção e o trabalho com modelo

Ao selecionar seus modelos para o desenho de moda, lembre-se de que não é necessário encontrar a perfeição de um modelo fotográfico. Você pode reinventar a pessoa que está desenhando, e muitas vezes os "defeitos" que poderiam impedir o modelo de trabalhar na frente de uma câmera podem ser muito interessantes para um artista. Ele ou ela precisa ter personalidade, estilo e movimentos corporais graciosos. Alguns modelos podem surpreender com uma qualidade indescritível que não é aparente até você começar a desenhá-los.

▶ A cliente de tamanho pequeno não deve ser excluída da moda mais ousada – os mesmos conceitos podem ser visualizados num estilo de desenho relativo. Ilustração de Elisabeth Dempsey.

◀ A espontaneidade do desenho de Erika Kobayashi captura um momento fugaz de imobilidade dessa menininha.

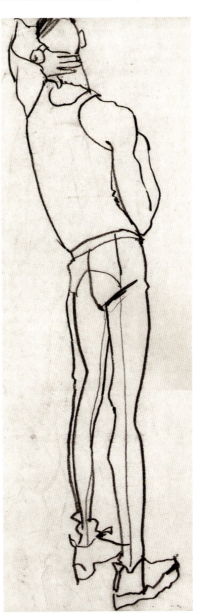

◀ ▲ De vez em quando, procure desenhar modelos de tamanhos grande ou pequeno, pois interpretar as diferentes proporções da figura num estilo de desenho pessoal é um verdadeiro desafio. O mesmo vale para o desenho de homens e crianças.

Toda a experiência do desenho com modelo vivo gira em torno da relação entre o modelo, o(s) artista(s) e, se houver, o instrutor. É uma boa ideia reunir um grupo diversificado de modelos. Seja espontâneo e colaborativo. Crie cenários combinando peças de vestuário que sugiram uma narrativa (por exemplo, um trench coat sobre uma peça de lingerie).

Modelos profissionais, em geral, posam por vinte minutos de cada vez com pausas para descanso de cinco minutos entre as poses. É importante levar um cronômetro às sessões de desenho para que você possa monitorar o tempo de cada pose. Posicione o modelo sobre uma plataforma acima do nível dos olhos no centro da sala, para permitir uma vista de 360°. Uma alternativa é colocar a plataforma diante de um espelho para criar tanto uma vista frontal como uma dorsal. Enquanto o modelo estiver posando, desloque-se pela sala para testar diferentes pontos de vista. Faça um aquecimento com uma combinação de poses de um, dois ou cinco minutos. Então passe para poses de dez e vinte minutos.

▶ *O desenho de Howard Tangye tem um ritmo específico, com áreas de complexidade compensadas pela omissão de detalhes. Embora muitos artistas tragam bastante intenção às suas composições, a apresentação gráfica para o desenho com modelo vivo muitas vezes é consequência de intuição e de espontaneidade momentânea.*

▼ *Aqui, um desenho gestual de Richard Rosenfeld.*

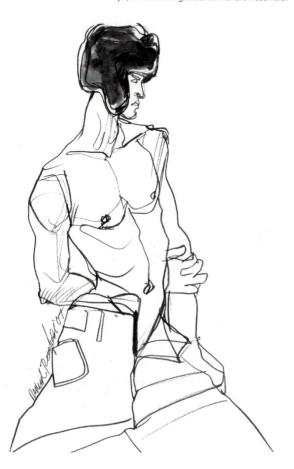

O desenho com modelo vivo requer uma capacidade de foco excepcional e uma concentração contínua e, uma vez adquiridas, essas habilidades terão um efeito cascata positivo sobre todos os aspectos da prática criativa.

Cuidado para que as poses não sejam ambiciosas demais para o tempo de duração. Tanto o modelo quanto o artista deveriam tentar antecipar o efeito da gravidade sobre a figura. Desenhe a parte mais provável de ser afetada pela gravidade primeiro (uma perna ou um braço estendido ou elevado). Para poses mais longas, use fita adesiva para marcar pontos de referência sobre a plataforma de modo que o modelo possa assumir a mesma pose depois do descanso. À medida que você for ganhando experiência, comece a adicionar objetos, tecidos e iluminação.

Os exercícios a seguir foram concebidos para serem repetidos de acordo com suas necessidades. A investigação dos detalhes das roupas e das técnicas de acabamento de tecidos, nas Partes II e III deste livro, pode ser incorporada às propostas de cada um destes exercícios. Você pode então observar como os diferentes detalhes e tecidos parecem de verdade quando colocados num modelo.

Princípios básicos

O desenho com modelo vivo deve ser visto como um processo para aprimorar a sua habilidade de observar detalhes. Croquis de moda desenhados a partir da realidade tendem a ser menos calculados e mais sentidos que aqueles feitos sem o recurso de um modelo. As decisões rápidas que devem ser tomadas durante uma pose com tempo marcado ajudam a desenvolver o pensamento crítico e, portanto, aprimoram as habilidades de resolução de problemas. Embora apenas uma pequena porcentagem dos desenhos com modelo vivo possa ser de fato usada como esboços preliminares para apresentações de portfólio, as memórias guardadas da observação direta são de uma riqueza inestimável. O uso de materiais experimentais em desenho com modelo vivo pode ser o ponto de partida para uma composição extremamente criativa e para a concepção do design. Você pode também descobrir uma proporção inteiramente nova para a sua figura.

▶ Os traços fluidos e expressivos de Sara Harper são ideais para capturar os gestos do modelo em poses de curta duração.

▼ Desenhos com modelo vivo podem ser usados como estudos para poses, um retrato ou uma expressão facial. Basta retrabalhá-los mais tarde para apresentações finais de designs de roupas.

Solte sua imaginação

No desenho de moda com modelo vivo, você extrapola o que está vendo e filtra através de lentes estilizadas uma proporção idealizada da figura. Nos próximos exercícios, faça um esforço consciente para estabelecer e manter uma proporção constante em seu desenho com modelo vivo. Mas, antes de começar a treinar seu olhar, é importante determinar seus senso inato de proporção da figura. Neste exercício, desenhe seu modelo livremente, sem usar nenhum guia ou conceito preexistente. Observe o que está de fato vendo, sem pensar em técnica.

Como discutido no Capítulo 1, a proporção de uma figura de moda tem muito pouco a ver com a realidade. Por meio do desenho com modelo vivo, você pode descobrir uma proporção nova para a sua figura. Nas sessões iniciais, peça para a modelo usar um collant com uma faixa de cor contrastante para enfatizar o movimento da cintura. Se ela tiver cabelo comprido, peça que o prenda para que os ombros não fiquem escondidos. Trabalhe com lápis carvão sobre papel-jornal:

◀ Não deixe que noções preconcebidas sobre o desenho de moda inibam sua imaginação.

▲ O olho percebe detalhes omitidos em um desenho de contorno cuidadosamente observado por Howard Tangye.

1 Aqueça-se fazendo vários esboços rápidos. Peça para a modelo fazer uma série de dez poses de dois minutos. Dê vazão às suas primeiras impressões. Desenhe com rapidez e convicção – como se estivesse numa corrida – para ajudar a eliminar qualquer pensamento preconcebido que possa interferir na percepção visual. O balanço da música de fundo pode ajudá-lo a entrar num bom ritmo.

2 Faça um desenho de contorno – usando uma única linha contínua para descrever sua modelo inteira. Mantenha o olhar sobre a modelo e concentre-se em marcar toda a volta da silhueta. Nas poses mais demoradas, você pode fazer correções, mas sem apagar os erros. Afinal, os erros são as melhores ferramentas de aprendizado. Você pode, então, editar o desenho quando trabalhar com a imagem mais tarde no Photoshop.

Mantenha uma proporção constante

Quando tiver decidido como quer estilizar sua figura de moda, tente aplicar a proporção de maneira constante a todos os seus trabalhos com modelo vivo. Uma proporção constante pode ser obtida marcando o papel com dobras a serem usadas como referência para a posição das diferentes partes do corpo. Como no exercício anterior, peça para a modelo usar um collant com uma faixa de cor contrastante para enfatizar o movimento da cintura. Usando fita-crepe ou giz, marque a linha do centro da frente no corpo da modelo. Trabalhe com lápis carvão e lápis de cor ou pastel sobre papel-jornal:

1 Segure uma folha de papel-jornal em orientação paisagem e dobre o papel horizontalmente várias vezes, como se fosse fazer um leque. O número de dobras deve corresponder ao número de cabeças que você determinou como a altura da sua figura estilizada. Por exemplo, a proporção tradicional de uma figura de moda feminina pediria nove cabeças. Numere os espaços na margem esquerda do papel. Usando um lápis de cor claro ou pastel, risque linhas horizontais na página para indicar a posição dos ombros, cintura, quadris, joelhos e tornozelos.

2 Durante as poses rápidas, use um segundo lápis de cor ou pastel para capturar a silhueta. Desenhe a cabeça, a linha do centro da frente e as inclinações opostas das partes superior e inferior do tronco. Marque a posição dos joelhos e pés. Posicione cada parte do corpo perto dos pontos de referência. Volte e finalize com lápis carvão para completar os detalhes.

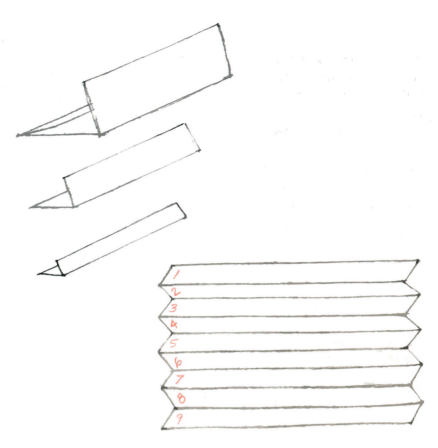

◀ ▲ *Dobre o papel em nove partes iguais para uma proporção de moda tradicional (acima). Desenho de Jillian Carrozza (à esquerda).*

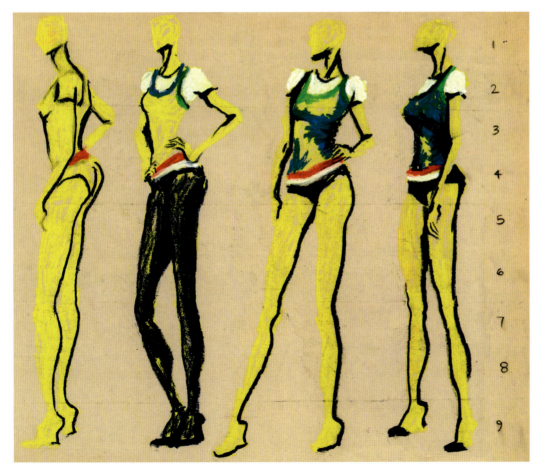

Como equilibrar a figura

No Capítulo 1, você desenvolveu a figura numa pose relaxada baseando-se nas regras do contraposto. Trabalhar com modelo vivo lhe dará uma oportunidade de ver em primeira mão como a figura se equilibra.

Como no exercício anterior, peça para a modelo usar um collant com uma faixa colorida contrastante. Marque a linha do centro da frente em seu corpo usando fita-crepe ou giz. Você pode simular a linha de equilíbrio pedindo para a modelo segurar um prumo – um fio com um peso na ponta – diante do pescoço. Dependendo do comprimento do fio, ela pode amarrá-lo em volta do pescoço, ou simplesmente segurar com a mão. O prumo suspenso vai ajudar a determinar qual é a perna que carrega o peso.

Estudar um diagrama anatômico, ou assumir você mesmo a pose relaxada, vai ajudar a entender melhor como o corpo se movimenta.

1 Observe o movimento do corpo da modelo quando ela transfere seu peso de um pé para o outro. Note como seus quadris se distanciam do prumo (a linha de equilíbrio) e trabalham em oposição com a inclinação dos ombros. Peça para ela assumir uma posição de pose relaxada frontal com seu braço livre pendendo do lado. Deixe que o prumo balance livremente; quando ele parar, o peso estará flutuando diretamente acima do pé da perna que carrega o peso.

2 Usando o método para manter a proporção constante, descrito no exercício anterior, desenhe a modelo nessa pose relaxada. Por um momento analise a pose antes de começar a desenhar.
a. Qual perna está carregando mais peso? Lembre-se de que a distribuição do peso não é sempre totalmente sobre um dos pés.
b. Posicione a cabeça, a linha do centro da frente e a parte superior do quadril. Isso vai ajudar a encontrar a curva em S – a essência da silhueta.
c. Determine as inclinações opostas dos quadris e ombros.
d. Faça uma imagem mental da posição dos pés em relação à cabeça.

3 Peça para a modelo deslocar o peso para a outra perna e desenhe-a nessa posição. Os desenhos criados nos passos 1 e 2 podem ser usados como base para todas as variações da pose relaxada.

4 Na próxima pose, peça para a modelo virar ligeiramente e deslocar seu peso de novo, dessa vez colocando uma das mãos no quadril. Essa é a mesma pose usada no exercício das pp. 50-51.
a. Esboce a cabeça, o tronco, as pernas e os pés.
b. Em seguida, desenhe a forma geral da mão sobre o quadril.
c. Usando um giz de cera ou pastel de cor forte, pinte o espaço negativo para definir a parte interna do braço. Usando carvão, delineie o lado de fora do braço.
d. Desenhe o segundo braço e os últimos detalhes para completar seu esboço. Continue a trabalhar assim, experimentando deslocar o peso de braços e pernas em diferentes posições.

▲ Peça para a modelo vestir jeans e camiseta para que possa posar com as mãos nos bolsos. Desenho de Whitney Newman.

Avalie seu desenho final usando a seguinte *checklist*:

✓ A figura parece estar caindo?

✓ Os ombros e os quadris estão em inclinações opostas?

✓ A perna que carrega o peso está do mesmo lado que o quadril alto?

✓ O pé da perna que carrega o peso está diretamente abaixo da cabeça?

✓ A inclinação dos joelhos está paralela à dos quadris?

✓ As linhas do busto e do pescoço estão paralelas à inclinação dos ombros?

✓ As aberturas para as pernas de seu collant estão no mesmo ângulo que seus quadris?

✓ Os joelhos estão posicionados no centro vertical das pernas?

✓ Os cotovelos estão posicionados no centro vertical dos braços?

✓ As mãos e os pés foram desenhados com cuidado?

✓ As roupas parecem atraentes? Isso foi priorizado no desenho?

✓ Ele foi desenhado com precisão?

✓ Você usou economia de linhas?

✓ Você editou as informações visuais apropriadamente?

✓ Você estilizou a figura de maneira atraente?

DESENHANDO COM MODELO VIVO CAPÍTULO 5 **183**

Como virar e escorçar a figura

Trabalhar com um modelo lhe dará a oportunidade de observar o escorço descrito no Capítulo 1 (ver p. 49). A modelo deve vestir um collant e meias-calças e ter a cintura, o centro da frente e o centro das costas marcados com giz ou fita-crepe. No final da sessão, peça a ela para acrescentar um bolerinho de malha e polainas de cores contrastantes.

1 Começando com uma pose relaxada frontal, peça para a modelo virar para uma vista de três quartos. Observe o movimento da linha do centro da frente e como as partes do corpo que estão mais afastadas parecem diminuir. Inversamente, as partes do corpo que estão mais próximas da vista vão parecer maiores.

2 Pratique desenhar diversas variações da pose de três quartos. Certifique-se de indicar com precisão, em vermelho, a linha do centro da frente em cada desenho.

3 Em seguida, peça para a modelo virar de modo que seja vista de perfil. Observe a posição da linha do centro da frente; agora ela marca o limite que separa o lado do corpo que não está mais visível. Pratique desenhar variações da vista de perfil, novamente indicando a linha do centro da frente em vermelho em cada esboço.

4 Peça para a modelo virar para uma pose de costas com seu peso distribuído uniformemente em ambos os pés. Observe o movimento dos quadris e a linha do centro das costas quando ela desloca o peso de um lado para o outro. Desenhe-a numa pose relaxada dorsal, indicando a linha do centro das costas em vermelho.

5 Em seu desenho final, peça para a modelo assumir a mesma pose feita no passo 3. Sente-se no chão, o mais próximo possível da plataforma. Usando a técnica de desenho com vista plana (fechando um olho para perder o sentido da profundidade), desenhe essa vista extremamente escorçada. Compare a proporção desse desenho àquela do passo 3. Você nota o efeito do escorço? A cabeça estará menor, as pernas mais longas, os pés mais largos e assim por diante.

◄ Você também pode desenhar a modelo sentada para ter uma perspectiva de cima. Desenho de Howard Tangye.

▲ Helen Raynus consegue transmitir muitas informações sobre a modelo e as roupas usando o mínimo de linhas, mas de forma expressiva.

Como desenhar rostos, mãos e pés

Desenhar rostos pode ser especialmente complicado. É possível que você tenha desenvoltura para desenhar um único rosto, mas sinta dificuldade para ir além daquela versão inicial. A habilidade de desenhar rostos – ou seja, de capturar os traços e colocá-los no papel – é uma função do hemisfério direito do cérebro (veja mais sobre isso mais adiante neste capítulo). Neste exercício, desenhar rostos com sua mão menos dominante vai exigir uma boa dose de fé, mas confie que isso vai ajudar a desacelerar o olhar. Como consequência, sua observação ficará afiada e seu desenho mais habilidoso.

Lembre-se de que, em geral, as pessoas desenham a figura de cima para baixo, por isso, a concentração muitas vezes já se dissipou quando elas chegam aos pés. Se, independentemente do que é colocado à sua frente, os desenhos sempre parecem os mesmos, você vai ter de mudar um pouco as coisas. Desenhar de baixo para cima pode tirá-lo da mesmice, além de ajudá-lo a desenhar pés e sapatos com mais precisão.

Para essa sessão, procure contratar uma modelo com um visual versátil. Peça para que traga roupas simples, com decotes e golas que emolduram o rosto, assim como uma variedade de chapéus, enfeites de cabelo, óculos de sol, sapatos, luvas e meias estampadas.

1 Para o aquecimento, desenhe apenas o rosto da modelo; capture uma ampla variedade de expressões faciais (feliz, triste, surpresa, bocejando, etc.).

2 Trabalhando com a mão esquerda (ou a direita, se você for canhoto), faça três desenhos da cabeça usando diferentes acessórios e penteados.

3 Procure desenhar a figura inteira o mais lentamente que conseguir (com qualquer uma das mãos), trabalhando de baixo para cima, enfatizando pés, mãos e rosto (faça apenas um contorno do resto). Observe a diferença entre sapatos grandes e pés grandes! Em última instância, um sapato tem de se acomodar perfeitamente ao pé; é a forma da ponta, da plataforma e do salto que dão a aparência de um sapato grande (como coturnos).

4 Peça para a modelo se colocar numa posição sentada usando luvas e meias estampadas. Trabalhando com pastel ou lápis de cor, pinte apenas a estampa (sem fazer linhas), usando-a para definir as mãos e os pés. Use uma linha de contorno para desenhar o resto da figura.

▲ *Criar uma realidade para seu rosto ficcionalizado requer interpretação de um conjunto específico de feições em graus variados de rotação. Desenho de Howard Tangye.*

O efeito da gravidade, compressão e expansão no caimento da roupa

Use esta sessão de desenho com modelo vivo para observar os princípios básicos da gravidade, compressão e expansão que governam o caimento da roupa. (Para mais informações sobre o caimento básico da roupa, ver Capítulo 6.)

1 Peça para a modelo usar um collant e meias-calças listrados para o aquecimento.

2 Coloque uma saia evasê simples sobre o collant e peça para a modelo deslocar seu peso sobre uma perna. Observe como a saia balança na direção do quadril alto e como a inclinação da barra corresponde à inclinação do quadril. Desenhe-a nessa posição de quadril alto, colorindo as listras com precisão e reservando o trabalho com linha exclusivamente para a saia.

3 Repita o passo 2 com um casaco ou um tubinho, observando como a inclinação da bainha agora corresponde à inclinação do ombro. Então desenhe um simples par de calças, observando os efeitos da gravidade, compressão e expansão.

4 Repita um ou todos os passos 2 e 3 com um ponto de vista alternativo.

▲ ▶ *Use listras para mapear a forma e o movimento do corpo. Ilustrações de Sara Harper (acima) e Jesse Lee Burton (à direita).*

Como o cérebro processa a informação visual

Pode surpreendê-lo saber que o maior benefício a se tirar do desenho de observação é a habilidade de controlar o deslocamento da consciência que permite desenhar o que você de fato vê. Os próximos exercícios têm como objetivo estimular esse deslocamento cognitivo. Estudos da função neurológica mostraram que a incapacidade de ver a solução menos óbvia para um problema está relacionada a um bloqueio visual. Quando você faz um desenho de observação, está de fato cultivando uma mente aberta. À medida que a tecnologia – parte cada vez mais integrante das nossas vidas – nos afasta das tarefas naturais e das atividades cerebrais não verbais, fica ainda mais importante desenvolver o lado direito (para a maior parte das pessoas) do cérebro, que é relacionado à interpretação visual. O que não quer dizer que o lado esquerdo seja um inimigo; o lado direito simplesmente costuma ser menos acessível. Os dois lados do seu cérebro veem a realidade de maneiras bem diferentes, e é importante integrar ambos a fim de acessar livremente o modo cognitivo apropriado para a tarefa.

O hemisfério direito é responsável pela percepção visual e a observação imparcial, úteis para desenhar exatamente o que você vê. O hemisfério esquerdo abriga as palavras e os símbolos que podem interferir na habilidade de ver o que está bem na frente dos seus olhos. O lado esquerdo é, no entanto, indispensável para criar algo a partir do nada; vital para conceber e ilustrar o que ainda não existe.

Você já percebeu como desenhar rostos com a mão menos dominante ajuda a capturar melhor os traços. O que aconteceu é que a falta de destreza de sua mão desacelerou a velocidade dos seus olhos, até que o lado esquerdo do seu cérebro se desligou. Muitas vezes, quando um artista está "bloqueado", ele simplesmente não consegue acessar o lado direito. O lado esquerdo faz hipóteses gerais sobre o que os olhos estão vendo e então transforma a visão em símbolo, interferindo na percepção objetiva do modelo. Artistas profissionais não podem se permitir o luxo de terem um dia ruim, e talvez o maior desafio seja controlar os deslocamentos mentais sob essas circunstâncias.

▲ Se tiver a oportunidade de trabalhar com dois modelos, como fez Alona Kova aqui, você pode usar o espaço negativo para descrever a combinação de seus gestos. (Para mais sobre como trabalhar com dois modelos, ver p. 190.)

DESENHANDO COM MODELO VIVO CAPÍTULO 5 **187**

Como desenhar espaços negativos

Nos exercícios anteriores você desenhou a modelo delineando seu contorno. Agora você vai experimentar com a inversão da relação figura-fundo. A percepção do espaço "negativo" é parte integrante do desenvolvimento das habilidades de desenho. Como você não pode nomear um espaço negativo, o lado esquerdo do cérebro se "desliga" e cede espaço ao direito – assim, fica mais fácil tanto ver como desenhar.

1 Trabalhando com tinta ou pastel sobre papel colorido (papel *kraft* ou para artesanato), pinte toda a forma negativa que cerca e define a figura. Você pode revisitar o desenho após o final da sessão, usando colagem ou até mesmo técnicas digitais (ver p. 193 para mais informações sobre como complementar desenhos de modelo vivo).

2 Na segunda pose, pinte a forma negativa como no passo 1. Deixe a cor do papel funcionar com o tom da pele e pinte as "partes" internas com cores, tendo o cuidado de não usar linhas.

3 No próximo desenho, pinte a forma negativa com tinta e, usando sua mão menos dominante, complete a parte de dentro com linha.

4 Para a pose final, tente visualizar o cabelo, as roupas e os sapatos do modelo como formas abstratas. Pinte somente essas formas, permitindo que elas definam seu modelo em sua ausência.

▼◀▶ *Colorir as formas permite que você veja a modelo de maneira mais abstrata. Note como a cor do papel pode ser usada para definir uma das formas internas. Ilustrações de Jesse Lee Burton (acima, à esquerda), Carla Cid de Diego (à esquerda) e Janelle Burger (à direita).*

Como decompor impressões visuais em partes administráveis

Impor um sistema para o seu desenho terá o efeito de desacelerar seu olhar e aumentar sua concentração (de novo, o lado esquerdo se desliga). Neste exercício, você vai decompor impressões visuais em partes administráveis. Use algum material que lhe forneça uma linha expressiva numa ampla variedade de cores. Peça para a modelo usar roupas com algum tipo de estampa ou detalhes de construção intrincados.

1 Tome um minuto para localizar a menor coisa que você consiga ver. Usando uma das cores, comece seu desenho com essa forma minúscula. Construa o desenho devagarinho, pedaço por pedaço, mudando as cores à medida que conecta cada parte em relação à que veio antes. Seu desenho final se assemelhará a um mosaico.

2 Em seguida, você vai tornar a figura ainda mais abstrata ao cortar e virar a imagem. Trace um retângulo para marcar os limites do desenho. Faça o desenho caber nessa moldura focalizando numa parte em que nenhum dos contornos externos da modelo apareça.

3 Desenhe a linha do centro da frente da modelo na página. Trabalhando com uma combinação de materiais secos e molhados, trabalhe de dentro para fora, desenhando tudo o que estiver do lado esquerdo com um material seco e tudo do lado direito com um material molhado. Alterne os lados para desenvolvê-los em conjunto.

▲ *Howard Tangye usa uma linha extremamente sutil para definir textura e forma.*

◄▼ *Ilustrações de Olga Baird (à esquerda) e Juan Mota (abaixo) trazem um fundo colorido que também serve como tom de pele.*

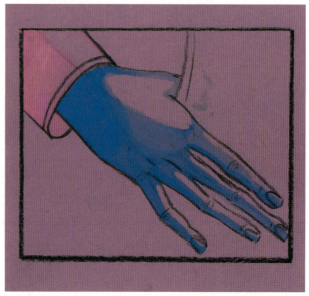

DESENHANDO COM MODELO VIVO CAPÍTULO 5 **189**

Como equilibrar observação e imaginação

É igualmente importante que o lado direito do cérebro não domine o esquerdo. Neste exercício você vai acrescentar invenção às suas observações da realidade. Experimente adicionar imagens irracionais e simbólicas a seus desenhos. Experimente mudar a orientação da modelo na página (ver p. 175) – sinta-se à vontade para desafiar a gravidade. Se você tiver acesso a um projetor, vista a modelo com roupas brancas e projete uma série de estampas e imagens sobre seu corpo e suas roupas.

1 Use cores absurdas.

2 Reveja o que "feio" quer dizer para você. Desafie seu sentido do que é belo criando uma "antitop model". Exagere e reposicione algum detalhe do seu desenho, usando uma escala que vá de encontro à proporção relativa e ao bom gosto. Justaponha imagens desvinculadas para sugerir uma narrativa.

3 Use um papel não tradicional – como papel pautado, quadriculado, de parede, de presente ou até lixa de papel – como suporte.

◂ *Neste desenho imaginativo, folhas e flores germinam das costuras das meias. Ilustração de Kristin Shoemaker.*

▾ *Alex Mein usa papéis variados como fundo para sua ilustração editorial.*

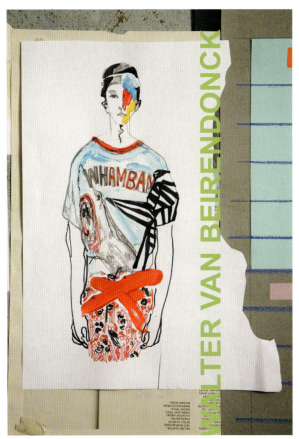

Como trabalhar com dois modelos

Tente encontrar modelos que gostem de colaborar. Tipos opostos – tamanho grande e pequeno, homem e mulher, mãe e filho – tendem a funcionar bem em conjunto. Peça para os dois modelos assumirem uma pose na qual interajam e tenham contato físico. Você vai perceber que é útil tentar enxergar suas silhuetas combinadas como uma composição abstrata de formas.

1 Para o aquecimento, peça para os modelos posarem juntos; rapidamente capture a silhueta casada.

2 Usando cor, pinte a forma negativa em volta dos dois modelos. A forma que essa união de silhuetas cria não pode ser definida com um nome, por isso deve ser mais fácil de desenhar.

3 Desenhe os dois modelos posando juntos, mas agora um se torna "acessório" do outro e aparece apenas em silhueta.

4 Alterne os modelos em poses individuais para um exercício ininterrupto de desenho.

5 Experimente usar roupas unissex pedindo para os dois modelos:
a. compartilharem os componentes de um terno (por exemplo, o homem pode usar as calças e a mulher o paletó);
b. vestirem-se com exatamente as mesmas roupas (uma camisa com punhos duplos, gravata, colete, suspensórios, chapéu de feltro, faixa e paletó com gola alfaiate por exemplo).

◀ A figura da criança no primeiro plano se destaca sobre a silhueta do adulto esboçada vagamente atrás dela. Ilustração de Cheryl Traylor.

▲ Kerianne Meehan inverte a relação figura-fundo para definir o gesto combinado das duas figuras.

Como desenhar com ambas as mãos

Estilistas e ilustradores obtêm muitos benefícios ao desenhar com as duas mãos. As habilidades de cada uma podem ser maximizadas de diversas maneiras. Por exemplo, a mão esquerda pode ser usada para desvendar a figura num esboço rápido, e a direita, para completar o desenho. Neste exercício, será importante usar dois instrumentos de desenho bem diferentes (uma caneta pincel em uma mão e um lápis carvão na outra, por exemplo).

1 Trabalhando com uma combinação de materiais molhados e secos, use as duas mãos simultaneamente para desenhar o modelo. Use a mão menos dominante para desenhar o contorno com o material molhado. Use a mão mais dominante para colorir as sombras com o material seco.

2 Faça um desenho com a mão esquerda (ou direita para os canhotos) e depois o acabamento com a outra mão.

▶ Desenhar com a mão menos dominante pode ajudar a melhorar sua concentração.

192 PARTE I **COMO DESENHAR FIGURAS DE MODA**

Observando detalhes de roupas

A melhor forma de compreender a construção de vestuário é focar a roupa, excluindo todos os outros detalhes. Na prática, você estará criando um **desenho anatômico** – esboçando as roupas como elas ficariam no corpo, sem de fato incluir a figura no desenho. O desenho anatômico não é somente mais artístico, como também facilita ver as roupas como uma série de formas abstratas, o que por sua vez permite que se desenhe com mais facilidade e precisão.

1 Desenhe as roupas e os acessórios do modelo, excluindo todos os outros elementos visuais. Será como se você estivesse desenhando um homem ou mulher invisível muito bem vestido.

2 Revisite o desenho depois que terminar o tempo da pose, usando sua imaginação e uma mistura de materiais – por exemplo, acrescentando dimensão com colagem no acabamento. (Para mais sobre como complementar desenhos de modelo vivo, ver página ao lado.)

NOTA Revisite as propostas de desenho anteriores. Por exemplo: quando estiver estudando alfaiataria, você pode voltar para a sugestão de desenhar dois modelos partilhando um terno; os exercícios que usam a mão menos dominante podem ser úteis nos dias em que estiver sentindo um bloqueio; ao desenhar uma peça ou uma estampa complexa, volte aos exercícios que buscam decompor as impressões visuais em partes administráveis; você pode voltar aos exercícios sobre inversão de figura-fundo quando estiver estudando volume criado por pregas, e assim por diante.

◀ *Um desenho anatômico, em comparação com um desenho planificado, terá mais movimento e pode ser usado para adicionar interesse visual a uma apresentação. Ilustração de Kerianne Meehan.*

DESENHANDO COM MODELO VIVO CAPÍTULO 5   193

Juntando tudo

Os desenhos não ficam sempre prontos ao final da sessão. Muitas vezes você vai ter de confiar na memória e na criatividade para completar os detalhes inacabados e finalizar seus desenhos. Você pode, por exemplo:

1 Acrescentar estampas, texturas ou cores com técnicas de frotagem (ver p. 420) e colagem.

2 Trabalhando com um de seus esboços menores do primeiro exercício na p. 180, fazer cópias ampliadas duas ou três vezes o tamanho original. Observe como a miniaturização restringe a quantidade de detalhes que você pode incluir em um desenho. Quando tiver aumentado a escala da imagem, invente os detalhes anteriormente omitidos por causa do tamanho restrito.

3 Incorporar outras imagens. Usando um solvente atóxico, como Citra Solv ou óleos essenciais, transfira uma imagem em preto e branco ou colorida para seu desenho (ver Introdução à Parte III, para mais sobre materiais de arte).

4 Manipular o desenho no Photoshop: por exemplo, edite informações que não valorizem o design da peça; ajuste a proporção da figura transformando partes individuais do corpo; experimente diferentes ferramentas, filtros e ajustes de camadas, mapa de texturas e o comando "Colar na imagem de destino".

5 Criar um **GIF** animado no Photoshop encadeando uma série de poses rápidas do aquecimento. Sobreponha os desenhos em camadas e depois coloque na sequência usando o painel "Animação/Linha do tempo" do Photoshop.

▲ *Esta ilustração de Kerianne Meehan começou com o exercício de figura-fundo na p. 187 e foi completada após a sessão de desenho com modelo vivo, com o acréscimo de elementos de colagem.*

▶ *Tara Dougans usa GIFs animados para conferir uma segunda camada de significado. Aqui, uma animação isolada das mãos cria um loop contínuo dos óculos escuros deslocando-se para a frente e para trás.*

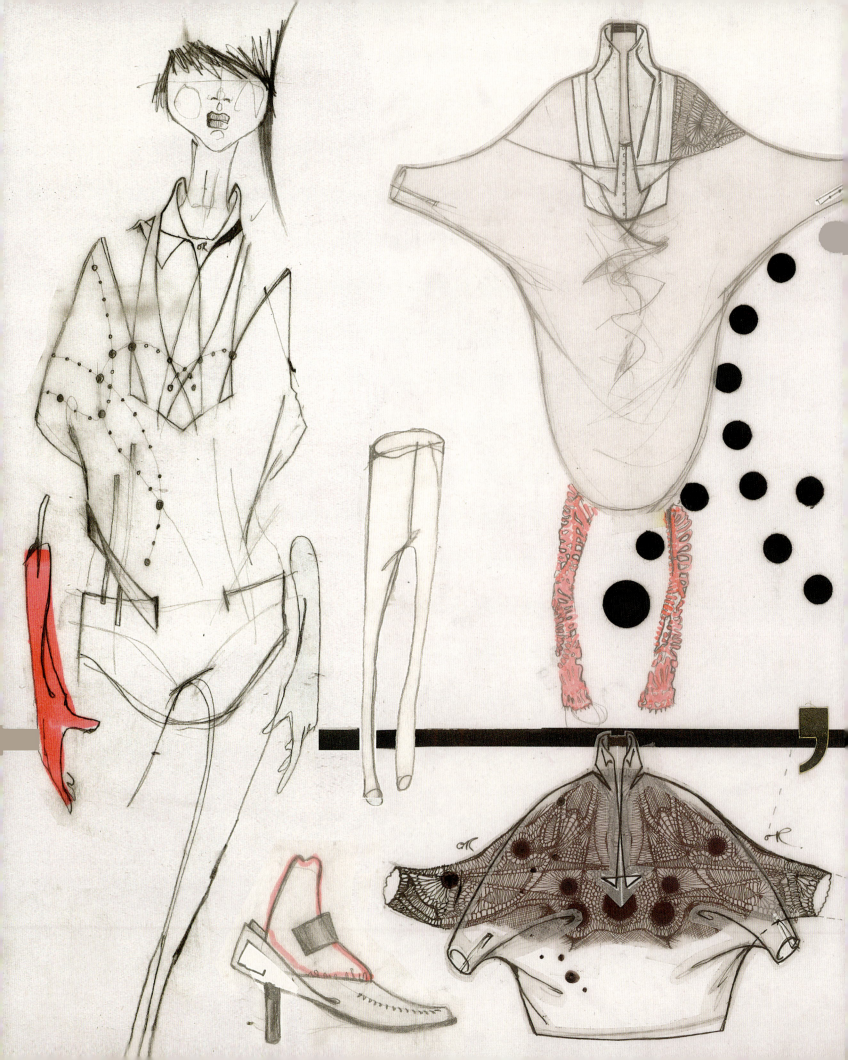

PARTE II DETALHES DAS ROUPAS

esta sessão você vai usar as figuras desenvolvidas na Parte I para realizar seus conceitos de design. O processo de criação será introduzido neste e nos capítulos seguintes. O Capítulo 6 trata de como desenhar a silhueta geral e detalhes básicos das roupas. Como os ateliês de costura são tradicionalmente montados com duas oficinas separadas – uma para blusas e vestidos e outra para peças mais estruturadas, como casacos e ternos –, o Capítulo 7 estuda as roupas drapeadas e o Capítulo 8, a alfaiataria.

Ser capaz de desenhar uma ampla variedade de detalhes de construção e silhuetas é parte integrante das práticas profissionais para a ilustração e a criação de moda. Existem muitas circunstâncias de trabalho diferentes, e é importante entender as exigências específicas de cada uma. Por exemplo, você pode ilustrar uma peça já existente para uma campanha publicitária ou um editorial. Mas não deve acreditar que terá o luxo de ver a roupa de verdade. Em geral, encomenda-se uma ilustração em vez de uma foto precisamente porque não se tem acesso à roupa. A primeira peça pode estar em produção em outro país e, portanto, você terá de trabalhar a partir de uma pequena amostra de tecido e um esboço rudimentar do conceito. Para fazer seu trabalho – visualizar/idealizar a peça –, você tem de ser capaz de identificar e desenhar uma ampla variedade de detalhes de roupas de memória. Também é importante esclarecer quanto detalhe é de fato necessário colocar na ilustração. Em alguns casos, os desenhos são deixados intencionalmente vagos para desencorajar piratas (cópias).

Estilistas enfrentam um desafio ainda maior – visualizar roupas que ainda não existem de verdade, mas só em sua cabeça. O desenvolvimento do design evolui ao longo do tempo, passando por múltiplas fases de pensamento crítico, e os detalhes necessários às diferentes etapas do processo – dos esboços rudimentares do conceito às apresentações finais e aos croquis de produção – vão variar em quantidade e precisão.

◀ ▼ *(Páginas anteriores e abaixo) Para Jonathan Kyle Farmer, desenhar é a chave para a explorar ideias para o design de moda.*

INTRODUÇÃO **197**

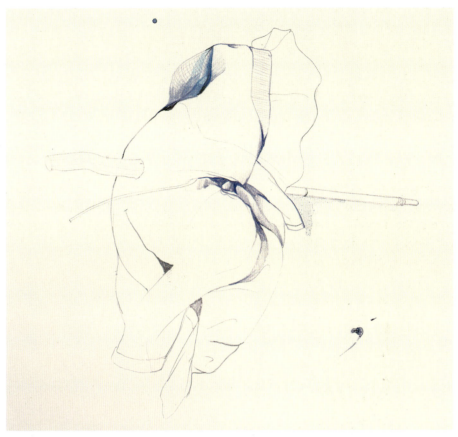

▲◀▶ *Para Kadence YingYing Tang, esboços preliminares (acima) facilitam a descoberta. Uma vez que ela captura uma ideia e soluciona problemas por meio de 2D e 3D, sua linguagem visual evolui a partir de formas abstratas para formas mais específicas (à direita). O design de vistas dorsais deve ser priorizado logo no início do processo de desenvolvimento do design.*

O bloco de desenhos

Como estudantes de moda costumam fazer suas primeiras tentativas de desenhar detalhes de roupas num bloco de desenho, faz sentido explorar o formato e o conteúdo desse bloco. Para um estilista novo, é importante se preparar corretamente desde o início, antes de começar as investigações sobre detalhes das roupas. Como qualquer livro de registros, o bloco de desenhos é extremamente pessoal, tanto em conteúdo quanto em formato. Ele serve como uma janela para seus pensamentos, seus processos e sua identidade. Uma coleção vai seguramente passar por uma metamorfose dramática durante o processo de criação, mas é importante se manter fiel à proporção das peças como inicialmente imaginado nos esboços preliminares.

Você vai perceber que seu bloco de desenhos é um recurso inestimável para se comunicar com um potencial cliente ou qualquer outra pessoa com quem você venha a colaborar. O bloco de desenhos é também uma importante ferramenta de autoavaliação. Se você for sistemático na organização e no arquivamento das suas ideias, sempre pode voltar para um conceito nos próximos dias, semanas ou até anos.

As diferenças entre o bloco de desenhos e o portfólio acabado vão variar de pessoa para pessoa. A maneira como o seu trabalho é apresentado vai ser amplamente determinada pela natureza da sua criação e pelo segmento da indústria onde você pretende trabalhar. Por exemplo, empresas com uma filosofia de design mais conceitual serão abertas para apresentações mais esotéricas. Um empregador em potencial pode não ter tempo de olhar seu bloco de desenhos ou seu portfólio, então é melhor incorporar elementos do seu processo de desenvolvimento de design em apresentações prontas.

O formato do bloco de desenhos

O tamanho do seu bloco é uma decisão pessoal. Ter um bloco só talvez não seja suficiente. Um caderno pequeno pode ser usado para registrar impressões da rua, e um bloco maior será reservado para uma pesquisa mais aprofundada e o desenvolvimento da criação. Não limite sua escolha a blocos industrializados em brochura ou espiral, nem mesmo a tamanhos de papel padrão. Pode ser que exista um tipo especial de papel com o qual você prefira trabalhar. Alguns artistas acham uma folha de papel branca intimidadora e preferem usar papel *kraft*, colorido ou creme. Leve em conta as diversas técnicas, molhadas e secas, que você pensa em utilizar no bloco (guache, colagem, marcador, pastel, etc.) e então selecione o papel com a opacidade, a gramatura e a superfície apropriadas. (Para mais informações sobre tipos de papel e materiais de desenho, ver pp. 310-318.)

Designers podem ser muito meticulosos a respeito do tamanho do papel também. Você pode ir a uma gráfica e pedir para montarem um bloco com seu papel – antes ou depois de desenhar nele. Use papel-cartão mais pesado ou outro material diferente (como compensado de madeira), para as capas. Outra opção é usar um furador e depois montar o bloco com parafusos ou colchetes próprios (tipo bailarina). Lembre-se de que seu bloco de desenhos deve ser resistente o suficiente para arquivar pesquisas, fios, aviamentos, amostras de tecido e adornos.

INTRODUÇÃO **199**

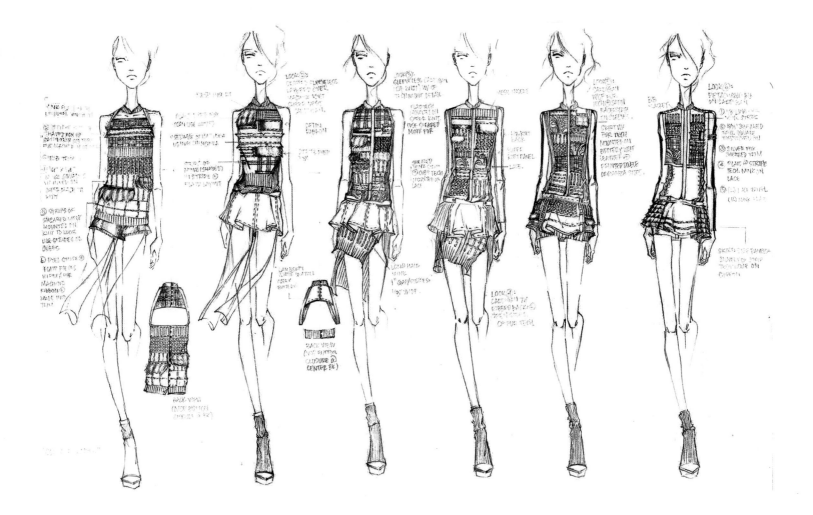

▶▲ Alguns estilistas começam seu desenvolvimento de conceito a partir de um ponto de vista extremamente abstrato (Siyu Duan, página anterior), ao passo que outros são mais precisos e fornecem ideias totalmente formadas na página (Anna Hae Won Lee, acima).

▼ O bloco de desenhos é um lugar para se arriscar e experimentar com ousadia. Uma efusão supercriativa pode ocorrer quando você está livre de julgamentos externos. Aqui, esboços de desenvolvimento de design para uma coleção extremamente criativa de Emily Kichler, em que frutas são utilizadas como modelos.

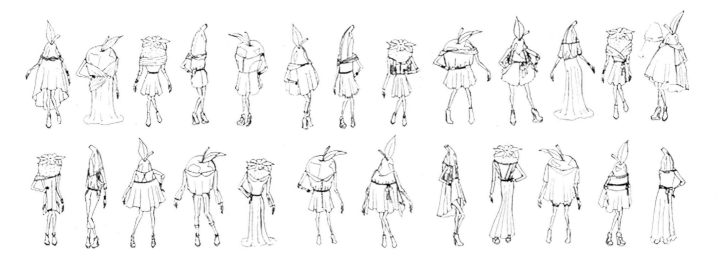

200 | PARTE II DETALHES DAS ROUPAS

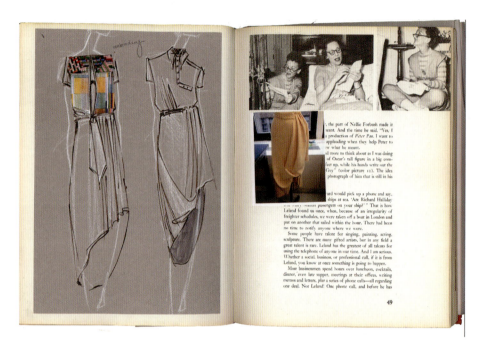

▲ Meghan Spielman coleciona livros antigos de capa dura e os transforma em cadernos de criação.

▼ Os blocos em espiral da Strathmore 400 Series estão disponíveis em tamanho 20 cm × 62 cm, encadernados do lado mais curto. A página alongada permite que o desenvolvimento de design progressivo seja visto de relance. Esses cadernos nem sempre são fáceis de encontrar; se necessário, você pode usar um bloco de 46 cm × 61 cm cortado ao meio.

▲ Dahae Lee prefere usar papel kraft para seu bloco de desenhos. Livros de espiral ficam retos quando abertos, o que é especialmente útil para escanear esboços preliminares, que podem então ser selecionados para uma edição e receber um acabamento mais completo para apresentações finalizadas.

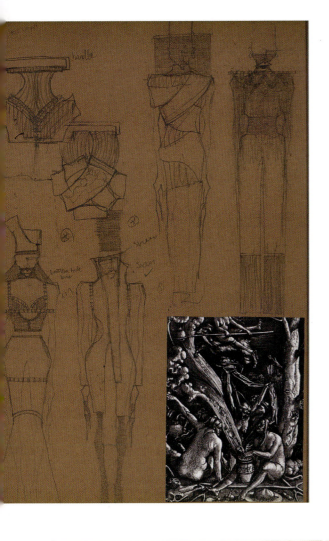

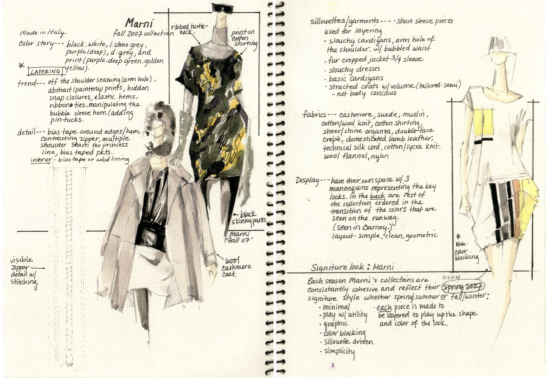

▲ Jasmine Dominguez prefere cadernetas Moleskine para sua pesquisa e desenvolvimento de design.

◀ Um caderno menor é ao mesmo tempo útil e mais discreto para pesquisa de mercado. O relatório de compras de Sylvia Kwan exibe ilustrações, anotações cuidadosas e conclusões sobre tendências, detalhes de construção, silhuetas, a história do tecido e como as roupas estavam apresentadas na vitrine.

O conteúdo do bloco de desenhos

Dependendo da natureza de sua prática de design, seu processo de pesquisa e sua maneira de documentar vão variar. Estilistas que abordam a moda de uma forma mais conceitual, independentemente das tendências de mercado, vão usar o bloco de desenhos para documentar o desenvolvimento de design em 2D e 3D ao longo de um período de tempo prolongado. Estilistas mais comerciais são mais propensos a seguir as etapas tradicionais do desenvolvimento de design e um cronograma mais abreviado. As etapas documentadas no bloco de desenhos podem incluir: tendência, inspiração, pesquisa de cores, desenvolvimento têxtil (inclusive manipulações de tecido, estampas e ornamentos), testes de drapeado, esboços de design de desenvolvimento (na figura e como desenhos planificados) e uma edição final – sendo que tudo pode ser alterado e montado digitalmente. Se estiver criando em um contexto comercial, é aconselhável primeiro investigar o público-alvo e o mercado específicos que você tem em mente para a coleção. Ao fazer uma montagem de imagens em seu bloco, você pode começar a evocar essa pessoa.

O processo de criação pode começar com uma **pesquisa de tendências** para se inspirar quanto a silhueta, cores, tecidos e aviamentos. Empresas que oferecem serviços de **previsão de tendências**, como a Trend Union e a WGSN nos Estados Unidos, fazem apresentações a cada temporada. Empresas de fibras para tecido (como, nos Estados Unidos, a Invista, a Cotton Incorporated e a Woolmark) também produzem relatórios de tendências voltados para promover seus produtos. Sites e blogs fornecem cobertura quase em tempo real de desfiles de alta-costura e prêt-à-porter. Essas informações podem ser um ponto de partida para a direção inicial de sua coleção, mas devem ser filtradas por uma filosofia de design mais pessoal.

Depois de decidir sua inspiração, você pode usar o Photoshop para criar uma página de experimentação preliminar (ou mesmo um GIF animado ou um filme). Outra opção seria subir imagens inspiradoras na internet (por ex.: Tumblr, Pinterest ou Instagram). As imagens podem vir, por exemplo, de experiências pessoais capturadas com uma câmera digital. Se você estiver trabalhando com uma inspiração cultural ou histórica, procure usar referências primárias, como livros, visitas a museus e bancos de dados *on-line* confiáveis. Independentemente da maneira como você sai à procura de suas imagens, elas precisam ser organizadas numa composição artística com alguma espécie de hierarquia visual. Aborde o *layout* como se estivesse dirigindo um filme. Algumas imagens serão as estrelas e, portanto, maiores do que outras coadjuvantes.

Quando a inspiração tiver tomado forma, você pode passar para a pesquisa de tecidos e cores, que também deve ser documentada em seu bloco de desenhos. Na prática profissional, estilistas recorrem ao sistema padronizado de cores Pantone e usam amostras numeradas para descrever com precisão suas escolhas de cores (sobre cores, ver pp. 319-323). A oferta de tecidos e aviamentos no varejo vai variar dependendo de onde você estiver; em alguns casos, os fornecedores *on-line* (e até mesmo eBay ou Etsy) serão a melhor ou única fonte. Os melhores são os tecidos que você mesmo desenvolveu, uma vez que podem tornar sua coleção realmente distinta. Considere usar processos naturais de tingimento, a prensa térmica, corte a laser e até mesmo impressão 3D. Tecidos inteligentes e tecnologia "vestível" também merecem ser explorados. Certifique-se de anotar as fibras de que os tecidos são feitos, de modo a não misturar tecidos com cuidados incompatíveis de lavagem (por exemplo, evite misturar numa única peça tecidos que precisem de lavagem a seco com aqueles que podem ser lavados em casa).

INTRODUÇÃO **203**

Depois de resolver a questão do tecido, você estará pronto para a criação de esboços conceituais, que podem ser feitos com testes de drapeado em manequins de meia escala ou escala inteira. É aqui que a habilidade de identificar e desenhar detalhes de roupas será essencial. Comparados aos croquis acabados, esses esboços são menores e um tanto impressionistas – uma abreviação visual que permite trafegar livremente entre desenvolvimento de design em 2D e 3D. Você pode fotografar os testes de drapeado e alterá-los no Photoshop, manipulando a escala e a composição com figuras desenhadas à mão. Uma cópia física pode ser usada com uma sobreposição de desenhos à mão para um desenvolvimento de design mais aprofundado. Da mesma forma, a desconstrução de roupas em alfaiataria prototipadas tanto no meio real quanto no virtual pode facilitar a visualização rápida de interpretações que de outra forma seria complexa (ver, por exemplo, as imagens desconstruídas de Carmen Gama na p. 302).

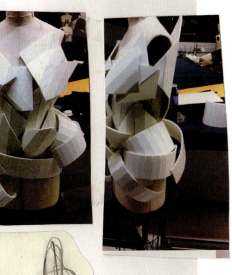

◄ ▼ ▲ *A inspiração de Carmen Gama são estratos geológicos e a sobreposição de materiais reaproveitados. Dessa forma, o desenvolvimento de design tridimensional é essencial.*

▼ *As apresentações finalizadas de Carmen são realçadas com relevo tátil para traduzir completamente a noção de estratos.*

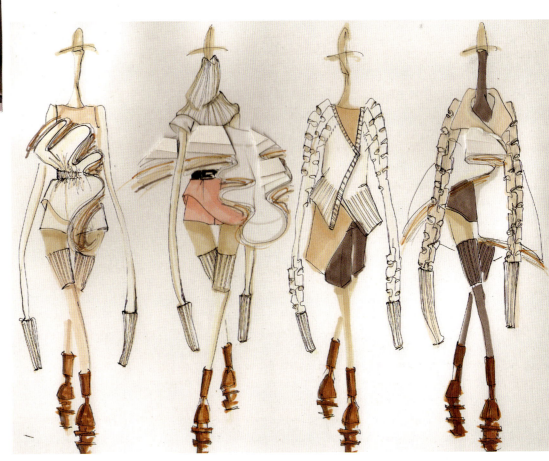

204 PARTE II DETALHES DAS ROUPAS

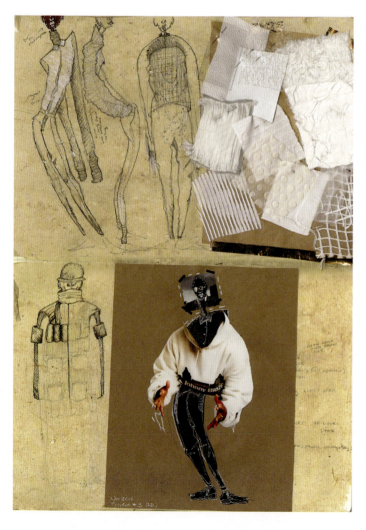
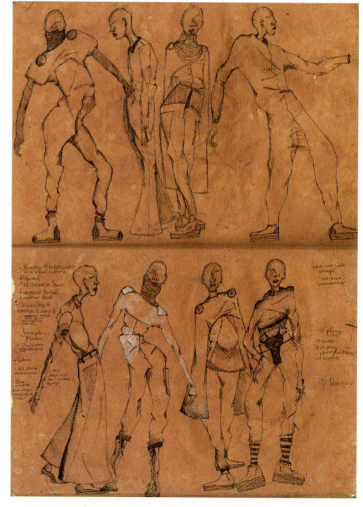

◄▼ *As escolhas de materiais começam no caderno e correspondem à inspiração para esta coleção de Sabla Stays.*

Apresentações finalizadas

As apresentações finalizadas podem assumir muitas formas. Embora avaliações em estúdio possam exigir que seu trabalho seja disposto numa mesa ou pregado na parede, no final ele provavelmente será arquivado em um portfólio "físico" e um digital. Com isso em mente, é melhor conceber pares de páginas arranjadas lado a lado. Para acomodar a proporção de tela da maioria dos monitores usados para apresentações digitais, você pode diagramar sua apresentação usando a orientação da página em paisagem.

◀ ▲ ▲ *Pode ser desafiador preservar a proporção e o frescor em seus desenhos durante as muitas fases de desenvolvimento do design. Sabla mantém esse imediatismo em sua apresentação finalizada incorporando esboços originais do caderno, alterados e acabados com técnicas digitais e manuais. A arte finalizada, os vídeos e as imagens de lookbook refletem as mesmas poses de figura que aparecem nos esboços preliminares.*

▼ *Sabla prefere fazer seus esboços em papel translúcido, sobrepondo um desenho ao outro como parte de seu processo iterativo. A vista de perfil mostrada aqui permite um desenvolvimento de design em 360 graus.*

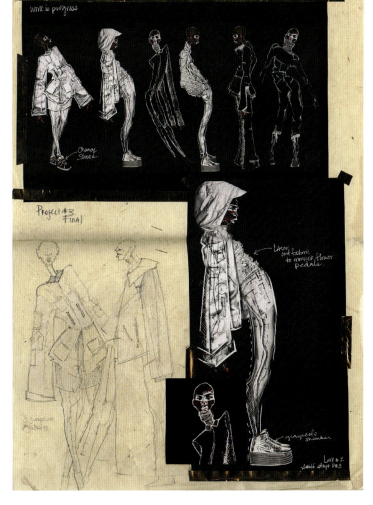

206 PARTE II DETALHES DAS ROUPAS

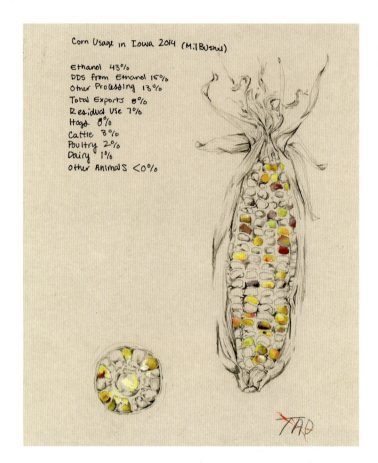

INTRODUÇÃO **207**

◄ ► *Considerar a relação entre elementos é essencial para uma apresentação bem-sucedida. Aqui, uma página de experimentação artística determina o contexto inicial, seguida por uma apresentação profissional organizado de tecidos e aviamentos. Desenhos planificados altamente detalhados são a base para acabamentos em aquarela surrealistas. Design e ilustração de Taylor Ormond.*

Sua apresentação finalizada pode trazer qualquer um dos seguintes elementos ou todos eles:
- página de experimentação ou vídeo;
- uma seleção mostrando todos os looks da coleção;
- alguma indicação de processo;
- amostras de tecido e aviamentos;
- exemplos de manipulações de tecido, detalhes de construção, barras e acabamentos de costura;
- figuras, desenhos planificados ou anatômicos, com ou sem acabamento;
- fotos de peças prontas (se possível).

Cabe a você definir a forma como esses elementos serão combinados. É possível ter desenhos extremamente abstratos reforçados por desenhos planificados totalmente acabados que forneçam informações sobre a construção da peça. Por outro lado, uma figura abrangente pode ser a única coisa necessária para predizer a concretização da peça. Desenhos anatômicos totalmente acabados também funcionam como uma apresentação por si só. No fim, é melhor variar a combinação de figuras e desenhos planificados e anatômicos nas coleções que aparecem em seu portfólio para evitar a monotonia. Além disso, caso você esteja inscrevendo um trabalho em algum concurso, certifique-se de que a formatação de sua apresentação se enquadre nas exigências. Também se deve considerar o que é normal e habitual para uma determinada categoria de roupa. Por exemplo, roupas de inverno e prática de esportes muitas vezes são ilustradas com apresentações de desenhos planificados independentes.

208　PARTE II　DETALHES DAS ROUPAS

▲ A seleção de Leonid Batekhin para seu projeto do Council of Fashion Designers of America (CFDA) indica cor e fabricação para cada look para demonstrar a comercialização da coleção. A ordem dos looks é cuidadosamente planejada, como se pensada para um desfile. A seleção também pode ser usada para monitorar o fluxo de trabalho no decorrer da realização das peças.

◀◀◀ Os tecidos são todos apresentados de forma organizada, com aviamentos e bainhas totalmente decididos.

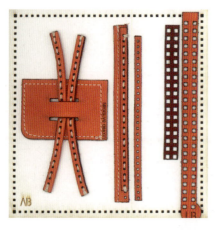

◀◀◀ Exemplos de detalhes de construção contribuem muito para explicar a coleção e ajudam na resolução de problemas durante o processo de realização.

INTRODUÇÃO 209

▶ A ilustração finalizada de Leonid é derivada de um esboço preliminar de desenvolvimento de design escaneado e com acabamento no Photoshop. A coleção, inspirada em parte no Construtivismo russo, inclui desenhos planificados "arquitetônicos" com detalhes de construção.

210 PARTE II **DETALHES DAS ROUPAS**

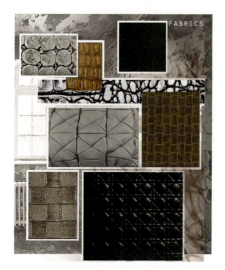

▶ *Desenhos técnicos ou anatômicos totalmente acabados podem ser bastante artísticos, como demonstrado nesta coleção de roupas de inverno de Wendy Chen.*

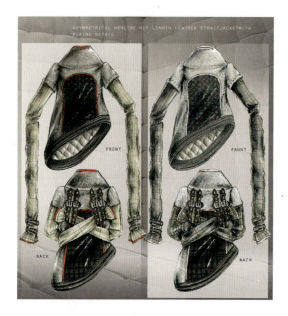

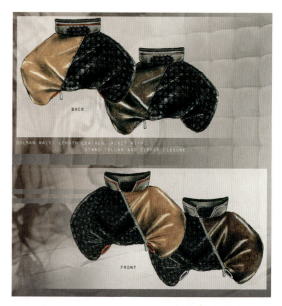

INTRODUÇÃO 211

FORM//Movement

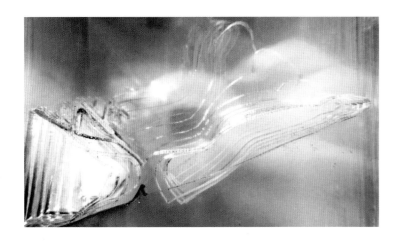

```
video inspiration
link:http://www.youtube.com/watch?v=
hWGUnrIiOoI
```

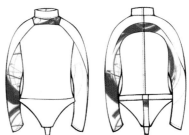
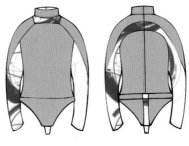
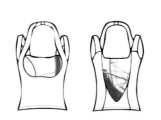
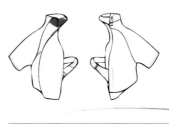
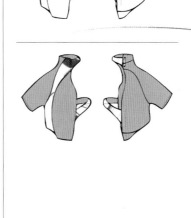

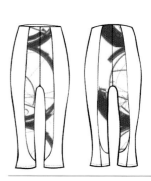
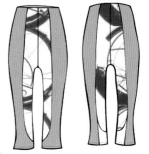
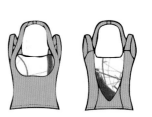

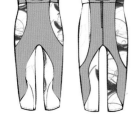
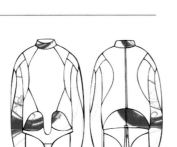
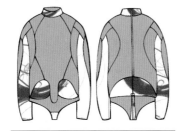

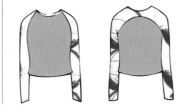

▶ A construção detalhada dos trajes de esgrima de Elena Oglesby se transmite melhor por meio dos desenhos técnicos.

Desenhos de produção

O desenho de produção traz consigo um novo conjunto de parâmetros. Como os desenhos planificados de produção funcionam como diagramas para a produção de peças de roupa, existem muito mais exigências restritivas com fins de precisão – este não é o momento para licença criativa. Os desenhos trazem posições numeradas (pontos de medida) que correspondem a itens em uma planilha onde são registradas medidas precisas. Essas "folhas de especificações" são usadas para a fabricação inicial de amostras de produção e o acompanhamento de controle de qualidade.

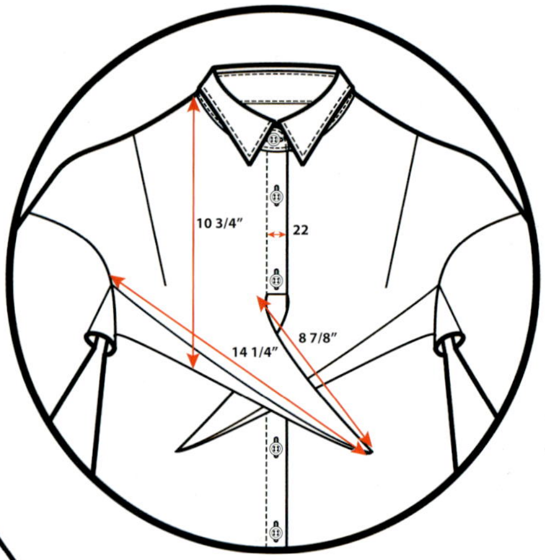

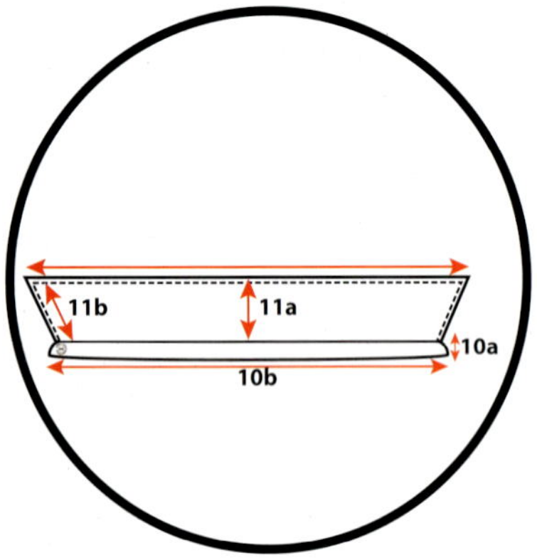

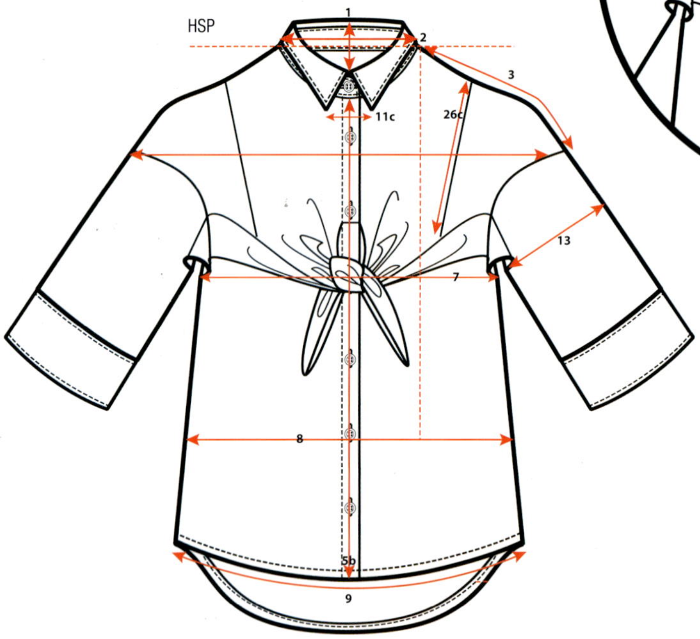

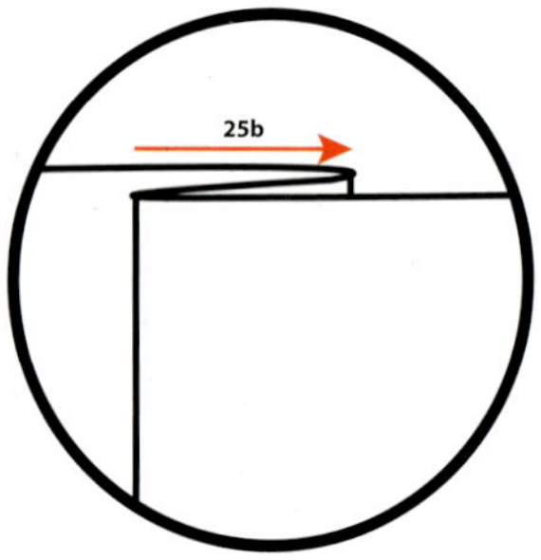

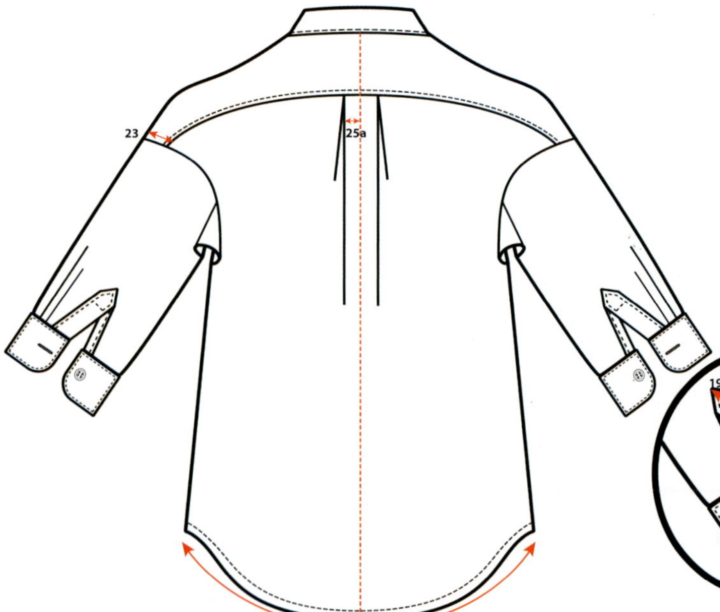

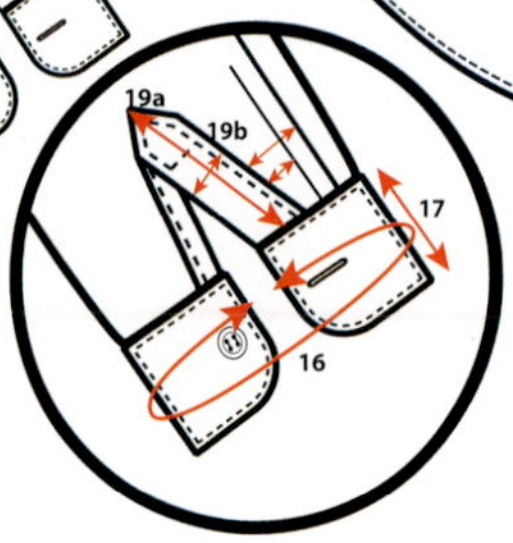

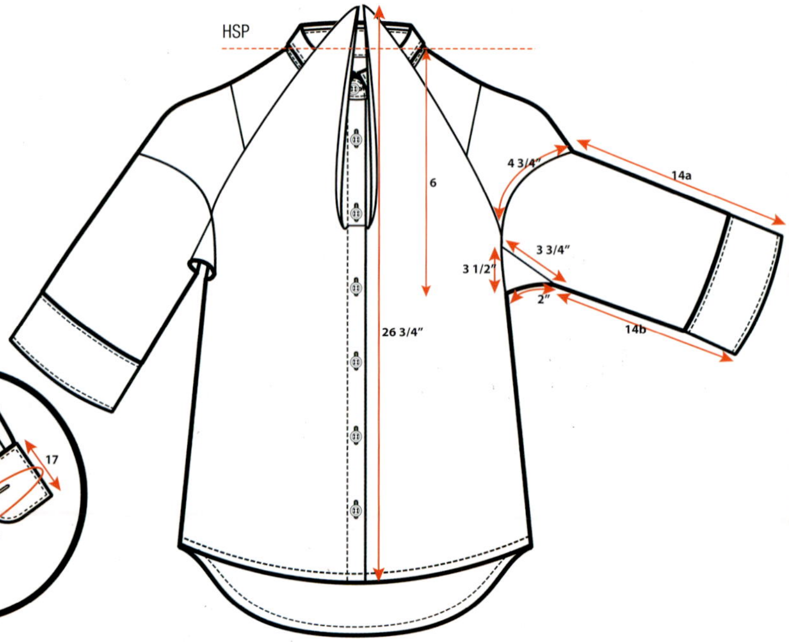

INTRODUÇÃO 213

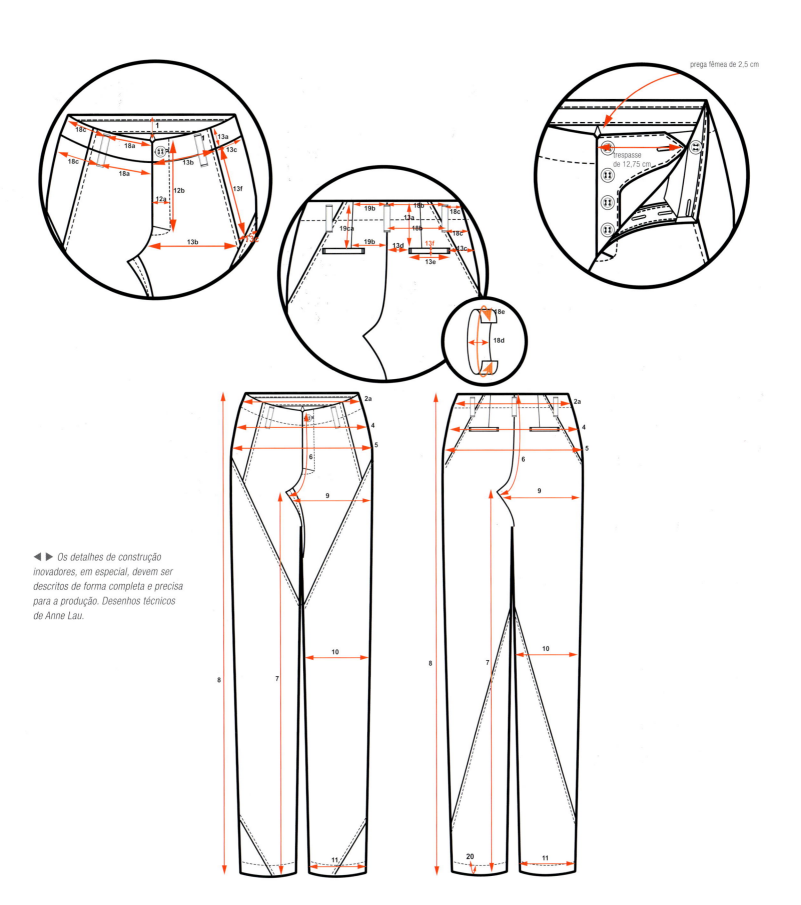

◄ ► Os detalhes de construção inovadores, em especial, devem ser descritos de forma completa e precisa para a produção. Desenhos técnicos de Anne Lau.

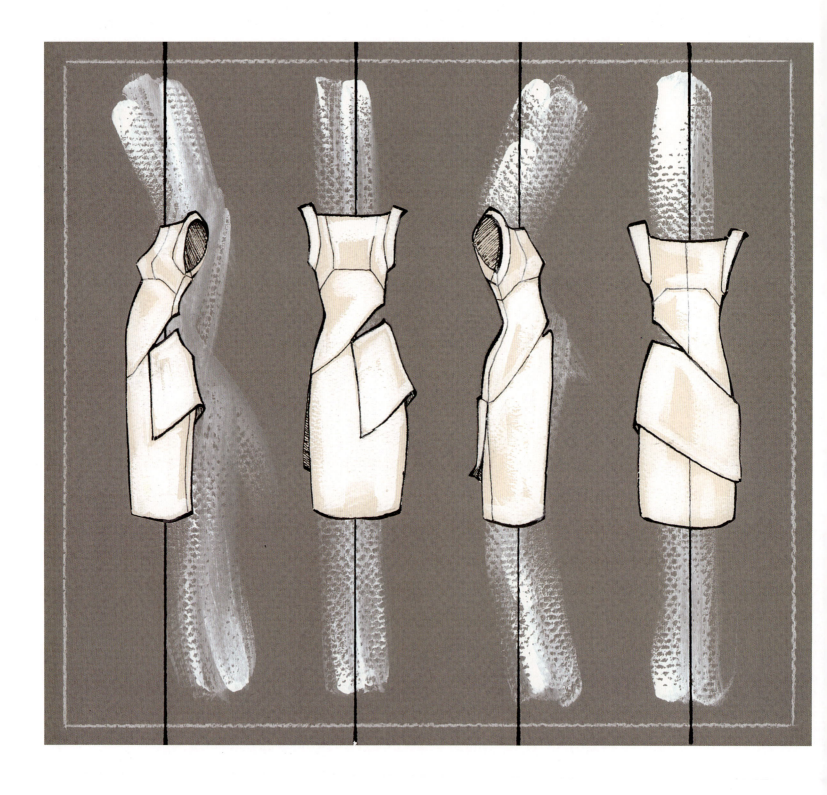

CAPÍTULO 6
DETALHES BÁSICOS E SILHUETAS

Este capítulo introduz os detalhes mais comuns nas roupas e os princípios gerais que determinam o caimento. Você verá como o movimento do corpo, a gravidade, o posicionamento, o peso e a textura, assim como a manipulação física do tecido, podem influenciar a aparência dos detalhes e das silhuetas. A inovação repousa na proporção, fabricação e combinação de vários detalhes de construção.

Existem muitas técnicas testadas e comprovadas para construir silhuetas. Alguns detalhes, como as **pences**, são usados para amoldar a roupa ao corpo. Outros, como as pregas e os **franzidos**, para remodelar e até disfarçar o corpo.

Alguns detalhes de natureza utilitária (como o pequeno bolso de moedas nas calças jeans) exigem um posicionamento estratégico. Certos detalhes são puramente decorativos (uma bainha ondulada, por exemplo), enquanto outros cumprem as duas funções (bolsos curvados com pespontos em camisas).

Conhecer bem os vários detalhes vai fazê-lo entender melhor os pontos de referência do corpo estabelecidos para a modelagem. Por exemplo, a **linha princesa** (ver p. 36) é útil para posicionar pences, passantes e pregas. As linhas do centro da frente e do centro das costas também serão importantes para o posicionamento de fechos, zíperes e botões de pressão.

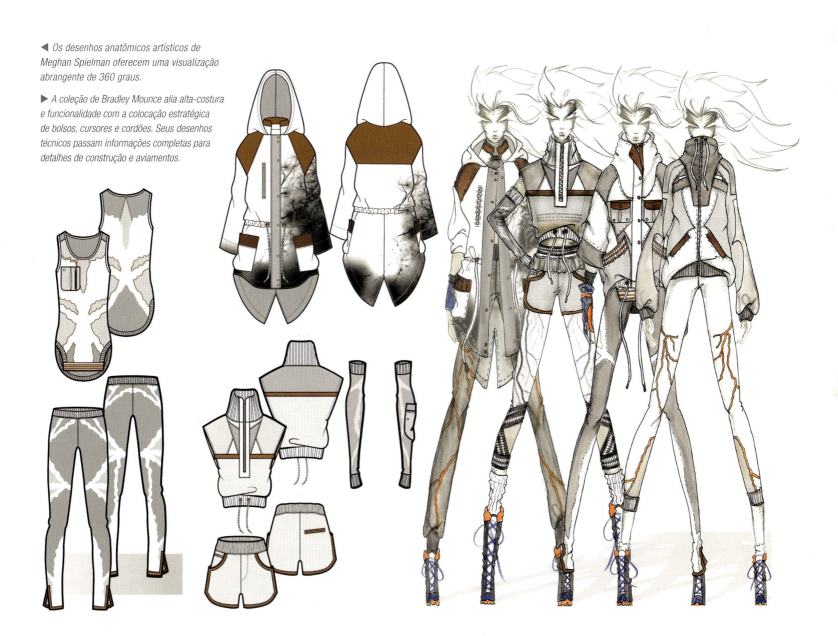

◀ Os desenhos anatômicos artísticos de Meghan Spielman oferecem uma visualização abrangente de 360 graus.

▶ A coleção de Bradley Mounce alia alta-costura e funcionalidade com a colocação estratégica de bolsos, cursores e cordões. Seus desenhos técnicos passam informações completas para detalhes de construção e aviamentos.

216 PARTE II DETALHES DAS ROUPAS

▲ *Manipulação e combinação inusitada de detalhes básicos de construção, de Osman Yousefzada; da esquerda para a direita, decotes redondo e quadrado, uma gola mandarim, uma superposição de golas funil e xale, uma gola alfaiate e decotes redondo e coração.*

Ao começar o processo de criação, você deve considerar silhuetas e detalhes de construção específicos ao mesmo tempo, pois em geral um vai determinar o outro. Imaginar uma forma geométrica é um bom lugar para se começar o design de uma peça. Por exemplo, se você quer desenhar uma saia tulipa, incluir pregas na cintura vai ajudá-lo a realizar a silhueta. Desenhar um vestido em forma de trombeta invertida provavelmente envolverá a inserção de pedaços triangulares de tecido (**nesgas**) para dar mais volume à boca da saia (ver p. 267). Quando estiver esboçando suas peças, primeiro considere a silhueta que tem em mente e como ela pode ser obtida por meio de costuras, dobras ou pela manipulação do fio do tecido.

DETALHES BÁSICOS E SILHUETAS CAPÍTULO 6 **217**

▼ *Todo design começa com a escolha de materiais, e a fabricação será um fator importante de influência sobre como você usa esses detalhes. Aqui, Jonathan Kyle Farmer trabalha com os mesmos detalhes de roupas, mas seus designs variam de acordo com o peso, a textura e o comportamento do tecido. Por exemplo, a camada de organza sugere um paletó mais chique; um tecido de paraquedas e punhos e gola canelados são usados em combinação para uma parka "técnica"; pele de raposa exige uma silhueta mais cheia de construção simples; e brim sugere uma jaqueta jeans mais feminina com mangas bufantes e basques. A qualidade da linha que define a silhueta também comunica peso e textura.*

O desenho planificado básico dos detalhes e das silhuetas

Antes de desenhar a figura de pose relaxada vestida, você vai primeiro identificar e fazer o desenho planificado (técnico) de algumas peças básicas. Trabalhar com uma figura planificada estática (ver p. 37) vai lhe dar a oportunidade de observar as silhuetas e os detalhes de construção mais básicos sem as complicações criadas pelo movimento do corpo e o escorço.

Camisa básica

Neste exercício, você vai usar uma figura planificada como guia para manter uma proporção relativa. Comece dobrando 1,5 cm do alto de uma folha de papel vegetal. Encaixe a dobra à parte de cima de sua figura planificada, prendendo-a com fita-crepe no verso. Se possível, trabalhe com uma peça do seu guarda-roupa e comece seu desenho planificado:

NOTA O **trespasse** da camisa (onde os dois lados da frente se sobrepõem) varia conforme o gênero; ela se fecha com o lado direito sobre o esquerdo na camisa feminina, e com o esquerdo sobre o direito na masculina.

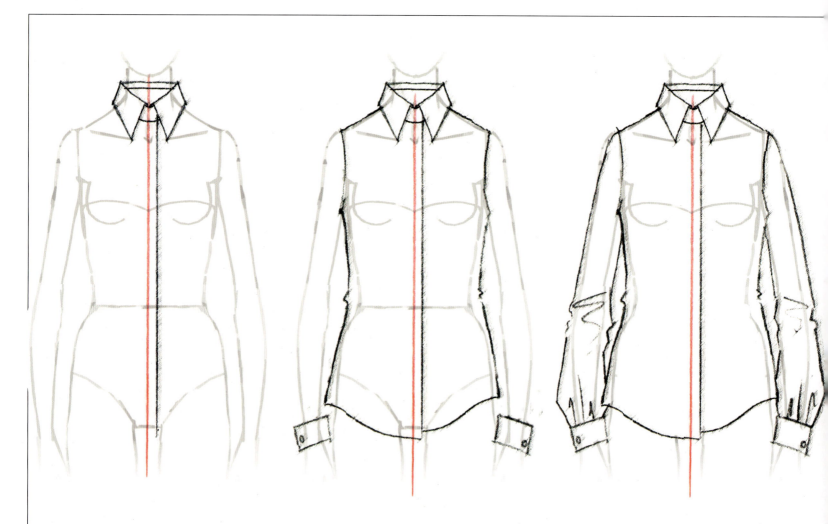

1 Desenhe o **colarinho com pontas**, indicando as costuras onde ele se prende ao pé da gola e este ao decote. Então acrescente uma linha vertical paralela ao centro da frente.

2 Desenhe as **cavas encaixadas** e depois o contorno da silhueta. Acrescente a bainha e os punhos.

3 Desenhe as mangas, considerando o volume que se forma onde ela está inserida no punho.

▶ *Variação por Palmer Harding.*

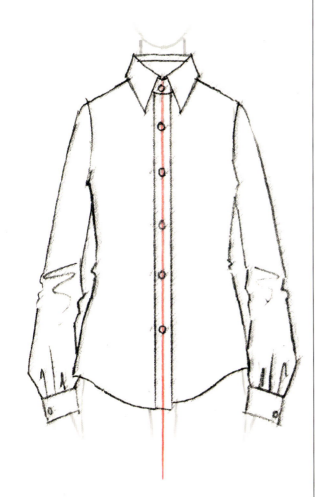

4 Desenhe as mangas, considerando o volume que se forma onde ela está inserida no punho.

Existem muitas maneiras de fazer o acabamento de desenhos técnicos:

• O método tradicional é marcar à mão, com marcador, os contornos do desenho – uma boa técnica para quando você não tem acesso ao computador. Ferramentas de desenho técnico, como réguas circulares e elípticas, curvas francesas e réguas flexíveis, podem ser combinadas com desenho à mão livre segundo o que você quer representar (por exemplo, drapeados são mais bem desenhados à mão livre; detalhes estruturais, como carcelas, com uma régua). Procure variar a qualidade da linha – reservando as mais fortes para os contornos externos e traços progressivamente mais leves para costuras e pespontos.

• Se estiver com pressa, escaneie o desenho planificado, limpe-o no Photoshop e exporte-o para o Illustrator para fazer um traçado de imagem. Isso preserva a espontaneidade do esboço preliminar, ao mesmo tempo que converte o desenho a lápis em um desenho digital mais acabado. Você pode então acrescentar aviamentos com clip art e detalhes de costura com pincéis personalizados do Illustrator.

CANETA TÉCNICA

TAMANHOS DE CANETA

05/.45 mm — SILHUETA

03/.35 mm — COSTURAS

01/.25 mm — COSTURA PESPONTADA

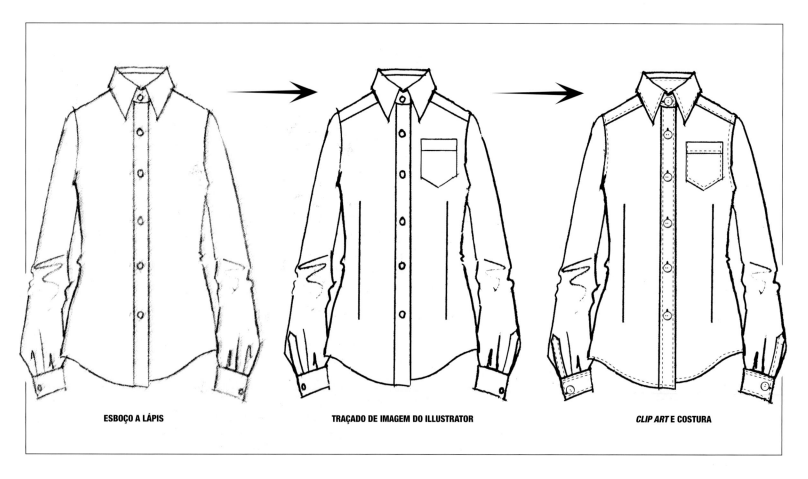

ESBOÇO A LÁPIS → **TRAÇADO DE IMAGEM DO ILLUSTRATOR** → **CLIP ART E COSTURA**

DETALHES BÁSICOS E SILHUETAS CAPÍTULO 6 **221**

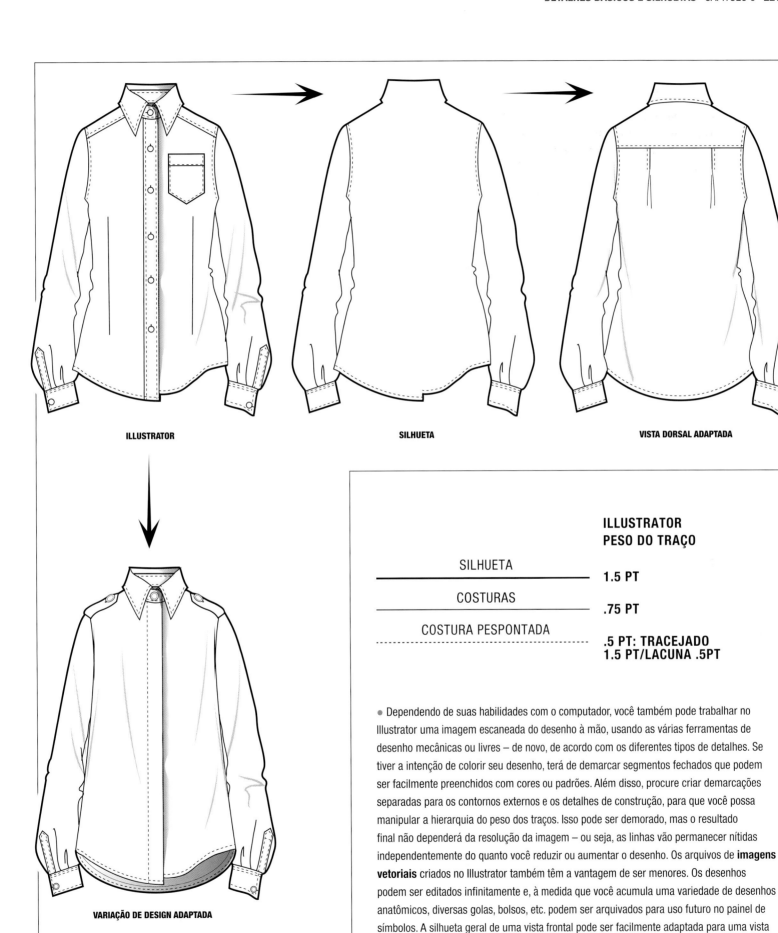

ILLUSTRATOR

SILHUETA

VISTA DORSAL ADAPTADA

VARIAÇÃO DE DESIGN ADAPTADA

**ILLUSTRATOR
PESO DO TRAÇO**

SILHUETA — 1.5 PT

COSTURAS — .75 PT

COSTURA PESPONTADA — .5 PT: TRACEJADO 1.5 PT/LACUNA .5PT

● Dependendo de suas habilidades com o computador, você também pode trabalhar no Illustrator uma imagem escaneada do desenho à mão, usando as várias ferramentas de desenho mecânicas ou livres – de novo, de acordo com os diferentes tipos de detalhes. Se tiver a intenção de colorir seu desenho, terá de demarcar segmentos fechados que podem ser facilmente preenchidos com cores ou padrões. Além disso, procure criar demarcações separadas para os contornos externos e os detalhes de construção, para que você possa manipular a hierarquia do peso dos traços. Isso pode ser demorado, mas o resultado final não dependerá da resolução da imagem – ou seja, as linhas vão permanecer nítidas independentemente do quanto você reduzir ou aumentar o desenho. Os arquivos de **imagens vetoriais** criados no Illustrator também têm a vantagem de ser menores. Os desenhos podem ser editados infinitamente e, à medida que você acumula uma variedade de desenhos anatômicos, diversas golas, bolsos, etc. podem ser arquivados para uso futuro no painel de símbolos. A silhueta geral de uma vista frontal pode ser facilmente adaptada para uma vista dorsal e outras variações de design.

Calça de cintura baixa com pregas

A primeira coisa a se levar em conta em qualquer peça da parte de baixo do corpo é o comprimento da costura que sobe pelo centro da frente, pois é isso que vai determinar onde a peça se acomoda em relação à cintura natural. Nas calças, essa costura é chamada de altura do gancho. Calças com gancho alto (como as de **cintura Hollywood**) vão se acomodar acima da cintura natural. Ganchos longos também são usados para silhueta de cavalo baixo, como as **calças saruel**. (Sobre como fazer o desenho planificado de calças saruel, ver p. 261.) Calças com ganchos mais curtos acomodam-se na cintura natural e até abaixo dela.

Neste exercício, você vai fazer o desenho planificado de uma calça de cintura baixa com cós trespassado.

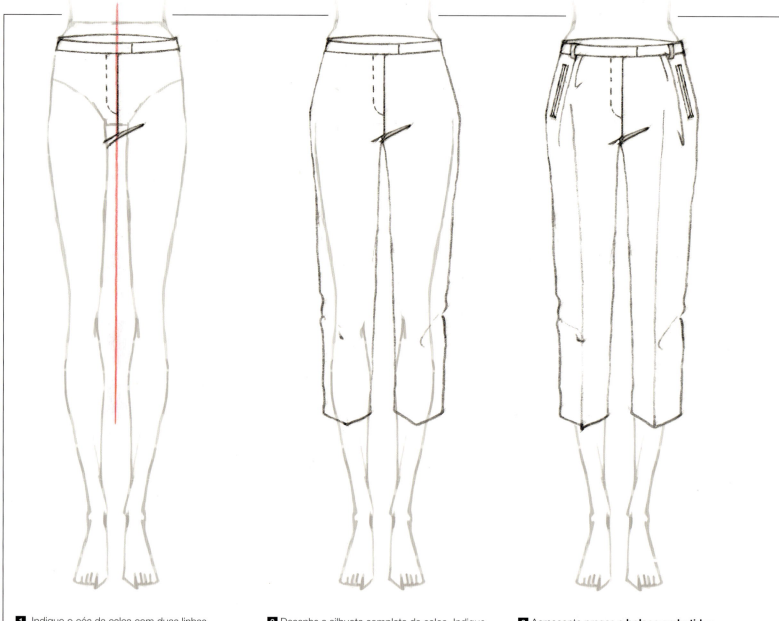

1 Indique o cós da calça com duas linhas paralelas abaixo da cintura natural. Trace o gancho diretamente sobre a linha do centro da frente. Usando uma linha tracejada, indique a carcela do zíper (braguilha) em um dos lados da linha do centro da frente. Indique o trespasse do cós (essa linha ficará do lado oposto à carcela).

2 Desenhe a silhueta completa da calça. Indique a barra. A presença de vincos vai afetar o formato da barra – arredondada, se a calça não tiver vincos, e com uma ponta, como a proa de um navio, caso se marquem os vincos.

3 Acrescente pregas e **bolsos embutidos** inclinados (com debruado duplo), vincos e passantes de cinto. Finalize o desenho planificado usando um dos métodos descritos nas pp. 220-221.

DETALHES BÁSICOS E SILHUETAS CAPÍTULO 6 **223**

De início, ilustrar a carcela do zíper (braguilha) e o trespasse do cós pode parecer confuso. No entanto, quando você determinar que os dois elementos devem ficar posicionados em lados opostos do centro da frente, não haverá mais problema.

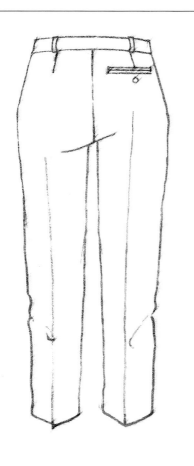

4 Use o desenho da vista frontal como base para uma vista dorsal.

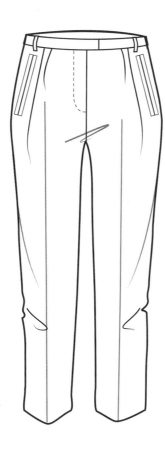

DESENHO PLANIFICADO DO ILLUSTRATOR ACABADO

VARIAÇÃO DO DESIGN ADAPTADA

TAREFA 1

Trabalhando com uma figura planificada, crie uma pequena coleção resort: esboce diferentes peças da parte de cima e de baixo do corpo, experimentando com as cavas e os decotes básicos apresentados no glossário ilustrado no fim deste capítulo. A observação também pode ajudar. Para se familiarizar com uma variedade ainda maior de silhuetas e detalhes de construção, use como referência peças de seu próprio guarda-roupa. Observe o volume das roupas e como os diferentes tecidos influenciam a silhueta e o caimento.

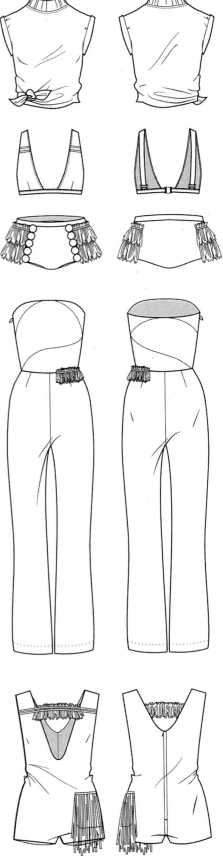

DETALHES BÁSICOS E SILHUETAS CAPÍTULO 6 **225**

O desenho de peças básicas na figura

Antes de começar a desenhar os detalhes de construção na figura, você precisa primeiro pensar um pouco em seu posicionamento nas peças. Por exemplo, o cós de uma calça pode ficar acima, abaixo ou na cintura natural; um babado franzido pode ser usado para adornar um decote, mas também a bainha de uma saia, e assim por diante. Os detalhes terão de ser escorçados no desenho de acordo com a altura do olhar e/ou a rotação do corpo.

◀ Aqui, o vestido longo listrado de Gareth Pugh demonstra o efeito do movimento do corpo e do ponto de vista sobre o comportamento do tecido.

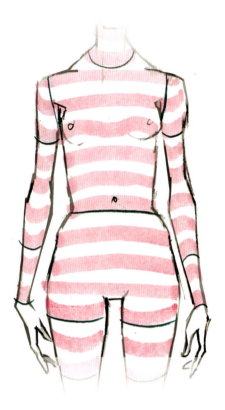

Altura do olhar no quadril

▶ Para entender perfeitamente o impacto da posição (ponto de vista) na aparência de vários detalhes de roupas, é útil primeiro mapear os contornos de suas figuras com faixas de cor. Os detalhes das roupas parecerão muito diferentes dependendo de sua posição acima ou abaixo do nível dos olhos.

▶ Os ângulos opostos dos ombros e dos quadris, bem como a rotação da figura, afetam a aparência dos detalhes da roupa.

226 PARTE II DETALHES DAS ROUPAS

Observe também como o movimento do corpo muda a aparência dos detalhes nas diferentes vistas. Por exemplo, em uma pose relaxada, a inclinação do decote vai corresponder à inclinação dos ombros; a inclinação da barra será paralela à inclinação dos quadris. A rotação do corpo também vai ter um efeito significativo na aparência dos detalhes. Uma vista de três quartos vai revelar a lateral e as costuras aparentes, e os detalhes do lado virado vão ficar escorçados.

TAREFA 2

Crie uma análise cilíndrica para as diversas vistas da figura do Capítulo 1. Trabalhando com um marcador de cor forte e uma folha de papel vegetal, comece no quadril (altura do olhar) com uma linha reta. À medida que trabalha para cima, acima da altura do olhar, as faixas de cor usadas para mapear o tronco vão se tornando convexas. Conforme você desce, para baixo da altura dos quadris e do olhar, as faixas de cor vão se tornando côncavas. Use sua análise cilíndrica completa para predizer a aparência de vários detalhes da peça. Em cada uma das figuras desenhe um decote careca, uma cava encaixada e bainhas de mangas e calças.

Acima da altura do olhar

Altura do olhar no quadril

Abaixo da altura do olhar

▶ *É importante estabelecer a altura do olhar para realizar uma representação natural do detalhe.*

VISTA FRONTAL

DETALHES BÁSICOS E SILHUETAS **CAPÍTULO 6** **227**

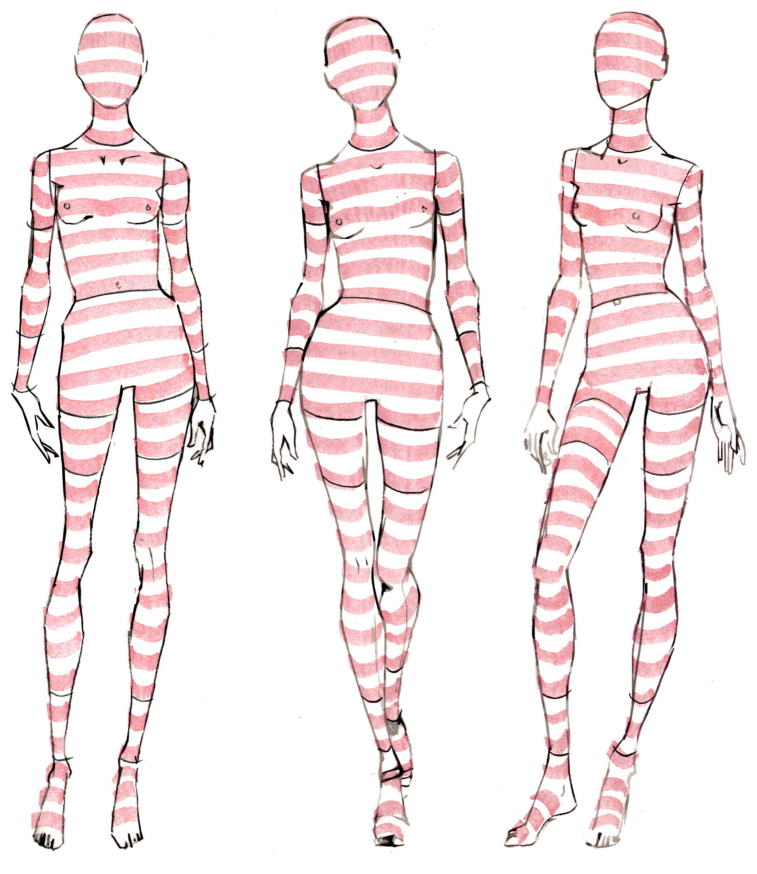

POSE RELAXADA   **POSE CAMINHANDO**   **VISTA DE TRÊS QUARTOS**

O efeito combinado do movimento do corpo e da gravidade

As roupas parecerão muito diferentes dependendo da pose da figura. Uma peça justa vai restringir os movimentos do corpo e, portanto, limitar opções de pose para a figura. Como mencionado nos capítulos sobre o desenho da figura, a pose deve sempre mostrar as roupas como elas caem melhor.

A ação do corpo vai, por outro lado, influenciar o caimento da peça. Por exemplo, na pose relaxada (ou de quadril alto) a oposição entre as partes de cima e de baixo do tronco cria uma área de compressão na cintura no lado do corpo que está carregando o peso. Essa compressão vai criar vincos na roupa. À medida que o tronco se abre no lado oposto, que não carrega o peso, haverá uma suavização do caimento da peça. Como o quadril e a perna que sustenta o corpo se estendem em direções opostas, a tensão entre ambos também vai resultar num vinco. A manipulação física da peça (como a depressão e as rugas formadas quando se põe a mão no quadril ou num bolso) também deve ser levada em conta.

A indicação arbitrária de vincos num desenho de moda pode ser visualmente confusa – certifique-se de que cada vinco seja justificado pela compressão ou tensão criada pelo movimento do corpo.

Para que os detalhes de construção pareçam convincentes no desenho, o caimento do tecido também tem de se conformar às leis da física. A gravidade, que atrai toda matéria para o centro da Terra, vai alterar a aparência das silhuetas e dos detalhes. Comprimento, volume, textura e peso do tecido vão determinar a intensidade do impacto da gravidade.

A força da gravidade, combinada com o movimento do corpo, vai alterar a aparência dos detalhes de muitas outras maneiras. O volume vai sempre se deslocar em direção à perna que carrega o peso. A **circunferência da bainha** ficará paralela à inclinação dos quadris. Quanto mais justa a peça, maior será a influência exercida pelo movimento do corpo. Por exemplo, a barra de um vestido justo, como um tubinho, vai ser muito afetada pela ação dos quadris, enquanto a de um espaçoso vestido trapézio quase não será influenciada.

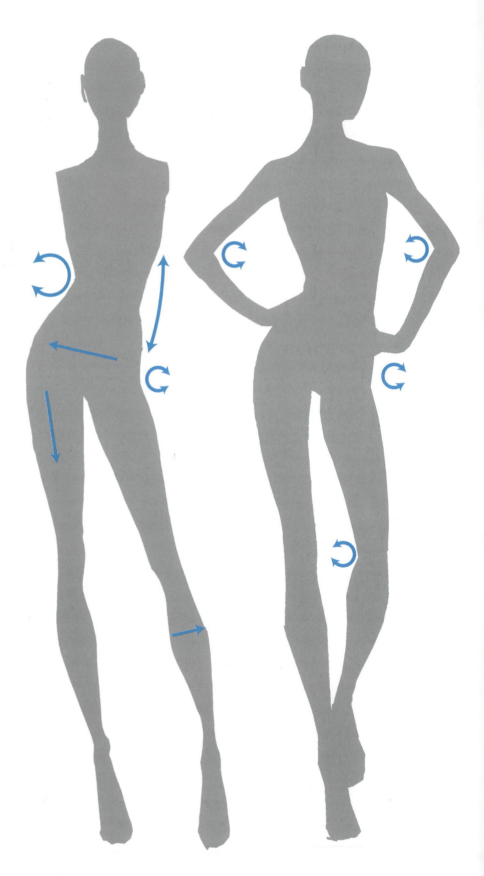

▲ *Note como o movimento do corpo forma áreas de compressão, expansão e tensão.*

DETALHES BÁSICOS E SILHUETAS CAPÍTULO 6 **229**

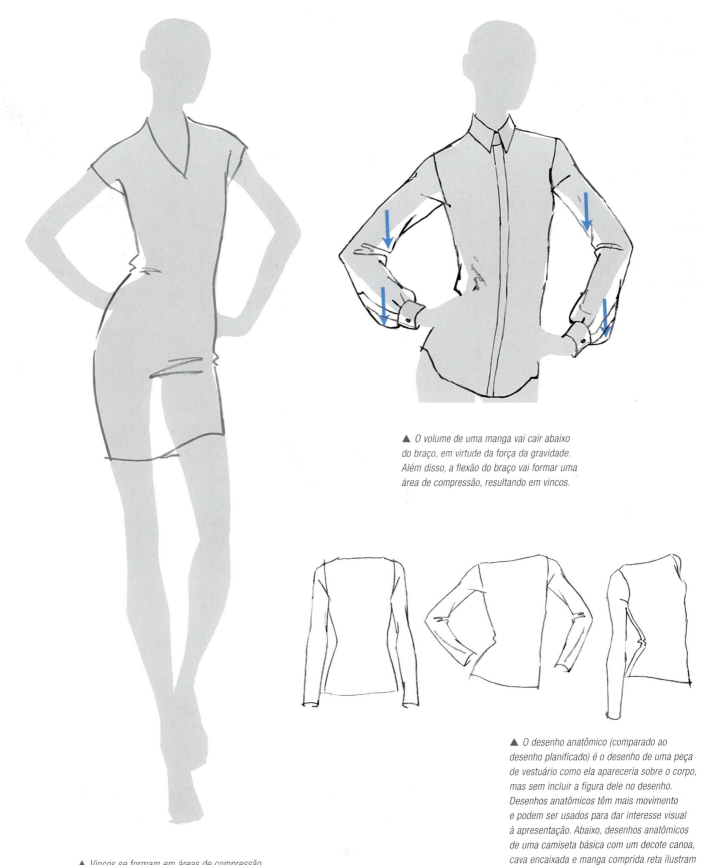

▲ *O volume de uma manga vai cair abaixo do braço, em virtude da força da gravidade. Além disso, a flexão do braço vai formar uma área de compressão, resultando em vincos.*

▲ *Vincos se formam em áreas de compressão.*

▲ *O desenho anatômico (comparado ao desenho planificado) é o desenho de uma peça de vestuário como ela apareceria sobre o corpo, mas sem incluir a figura dele no desenho. Desenhos anatômicos têm mais movimento e podem ser usados para dar interesse visual à apresentação. Abaixo, desenhos anatômicos de uma camiseta básica com um decote canoa, cava encaixada e manga comprida reta ilustram como o movimento e a rotação do corpo podem afetar a aparência até mesmo dos detalhes mais básicos de uma roupa.*

230 PARTE II DETALHES DAS ROUPAS

Vestido-camisa

Agora você vai desenhar um vestido-camisa, o que lhe dará a oportunidade de explorar uma variedade de detalhes encontrados tanto em peças de cima como de baixo do corpo. Você verá como a aparência dos detalhes é alterada pelo movimento do corpo. Por exemplo, a bainha da saia vai ficar paralela à inclinação do quadril, a tira de vista acompanhará a curva da linha do centro da frente, e assim por diante. À medida que desenha o vestido, procure indicar os vincos formados pelas áreas de compressão no lado do quadril alto. Trabalhando com papel de decalque e uma vista frontal da figura caminhando:

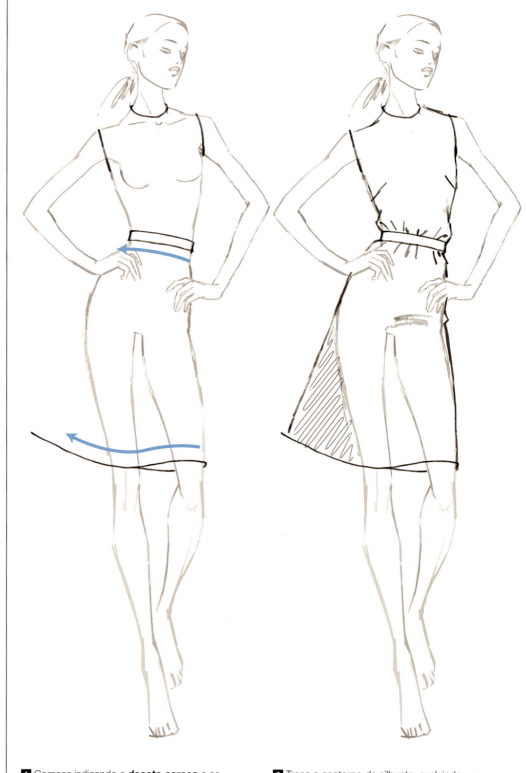

1 Comece indicando o **decote careca** e as cavas encaixadas. Desenhe o **cinto do próprio tecido** paralelo à inclinação da cintura. Acrescente a barra, também paralela à inclinação da cintura. O volume balança em direção ao quadril alto.

2 Trace o contorno da silhueta, excluindo as mangas. Acrescente pences ao corpete e os vincos formados pelas áreas de compressão e tensão.

DETALHES BÁSICOS E SILHUETAS CAPÍTULO 6 231

3 Indique a tira de vista da camisa no centro da frente.

4 Acrescente os botões e a costura de reforço com um "X" na ponta da tira. Depois, complete os detalhes adicionais: pala, bolso aplicado e colarinho com pontas. Preste atenção para que o bolso e as pontas do colarinho se alinhem com a inclinação dos ombros.

5 Trace as mangas, indicando os vincos nas áreas de compressão. Por causa da força da gravidade, as mangas vão se prender ao alto dos braços e o volume vai cair abaixo deles. Acrescente carcelas e botões aos punhos.

Calças básicas

Neste exercício, você vai desenhar calças básicas na vista frontal de uma figura na pose relaxada.

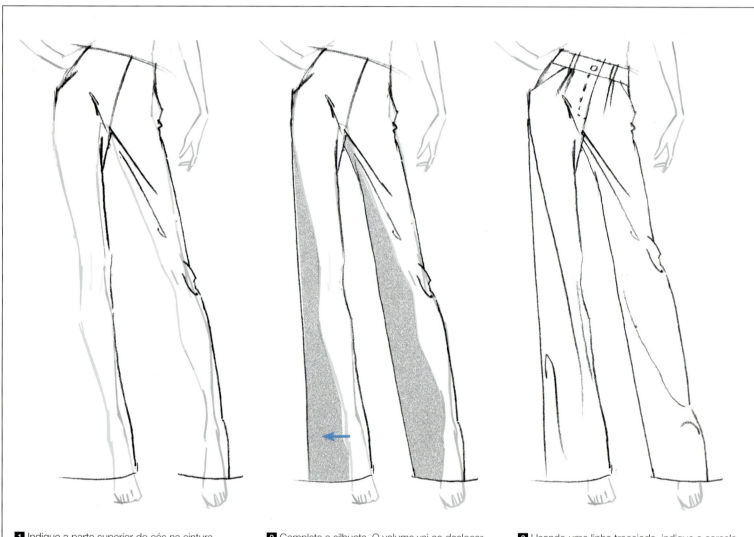

1 Indique a parte superior do cós na cintura natural. A ação dos quadris ditará o ângulo do cós. Trace o gancho diretamente sobre a linha da frente do centro. Esboce a silhueta geral das pernas da calça onde o tecido entra em contato direto com o corpo. As barras ficarão paralelas ao ângulo dos quadris.

2 Complete a silhueta. O volume vai se deslocar em direção à perna que carrega o peso. Procure indicar os vincos formados nas áreas de tensão e compressão.

3 Usando uma linha tracejada, indique a carcela do zíper ao lado da linha do centro da frente. Desenhe o botão centralizado acima da braguilha. Acrescente passantes e pregas.

DETALHES BÁSICOS E SILHUETAS CAPÍTULO 6 **233**

◀ *Ilustre seus designs na figura ou faça desenhos anatômicos, trabalhando com uma variedade de poses frontais ou viradas.*

TAREFA 3

Trabalhando com referências fotográficas que mostrem detalhes das roupas, desenhe calças em diferentes figuras (abaixo). Compare como as barras caem, dependendo do volume das calças e da altura dos saltos. Varie o tamanho do gancho e experimente usar detalhes como bainhas dobradas, bolsos e diferentes posições para o zíper (lateral ou no centro das costas, por exemplo).

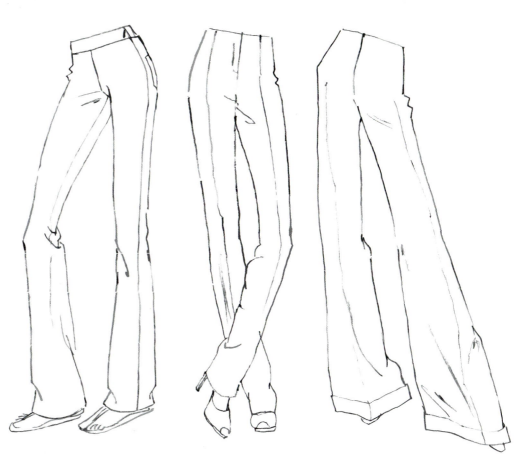

234 PARTE II DETALHES DAS ROUPAS

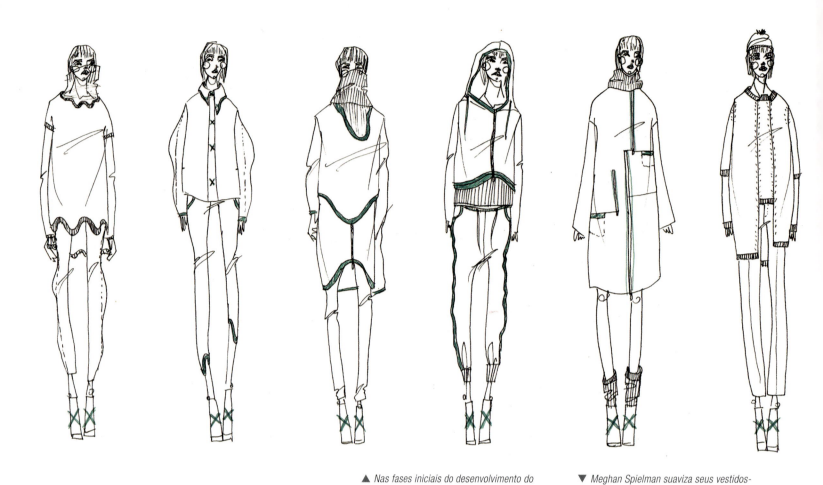

▲ Nas fases iniciais do desenvolvimento do design, Zehra Asma Naqvi usa o posicionamento localizado de fita reflexiva em toda a coleção.

▼ Meghan Spielman suaviza seus vestidos-camisa com drapeados, contrabalançando com fivelas mais masculinas e meias argolas.

TAREFA 4

Roupas atléticas, usadas para atividade física ou esporte específico, são concebidas para melhorar o desempenho do atleta quando estiver correndo, nadando, surfando, esquiando, etc. Os tecidos usados para esse tipo de roupa são, em geral, de alta tecnologia, com o mínimo de costuras. Cores vibrantes e listras podem ser usadas para obter a alta visibilidade exigida para a segurança e o espetáculo nos esportes competitivos. Crie uma pequena coleção de roupas atléticas utilizando três amostras diferentes de jérsei. Certifique-se de pesquisar as exigências do esporte escolhido para entender como o design de suas roupas pode melhorar o desempenho atlético.

DETALHES BÁSICOS E SILHUETAS CAPÍTULO 6 235

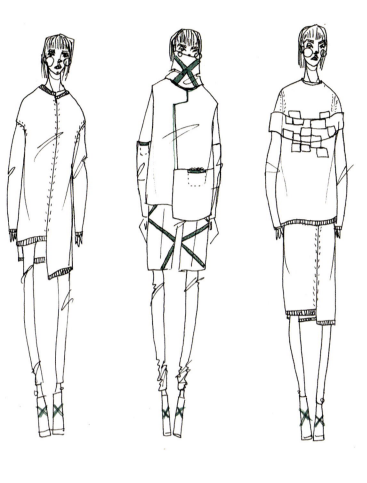

▶ *Em todas as estações, a reinvenção do vestido-camisa é essencial para as coleções de palmer//harding.*

TAREFA 5

Trabalhando com o glossário ilustrado de decotes, cavas, mangas e pences no final deste capítulo, desenhe vestidos-camisa em diversas poses. Experimente posicionar o cós acima, abaixo e na cintura natural. Mantenha seus designs simples, focando apenas na combinação e superposição de decotes e cavas. Experimente diferentes alturas de bainha, como no joelho, na meia-perna e nos pés. Certifique-se de que os detalhes pareçam estar se movendo junto com o corpo.

236 PARTE II DETALHES DAS ROUPAS

TAREFA 6

Na maioria das vezes é melhor primeiro desenhar as peças de forma planificada, para pensar cuidadosamente em todos os detalhes de construção. Ao voltar à sua coleção resort da Tarefa 1 na p. 224, ilustre todas as peças, agora coordenadas como looks completos na figura. Tome o cuidado de manter a proporção como idealizada originalmente.

▶ *Kelly Kuhl desenha suas figuras da cabeça aos pés, com óculos escuros, acessórios e sapatos cuidadosamente elaborados para fornecer o contexto perfeito.*

DETALHES BÁSICOS E SILHUETAS   CAPÍTULO 6   237

Glossário ilustrado de detalhes das roupas

DECOTES E MANGAS

Decote careca
Manga japonesa
drapeada
Blusão

Decote redondo
Manga tulipa
Abertura lateral com
botões

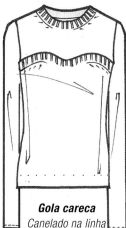

Gola careca
Canelado na linha
de busto
Manga reta

Decote em U
Manga japonesa

Decote quadrado
Manga quimono

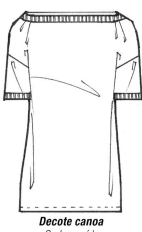

Decote canoa
Ombro caído

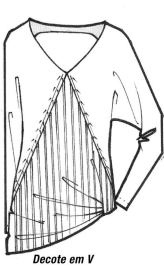

Decote em V
Manga morcego
Nesga canelada

Decote transpassado
Cava frente única
Cintura império

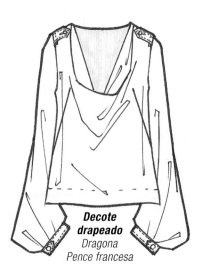

Decote drapeado
Dragona
Pence francesa

Decote careca franzido
Manga morcego

Decote fechadura
Manga japonesa
Barra canelada

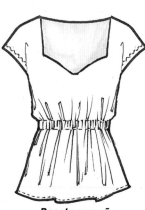

Decote coração
Manga japonesa
Basque

DETALHES BÁSICOS E SILHUETAS CAPÍTULO 6 239

GOLAS E MANGAS

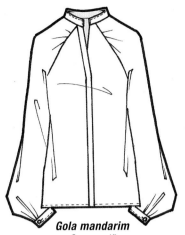
Gola mandarim
Cava raglã
Manga bispo

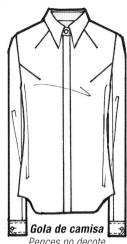
Cava encaixada
Manga bufante
Pences nos ombros
e na cintura

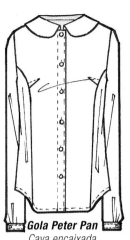
Gola de camisa
Pences no decote
e na cava
Tira de vista

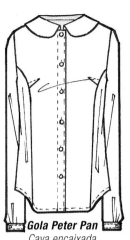
Gola Peter Pan
Cava encaixada
Costura princesa

Gola esporte
Variação da manga bispo
Bainha de camisa

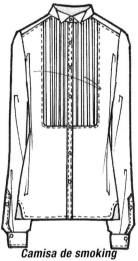
Camisa de smoking
Colarinho quebrado
Peitilho plissado

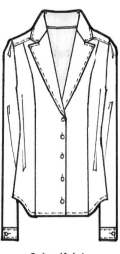
Gola alfaiate
Costura princesa
Bainha de camisa

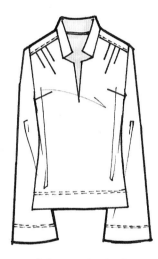
Gola esporte aberta
Manga pagode
Pala preguada

Gola marinheiro
Dragona
Manga com asa
franzida

Gola xale
Cava encaixada
Manga sino

Manga morcego
Bainha de camisa

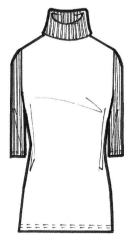
Gola rulê
Suéter
Manga canelada

VESTIDOS

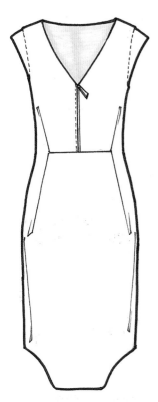

Tubinho sem cintura marcada
Decote em V
Pence na cintura

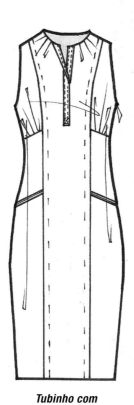

Tubinho com cintura delineada
Linha princesa
Cintura império

Trapézio
Manga japonesa
Cintura império

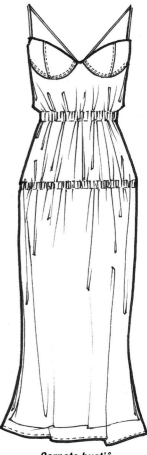

Corpete bustiê
Elástico na cintura e no quadril

Tubinho com cinto
De ombro a ombro
Bolso talhado

Decote careca
Cava frente única
Basque estilo império

Vestido-camisa com cinto
Colarinho com pontas
Ombro caído

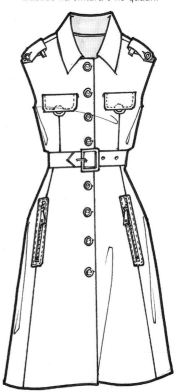

Vestido safári
Cinto do próprio tecido
Bolso debruado com zíper

DETALHES BÁSICOS E SILHUETAS CAPÍTULO 6 **241**

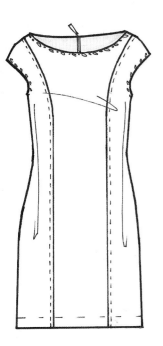

Vestido camisola
Manga japonesa
Costura princesa

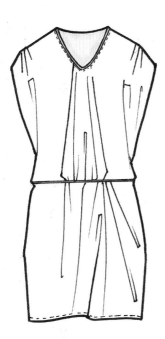

Vestido-saco
Decote em V

Vestido tipo chinês
Decote fechadura
Cava raglã

Tubinho com cintura delineada
Decote em U
Cava raglã

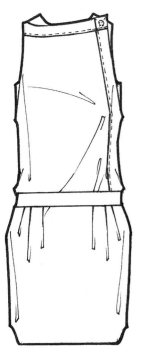

Decote assimétrico
Cintura baixa
Bainha de camisa

Tubinho com cintura delineada
Gola marinheiro
Basque

Tubinho sem cintura marcada
Decote careca
Manga três-quartos

Tubinho sem cintura marcada
Decote em V
Capinha

242 PARTE II DETALHES DAS ROUPAS

BLAZERS, PALETÓS E CASACOS

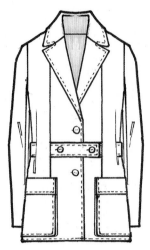

Jaqueta Norfolk
Gola alfaiate
Bolso utilitário

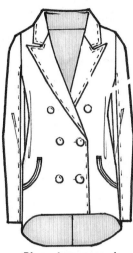

Blazer transpassado
Lapela pontuda
Bainha rabo de peixe

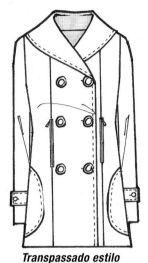

Transpassado estilo marinheiro
Gola xale
Manga com punho ajustável

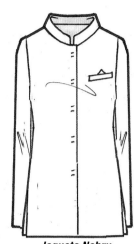

Jaqueta Nehru
Gola mandarim
Bolso embutido com debruado simples

Jaqueta safári
Dragona
Bolso aplicado com aba

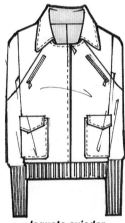

Jaqueta aviador
Bolso aplicado com aba
Bainha e punhos canelados

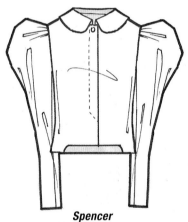

Spencer
Manga presunto
Tira de vista

Jaqueta universitária
Bolso embutido debruado
Punho canelado

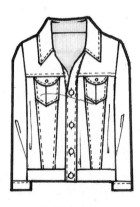

Jaqueta jeans
Pala
Bolso aplicado com aba

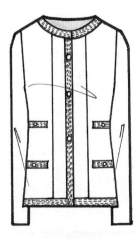

Paletó Chanel
Debrum de gorgorão
Bolso embutido

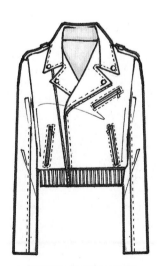

Jaqueta de motoqueiro
Dragona
Fechamento assimétrico com zíper

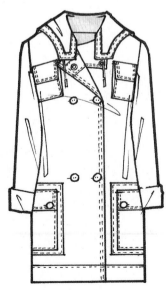

Parca com capuz
Bolso aplicado com aba

BOLSOS

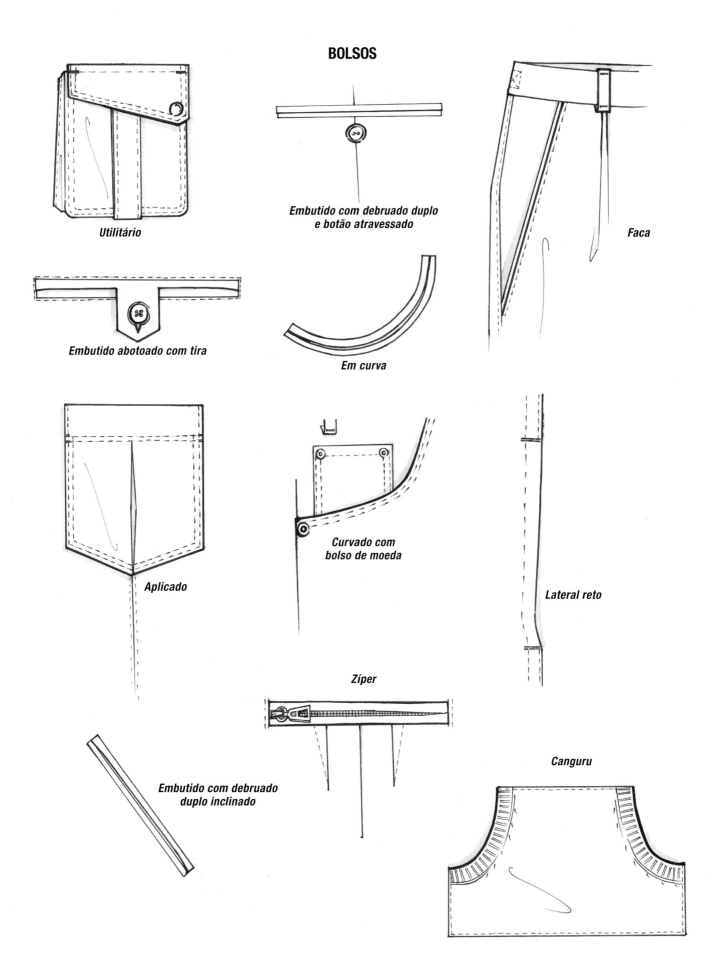

244 PARTE II **DETALHES DAS ROUPAS**

SAIAS

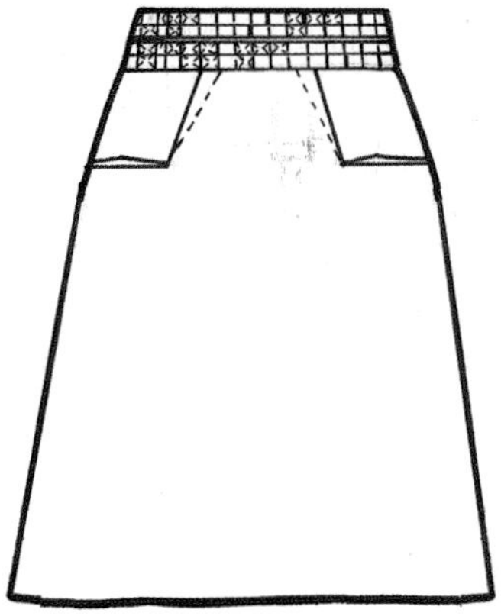

Linha A

Babados em camadas

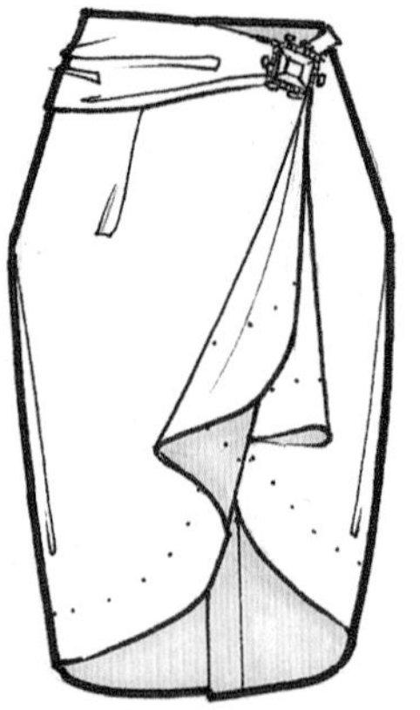

Sarongue

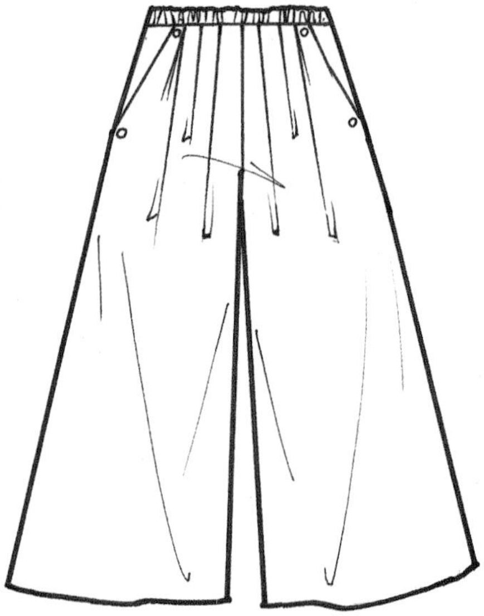

Saia-calça

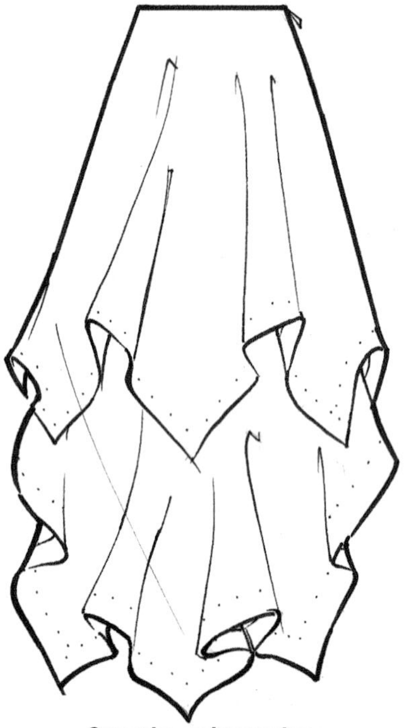

Camadas sobrepostas

Cruzada com godês

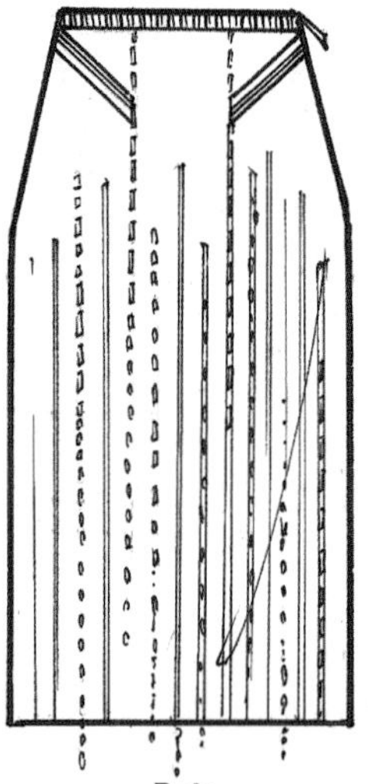

Reta

Justa

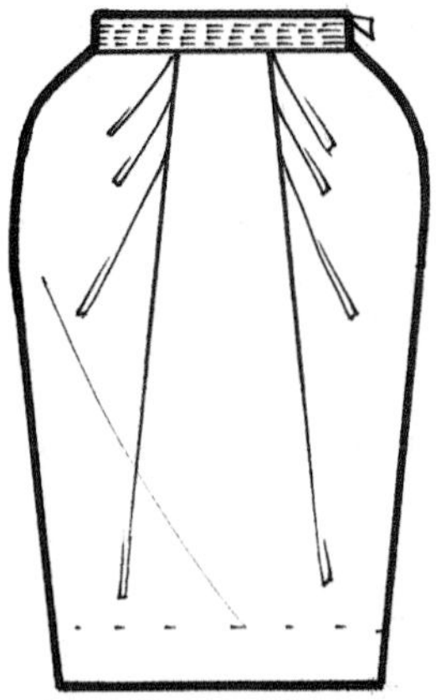

Pregueada

Evasê

Reta com basque

Estilo camponesa

FECHAMENTOS E ARREMATE

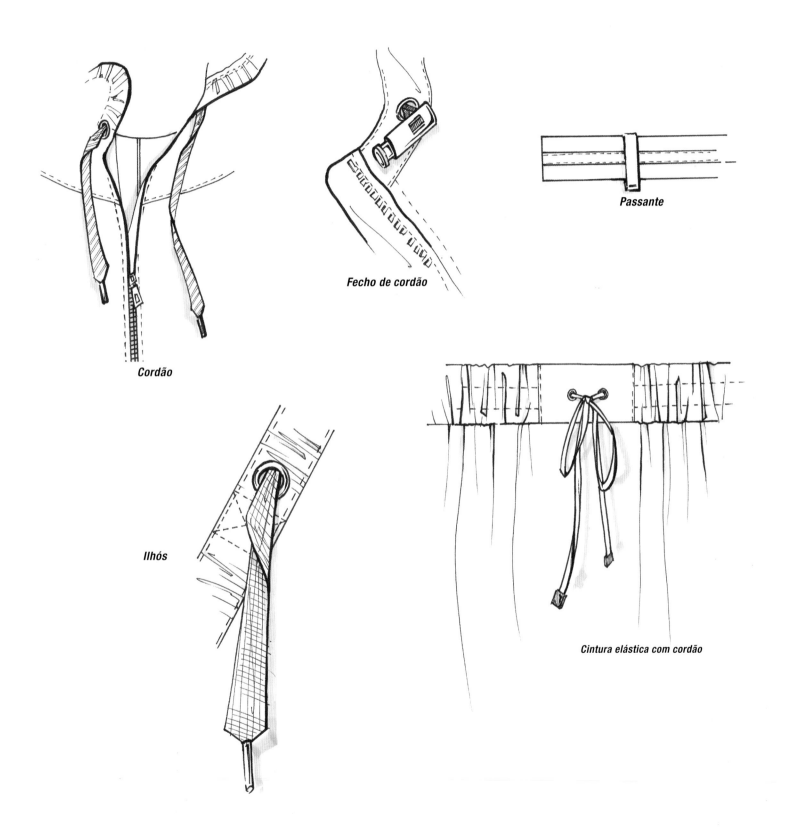

Cordão

Fecho de cordão

Passante

Ilhós

Cintura elástica com cordão

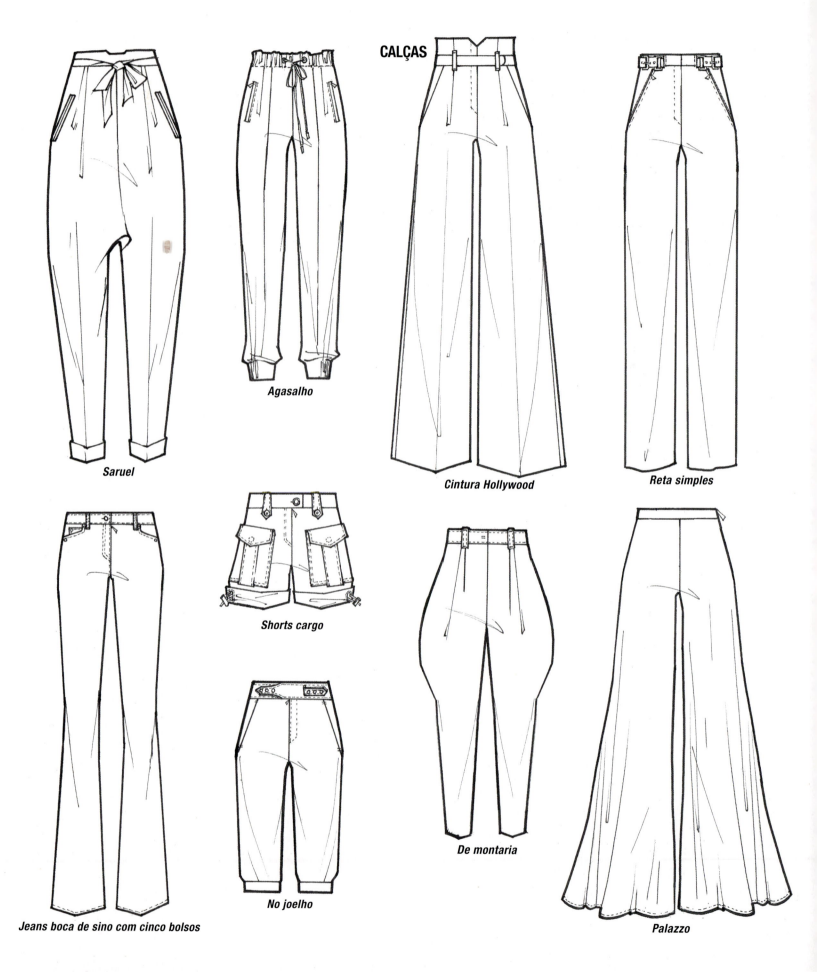

CALÇAS

Saruel — *Agasalho* — *Cintura Hollywood* — *Reta simples*

Jeans boca de sino com cinco bolsos — *Shorts cargo* — *No joelho* — *De montaria* — *Palazzo*

Sobre zíperes

No início da década de 1930, Elsa Schiaparelli foi a primeira estilista a empregar fechamentos com zíper na alta-costura. Desde então, os zíperes são tradicionalmente inseridos nas costuras do centro da frente, do centro das costas ou das laterais para facilitar a entrada nas peças. Eles são essenciais para a construção de peças de baixo, como calças e saias que precisam ser puxadas para acima dos quadris e então fechadas numa cintura bem mais estreita. Peças de cintura baixa, que pairam sobre os quadris, não precisam acomodar esse estreitamento dramático do tronco, portanto um zíper curto é suficiente. Calças de cintura alta exigem um zíper de pelo menos 18 cm para acomodar a diferença entre a circunferência da cintura e a dos quadris. Saias e calças de alta-costura, criadas para assentarem sobre ou acima da cintura natural, às vezes têm dois zíperes de 9 cm inseridos nas costuras laterais. Esse par de zíperes é facilmente escondido por uma jaqueta. O comprimento combinado do par mais curto soma 18 cm.

Como já mencionado, ilustrar a carcela do zíper (braguilha) e o trespasse do cós pode parecer confuso. No entanto, quando você determinar que os dois elementos devem ficar posicionados em lados opostos do centro da frente, não haverá mais problema.

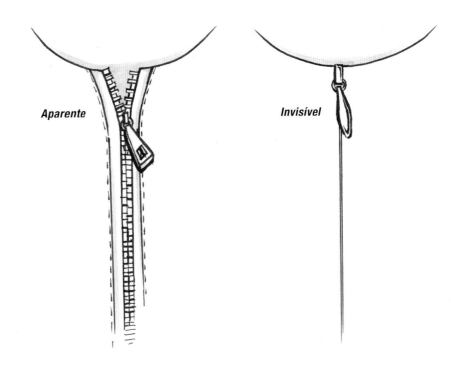

Aparente

Invisível

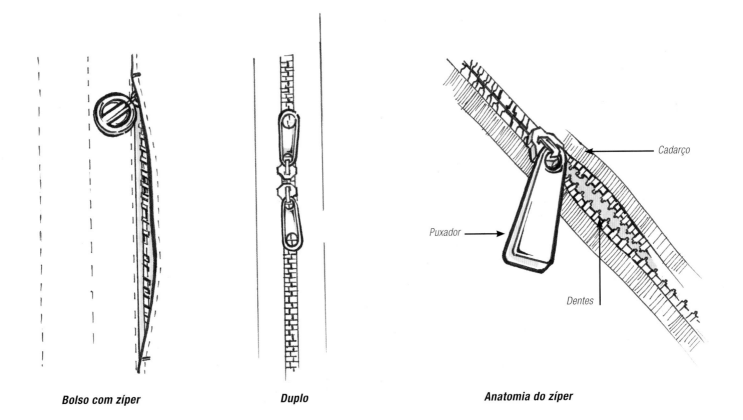

Bolso com zíper

Duplo

Anatomia do zíper

CAPÍTULO 7
DRAPEADO

◀◀◥▼ *Como o drapeado pode ser bem feminino e romântico (Myrtle Quillamor, página anterior), estilistas de moda masculina como Abzal Issa Bekov (à esquerda) e Christy Lee (abaixo, à direita) incorporam pregas e babados em coleções com a intenção de desafiar as normas de gênero.*

Neste capítulo, falaremos sobre drapeado – a maneira como um tecido suspenso cai criando dobras e ondulações. Como um tecido drapeado cai e se abre, a força da gravidade provoca a formação de dobras desestruturadas, fluindo de umas para as outras. As linhas do drapeado vão variar em forma e número, dependendo do peso e da superfície do tecido. Por exemplo, uma roupa feita com um tecido "duro", como um **brocado** ou lã grossa, mal vai encostar no corpo e terá um número limitado de dobras rígidas. A silhueta será reta e angular. A mesma peça feita com uma seda **georgette** macia terá um drapeado mais fluido e cairá mais perto do corpo, criando uma silhueta curvilínea. A textura, o peso e a rigidez de um tecido podem ser ilustrados com a qualidade da linha. Por exemplo, uma lã grossa e macia pode ser representada por uma linha frisada, enquanto um tecido fino e transparente se traduziria numa linha mais delicada. (Para mais informações sobre representação gráfica, ver os capítulos da Parte III dedicados a tipos específicos de tecidos.)

A ação do corpo e a manipulação física do tecido (por exemplo, torcer, agarrar ou amarrar) também são fatores determinantes. O corte enviesado ou curvilíneo de um tecido é usado para criar silhuetas trombeta, nas quais as ondulações em forma de cone são conhecidas

como godês. Detalhes de construção, como pregas em forma de sino criadas pelo aumento da tensão da linha, são usados para arquitetar dobras mais permanentes numa posição fixa. A aparência das dobras vai variar dependendo de onde são posicionadas sobre o corpo e de acordo com o ponto de vista do observador. Por exemplo, num decote drapeado é possível ver as partes de cima e de baixo das dobras porque elas estão posicionadas acima da altura do olhar. Inversamente, você não conseguiria ver a parte de baixo de um babado aplicado à barra de uma saia ou vestido por ele estar abaixo da altura do olhar. Devido ao efeito da gravidade, folhos e pregas também terão uma aparência diferente se estiverem presos a uma costura horizontal ou vertical.

Uma breve história

A história das roupas drapeadas remonta à Antiguidade, quando vestes como o sári indiano, a toga romana e o *hajk* árabe eram feitos de uma única peça de tecido. Não havia quase nenhum corte envolvido, e as roupas só assumiam formas quando enroladas no corpo. O quimono japonês, o chemise europeu e a *djellaba* árabe eram também de forma retangular e suspensos a partir dos ombros. Foi somente no início do século XIX que os alfaiates começaram a cortar pedaços de tecido moldados de forma a se ajustar ao corpo humano. Antes dessa época, o ajuste de uma roupa era obtido por meio de cortes curvilíneos e pregas. Estilistas do século XX como Madeleine Vionnet, Alix ("Madame") Grès e Charles James eram conhecidos por técnicas inovadoras de drapeado. Os românticos vestidos esvoaçantes que lançaram as carreiras de Stephen Burrows e Ossie Clark eram muito populares no final dos anos 1960. Praticantes de uma construção indumentária minuciosa hoje incluem Haider Ackermann, threeASFOUR, Alber Elbaz e Vivienne Westwood.

A interação entre 2D e 3D

É importante notar a sequência variável do desenvolvimento de design bi e tridimensional para diferentes práticas. Enquanto alguns estilistas de moda criam moldes para um conceito predeterminado, outros enfatizam a manipulação do molde em si como uma ferramenta para a criação. Por exemplo, estilistas como Shingo Sato e Tomoko Nakamichi usam a transformação de moldes para encontrar novas formas. Para esses estilistas, o desenho é usado para modificar e aplicar detalhes de drapeamento em várias peças para uma construção coerente de coleção. Também dignos de menção são os novos processos aditivos de alta tecnologia; roupas criadas usando tecnologia de impressão 3D fazem referência à construção tradicional e ao comportamento de tecido, mas com materiais inteiramente novos.

▲ *Para Julian Roberts, a roupa original, obtida por meio de cortes subtrativos experimentais de moldes, é só o começo do processo de design. Ele usa então o desenho – em alguns casos, virando o esboço de cabeça para baixo – como um meio de buscar novos designs.*

DRAPEADO CAPÍTULO 7 **251**

◀ *Um esboço abstrato preliminar é usado pela dupla de designers Kadence Ying Ying Tang e Siyu Duan para dar início a um drapeado experimental.*

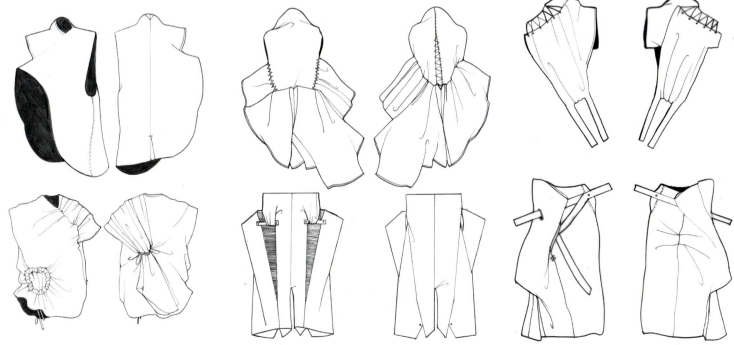

Princípios básicos do drapeado

As ondulações das roupas drapeadas radiam a partir de um ponto central conhecido como "ponto de suspensão". O número e a posição desses pontos de suspensão vão determinar o drapeado do tecido. A direção da fonte de iluminação vai ditar a localização das sombras e áreas claras. Dependendo do tecido e de quanto ele reflete ou absorve a luz, cada dobra terá um realce mais claro, um tom neutro e uma área sombreada.

A observação direta é sua melhor instrutora, portanto leve o tempo que for necessário para estudar tecidos drapeados com diferentes pontos de suspensão. Trabalhando com um metro de tecido (um simples pedaço de viscose servirá):

▲ *Anna Johansson usou uma suspensão de dois pontos para conseguir as dobras delicadas desse drapeado nas costas.*

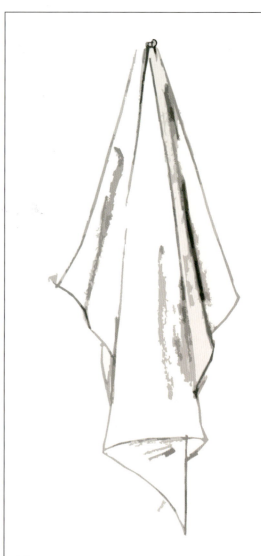

1 Prenda o drapeado à parede por um de seus cantos. Trabalhando com um lápis macio ou médio, desenhe o tecido drapeado com um ponto de suspensão.

DRAPEADO CAPÍTULO 7   253

▼ *Da esquerda para a direita: um, dois e três pontos de suspensão; enviesado com dois pontos de suspensão.*

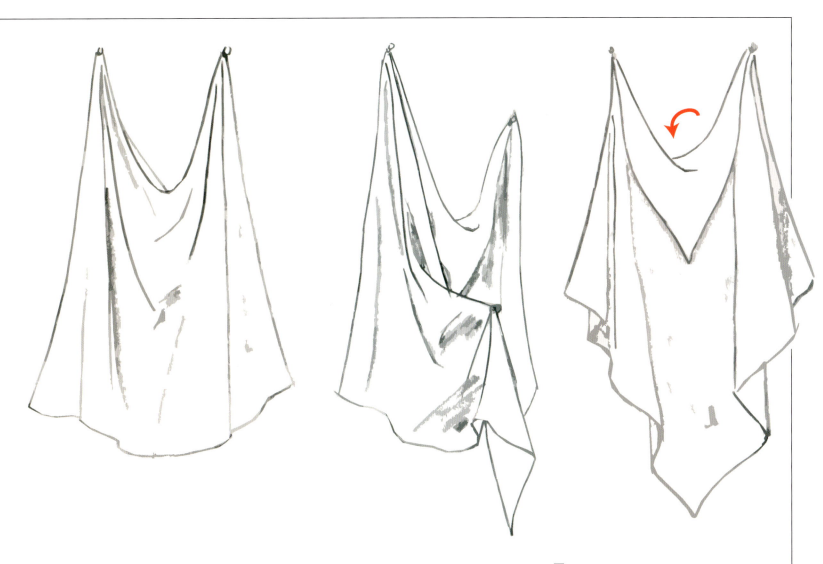

2 Utilize um segundo prego para prender o outro canto do tecido, deixando folga suficiente para um drapeado generoso. Desenhe o tecido drapeado com dois pontos de suspensão.

3 Abaixe o prego do lado direito e depois utilize um terceiro prego, para erguer o tecido até o meio. Desenhe o tecido drapeado com três pontos de suspensão.

4 Desprenda e vire o tecido, de modo que ele fique suspenso de viés. Quando você prende o pano nos dois pontos centrais da borda superior, uma ponta vai se formar embaixo. Desenhe o tecido drapeado com dois pontos de suspensão e caimento enviesado.

O desenho planificado de roupas drapeadas básicas

Agora você vai aplicar suas observações de um, dois e três pontos de suspensão do exercício anterior para fazer o desenho planificado de uma peça de baixo e uma de cima com drapeado. Antes de começar cada desenho, tente imaginar o tecido específico com o qual você estaria trabalhando.

Blusa com decote drapeado

Neste exercício, você vai fazer o desenho planificado de uma blusa com decote drapeado. Trabalhando com papel vegetal e uma figura planificada como guia:

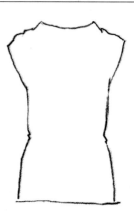

1 Trace a silhueta da blusa, indicando as ondulações sobre a linha do ombro. O decote das costas será visível no desenho planificado de vista frontal. Desenhe o decote da frente em forma de U, incluindo leves ondulações.

2 Um **decote drapeado** é, na realidade, apenas a aplicação da suspensão de dois pontos. Usando uma linha suave, mas expressiva, indique as dobras do drapeado. Experimente várias qualidades de linha mudando a inclinação do seu lápis.

3 Use o desenho da vista frontal como base para a vista dorsal.

4 Finalize o desenho planificado usando um dos métodos descritos no Capítulo 6. Desenvolva diferentes variações fazendo ajustes sutis à proporção do decote.

Saia drapeada

Neste exercício, você vai desenhar uma minissaia envelope com drapeado transparente. (Sobre como representar tecidos transparentes, ver Capítulo 12.) Trabalhando com uma figura planificada e papel vegetal:

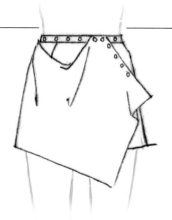

1 Trace o cós e a silhueta linha A da saia. Inclua pences nas linhas princesa a fim de indicar como a saia se amolda à forma do corpo.

2 Baseando-se em suas observações da suspensão de dois pontos do exercício anterior, acrescente a sobreposição drapeada. Indique as dobras que se formam.

3 Faça mudanças sutis para desenvolver diversas variações no design.

Drapeado na figura

Agora você vai explorar como a forma e o movimento do corpo influenciam a aparência das roupas drapeadas. Ao começar a desenhar peças drapeadas na figura, tente imaginar como tecidos com diferentes características de peso, flexibilidade e textura afetariam a aparência da roupa.

Macacão drapeado

Neste exercício, você vai desenhar um macacão drapeado na figura. Trabalhando com papel de decalque:

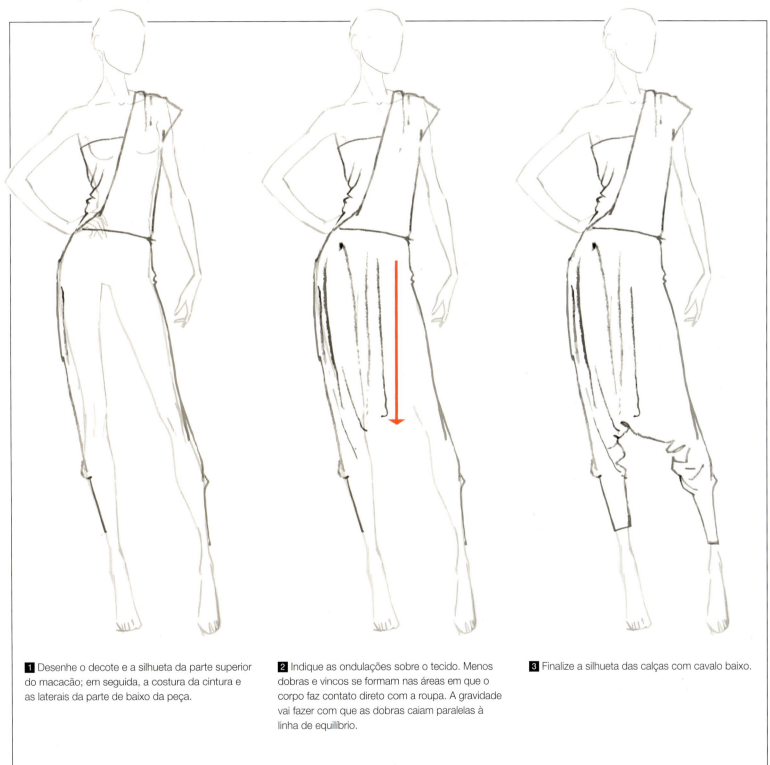

1 Desenhe o decote e a silhueta da parte superior do macacão; em seguida, a costura da cintura e as laterais da parte de baixo da peça.

2 Indique as ondulações sobre o tecido. Menos dobras e vincos se formam nas áreas em que o corpo faz contato direto com a roupa. A gravidade vai fazer com que as dobras caiam paralelas à linha de equilíbrio.

3 Finalize a silhueta das calças com cavalo baixo.

Pregas e babados

Pregas podem ser criadas simplesmente aumentando a tensão da linha quando se costura. Elas são, em geral, usadas para criar um babado – uma peça longa e estreita de tecido franzido em uma ou nas duas bordas horizontais. Como o aumento da tensão do fio contrai o tecido na linha da costura, a silhueta de um babado franzido apenas em cima será mais ampla na borda inferior que na superior, criando formas de sino. O babado é preso a outra peça, acrescentando volume e movimento orgânico suave à borda da roupa. Babados podem ser inseridos tanto numa costura reta quanto curva. Existem muitas variações de pregas e babados (ver página ao lado).

▼ *Jonathan Kyle Farmer usa babados para suavizar a alfaiataria.*

Variações de pregas e babados

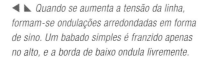
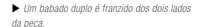
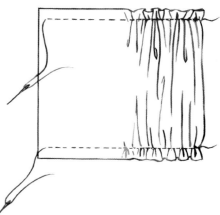

◀ ▲ *Quando se aumenta a tensão da linha, formam-se ondulações arredondadas em forma de sino. Um babado simples é franzido apenas no alto, e a borda de baixo ondula livremente.*

▶ *Um babado duplo é franzido dos dois lados da peça.*

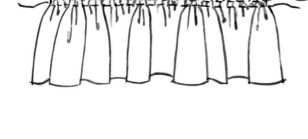
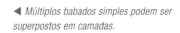
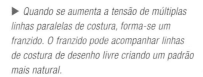
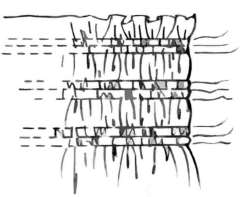

◀ *Múltiplos babados simples podem ser superpostos em camadas.*

▶ *Quando se aumenta a tensão de múltiplas linhas paralelas de costura, forma-se um franzido. O franzido pode acompanhar linhas de costura de desenho livre criando um padrão mais natural.*

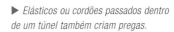

◀ *A aparência de um franzido criado sobre costuras verticais será diferente em razão do efeito da gravidade sobre o caimento.*

▶ *Elásticos ou cordões passados dentro de um túnel também criam pregas.*

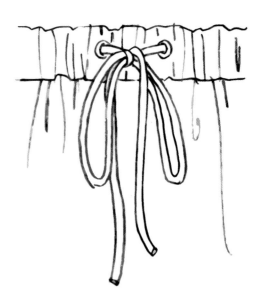
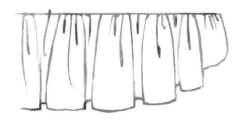

◀ *Babado simples com uma borda modelada.*

258 PARTE II **DETALHES DAS ROUPAS**

Como mencionado, as pregas terão uma aparência diferente dependendo da posição em relação à altura do olhar. Antes de tentar desenhar uma peça pregueada na figura, primeiro estude um babado simples de dois diferentes pontos de vista:

Babado acima da altura do olhar

Comece com um babado de maneira como ele apareceria acima da altura do olhar (no decote, por exemplo).

1 Desenhe uma linha horizontal para a costura e, abaixo, duas guias para a borda inferior.

2 Trace as linhas do drapeado de modo que criem formas de sino.

3 Acrescente linhas curvas à barra, usando a guia de cima para as dobras que se projetam para fora e a de baixo para as que se voltam para dentro. Desenhe os cantos internos das dobras.

4 Acrescente pregas junto à costura.

Babado abaixo da altura do olhar

Desenhe um babado da maneira como ele apareceria abaixo da altura do olhar (na barra de uma saia ou vestido, por exemplo).

1 Desenhe uma linha horizontal para a costura e, abaixo, duas guias para a borda inferior.

2 Trace as linhas do drapeado de modo que criem formas de sino.

3 Acrescente linhas curvas à barra, desta vez usando a guia de cima para as dobras que se voltam para dentro e as de baixo para as que se projetam para fora.

4 Acrescente pregas junto à costura.

DRAPEADO CAPÍTULO 7 259

Criando com pregas

Pregas dão volume, suavidade e movimento à silhueta. O uso de pregas em roupas masculinas é, em geral, reservado a detalhes como cordões e elásticos usados na cintura e nas barras de calças e jaquetas. Pequenos babados podem ser aplicados à tira de vista de uma camisa formal a ser usada com smoking. Visuais étnicos volumosos com caimento ajustável muitas vezes apresentam pregas. O uso de pregas é mais predominante na moda feminina, para meninas e bebês. Como as pregas ocorrem onde há costura, elas são em geral inseridas no decote, na cintura, na cava ou nas costuras laterais e princesa.

Babados costumam ser presos à barra de mangas e saias. Cordões e elásticos facilitam o ajuste das roupas. Por exemplo, um cordão vertical passando por um túnel na costura externa de um par de calças permite que o comprimento seja ajustável para sapatos baixos ou de salto. O aumento no volume criado pelas pregas pode aumentar a amplitude de movimento de quem usa a roupa.

Pregas também podem ser usadas estrategicamente para aumentar o volume, fazendo com que outra parte do corpo pareça menor em comparação. Por exemplo, pregas inseridas na costura da cava de uma jaqueta dão volume aos ombros sem sacrificar a feminilidade. O aumento dos ombros tem o efeito adicional de fazer com que a cintura pareça relativamente menor. Um pregueado na parte de trás de uma saia também ajuda a disfarçar a largura da cintura vista de frente.

▲ *Flo Hughes usa pregas para conseguir volume e feminilidade em suas criações.*

◀ *Pregas podem ser usadas para disfarçar defeitos do corpo. Aqui, uma garota com muitas curvas usa um vestido franzido nas costuras laterais. Como para todas as roupas que se amoldam ao corpo, é uma boa ideia primeiro mapear os contornos da figura do corpo a fim de predizer mais precisamente a posição e a distribuição do drapeado.*

O desenho planificado de roupas com pregas

Agora que aprendeu mais sobre pregas e como sua aparência é afetada pelo posicionamento na roupa, você pode começar a aplicar esse detalhe em peças de vestuário. Enquanto faz o desenho planificado de peças de cima e de baixo, observe como as pregas são usadas para criar volume e suavizar a silhueta.

Vestido com cintura império

Neste exercício, você vai fazer o desenho planificado de um vestido com pregas inseridas na **cintura império** (acima da cintura natural). Trabalhando com uma figura planificada e papel de decalque:

▲ *Use a técnica da dobra para obter um desenho mais simétrico.*

1 Desenhe um lado da peça, começando pelo decote redondo, pela cava encaixada e pela cintura império. Trace a silhueta do vestido – uma forma suave de sino. Indique as pregas junto ao cós e então trace as linhas do drapeado.

2 Dobre o desenho ao meio na linha do centro da frente; depois, decalque a outra metade do vestido. Esse método garante que o desenho fique simétrico. Desenhe as ondulações da barra da saia.

3 Centralize a tira de vista sobre a linha do centro da frente e acrescente botões e casas. Experimente outras variações de design. Construa a vista dorsal com base na vista frontal. Finalize os desenhos usando um dos métodos descritos nas pp. 220-221.

Calças drapeadas

Agora você vai desenhar uma variação das tradicionais calças saruel. As pregas inseridas no cós vão permitir um caimento mais folgado nos quadris e nas coxas, com um afunilamento gradual em direção à barra da calça. Um gancho alongado é usado para obter um cavalo baixo. Todos esses elementos deixam a calça bastante confortável, semelhante a pijamas. Trabalhando com uma figura planificada e papel vegetal:

▲ *Cada dobra é inserida na outra.*

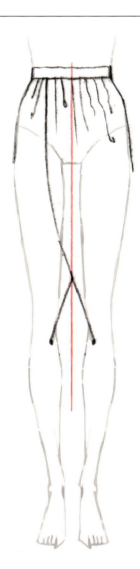

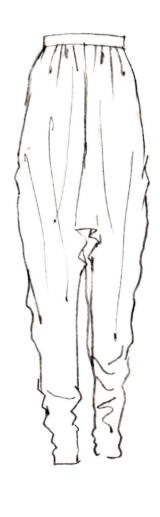

1 Trace duas linhas paralelas para o cós. Desenhe as laterais das calças até um pouco abaixo dos quadris. Indique o formato dos dois painéis drapeados de modo que a sobreposição se faça diretamente sobre a linha do centro da frente.

2 Acrescente os vincos criados pelas pregas. Trabalhando de baixo para cima a partir da costura lateral, trace o contorno das dobras formadas pelo painel drapeado.

3 Desenhe a lateral das pernas, atentando para inserir cada dobra dentro da seguinte. Complete a barra da calça.

4 Crie uma vista dorsal baseada na frontal; finalize usando um dos métodos descritos nas pp. 220-221.

262 PARTE II DETALHES DAS ROUPAS

Pregas na figura

A seguir, você vai explorar como a forma e o movimento do corpo se combinam com a gravidade para influenciar a aparência de pregas e silhuetas. Ao começar a desenhar pregas na figura, tente imaginar como tecidos com diferentes características de peso, flexibilidade e textura mudariam a aparência da roupa.

Saia pregueada com laço

Para seu primeiro desenho de pregas na figura, comece com uma simples saia pregueada. Selecione um de seus desenhos para a figura feminina de pose relaxada em vista frontal. Trabalhando com papel de decalque:

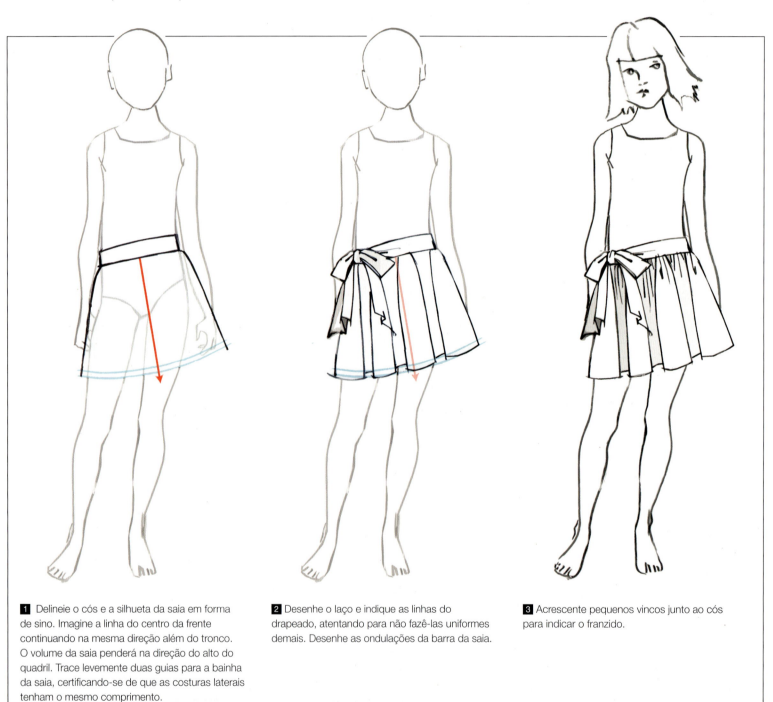

1 Delineie o cós e a silhueta da saia em forma de sino. Imagine a linha do centro da frente continuando na mesma direção além do tronco. O volume da saia penderá na direção do alto do quadril. Trace levemente duas guias para a bainha da saia, certificando-se de que as costuras laterais tenham o mesmo comprimento.

2 Desenhe o laço e indique as linhas do drapeado, atentando para não fazê-las uniformes demais. Desenhe as ondulações da barra da saia.

3 Acrescente pequenos vincos junto ao cós para indicar o franzido.

Saia balonê

A seguir, você vai desenhar uma saia balonê construída com pregas duplas.

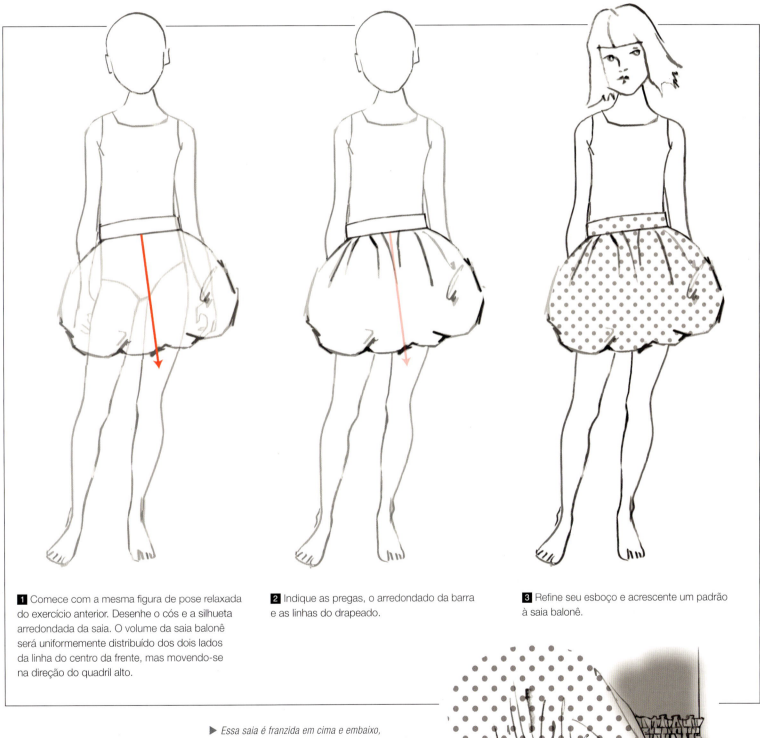

1 Comece com a mesma figura de pose relaxada do exercício anterior. Desenhe o cós e a silhueta arredondada da saia. O volume da saia balonê será uniformemente distribuído dos dois lados da linha do centro da frente, mas movendo-se na direção do quadril alto.

2 Indique as pregas, o arredondado da barra e as linhas do drapeado.

3 Refine seu esboço e acrescente um padrão à saia balonê.

▶ Essa saia é franzida em cima e embaixo, mas a costura de baixo está escondida na parte interna e é responsável pelo efeito balonê da saia.

Decote de babados

Neste exercício, você vai experimentar desenhar babados que podem ser vistos acima e abaixo da altura do olhar na figura virada. O volume da saia e o desenho das pregas serão ligeiramente escorçados no lado que se afasta da vista. (Para mais informações sobre escorço, ver p. 49.) Trabalhando com uma figura de pose relaxada e papel de decalque:

1 Comece desenhando um **decote transpassado** e uma cintura baixa. Trace a silhueta da saia, levando em conta a ação dos quadris e como a posição dos braços comprime as dobras laterais. Marque as linhas do drapeado e indique as ondulações da barra.

2 Acrescente os vincos criados pelas pregas junto ao cós. Desenhe o babado no decote, começando com uma linha que faça vários volteios. Como as pregas estão localizadas acima da altura do olhar, é possível ver sob o babado.

3 Trace as linhas do drapeado e indique as dobras que você veria em cima e embaixo do babado.

4 Finalize o desenho acrescentando os vincos criados pelas pregas.

DRAPEADO CAPÍTULO 7 **265**

266 PARTE II DETALHES DAS ROUPAS

Godês e evasês

Enquanto pregas são formadas franzindo-se o tecido na costura, godês e evasês são criados manipulando o fio do tecido ou pelo corte curvilíneo do molde. O resultado é uma silhueta em forma de trombeta invertida – esguia no alto e com mais volume embaixo.

A expressão "fio do tecido" refere-se ao arranjo longitudinal dos fios num tecido plano. Peças evasê são cortadas na diagonal do tecido. O ângulo pode variar, mas apenas peças cortadas a 45° são consideradas "verdadeiros evasês". Como o corte a 45° aumenta a elasticidade do tecido, as peças evasê exigem menos costura para se amoldar e ajustar à forma do corpo.

Esse efeito também pode ser criado acrescentando-se uma peça de tecido triangular com as bordas arredondadas, chamada de godê, a costuras e bainhas. Quando o lado mais estreito da peça é costurado a outra peça de tecido, o caimento godê se forma, adicionando volume à barra da saia. Comparado com um godê cortado reto, o godê circular vai produzir uma circunferência maior e, portanto, criará mais volume. Um círculo de tecido é cortado no centro e depois dividido, aberto e aplicado a outra peça de tecido

▼▲ *O peso e a textura do tecido influenciam a aparência do drapeado em corte enviesado. Enquanto Rodarte (à esquerda) sobrepõe múltiplos babados para formar camadas etéreas, Marni (à direita) cria um visual mais estrutural com a inserção de linho em corte enviesado.*

◀ *Silhuetas evasê são delgadas no alto e têm um aumento de volume na parte de baixo. Ilustração de Laura Laine.*

junto da borda mais curta. Um godê aplicado a uma costura vertical vai responder à atração da gravidade com um delicado **drapeado em cascata** (assim chamado por lembrar uma queda-d'água). Diversos godês podem ser sobrepostos para formar camadas. O godê também pode ter uma barra modelada.

Como quando o tecido é pregueado, o caimento evasê terá uma aparência diferente dependendo da altura do olhar. Antes de tentar desenhar uma peça evasê na figura, estude seu caimento de dois diferentes pontos de vista (ver p. 268).

DRAPEADO CAPÍTULO 7 **267**

◀ *Este vestido mostra uma sobreposição de múltiplos babados criados com um corte curvilíneo. Ilustração de Alfredo Cabrera.*

▼ *A folga do corte em godês circulares ou curvos é picotada para permitir a aplicação em uma costura reta ou modelada.*

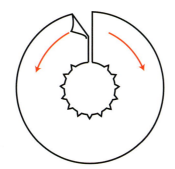

▶▶▶ *Uma nesga (à direita) é uma seção de um círculo que pode ser inserida numa costura ou numa fenda para aumentar a circunferência da barra. Max Azria insere múltiplas nesgas para aumentar o volume de um vestido para Hervé Léger (mais à direita).*

Babados

Antes de tentar desenhar um babado na figura, estude sua aplicação de diferentes pontos de vista.

Desenhando babados acima da altura do olhar

Comece com um babado evasê aplicado a uma peça de cima – no decote, por exemplo –, o que o colocaria acima da altura do olhar.

1 Desenhe uma linha horizontal para a costura e, abaixo, duas guias para a borda inferior.

2 Trace as linhas do drapeado para formar o caimento evasê. Esse caimento é naturalmente orgânico; portanto, seu tamanho, forma e distribuição não devem ser uniformes.

3 Acrescente ondulações à barra, usando a guia de cima para as dobras que se projetam para fora e a de baixo para as que se voltam para dentro. Desenhe os cantos internos das dobras que são visíveis quando posicionados acima da altura do olhar.

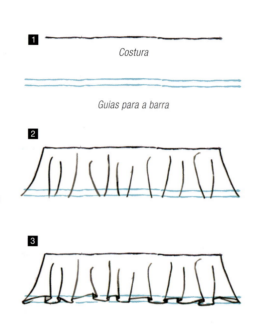

Drapeado em cascata vertical

A seguir, você vai desenhar um babado evasê aplicado a uma costura vertical.

1 Comece desenhando uma linha vertical para a costura. Esse será o único ponto de suspensão para o drapeado em cascata.

2 Desenhe a borda do babado com uma linha ondulada. As curvas irregulares devem parecer com peças de quebra-cabeça e passar pelos dois lados da costura.

3 Trace as linhas do drapeado de um ponto de suspensão usando a costura vertical como ponto de origem de cada uma das dobras.

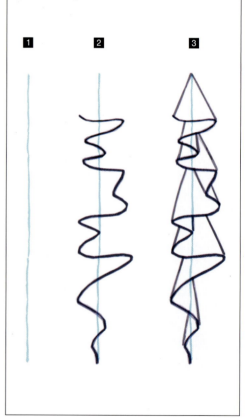

Desenhando babados abaixo da altura do olhar

Desenhe um babado evasê para uma peça de baixo – na barra de uma saia, por exemplo –, posicionado abaixo da altura do olhar.

1 Desenhe uma linha horizontal para a costura e, abaixo, duas guias para a barra.

2 Trace as linhas do drapeado para formar o caimento evasê, procurando variar a forma, a largura e a distribuição.

3 Acrescente ondulações à barra, desta vez usando a guia de cima para as dobras que se voltam para dentro e a de baixo para as que se projetam para fora.

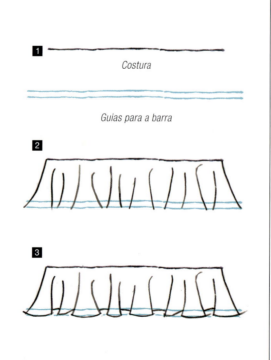

DRAPEADO CAPÍTULO 7 **269**

Criando com godê e evasê

A primeira coisa a se levar em conta quando se pensa em roupas cortadas de viés é o aumento da metragem necessária quando comparada a peças cortadas retas. É mais fácil trabalhar com tecidos lisos; tecidos com estampas devem ser montados com atenção. O corte enviesado pode ser usado para criar uma barra assimétrica (como a **barra em pontas**). Se você optar por uma barra assimétrica, certifique-se de que a pose da figura – especialmente a ação dos quadris – não contradiga essa assimetria. Efeitos interessantes podem ser obtidos misturando cortes retos e enviesados numa mesma peça de roupa. Por exemplo, uma manga cortada de viés vai criar uma forma de trombeta, que pode ser um contraponto delicado a um corpete cortado reto. Decisões quanto à maneira de cortar e à direção do fio do tecido não devem ser tomadas arbitrariamente. É aconselhável cortar as partes da roupa que carregam mais peso no fio reto para garantir mais estabilidade.

▲ *Ossie Clark, trabalhando em colaboração com a designer têxtil Celia Birtwell, ficou famoso por traduzir as curvas femininas em tecido. Aqui, um exemplo de seu boêmio chic com babados, por volta de 1970.*

▶ *Cleveland Covington usa silhuetas drapeadas modernas e distintas para enfatizar o desenvolvimento têxtil inovador que é central em seu conceito de design.*

O desenho planificado de peças godê e evasê

A seguir você vai fazer o desenho planificado de peças de baixo e de cima que foram construídas usando cortes enviesados ou curvilíneos. Ao desenhar as peças, indique o fio do tecido com listras para reforçar sua compreensão do corte reto ou enviesado.

Jaqueta com abertura em cascata

Neste exercício, você vai desenhar uma jaqueta com abertura em cascata. Trabalhando com uma figura planificada e papel vegetal:

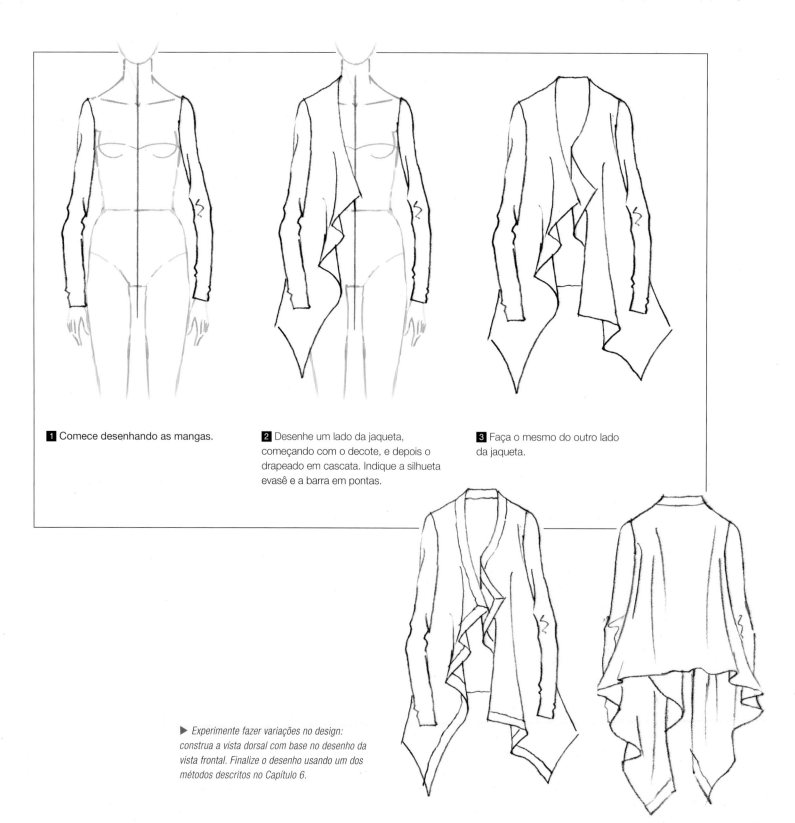

1 Comece desenhando as mangas.

2 Desenhe um lado da jaqueta, começando com o decote, e depois o drapeado em cascata. Indique a silhueta evasê e a barra em pontas.

3 Faça o mesmo do outro lado da jaqueta.

▶ Experimente fazer variações no design: construa a vista dorsal com base no desenho da vista frontal. Finalize o desenho usando um dos métodos descritos no Capítulo 6.

Saia godê

As amplas **saias godê** com **aplicações** decorativas são um dos símbolos mais permanentes dos anos 1950. Essas saias rodadas são construídas cortando dois semicírculos e unindo as duas ourelas para formar um círculo completo. Trabalhando com uma figura planificada e papel vegetal:

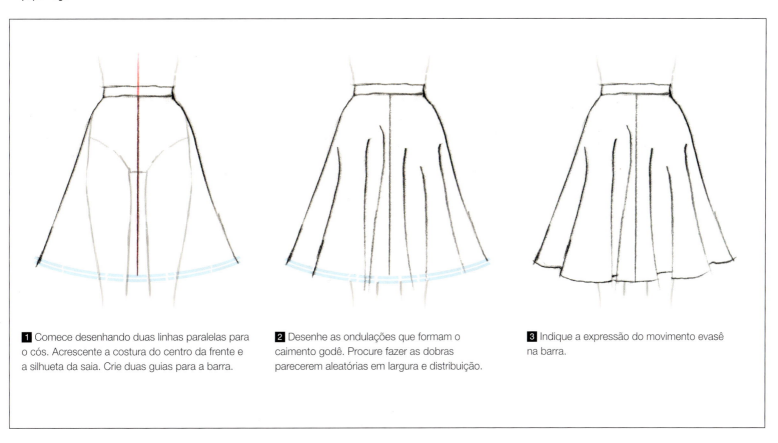

1 Comece desenhando duas linhas paralelas para o cós. Acrescente a costura do centro da frente e a silhueta da saia. Crie duas guias para a barra.

2 Desenhe as ondulações que formam o caimento godê. Procure fazer as dobras parecerem aleatórias em largura e distribuição.

3 Indique a expressão do movimento evasê na barra.

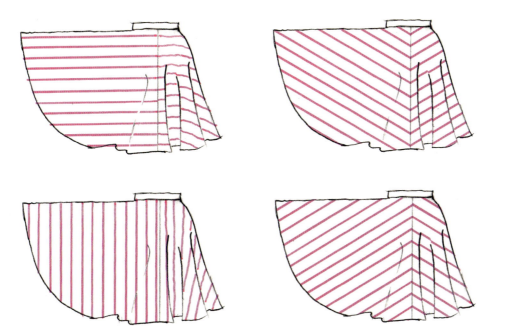

◀ *Padrões xadrez e listrados podem ser manipulados de várias formas em saias godê. À esquerda, no alto e embaixo, com o semicírculo cortado no fio reto; à direita, no alto e embaixo, com o semicírculo cortado de viés, de modo que as listras formem um bisel. (Para mais informações sobre representação de estampas, ver Capítulo 11.)*

O desenho de peças godê e evasê na figura

A forma e o movimento do corpo vão exercer uma enorme influência sobre roupas cortadas de viés por causa do aumento da elasticidade do tecido e da maneira como ele adere ao corpo. Portanto, a ilustração das roupas com corte enviesado vai realmente testar sua habilidade de desenhar a figura.

Saia evasê longa

Neste exercício, você vai desenhar uma saia longa com corte enviesado. O caimento será bastante fluido. Trabalhando com uma pose relaxada e papel de decalque:

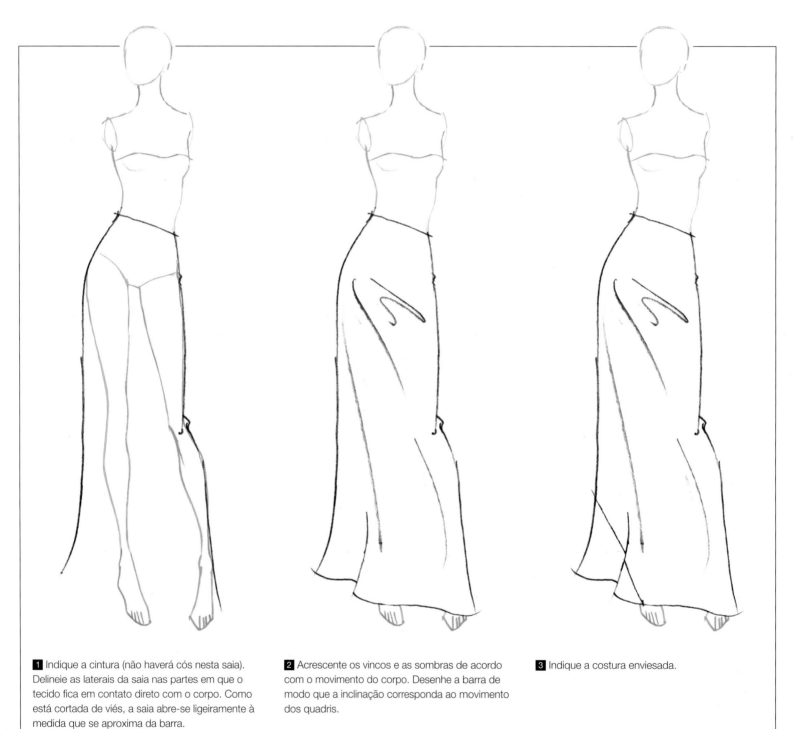

1 Indique a cintura (não haverá cós nesta saia). Delineie as laterais da saia nas partes em que o tecido fica em contato direto com o corpo. Como está cortada de viés, a saia abre-se ligeiramente à medida que se aproxima da barra.

2 Acrescente os vincos e as sombras de acordo com o movimento do corpo. Desenhe a barra de modo que a inclinação corresponda ao movimento dos quadris.

3 Indique a costura enviesada.

Saia com oito nesgas

Nesga é uma seção de uma saia, em forma triangular, usada para deixar a cintura mais estreita e a barra mais volumosa. Uma saia com quatro nesgas tem costuras em: laterais, centro da frente e centro das costas; uma com seis tem em: linhas princesa (frente e costas) e laterais.

Agora, desenhe uma saia com oito nesgas, com costuras no centro da frente, nas linhas princesa (frente e costas), no centro das costas e nas laterais. Imagine que a saia é feita com um tecido rígido/peso médio. Com uma vista frontal de pose relaxada e papel de decalque:

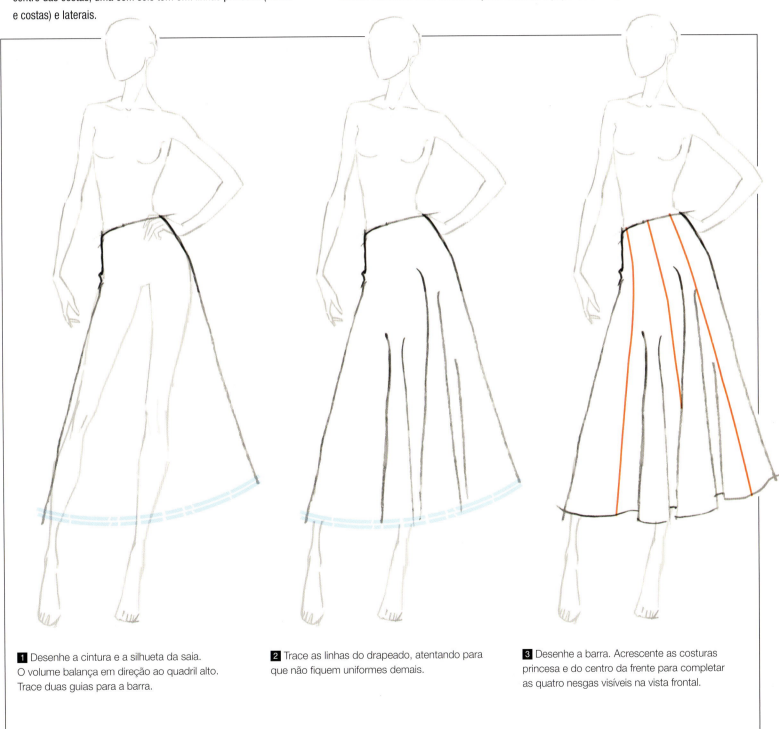

1 Desenhe a cintura e a silhueta da saia. O volume balança em direção ao quadril alto. Trace duas guias para a barra.

2 Trace as linhas do drapeado, atentando para que não fiquem uniformes demais.

3 Desenhe a barra. Acrescente as costuras princesa e do centro da frente para completar as quatro nesgas visíveis na vista frontal.

274 PARTE II DETALHES DAS ROUPAS

◀ ▲ *Gabrielle King cria silhuetas suaves e translúcidas em uma coleção inspirada em criaturas do fundo do mar. Para mais exemplos de como o biomimetismo pode ser usado no design, ver p. 291.*

NOTA Para mais informações sobre como representar cores, veja os capítulos dedicados a tecidos específicos e técnicas de acabamento na Parte III.

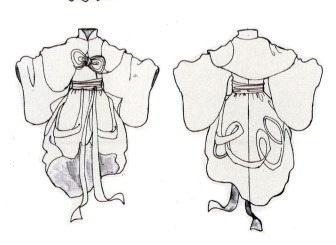

TAREFA 1

Trabalhando com um público-alvo específico e de três a cinco amostras de tecido, crie uma pequena coleção outono de vestidos ou roupas íntimas com muitos drapeados (acima). A coleção deve parecer coerente. Inclua um elemento de design — cor, silhueta e/ou detalhes de construção — que sirva como fio condutor entre as peças. Quando completar os vestidos de outono, crie uma segunda coleção, com as mesmas características de design reinterpretadas em tecidos com pesos e cores mais adequados para o inverno.

DRAPEADO CAPÍTULO 7 **275**

TAREFA 2

Crie uma coleção esportiva que homenageie um estilista (do passado ou do presente) que seja conhecido por usar moldes inovadores para obter drapeados. Por exemplo, você pode se inspirar em Madame Grès, cujo magistral drapeado espiralado, inspirado em esculturas gregas antigas, esteve na moda de 1934 até o final dos anos 1980. Tenha um público-alvo específico em mente e use muito drapeado em seus designs. O drapeado não precisa se limitar aos vestidos, nem mesmo a roupas femininas, então encare um desafio especial e estenda seu conceito de maneira a cobrir tanto o vestuário masculino quanto o feminino – ou até mesmo crie uma coleção unissex.

◀ *J.W. Anderson usa risca fina para representar esse visual unissex drapeado. O caimento para a parte superior do tronco tanto em mulheres quanto em homens é obtido por amarrações em nó.*

276　PARTE II　**DETALHES DAS ROUPAS**

TAREFA 3

Na década de 1920, a estilista Jeanne Lanvin ficou famosa por vestir suas clientes da infância à idade adulta. Seus vestidos sofisticados para mães e filhas tinham cinturas justas e amplas saias pregueadas. Nesta tarefa, você vai desenhar uma pequena coleção de vestidos para meninas e adaptar as peças para mulheres. Roupas de crianças ficam pequenas num piscar de olhos. Você pode pensar numa maneira de usar elementos de design para ampliar o ciclo de vida das roupas.

▲ Meghan Spielman alterna entre o desenvolvimento de design bi e tridimensional.

◀▲ Daphne Hansol Kim usa pregas para criar detalhes femininos para as lolitas góticas mais jovens.

TAREFA 4

Crie uma pequena coleção que se origine da manipulação de tecido. Serve um drapeado parcial ou um molde experimental feito em um manequim de meia escala. Desenhe um ou mais drapeados de diferentes pontos de vista. Gire o manequim, olhe por cima e por baixo, por dentro, etc. Experimente com um estilo de desenho mais suave nos desenhos anatômicos. Escaneie esses desenhos e exporte-os para o Photoshop, onde você pode sobrepor desenhos em suas figuras. Experimente livremente com escala e proporção, depois volte aos esboços à mão para levar os detalhes do design drapeado a outras peças de roupa, de modo a formar uma coleção coesa.

▲ Julian Roberts usa o desenho para refinar um design APÓS a execução da peça de roupa.

CAPÍTULO 8
ALFAIATARIA

O termo alfaiataria refere-se originalmente aos paletós típicos do vestuário masculino e às camisas, coletes e calças que se usam com eles. Essas peças podem ser coordenadas em ternos, ou combinadas separadamente com outras peças de roupa. Embora todas as roupas comecem como um simples pedaço de pano, a alfaiataria deve ser estruturada com precisão para que as peças se conformem perfeitamente à forma do corpo. Cortes e elementos estruturais, como ombreiras e peitilho, são usados para valorizar a figura de acordo com o ideal corrente. O vestuário masculino "sob medida" (que se originou no epicentro da alfaiataria – a Savile Row, em Londres) busca, mais do que apenas "cair bem", realizar um terno de caimento perfeitamente único para cada indivíduo.

O design de peças de alfaiataria é derivado, em grande parte, de uniformes militares e trajes para esportes equestres. Os estilos de alfaiataria para mulheres se seguiram aos dos homens. As peças são, portanto, de natureza tanto masculina quanto utilitária. A popularidade das "roupas de alfaiate" para mulheres na virada do século XX se desenvolveu como uma consequência da emancipação da mulher e do aumento de sua participação em esportes, viagens e no mercado de trabalho.

Historicamente, os tempos de guerra sempre inspiraram inovações nos visuais de alfaiataria. Por exemplo, a necessidade de se vestir de maneira prática durante e imediatamente após a Primeira Guerra Mundial estabeleceu a base para que Coco Chanel introduzisse a alfaiataria para mulheres, "emprestada dos meninos". No século XXI, é difícil imaginar que tais trajes tenham sido algo revolucionário. No entanto, tanto recentemente quanto no fim da década de 1960, os conjuntos femininos "Safari" e "Le Smoking", de Yves Saint Laurent, viraram de cabeça para baixo os códigos de vestir para mulheres. Dos Mods (jovens modernos) britânicos da década de 1960 aos *nerds chics* da era pontocom, a aparência funcional e elegante da alfaiataria tem também sido sinônimo de modernidade e de "*power dressing*" (vestir-se para o poder).

◀ *Embora a alfaiataria seja mais frequentemente associada com a vestimenta profissional ou formal, tendências da cultura pop também produziram visuais subversivos e até mesmo ultradescolados. Exemplos históricos de alfaiataria para a contracultura incluem os modelos "zoot" para os músicos de jazz, os paletós "drape" usados pelos "Teddy Boys" na Inglaterra da década de 1950, e os ternos cinza do estilo "rat pack", pela turma de Frank Sinatra e Dean Martin. Aqui, a alfaiataria de vanguarda por John Bauernfeind.*

▶ *Um visual esportivo e feminino ajustado traz uma sobreposição de texturas, obtida principalmente com manipulações aplicadas de tecidos. Ilustração de Artaksiniya.*

Paletós e casacos

Existe uma ampla variedade de estilos de paletó e casaco. O blazer talvez seja o mais difundido e versátil, adaptando-se a qualquer peça que venha a ser casada com ele. Os blazers simples têm apenas uma carreira de botões no centro da frente e, em geral, alguma variação da gola alfaiate. Os blazers transpassados, que têm duas carreiras verticais de botões equidistantes do centro da frente, são considerados mais formais. Fechamentos assimétricos e com zíper são outras opções de design. A linha do ombro pode ser natural ou ampliada, dependendo do design do blazer. Como a folga da costura da cava é, em geral, virada na direção da manga, com ou sem a adição de uma ombreira haverá uma "presença de ombro".

O desenho planificado do paletó

Para entender perfeitamente a construção de paletós, você vai primeiro identificar e fazer o desenho planificado de um paletó com abotoamento simples e um transpassado. Trabalhe a partir de exemplos concretos para observar como diferentes silhuetas são obtidas pela manipulação das linhas de caimento e pela presença dos ombros. O tamanho, a forma e a localização da gola, das lapelas e dos bolsos também são parte integrante do design. Observe como as peças são acabadas (com pespontos simples ou múltiplos, de cores contrastantes ou da mesma cor que o tecido, por exemplo).

▲ *Ximon Lee parodia a alfaiataria formal manipulando a proporção de detalhes de construção clássica, reinterpretados em brim rústico.*

▶ *A alfaiataria é associada ao poder e à modernidade. Ilustração de Paul Negron.*

ALFAIATARIA CAPÍTULO 8 281

Paletó com abotoamento simples

Trabalhando com uma figura masculina planificada e papel de decalque, desenhe um paletó com abotoamento simples, tomando uma peça como exemplo.

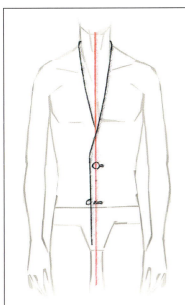 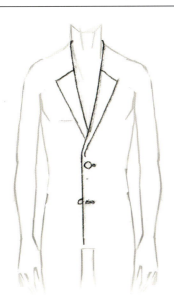  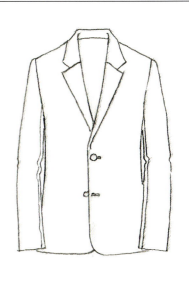

1 Desenhe a linha de quebra ligeiramente encurvada para um dos lados do decote, continuando um pouco além do centro da frente. Indique a borda do fechamento frontal traçando uma linha paralela ao centro da frente. Delineie o outro lado do decote e faça a sobreposição no centro da frente. Desenhe dois botões do centro da frente.

2 A seguir, você vai desenhar as lapelas. Elas fazem parte da frente do paletó e têm duas camadas do tecido principal mais uma camada de entretela – somando três camadas. Para indicar a espessura dessas camadas, use sombras e linhas arredondadas sempre que a lapela vira para fora.

3 Desenhe a gola, que é costurada à lapela. A gola é um molde à parte também composto de três camadas de tecido. Certifique-se de transmitir esse volume desenhando ondulações. Estabeleça a linha do ombro, das cavas e da barra inferior.

4 Complete a silhueta do corpo. Desenhe as mangas, lembrando-se de que mesmo um braço esticado vai apresentar uma leve curva. A manga de um paletó bem-feito tipicamente será construída em duas partes. Indique essa costura.

NOTA A parte do paletó onde os dois lados da frente se sobrepõem, e cuja largura se mede do centro do botão até o arremate, chama-se "trespasse".

▶ Experimente criar variações do design e use o desenho da vista frontal como base para a vista dorsal. Finalize o desenho planificado usando um dos métodos descritos nas pp. 220-221.

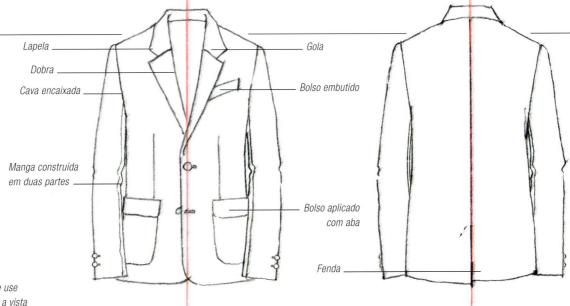

Lapela
Dobra
Cava encaixada
Manga construída em duas partes
Gola
Bolso embutido
Bolso aplicado com aba
Fenda

VARIAÇÃO DO DESIGN   **VISTA DORSAL**

Blazer transpassado

O método para desenhar um blazer transpassado não é tão diferente daquele com abotoamento simples. Os dois estilos se distinguem pelo tamanho do trespasse – maior em largura no primeiro caso para poder acomodar duas carreiras de botões. Trabalhando com um figura planificada, uma peça de exemplo e papel de decalque, desenhe um blazer transpassado. Pense em deixar volume suficiente para colocar peças coordenadas sob o blazer.

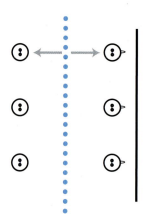

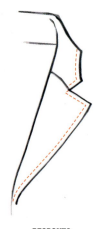

◀ Os botões ficam equidistantes do centro da frente e só há casas do lado do fechamento.

▶ A gola e a lapela se unem formando um entalhe. Aqui, uma aplicação de pesponto tradicional.

PESPONTO

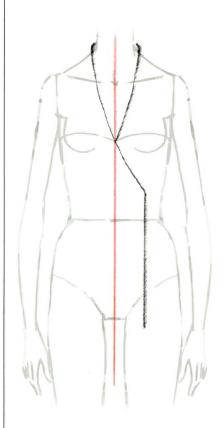

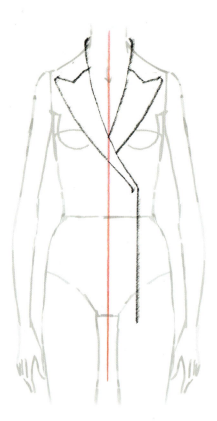

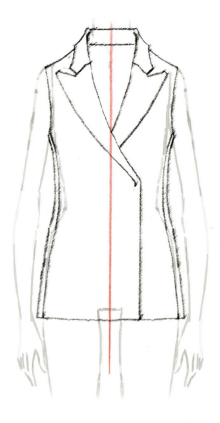

1 Comece desenhando a linha de quebra ligeiramente encurvada, desta vez continuando bem além do centro da frente. Indique a borda do fechamento frontal traçando uma linha paralela ao centro da frente. Desenhe o outro lado do decote de forma que espelhe o primeiro e se sobreponha no centro da frente.

2 Em seguida, desenhe as lapelas pontudas.

3 Desenhe a gola, que é costurada à lapela. Estabeleça a linha do ombro e as cavas. Delineie a silhueta e marque as costuras princesa.

O desenho de paletós e casacos na figura

Antes de começar a desenhar paletós e casacos na figura, pense bastante para escolher uma pose apropriada. A alfaiataria é mais estruturada, portanto as roupas podem limitar o movimento do corpo. Por exemplo, você vai precisar posicionar os braços perto do tronco por causa das mangas encaixadas. Como mencionado do Capítulo 6, o movimento da figura afeta a aparência da roupa. Vincos vão se formar sempre que a oposição entre os ombros e os quadris criar uma área de compressão. Os detalhes de construção da parte superior da peça (pontas da gola e lapela, bolsos, etc.) vão ficar paralelos à inclinação dos ombros. A barra e os detalhes de construção localizados abaixo da cintura vão se alinhar à inclinação dos quadris.

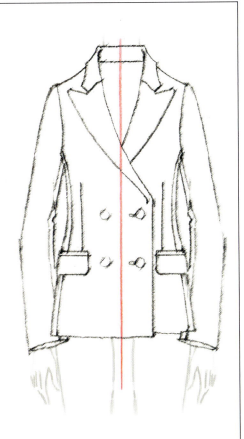

4 Desenhe as mangas, indicando a costura da construção em duas peças. Acrescente duas carreiras de botões, certificando-se de que elas fiquem equidistantes do centro da frente. Indique as casas.

VARIAÇÃO DO DESIGN

VISTA DORSAL

▲ *Desenvolva algumas variações de design manipulando a forma e o tamanho da gola, da lapela, das mangas e dos bolsos. Use o desenho planificado da vista frontal como base para a vista dorsal e finalize ambos usando um dos métodos descritos nas pp. 220-221.*

Paletó com abotoamento simples na figura caminhando

Trabalhando com uma pose caminhando e papel de decalque, desenhe um paletó com abotoamento simples.

NOTA Lembre-se de incluir casas, ou seus botões podem ser interpretados como botões de pressão.

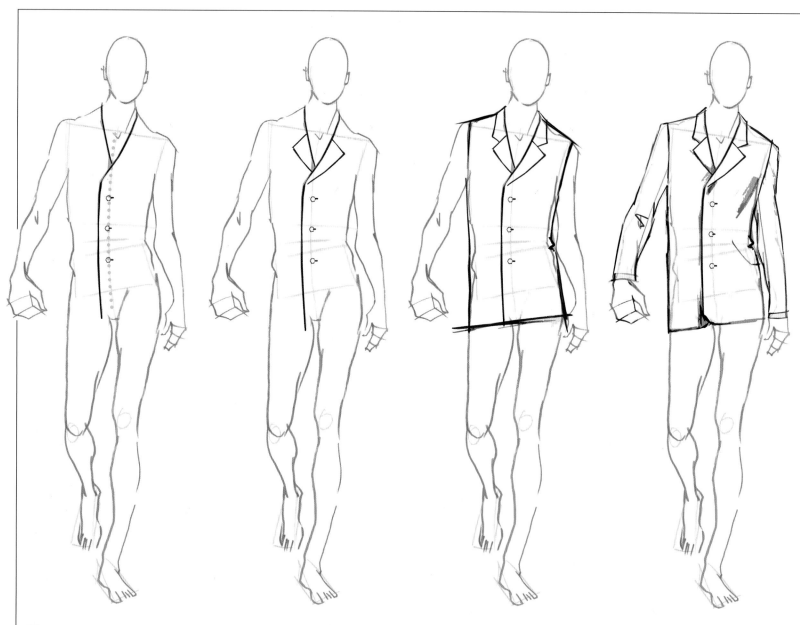

1 Comece desenhando a linha de quebra ligeiramente encurvada, continuando um pouco além do centro da frente. Indique a borda do fechamento frontal traçando uma linha paralela ao centro da frente. Delineie o outro lado do decote, simetricamente ao primeiro, fazendo a sobreposição no centro da frente. Desenhe três botões.

2 A seguir, desenhe a lapela. Procure alinhar as pontas da lapela com a inclinação dos ombros.

3 Desenhe a gola, que é costurada à lapela. Procure alinhar as pontas da gola com a inclinação dos ombros. Estabeleça a linha do ombro e as cavas. Delineie a silhueta da peça, indicando vincos na cintura no lado do quadril alto da figura.

4 Enfatize a sobreposição de um lado do paletó sobre o outro com um leve sombreado na barra. Desenhe as mangas, lembrando-se de que mesmo um braço esticado vai apresentar uma leve curva. Indique vincos nas áreas de compressão (por exemplo, a curva do cotovelo dobrado). Indique as duas partes da construção da manga.

ALFAIATARIA CAPÍTULO 8 285

▶ *Desenhar peças de alfaiataria sobre a figura é uma ótima oportunidade para mostrar como as peças da sua coleção serão mais bem coordenadas. Desenhe o paletó aberto para mostrar as várias peças usadas sob ele. Design e ilustração de Nina Donis.*

5 Acrescente bolsos com abas, prestando atenção para alinhá-las com a inclinação dos ombros ou dos quadris.

286　PARTE II　DETALHES DAS ROUPAS

Trench coat transpassado na figura de pose relaxada

Trabalhando com uma pose relaxada em vista frontal e papel de decalque, desenhe um trench coat transpassado com cinto. Ao longo do exercício, pense em deixar bastante volume para colocar peças coordenadas sob o casaco. A oposição entre os ombros e os quadris vai afetar a localização dos botões, bolsos e outros detalhes; use a análise cilíndrica da figura para mapear sua localização.

1 Desenhe a linha de quebra ligeiramente encurvada, continuando um pouco além do centro da frente. Indique a borda do fechamento frontal com uma linha paralela. Trace o outro lado do decote. Desenhe as lapelas, alinhando as pontas com a inclinação dos ombros.

2 Desenhe a gola, que é costurada à lapela. As pontas da gola também se alinham com a inclinação dos ombros.

3 Estabeleça a linha dos ombros desenhando as dragonas e depois as cavas. Delineie a silhueta e posicione o cinto.

4 Desenhe as mangas, os detalhes do cinto e os bolsos embutidos inclinados.

ALFAIATARIA CAPÍTULO 8 287

▼ *A oposição entre os ombros e os quadris vai afetar a colocação de listras e padrões xadrez, por isso é importante mapear a peça antes de fazer o acabamento do tecido. (Para mais informações sobre como representar padrões, ver o Capítulo 11.)*

5 Acrescente botões e casas.

Jaqueta com zíper na figura virada

Ao selecionar uma figura virada para este exercício, você pode predizer como o escorço vai afetar a aparência da jaqueta? Como mencionado no Capítulo 1, um objeto vai ficar com uma aparência diferente dependendo de sua posição em relação ao observador; um objeto que se afastar da vista vai parecer diminuir, e, inversamente, um objeto que avançar vai parecer maior. À medida que a figura se virar no espaço, o lado do corpo que se afastar da vista vai parecer menor. Os detalhes das roupas também ficarão escorçados à medida que se afastarem da vista (decotes e bolsos vão parecer se estreitar, por exemplo).

Neste exercício, selecione uma pose de três quartos. Considere com cuidado o escorço dos elementos de design no lado do corpo que está se afastando da vista. Trabalhando com papel de decalque:

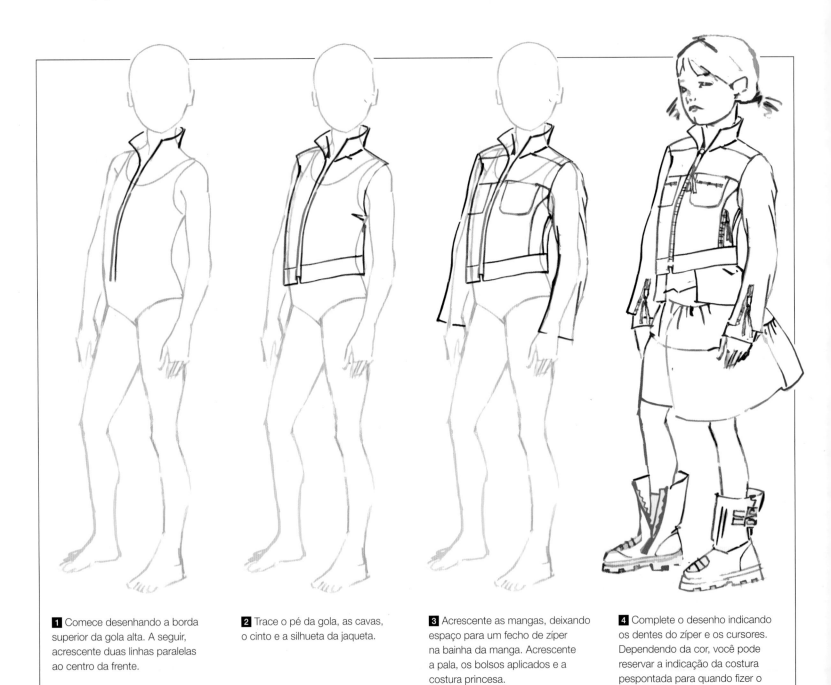

1 Comece desenhando a borda superior da gola alta. A seguir, acrescente duas linhas paralelas ao centro da frente.

2 Trace o pé da gola, as cavas, o cinto e a silhueta da jaqueta.

3 Acrescente as mangas, deixando espaço para um fecho de zíper na bainha da manga. Acrescente a pala, os bolsos aplicados e a costura princesa.

4 Complete o desenho indicando os dentes do zíper e os cursores. Dependendo da cor, você pode reservar a indicação da costura pespontada para quando fizer o acabamento do desenho em cores.

Criando peças de alfaiataria

A maior parte dos blazers e casacos são variações das peças básicas ilustradas na seção anterior. A inovação está em manipular o tamanho e a localização dos detalhes, como a gola, as lapelas, os botões, os bolsos e assim por diante. Esses elementos podem ser utilizados para realizar uma forma idealizada do corpo. Por exemplo, no fim dos anos 1930, o uso de lapelas mais largas e baixas em relação à gola tinha o efeito de enfatizar um tronco largo (ver p. 14).

O tecido, os aviamentos e os elementos estruturais devem ser selecionados nos estágios iniciais da criação, já que terão obviamente um impacto significativo no visual das peças. Se estiver criando um terno, o tecido escolhido precisa funcionar tanto para a parte de cima (paletó e colete) como para a parte de baixo (calças ou saias). Esses tecidos são conhecidos como **bases de alfaiataria**.

▼ *Ao desenhar peças de alfaiataria, devem-se considerar com cuidado as sobreposições e as proporções relativas entre as peças coordenadas. Roupas esportivas de alta-costura em alfaiataria por Jonathan Kyle Farmer.*

▶ *Nina Donis transforma as formas clássicas manipulando a escala das peças e dos detalhes.*

▲◤ *O terno desenhado por Siki Im (à esquerda) tem um caimento mais descontraído e uma fabricação mais suave, ao passo que o outro, desenhado por Hedi Slimane para Saint Laurent Paris (à direita), tem seu característico caimento justo e uma fabricação mais estrutural.*

▲ *Ricardo Tisci muda sua proporção de alfaiataria para a Givenchy, sugerindo uniformes escolares e rigidez paroquial. O paletó determina a proporção para o look todo e, por isso, é a primeira consideração no design.*

Se a coleção incluir peças que podem ser coordenadas de diferentes maneiras, você terá de trabalhar com dois grupos diferentes de tecidos: os tecidos de cima e os de baixo. Os **tecidos de cima** são para casacos, paletós e coletes; os **tecidos de baixo** servem para calças e saias. Embora na alfaiataria se costume usar tecidos planos, uma mistura estratégica de tecidos planos e de malha pode facilitar um caimento mais preciso – especialmente na moda para o mercado de massa. (Para mais informações sobre como representar lãs, ver Capítulo 10.) Se o paletó for justo no corpo, detalhes de construção, como pences, serão exigidos para modelar a peça corretamente. Nos paletós femininos, a costura princesa é uma opção, assim como a adição de pregas e babados (como decotes em cascata ou uma basque na barra). A adição de pespontos da mesma cor que o tecido ou numa cor contrastante pode transformar significativamente o aspecto de um paletó, fazendo com que ele pareça mais ou menos casual.

Como o paletó será usado sobre (e possivelmente sob) outras peças de roupa, a proporção será a chave do visual de toda a coleção. Por isso, faz sentido desenhar o paletó primeiro. Para

ALFAIATARIA CAPÍTULO 8 **291**

▲ *O biomimetismo, em particular uma espécie de lagarto exclusivamente fêmea, foi a inspiração por trás dessa coleção de alfaiataria desconstruída por Peter Do. Detalhes como golas, lapelas e bolsos são "autoclonantes", assim como o lagarto Leiolepis ngovantrii.*

representar as sobreposições e o volume das múltiplas camadas, indique as camadas superiores com um caimento relativamente mais folgado. Tecidos mais finos são tipicamente usados para as primeiras camadas, e opções cada vez mais pesadas para as camadas externas. A qualidade da linha usada nas diferentes partes do desenho pode transmitir isso. Entre os profissionais especializados em alfaiataria de alto padrão no século XXI estão Kris Van Assche, Karl Lagerfeld, Paul Smith, Jil Sander, Roland Mouret, Yohji Yamamoto, Thom Browne e Helmut Lang.

É importante também notar a relação próxima entre a moda desconstruída e a roupa de alfaiataria. Embora sejam associados com frequência a estilistas de vanguarda belgas e japoneses dos anos 1980, elementos de desconstrução se tornaram amplamente aceitos como parte do vocabulário da moda atual. Estilistas de moda que estejam em busca de oportunidades para subversão não precisam procurar além da rica complexidade da alfaiataria formal. Peças desconstruídas muitas vezes são feitas de tecidos que normalmente seriam reservados para o forro. Os detalhes de design e de construção normalmente escondidos do lado de dentro da roupa (por exemplo, margens de costura expostas, zíperes, entretela e revel) se revelam do lado de fora, contradizendo a ilusão da indumentária formal e chamando a atenção para a mecânica da fabricação.

▲ Bradley Mounce faz referências a elementos do manequim em sua ode a Savile Row (rua londrina conhecida por sua alfaiataria).

▶ John Bauernfeind acrescenta um toque de ostentação a um visual pensado para ser usado durante o dia e à noite.

TAREFA 1

Neste exercício, você vai desenhar uma pequena coleção de alfaiataria inspirada num blazer antigo. Se possível, parta de uma peça de verdade. Use no máximo cinco amostras, combinando tecidos de cima e de baixo. Trabalhando em seu bloco de desenhos, faça um desenho planificado bem preciso do blazer, e então comece a incluir mudanças sutis e graduais. Desenhe quinze variações, adaptando detalhes de construção e de fabricação para um público-alvo moderno. Selecione o melhor design e construa uma coleção com sete peças coordenadas (incluindo o próprio blazer). Ilustre sua apresentação final em três figuras. Para um desafio adicional, conceba e coordene as peças de modo que possam ser usadas tanto de dia como à noite (à direita).

ALFAIATARIA CAPÍTULO 8 293

TAREFA 2

Na década de 1830, a romancista francesa Amandine Aurore Lucile Dupin, baronesa Dudevant (mais conhecida por seu pseudônimo, George Sand), foi uma das primeiras mulheres a usar roupas masculinas em público. Nesta tarefa, crie uma coleção de alfaiataria que George Sand usaria se estivesse viva hoje. Pode ser interessante desenhar inspirações de homens elegantes da época, os dândis (abaixo). Para um desafio adicional, crie as peças unissex, ou seja, que possam ser vestidas tanto por homens quanto por mulheres. A androginia tem que cara no século XXI?

◀ Em uma coleção inspirada em "Memórias de Brideshead", de Evelyn Waugh, Shuyang Peng desafia normas de gênero contrastando alfaiataria masculina com fabricação feminina de organza e renda.

▼ O desenvolvimento da coleção de Mia Grimaldi foi inspirado no dandismo.

Pregas estruturadas

Diferentemente do drapeado discutido no Capítulo 7, que cai livremente, as pregas estruturadas são dobras cuidadosa e permanentemente construídas. O número e a distribuição das pregas são medidos com precisão, e elas podem ou não ser passadas a ferro para marcar os vincos. Usa-se costura para segurar as dobras permanentemente.

Técnicas de pregueado plano:

- Pregas faca são aquelas em que as dobras são viradas numa única direção e passadas a ferro para ficarem planas.
- Pregas fêmea são formadas por pares de dobras viradas para dentro.
- Pregas macho são formadas por pares de dobras viradas para fora.

Técnicas de plissado:

- O plissado estreito é criado dobrando o tecido alternadamente para dentro e para fora, como uma sanfona. O plissado soleil é uma variação enviesada que produz um efeito de leque.
- O plissado Fortuny é mais um acabamento amassado do tecido do que um pregueado estruturado. As dobras variam em tamanho e direção e são descontínuas.

PREGAS FACA

PREGAS FÊMEA

PREGAS MACHO

PLISSADO ESTREITO

PLISSADO FORTUNY

▼ A despeito da espontaneidade da técnica de Nina Donis, seus esboços rápidos transmitem detalhes de construção específicos e o volume criado pelo plissado estreito.

O desenho planificado de uma saia plissada

Para seu primeiro desenho, comece com uma saia plissada com pregas faca. Trabalhando com uma figura planificada, papel de decalque e uma peça de exemplo:

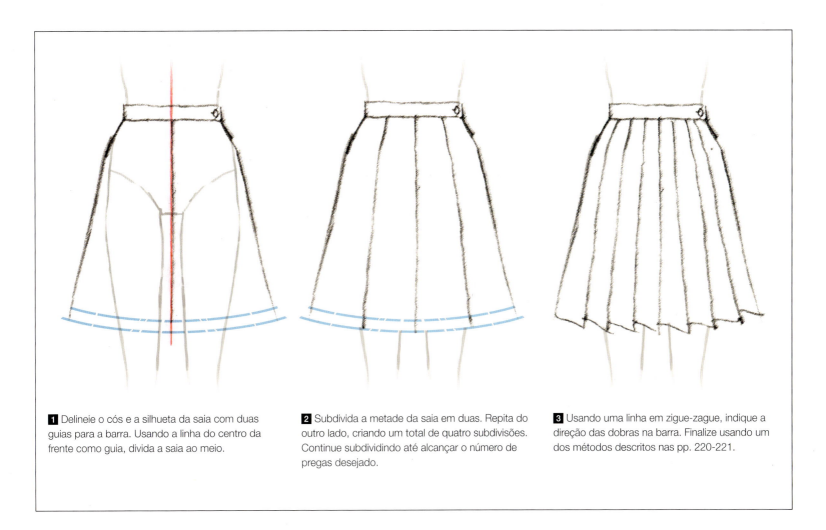

1 Delineie o cós e a silhueta da saia com duas guias para a barra. Usando a linha do centro da frente como guia, divida a saia ao meio.

2 Subdivida a metade da saia em duas. Repita do outro lado, criando um total de quatro subdivisões. Continue subdividindo até alcançar o número de pregas desejado.

3 Usando uma linha em zigue-zague, indique a direção das dobras na barra. Finalize usando um dos métodos descritos nas pp. 220-221.

296 PARTE II **DETALHES DAS ROUPAS**

PREGAS SEM VINCOS

O desenho planificado de uma saia com pregas fêmea

Tente desenhar uma saia com pregas fêmea (dobras duplas planas). Trabalhando com uma figura planificada, papel de decalque e uma peça de exemplo:

1 Delineie o cós e a silhueta da saia. Trace duas guias para a barra. Divida a saia em duas, usando um Y alongado de cabeça para baixo posicionado no centro da frente. Desenhe dois Ys invertidos adicionais nas linhas princesa.

2 Desenhe um triângulo estreito dentro da prega do centro. Indique os cantos internos com uma linha a partir da barra.

3 Desenhe uma segunda prega invertida em um dos lados da saia (haverá apenas uma vista parcial dessa prega). Delineie a barra, indicando os cantos internos. Desenhe uma imagem espelhada da prega do outro lado da saia. Acrescente pespontos para mostrar como as pregas se soltam abaixo do quadril.

Plissado estreito na figura

Neste exercício você vai desenhar uma saia com plissado estreito numa figura de pose relaxada. Trabalhando com papel de decalque e uma peça de exemplo:

1 Comece com uma silhueta básica, como para a saia evasê (ver p. 271). Trace vários godês suaves. Acrescente guias verticais no centro da frente e nas linhas princesa do cós até a barra.

2 Acrescente pregas estreitas em cada um dos godês. Localize o centro da frente de cada godê e trabalhe de dentro para fora, marcando as pregas paralelamente.

3 Refine o acabamento da barra com uma linha em zigue-zague que expresse a projeção das pregas.

Plissado Fortuny na figura

O plissado Fortuny é, em geral, usado para silhuetas que delineiam o corpo, construídas com tecidos leves como o chiffon de seda. Neste exercício, você desenhará uma icônica túnica Delphos de Fortuny. Trabalhando com uma figura de pose relaxada e papel de decalque:

1 Comece traçando a costura da cintura e a silhueta da saia. Indique o contorno do corpo sob a saia, acrescentando os sombreados criados pela posição das pernas. Use o mesmo sombreado para os vincos formados pelo movimento dos quadris.

2 Acompanhando a ação do corpo, acrescente as pregas irregulares.

3 Desenhe a parte de cima, indicando as pregas que acompanham o contorno do corpo.

Criando com pregas estruturadas

Pregas verticais, horizontais ou em zigue-zague podem ser usadas para dar forma tanto a peças de baixo quanto de cima, ou mesmo acessórios (como faixas de smoking). As pregas podem ser presas com costura no alto, embaixo ou em ambos os lados e sua prensagem fica a critério do estilista. Calças costumam ter pregas macho ou fêmea incorporadas ao cós. O uso mais comum das pregas é em saias. As pregas faca são usadas na parte de trás de kilts – saias xadrez na altura do joelho que têm como origem a vestimenta tradicional das Highlands, na Escócia. As pregas dos kilts podem ser construídas para coincidir com as listras ou as **repetições** do padrão do tecido. Outra opção é preguear todo o tecido em processos de alta tecnologia. As peças são cortadas e costuradas em tamanhos dois a três vezes mais largos que o tamanho final. Toda a peça é inserida em uma prensa quente para um plissado permanente.

◀ ▲ *Tanto a proporção quanto a fabricação de pregas determinam o design geral nas peças de Paul Negron (à esquerda) e This is The Uniform (acima).*

300 PARTE II DETALHES DAS ROUPAS

TAREFA 3

Para esta tarefa, tente abordar a alfaiataria de maneira mais casual, aplicando os detalhes de construção apresentados neste capítulo a uma coleção toda de brim (à direita). Por ser muito durável, o brim é integrado a muitas categorias do mercado da moda, sendo constantemente atualizado por meio de diferentes cortes, lavagens e tratamentos (por exemplo, desgastado, alvejado ou lixado). A quantidade de água consumida nas lavagens do brim é uma preocupação ambiental, embora novas tecnologias, como a lavagem sem água da empresa Jeanologia, forneçam alternativas sustentáveis. Dependendo de sua área de especialização, crie uma pequena coleção de brim para mulheres, crianças ou homens, trabalhando com quatro a seis tecidos. Procure incluir detalhes mais delicados, como pespontos da cor do tecido ou de cor contrastante (à direita).

▶ Os trench coats, originalmente de uso militar, entraram na moda do vestuário civil nos anos seguintes à Primeira Guerra Mundial. Aqui, um trench coat de alta-costura em brim, por Marques Almeida.

▶▶ Junya Watanabe subverte a formalidade da alfaiataria reinterpretando silhuetas clássicas em brim rústico.

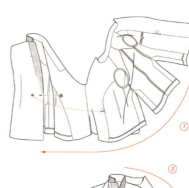

TAREFA 4

No Japão, uma das primeiras medidas tomadas para combater o aquecimento global foi diminuir a potência do ar-condicionado nos escritórios durante os meses de verão. Os códigos de vestimenta foram revisados para acomodar uma temperatura ambiente mais elevada; não se exigia mais dos trabalhadores que usassem terno ou gravata no verão. Nesta tarefa, crie uma coleção de alfaiataria para ser usada como roupa de trabalho em ambientes mais quentes. Roupas que podem ser usadas de múltiplas maneiras em diferentes estações têm um valor agregado. Você pode imaginar alguma outra maneira de fazer suas criações mais sustentáveis? Para um desafio adicional, crie uma coleção em homenagem a um costureiro conhecido por sua alfaiataria inovadora (abaixo). Não se esqueça de incluir pregas!

◣▼ *(Página anterior e abaixo) Para uma interpretação moderna de silhuetas masculinas icônicas, Felix Chabluk Smith usa cortes inovadores de moldes que são ao mesmo tempo uma continuação e um rompimento com a construção tradicional. As peças são construídas a partir de fragmentos de peças do período final da alfaiataria vitoriana, esboçadas a partir de um livro de 1893 de J. P. Thornton, intitulado* The Sectional System of Gentlemen's Garment Cutting.

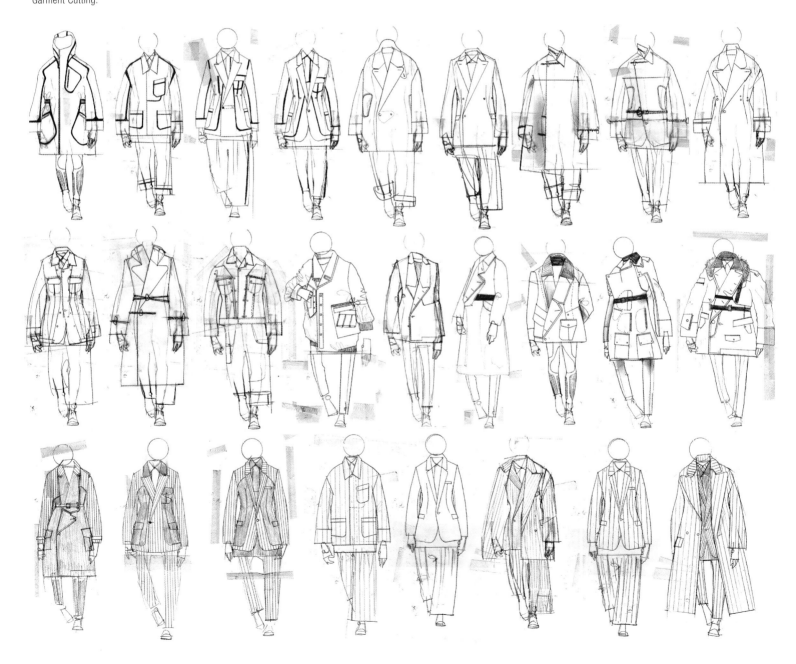

302 PARTE II DETALHES DAS ROUPAS

▲ A desconstrução sistemática de peças de alfaiataria por Carmen Gama remete a ondas sísmicas e mudanças geológicas no epicentro de um terremoto recente no México.

◀ A jaqueta desestruturada de Simon Porte Jacquemus reflete um vestuário litorâneo casual, inspirado nas raízes do estilista no sul da França.

▶ Uma coleção de vestuário esportivo de alfaiataria por Boaz Shin é inspirada nas primeiras aviadoras mulheres, Beryl Markham e Amelia Earhart.

TAREFA 5

A formalidade e a complexidade das peças de alfaiataria fornecem uma rica oportunidade para a desconstrução. Crie uma pequena coleção de alfaiataria utilizando desconstrução do mundo real e virtual. Peças tradicionais de alfaiataria compradas de brechós podem ser desmontadas e remontadas no manequim de maneiras inusitadas (viradas do avesso, de cabeça para baixo, invertidas, etc.). Fotografe ou esboce esses experimentos em 3D e sobreponha-os em figuras no Photoshop. Continue seu desenvolvimento de design com mais manipulação digital de proporção e forma. Gere cópias físicas e desenhe múltiplas iterações sobre uma série de sobreposições. Dessa forma, múltiplas versões de construção complexa podem ser visualizadas rápida e repetidamente para o processo iterativo.

TAREFA 6

Uniformes militares muitas vezes inspiram o design de peças atemporais de alfaiataria como os casacos estilo *duffle coat*, aviador, safári e *pea coat*. Crie uma pequena coleção de vestuário esportivo em alfaiataria inspirada em algum uniforme moderno ou histórico. Uniformes de combate, tipicamente compostos de um sistema de peças em camadas, podem servir de inspiração para uma pequena coleção versátil de vestuário esportivo. Considere como uma peça histórica pode ser adaptada para a vida moderna ou mesmo futuramente civil, utilizando tecnologias existentes e previstas. Você também pode olhar para além do contexto militar, considerando uniformes de serviço, como os que são usados por médicos, *chefs* de cozinha, choferes e atletas. Procure pesquisar equipamentos (medalhas, insígnias e assim por diante) como inspiração para aviamentos, fechos e detalhes decorativos.

PARTE III
TÉCNICAS DE REPRESENTAÇÃO E ACABAMENTO

306 PARTE III **TÉCNICAS DE REPRESENTAÇÃO E ACABAMENTO**

Comunicar um conceito de design de moda no papel pode ser um desafio tão grande quanto ter a primeira ideia para o conceito. Além do componente visual, existem também as considerações táteis. A mesma **peça piloto** pode parecer completamente diferente quando realizada em tecidos diferentes. Enquanto a qualidade das linhas do seu desenho vai variar de modo que comuniquem o peso, o corte e o caimento do tecido, o acabamento vai dar o toque final para transmitir informações adicionais sobre cor, textura e padrão.

Para começar

Ao longo desta seção, você vai encontrar exemplos e demonstrações de uma ampla variedade de técnicas para realizar acabamentos. Suas escolhas de materiais podem incluir tinta, lápis de cor, marcador, frotagem, colagem e combinações entre eles, e não existe uma maneira correta de usar tudo isso. A seleção dos materiais vai se basear no que deve ser representado. Por exemplo, provavelmente será mais fácil representar veludo usando uma técnica de frotagem com lápis de cor; um tecido com uma impressão fotográfica exigiria colagem ou composição digital.

A maior parte dos artistas, até mesmo aqueles de formação tradicional, transita facilmente entre acabamento digital e manual. É importante primeiro dominar o acabamento manual para compreender totalmente os conceitos básicos de cores, padrões e caimento. Dito isso, você pode optar por exportar um desenho à mão para o Photoshop ou o Illustrator para a finalização.

◀ *(Páginas anteriores) Acabamentos detalhados devem ser reservados para apresentações finalizadas. Design e ilustração por Rebecca Lester.*

▼ *Myrtle Quillamor enfatiza o comportamento do tecido criando um mapa das texturas e estampas na apresentação do design de seus modelos.*

O **acabamento digital** raramente é tão fácil quanto parece. Conseguir efeitos mais sofisticados pode ser bem demorado e exigir habilidades intermediárias ou avançadas. Certifique-se de que seu prazo permite um ritmo de aprendizado demorado. Consulte tutoriais na internet e o menu "Ajuda" do Photoshop para as funções "Colar em", "Distorção de marionete", "Mapas de deslocamento", "Deslocamento" e "Dissolver". Explore amostras de padrão e edição de padrões como objetos de malha no Illustrator.

O trabalho digital permitirá que você crie uma mistura virtual de materiais artísticos que seriam incompatíveis na vida real. Por exemplo, aplicar uma aquarela sobre um desenho a carvão provavelmente resultará em uma grande sujeira. Prefira trabalhar com uma mesa de luz, colocando seu desenho a carvão embaixo de uma folha separada de papel de aquarela e aplicando a camada de tinta. Então escaneie tanto o desenho quanto a camada de aquarela e incorpore os dois como camadas separadas em um arquivo de Photoshop, com a camada de cima no modo "Multiplicação".

Ainda que as demonstrações na Parte III sejam em grande parte dedicadas ao acabamento à mão, elas também terão aplicações para a mídia digital. Por exemplo, no Photoshop, ao ajustar a suavidade/dureza e os modos de pincel, você pode simular vários materiais úmidos e secos. Com ou sem a inclusão de técnicas digitais, as possibilidades de acabamento são infinitas.

◀ *Esta ilustração editorial de Albert Elia, publicada em 1976, remete às ilustrações de Leon Bakst e à preferência da Art Déco pelo desenho plano. Na época da publicação, a mistura de reprodução gráfica (fotocópia) com trabalho manual realizada por Elia foi ao mesmo tempo visionária e inspirada na Pop Art da década de 1960.*

▼ *Embora possa ficar lindo um acabamento detalhado para apresentações finalizadas, esboços conceituais tendem a ter uma indicação mais breve de cores, texturas e padrões. Acabamentos parciais também são usados quando uma cobertura completa acabaria ofuscando detalhes da peça. Design e ilustração por Nina Donis.*

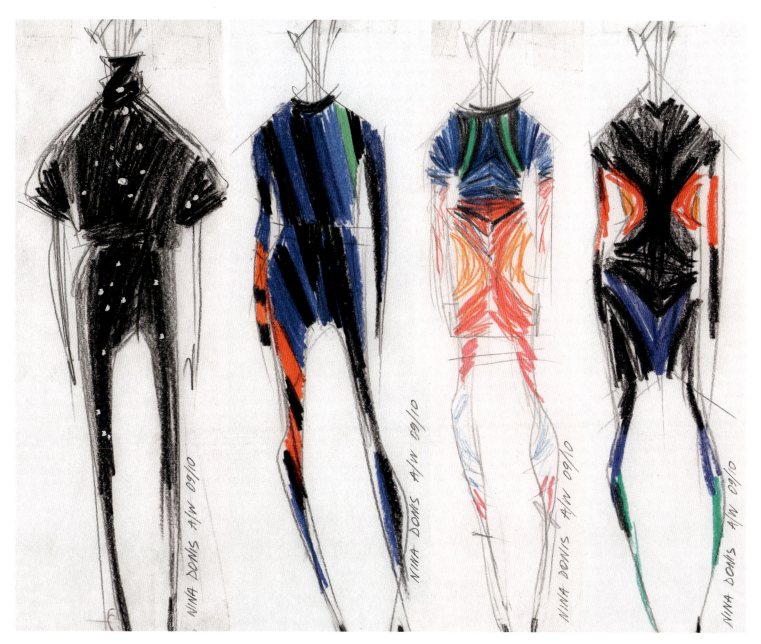

INTRODUÇÃO **309**

◀ *Existem muitas novas opções de materiais de alta tecnologia disponíveis hoje em dia, como canetas 3D e tinta condutiva. Aqui, HyunWoo Shawn Kim usa tinta termocrômica para suas ilustrações e também para a serigrafia do tecido. Sua coleção é inspirada em roubo de identidade e outras ameaças à privacidade. Tanto as peças quanto as ilustrações parecem ser de uma cor lisa até que uma elevação da temperatura provoca o aparecimento de um QR Code (código de resposta rápida), apresentando um link com informações sobre o usuário.*

▲ *Ao representar padrões e texturas complexas, você tem a opção de trabalhar digitalmente. Aqui, Amy Dee prioriza o desenvolvimento têxtil na apresentação de sua coleção final.*

Materiais

Antes de começar a selecionar papéis, lápis e tintas, sua primeira preocupação deve ser a duração prevista para o projeto. Será que materiais de alta durabilidade (como papel sem resíduo ácido e pigmentos permanentes) serão necessários para preservar o trabalho por um longo período de tempo? É possível fazer escolhas "econômicas", desde que se esteja ciente de que, com o tempo, o papel vai começar a amarelar e a se desfazer. Tintas também podem desbotar ou mudar de cor. De qualquer maneira, os materiais menos caros servem perfeitamente para projetos de curta duração.

Outro ponto a se levar em conta antes de ir às compras é o tamanho e o escopo do projeto. A qualidade de sua apresentação vai depender da precisão e da consistência da cor, que só podem ser obtidas com papéis, lápis, marcadores e tintas adequados. Sempre teste os materiais antes de comprar qualquer coisa em grande quantidade. Compre marcadores e tubos de tinta avulsos (não em estojos) e papel folha a folha. Quando definir o que realmente funciona para o seu projeto, compre um pouco mais do que o que acha que vai precisar, a fim de ter uma reserva.

O aspecto mais importante quando se lida com cores é escolher a fonte de iluminação adequada para o seu espaço de trabalho. Quando estiver misturando as cores, certifique-se de usar uma combinação de iluminação fria (fluorescente) e quente (incandescente) que reproduza a luz natural. Uma luminária de mesa Luxo (aquela do logo da Pixar) é um bom investimento, pois vai facilitar identificação mais fiel das cores.

Mas, afinal, em que ordem você deve escolher tinta, lápis e papel? O melhor é ter primeiro uma ideia geral sobre as ferramentas de desenho que pretende usar, já que isso vai influenciar a escolha do papel. Mas deixe a seleção das cores para depois que o papel tiver sido comprado, pois a mesma cor pode parecer completamente diferente dependendo do tipo de papel.

◀ *Papéis pintados e impressos, como os das marcas Color-aid e Pantone, podem ser usados com lápis opacos, canetas em gel, pastel e tintas. Design e ilustração de Sabla Stays.*

INTRODUÇÃO **311**

▶ Aqui, Daphne Hansol Jung incorpora muitos dos mesmos materiais usados pela artista Yayoi Kusama, cujo trabalho inspirou sua coleção. As bonecas de pano de Daphne são fixadas com Velcro, tornando sua apresentação ao mesmo tempo dimensional e interativa.

▼ Yong Chu JLyn Rhew adota uma abordagem gráfica para a apresentação de uma coleção que se distingue por formas abstratas e proporção exagerada.

Papel

Antes de comprar papel, pense no tamanho do portfólio que pretende usar para apresentar seu trabalho final. Isso pode ser especialmente complicado para estudantes internacionais, já que os padrões mudam de país para país. Eles costumam voltar para casa com trabalhos que não cabem nas pastas que existem em seus países. E, como um portfólio é um trabalho constante, deve-se levar em conta onde ele será feito, a fim de adaptá-lo aos tamanhos de papel existentes. Se pretende mostrar seu trabalho numa apresentação digital, certifique-se de que ele tenha um tamanho que lhe permita ser escaneado num escâner de mesa.

Depois de determinar o tamanho do papel, é preciso escolher o tipo de superfície. O acabamento e a gramatura do papel devem ser compatíveis com as tintas, lápis ou marcadores escolhidos para o trabalho. Por exemplo, uma superfície áspera, que favoreça a absorção de cor e de cola, pode interferir num trabalho de desenho com traços finos. Portanto, a escolha dos materiais e dos papéis vai, em certa medida, depender dos tecidos que serão representados. Materiais molhados, como tintas e anilinas, requerem papéis de maior gramatura. Papel prensado a frio (mais rugoso), como o cartão Bristol, funciona melhor com aquarela transparente, enquanto um papel prensado

▼ *Se está representando uma estampa abstrata que tem a aparência de aquarela, você pode usar tinta transparente ou marcador para simular a textura do tecido. O Paris Bleedproof Paper é uma alternativa mais durável para trabalhos com marcador. Design e ilustração de Anna Hae Won Lee.*

INTRODUÇÃO **313**

a quente (liso) serve para o guache, mais opaco. É possível trabalhar dos dois lados do cartão Bristol. Outros termos usados para descrever o acabamento do papel incluem **calandrado** (liso) e **papel-pergaminho** (levemente rugoso). O papel multiuso é outra alternativa que pode ser usada tanto para materiais secos quanto molhados. Papéis de maior gramatura, mais duráveis, podem aguentar o uso repetido da borracha e a aplicação de tinta, lápis de cor e adesivos gráficos.

Porque tendem a borrar, os marcadores à base de água ou de álcool exigem papel especificamente criado para eles. Papéis próprios para o uso de marcadores podem ser encontrados em várias gramaturas. O papel para desenho técnico semitransparente, como o Bienfang Graphics 360 Marker Paper, oferece muitas vantagens. Esse papel mais leve também vai permitir que você represente superfícies texturizadas usando técnicas de frotagem (ver p. 420). O Paris Bleedproof Paper é uma alternativa mais durável para trabalhar com marcador.

Papel-pergaminho translúcido, um tipo de papel vegetal de alta qualidade, é outra alternativa que apresenta superfícies diferentes na frente e no verso da folha. Esse papel semitransparente funciona especialmente bem para representar padrões com pequenos motivos claros estampados sobre fundo escuro. Trabalhando com marcador, você pode aplicar a cor escura do fundo no verso do papel. Então, depois de virar a página, um lápis de cor clara pode ser usado para ilustrar os motivos. Você pode também trabalhar com uma lâmina de estilete para raspar áreas de cor e simular a estrutura do tecido (como a tecedura ou ligamento da sarja). O acetato, outra opção transparente, pode ser utilizado sozinho ou em camada sobre outros papéis e materiais. Você pode desenhar diretamente com nanquim em acetato "tratado". Finalmente, existem os papéis texturizados (gofrado, pele de cobra, vergê papelão ondulado, etc.), nos quais técnicas de frotagem e colagem podem ser usadas.

▼◀ *O papel colorido pode ser usado para dramatizar roupas brancas e para efeitos de chiaroscuro. O Canson Mi-Teintes vem em pacotes de várias cores de folhas de dupla face – áspera de um lado, para o uso de pastel, e lisa do outro, para trabalhos delicados com lápis ou tinta. Considere reaproveitar quaisquer materiais excedentes que você tenha à mão. Aqui, Dan Romer usa capa de papelão de blocos de desenho.*

Materiais secos

Os materiais comerciais habitualmente usados para um acabamento "seco" em desenho de moda incluem lápis de cor Stabilo ou Prismacolor, pastel NuPastels e PanPastels e gizes Caran d'Ache Neocolor I (cera) e II (aquarelável). O giz oleoso Cray-Pas pode ser usado tanto seco como molhado, quando combinado com solventes minerais (aguarrás). O lápis dermatográfico envolto em papel vem em uma variedade de cores adaptáveis a praticamente qualquer superfície. Os lápis carvão também podem vir envoltos em papel. Lembre-se de que os materiais que borram com facilidade podem exigir a aplicação de um fixador em aerossol. Os fixadores vêm em diferentes acabamentos e alguns tipos permitem que você continue a trabalhar no desenho após a aplicação. Quando usar um aerossol, certifique-se de que o espaço de trabalho esteja bem ventilado e sem chamas acesas.

▶ Myrtle Quillamor usa lápis macio sobre aguada para um acabamento tátil do tecido.

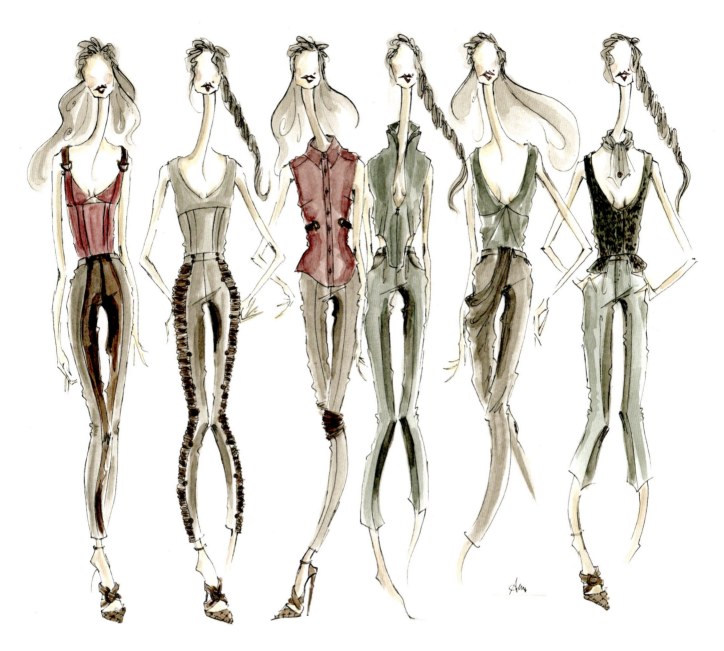

▲ *Os materiais escolhidos para a apresentação devem estar alinhados com o ponto de vista do design. Alison Mora usa aquarela para transmitir sensibilidades femininas modernas.*

Materiais molhados

Embora os marcadores sejam o padrão da indústria, a tinta permite que você misture um número infinito de cores e combine a cor da tinta com a do tecido com mais precisão. As escolhas giram em torno das preferências pessoais por tintas transparentes ou opacas. Aquarelas transparentes podem ser encontradas em tubo ou em pastilhas secas. Marcas como Winsor & Newton, Pelikan e Grumbacher têm diversas séries de cores com preços variados. As anilinas transparentes Dr. Ph. Martin's ou Luma são aquarelas líquidas concentradas que vêm em frascos com conta-gotas. Tintas opacas (guache) também vêm em tubos individuais com séries de cores em preços variados. Os tubos de aquarelas transparentes e opacas são bem parecidos uns com os outros (assim como os das tintas a óleo ou acrílicas), portanto certifique-se de que está comprando o produto certo. As cores indicadas para uma compra inicial incluem as primárias (vermelho, amarelo e azul), preto e marrom Van Dyke. Se o orçamento permitir, outras cores úteis são as de tons secundários (violeta, laranja e verde). Também compre branco opaco. Não é necessário comprar as tintas mais caras, mas evite os estojos para amadores.

Quanto aos pincéis, qualidade e preço variam: do pelo sintético, como o "arminho" branco, ao pelo natural, como o de zibelina. Compre um belo conjunto de vários tamanhos e formas (redondos e chatos). Uma compra inicial pode incluir dois pincéis redondos mais caros: #1 ou #2 para áreas menores, e #6, #7 ou #8 para mais cobertura. Os pincéis devem ser tratados como um investimento, portanto cuide bem deles. Nunca deixe pincéis mergulhados em água por nenhum período de tempo. Além disso, quando transportar pincéis, proteja-os em um estojo (esteiras de *sushi* amarradas com uma fita funcionam muito bem).

◀ *Dan Romer usa papel Bristol liso para receber uma mistura de materiais molhados e secos (marcador, pastel oleoso e lápis de cor). Para ele, o desenho e o acabamento se completam simultaneamente.*

Os marcadores, materiais mais comumente usados na indústria da moda, podem ser à base de álcool, óleo ou água; algumas cores de marcador são vinculadas ao sistema de cores Pantone e são mais rápidas e mais convenientes de aplicar do que tinta. Algumas das marcas de marcadores à base de álcool de qualidade profissional são Prismacolor, Letraset, Sharpie e Chartpak AD. A maioria tem duas ou três pontas – chanfrada, de pincel e extrafina. Os marcadores Copic (um dos preferidos entre os artistas de mangá) têm a vantagem de ser recarregáveis. A tinta Copic Various também pode ser usada diretamente do frasco, aplicada com cotonete ou bolas de algodão para uma maior cobertura. Misturadores incolores também são recarregáveis e podem ser usados para criar efeitos de *dégradé* e suavizar a granularidade do lápis de cor. Muitas marcas podem ser usadas com latas de ar comprimido para efeitos de aerógrafo.

Marcadores com pigmentos opacos à base de óleo, desenvolvidos para o artesanato, como o *scrapbooking* e a decoração de objetos tridimensionais, funcionam com a ação de uma válvula (você tem de sacudi-los antes de usar). As marcas Marvy DecoColor, Sakura Permapaque e Sharpie são à prova-d'água e podem ser aplicadas em quase qualquer superfície. Por causa de sua opacidade, essas canetas à base de óleo também podem ser usadas para aplicar cores claras sobre cores escuras.

Marcadores à base de álcool ou óleo exalam cheiro, então é importante trabalhar num espaço bem ventilado. Opte por marcas menos tóxicas à base de água, como as canetas de duas pontas Tombow e Le Plume. As canetas "gel", que também são à base de água, vêm em branco, pastel "leitoso" e cores metálicas. Como são semiopacas, também podem ser usadas para aplicar cores claras sobre escuras.

INTRODUÇÃO **317**

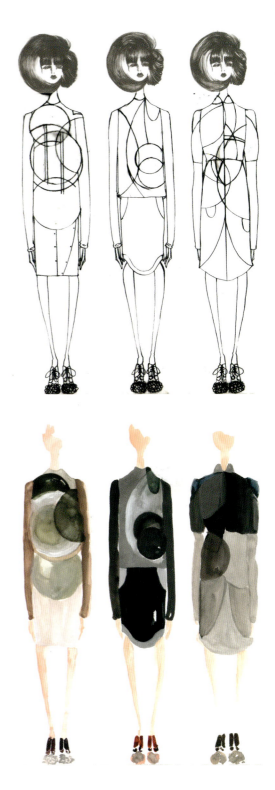

A chave para fazer um bom acabamento com marcador é trabalhar com diversos **valores** (claros e escuros) do mesmo **tom** (matiz); portanto, compre tantos quanto puder. Em sua compra inicial, evite comprar estojos fechados antes de determinar que tipos e marcas mais lhe satisfazem. Selecione apenas as cores exigidas para o projeto. Compre uma gama de cores que funcionará para tons de pele e de cabelo; mas não se limite a cores especificamente batizadas com nomes de cores de pele. Também compre pelo menos três valores (porcentagens) de cinza, frios e quentes.
Os misturadores são essenciais, mas lembre-se de que misturar marcas pode levar a resultados imprevisíveis. Sempre teste-os no papel que for usar, pois as cores ficam diferentes dependendo do tipo de papel. Se possível, teste as cores sob uma luz próxima à natural antes de comprar.

▼▲ *Por causa das rápidas trocas de coleção exigidas pela* fast fashion, *os estilistas muitas vezes preferem fazer à mão o acabamento sobre fotocópias em preto e branco, preservando os desenhos planificados e as figuras originais para usos futuros. As impressões devem ter tempo suficiente para secar, de forma que as linhas não borrem quando você aplicar o marcador ou a tinta. Design e ilustração de Ruann Ibraham.*

E, finalmente, alguns conselhos sobre colas e adesivos. Fitas adesivas de dupla face talvez sejam a escolha mais segura e menos tóxica. Folhas autoadesivas ou folha de transfer adesiva para fixar fotos são excelentes para apresentações de amostras de tecido e colagens. Se você aplicar a folha de adesivo primeiro e depois cortar o tecido, a amostra não vai desfiar.* As colas em bastão permitem reposicionar os elementos, sendo práticas para uma diagramação preliminar. No entanto, uma cola mais duradoura é necessária para apresentações finalizadas. Colas do tipo *rubber cement* vêm em duas variedades – simples e de dupla camada (a última exige a aplicação da cola em ambas as superfícies) e seu excesso pode ser retirado com um produto próprio para isso. Tanto o líquido quanto o vapor são inflamáveis e tóxicos, portanto cuidado ao armazenar e trabalhar com esse tipo de cola. Colas em aerossol, como o 3M Spray Mount, devem ser usadas em áreas bem ventiladas. Esses sprays podem irritar os olhos e a pele; além disso, a inalação dos gases pode ser muito nociva. Resíduos de spray podem estragar superfícies, portanto cubra bem a área de trabalho com jornal.

▼ ▶ *Muitos artistas criam uma conversa visual usando materiais de uma forma que não é sua função intencionada. O uso inovador que John Westmark faz de moldes de costura de papel e texto (abaixo) desafia os conceitos a respeito de "trabalho feminino", ao passo que a colagem de papéis (à direita) de Peter Clark exala personalidade e sagacidade.*

* **NOTA** Tesouras afiadas devem ser reservadas exclusivamente para cortar tecido. Para cortar papel, recomendam-se estiletes.

Cores

Trabalhar com cor é parte integrante do desenho de moda. Como o nome dado a uma cor afeta a percepção do observador, a linguagem descritiva usada para comunicar e obter uma cor correta deve ser bem precisa. Muito da terminologia usada para a moda é derivado de teorias científicas, portanto esse é um bom momento para começar a investigação sobre a cor como função da moda.

Teoria das cores

Existem muitos sistemas para organizar as cores. O RYB (vermelho, amarelo e azul, em inglês) lida com pigmentos, como as tintas; o CMYK é um acrônimo das iniciais em inglês para as tintas ciano, magenta, amarela e (chave) preta usadas para obter cores na impressão; o RGB (vermelho, verde e azul, em inglês) considera as cores como luz. Os sistemas subtrativos, como o RYB e o CMYK, lidam com a cor obtida pela mistura de pigmentos e tintas. Os sistemas aditivos, como o RGB, lidam com a cor como luz (como as cores aparecem em monitores de computador, por exemplo). Embora as primeiras teorias das cores datem do século V a.C., o sistema mais significativo para organizá-las é creditado a Isaac Newton. Em 1672, Newton descobriu que, quando a luz branca passa através de meios transparentes de diferentes densidades (por exemplo, do ar para um prisma de vidro), a luz se quebra em diferentes comprimentos de onda. Como resultado, produz-se um espectro de cor. A percepção das diferentes cores é determinada pelo tamanho dos diferentes comprimentos de onda (a vermelha é a mais longa e a violeta a mais curta). As cores do espectro em ordem descendente do comprimento da onda são: vermelho, laranja, amarelo, verde, azul, índigo e violeta, como as cores do arco-íris. Newton pegou a faixa de cores criada pela difração da luz branca e traduziu-a em um círculo segmentado. Esse **círculo cromático** foi subsequentemente expandido para incluir doze tons, categorizados em grupos de **cores primárias**, **secundárias** e **terciárias**. Propriedades como tom (matiz), valor (luminosidade) e **saturação** (intensidade) são usadas para descrever a cor. Combinações específicas, como os esquemas de cor **monocromático**, **complementar**, **complementar decomposto**, **triádico** e **análogo**, são consideradas harmoniosas.

Categorias de cor

Cores primárias (vermelho, amarelo e azul) são puras e não precisam ser misturadas; são as fontes de todas as outras cores.
Cores secundárias (laranja, verde e violeta) são o produto da mistura de duas cores primárias.
Cores terciárias (vermelho-laranja, amarelo-laranja, amarelo-verde, azul-verde, azul-violeta e vermelho-violeta) são o produto da mistura de uma cor primária com uma secundária. Quando se nomeiam essas cores, a cor primária sempre vem antes.

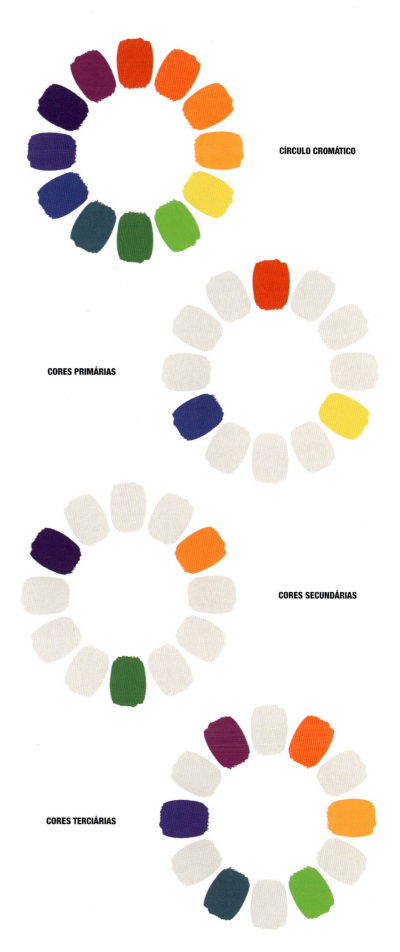

CÍRCULO CROMÁTICO

CORES PRIMÁRIAS

CORES SECUNDÁRIAS

CORES TERCIÁRIAS

Propriedades da cor

Tom (matiz) é o nome da cor. Existem três diferentes categorias de cor: primária, secundária e terciária.

Valor é a luminosidade da cor. Cores claras (matiz + branco) têm o valor mais alto; cores escuras (matiz + preto) têm o valor mais baixo.

Saturação é a intensidade da cor. Quando se mistura tinta, a saturação de um tom pode ser diminuída ao se acrescentar a cor complementar. Cores "neutras" têm baixo nível de saturação.

Esquemas de cores

Monocromático: uma combinação de cores compostas de variações mais claras ou mais escuras de uma única matiz (tom).
Análogo: uma combinação das cores adjacentes umas às outras no círculo cromático.
Complementar: uma combinação das cores opostas umas à outras no círculo cromático (incluindo as variações claras e escuras das duas cores).
Complementar decomposto: uma combinação de uma cor com as duas cores adjacentes à complementar.
Intermediário: uma combinação de cores equidistantes no círculo cromático (cada quarta cor).

A percepção de uma cor vai depender de sua relação com as outras cores em uma composição. Por exemplo, a intensidade de uma cor vai parecer maior quando o tom é colocado junto do seu complemento. Essa é a razão pela qual equipes esportivas usam esquemas de cores complementares nos uniformes, que devem ser vistos de longe em estádios e ginásios (as cores do time de basquete Lakers, de Los Angeles, são roxo e amarelo, e dos Knicks, de Nova York, são azul e laranja, e assim por diante).

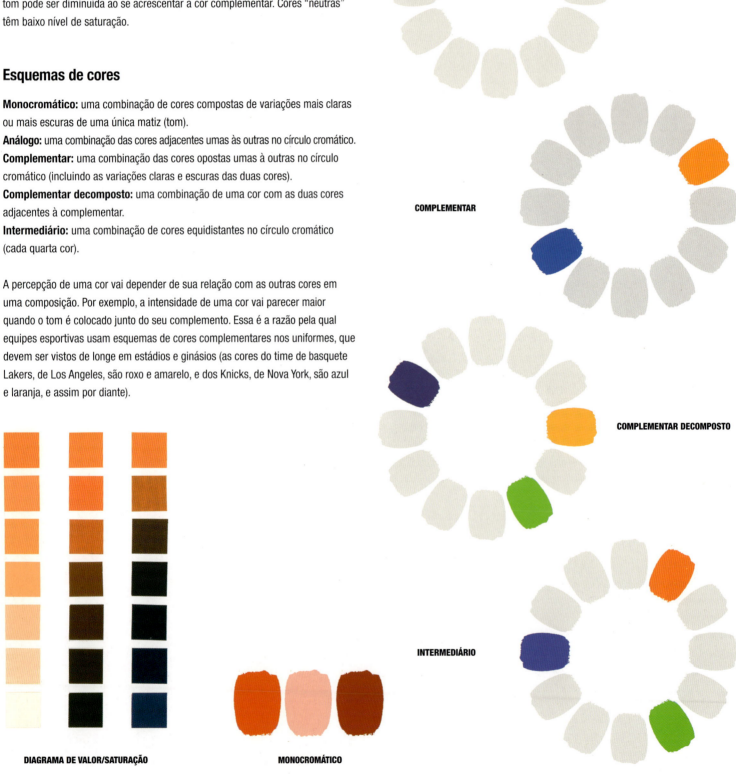

DIAGRAMA DE VALOR/SATURAÇÃO **MONOCROMÁTICO**

O significado psicológico e simbólico das cores

O significado psicológico e simbólico das cores varia de acordo com os costumes em diferentes partes do mundo. Por exemplo, no Ocidente, o branco simboliza pureza e, portanto, é usado por noivas em cerimônias de casamento. Na China, o branco é a cor do luto, usada em funerais. O vermelho, associado a comportamentos ousados (e até escandalosos) no Ocidente, é a cor preferida para os vestidos de casamento na Índia.

As cores são descritas de acordo com a temperatura, podendo ser percebidas como frias (azul, violeta e verde) ou quentes (vermelho, amarelo e laranja). A cor também afeta a aparência de um objeto. Cores quentes fazem com que um objeto pareça mais próximo (e, consequentemente, maior) do observador. Cores frias fazem com que um objeto se afaste. As cores frias são consideradas de natureza calmante, enquanto as quentes parecem agitar ou excitar. Por exemplo, toalhas de mesa vermelhas são usadas em restaurantes para estimular a rotatividade da clientela.

▶ *Uma paleta de cores para uma coleção de design pode ser derivada de uma imagem, como esta foto de hortaliças de primavera de Annabelle Breakey.*

▼ *O projeto de pesquisa* The Raw Color *explora a extração de cores de recursos naturais.*

◀ *Uma vez que um estilista escolhe uma paleta de cores para a estação, muitas vezes ele precisa supervisionar/aprovar os testes de cores, nos quais uma amostra de tecido é tingida para obter uma cor específica. Uma fonte de iluminação de espectro completo que não distorça as cores (uma combinação de luzes quentes e frias) e um vocabulário de cores abrangente são essenciais nesse processo.*

A cor como função da moda

Quando está tomando decisões sobre cores para a moda, o estilista deve considerar o perfil do público-alvo, a geografia, a estação, o mercado e o preço. Embora não haja regras definitivas, cores mais claras tendem a funcionar melhor em climas e estações quentes. Cores para bebês e crianças são marcadas pelo gênero (convencionalmente, rosa para meninas e azul para meninos), e as crianças tendem a usar cores mais fortes que os adultos. Estilistas também trabalham com cores diferentes para peça de cima e de baixo (algumas cores não valorizam o rosto; cores vibrantes são menos adequadas para peças de baixo; e assim por diante). Uma roupa lisa vai habitualmente ser oferecida em mais de uma cor. Essas **paletas de cores** devem ser comercializadas com outras peças coordenadas. Existem também considerações de sustentabilidade. Por exemplo, enquanto o pretinho básico é eterno na moda, o refugo dos pigmentos é uma ameaça ambiental. Alguns estilistas só trabalham com tintas naturais.

As cores na moda também são sugeridas a cada estação por especialistas em prognóstico de cores. Esse é um campo muito especializado. Serviços como a Trend Union investigam correntes sociais e culturais para determinar as cores das estações muito antes de se definirem os outros aspectos da fabricação de roupas.

Banco de amostras

Antes de começar a fazer os acabamentos, certifique-se de ter boas amostras dos tecidos com os quais vai trabalhar. Os tecidos são categorizados conforme o uso: os tecidos de cima, para paletós e casacos, são mais pesados; os tecidos de baixo, para calças e saias, são mais leves; as bases de alfaiataria funcionam para peças de cima e de baixo. Um banco de amostras composto de tecidos de diferentes pesos, fibras, estruturas e estampas é um recurso vital para estilistas e ilustradores.

Seu acesso a bons fornecedores de tecidos vai variar de acordo com o local onde vive. Muitas lojas oferecem amostras e têm horários de atendimento específicos, por isso ligue antes. Fontes *on-line* são especialmente boas para encontrar tecidos raros ou ecológicos. Tecidos tecnológicos usados para roupas esportivas (por exemplo, esqui ou *snowboard*) podem ser difíceis de encontrar, pois em geral são patenteados – desenvolvidos ou licenciados para fabricantes de roupas com exclusividade. Listas *on-line* fornecidas por empresas de fibras, como Invista e Ingeo, são um bom ponto de partida para iniciar uma pesquisa. O banco de dados têxtil da Earth Pledge Future Fashion é uma excelente fonte *on-line* para a moda sustentável.

É uma boa ideia estabelecer algum tipo de sistema de organização para suas amostras. Você pode organizá-las com grampos ou fita dupla face em cartões e armazená-las em uma caixa ou um aro de metal. Os envelopes de plástico com bolsos, usados por fotógrafos para guardar *slides*, também são bons e podem ser arquivados em um fichário comum. Registre informações como conteúdo de fibras (por exemplo, lã, raiom), descrição de tecidos (**gabardine**, **organza**), origem, cuidados de lavagem (lavagem à mão, lavagem a seco somente) e preço em etiquetas adesivas fixadas diretamente no verso de cada amostra.

▲ O sistema de cores Pantone® Fashion + Home Color pode ser encontrado em amostras de tecidos soltas, em catálogos de amostras de algodão ou em catálogos de papel em forma de leque.

As cores Pantone exibidas aqui podem não corresponder exatamente aos padrões identificados da Pantone. Consulte os gráficos de cores atuais da Pantone para obter uma cor precisa.

Pantone®, myPantone™ e outras marcas registradas da Pantone são propriedade da Pantone LLC e só podem ser usadas com autorização por escrito da empresa. Portions© Pantone LLC, 2010.

▶ Paula Sanz Caballero se considera uma artista de tecidos e, como tal, tem o hábito de incluir têxteis e costura à mão em muitas de suas composições.

INTRODUÇÃO **323**

CAPÍTULO 9
COMO REPRESENTAR BRILHO

Quando se pensa em brilho, a primeira coisa que provavelmente vem à cabeça são os vestidos para ocasiões especiais e de noite – modelos para momentos de tapete vermelho. Mas tecidos lustrosos são, na realidade, usados para uma variedade muito mais ampla de categorias de roupas (**xantungue** para alfaiataria, vinil para atividades ao ar livre, fios metálicos para roupas de malha e assim por diante).

Para representar qualquer tecido com precisão, as propriedades visuais do tecido (textura, peso e flexibilidade) precisam primeiro ser avaliadas quanto a seu efeito no caimento da roupa e na silhueta. Por exemplo, tecidos mais flexíveis, como o **cetim *charmeuse***, o **veludo molhado** e o jérsei **lamê**, criam silhuetas mais soltas, enquanto tecidos mais rígidos, como o tafetá e o vinil, formam silhuetas mais estruturadas. Existem também tecidos brilhantes com estampas em relevo, como o cetim cloquê (uma novidade parecida com a **anarruga**) e a pele de cobra. Um brocado, que é um **jacquard** tecido com fios foscos e brilhantes, é um outro exemplo de como combinar padrão e brilho. Enfeites como paetês, **lantejoulas** e contas também acrescentam brilho às roupas.

Como os tecidos brilhantes demonstram claramente os princípios fundamentais de luz e sombra, eles são um bom ponto de partida para aprender a fazer acabamentos. Passando de superfícies que absorvem a luz para outras cada vez mais reflexivas, os exercícios a seguir demonstram as técnicas de representação e acabamento de tecidos lustrosos. Você vai descobrir o padrão de luzes e sombras que cada um forma e as cores e valores exigidos para representar as diferentes superfícies. Mas, antes de começar, é importante primeiro investigar a natureza física do brilho.

◀ *Jun Hyung Park incorpora tecidos e enfeites com muito brilho para dar um toque futurista à sua coleção.*

▶ *O brilho não se limita a roupas de noite. Aqui, peças esportivas em lamê prateado de Ji Oh.*

326 PARTE III **TÉCNICAS DE REPRESENTAÇÃO E ACABAMENTO**

▲ *Esta coleção de vestidos de Paul Negron apresenta um padrão de enfeites brilhantes coloridos localizados estrategicamente em cada peça. (Sobre o posicionamento localizado de padrões, ver p. 378.)*

NOTA Assim como se exige uma proporção da figura consistente para criar composições, a direção da fonte de iluminação também deve permanecer constante. Ao longo dos exercícios deste capítulo, imagine o mostrador de um relógio como referência para posicionar a fonte de iluminação.

A natureza física do brilho

O brilho se produz quando um tecido ou adorno reflete a luz. Quanto uma superfície absorve ou reflete a luz vai determinar a quantidade de brilho. Tecidos com um lustre "suave", como o veludo, absorvem a luz e apresentam áreas mais claras, neutras e sombreadas que são próximas em valor. Superfícies com muito brilho, como o couro envernizado, refletem a luz, portanto suas áreas mais claras, neutras e sombreadas têm valores muito mais afastados. Você pode colocar uma amostra de tecido em torno do dedo e observar se a luz é absorvida ou refletida.

Para entender melhor como sombras e luzes são produzidas, é útil pensar no efeito de uma fonte de iluminação direcionada sobre formas geométricas básicas (veja abaixo). Num cilindro, por exemplo, a área iluminada corre de cima para baixo em uma única linha fina. Num cone, a área iluminada corre de cima para baixo em uma única linha diagonal. Numa esfera, a área iluminada forma um pequeno círculo no ponto mais próximo da fonte de luz. As sombras mais escuras ficam levemente recuadas da borda em todas as formas. Quando estiver fazendo o acabamento, deixe sempre uma pequena margem branca junto da borda, a fim de criar a impressão de profundidade.

▲ *O brilho muitas vezes se cria pelo cintilar de ornamentos. Ilustração de Artaksiniya.*

LUZES E SOMBRAS NAS FORMAS GEOMÉTRICAS BÁSICAS

Brilho e drapeado

Quando estiver fazendo o acabamento de uma ilustração sem ter a experiência original da peça de roupa, você tem de conjurar memórias de observações antigas para conseguir descrever a forma estrutural da peça com luzes e sombras. A observação cuidadosa de uma variedade de tecidos drapeados vai, portanto, ser útil como referência futura. Compre meio metro de diversos tecidos baratos com propriedades diversas quanto à reflexão da luz, flexibilidade e textura (como veludo, cetim *charmeuse*, tafetá e **couro plástico**). Se seu orçamento permitir, compre os tecidos em gamas de cores claras e escuras, já que cada cor apresenta um desafio especial na hora de representar.

* NOTA Valores aproximados, pois podem variar de acordo com a marca. Os tons cinza vêm em gamas frias, quentes e neutras; quando escolher seus marcadores, mantenha uma gama de cor consistente.

Cetim drapeado

Materiais necessários:

- Papel para marcador
- Lápis HB ou nº 2
- Marcadores cinza* 20%, 30% e 50%

Neste exercício, você fará um estudo em branco e preto de um tecido de cetim de cor clara drapeado em uma suspensão de dois pontos. O cetim tem um brilho "suave" que pode ser representado usando três valores. O valor escuro é encontrado nas bordas e depressões das dobras. Os valores mais claros são encontrados nos picos das dobras mais próximos à luz. Pregue o tecido na parede com uma única fonte de iluminação posicionada às 10 horas. Observe as formas abstratas criadas pelo desenho formado pelas luzes e sombras.

1 Desenhe o cetim drapeado a lápis; depois, aplique o marcador cinza de maior valor (mais claro) a seu desenho, deixando uma pequena margem de branco nas bordas mais externas das dobras.

2 Deixe a primeira camada de marcador secar e aplique o valor médio.

3 Deixe a segunda camada de marcador secar e complete o desenho colorindo as sombras com o marcador cinza de menor valor (mais escuro).

Tafetá drapeado

Materiais necessários:

- Papel para marcador
- Lápis HB ou nº 2
- Marcadores cinza 50% e 70%
- Misturador de marcador
- Lápis de cor cinza-frio 90%

Representar tecidos escuros é um desafio específico, uma vez que os valores devem ser tratados com cuidado. Sem áreas bem escuras, as peças podem parecer cinza em vez de pretas. Mas uma aplicação pesada de preto pode esconder os detalhes. A seguir, você vai repetir o exercício anterior usando um tecido levemente menos flexível. Pregue a uma parede um tafetá de cor escura numa suspensão de dois pontos. Certifique-se de que a fonte de iluminação esteja vindo de uma única direção e crie efeitos dramáticos de luzes e sombras (às 10 horas). Observe a angularidade das dobras, sombras e áreas claras comparadas com as linhas curvas do cetim mais delicado.

1 Faça um contorno a lápis do tafetá drapeado. Aplique o marcador cinza de maior valor (mais claro) ao desenho, deixando uma pequena margem de branco nas bordas mais externas das dobras.

2 Deixe a primeira camada de marcador secar e aplique o valor médio.

3 Deixe a segunda camada secar e pinte as sombras com um lápis de cor cinza-frio 90%.

4 Trabalhando com o misturador de marcador, aplique o lápis de cor a fim de criar um tom mais contínuo.

INTERPRETAÇÃO COLORIDA DO CETIM DRAPEADO **INTERPRETAÇÃO COLORIDA DO TAFETÁ DRAPEADO**

TAREFA 1

Para um desafio adicional, repita esses dois exercícios trabalhando com cores. Selecione com cuidado os valores dos marcadores para corresponder à cor do tecido (à esquerda). A cor do tecido serve como valor médio; um valor mais baixo (escuro) servirá para as sombras e um mais alto (claro), para as áreas iluminadas. Lembre-se de deixar o marcador secar entre as camadas.

Roupas com brilho

Suas observações sobre o drapeado vão ajudá-lo a predizer o padrão de luzes e sombras quando estiver fazendo o acabamento de roupas. Não apenas a figura vestida é uma forma mais complexa, como você também tem de observar como a forma do corpo encontra expressão na superfície das roupas. Formas salientes, como o busto e os quadris, ficam mais próximas da luz e são, portanto, lugares onde você vai encontrar áreas mais claras. As áreas mais claras também tendem a ocorrer onde a roupa tem contato mais próximo com o corpo. Numa figura caminhando, por exemplo, as áreas mais claras se formam nas partes dos membros que estão avançando. As sombras caem nas depressões das dobras e nas áreas mais distantes da fonte de iluminação. Ao analisar a figura dessa forma, você pode começar a predizer um padrão de sombras e luzes.

Como discutimos no Capítulo 6, quanto mais pesado for o tecido, maior o efeito da gravidade nos detalhes das roupas e na silhueta. Por exemplo, o cetim, um tecido flexível com um brilho suave, pode ser encontrado em uma variedade de pesos, dos crepes mais leves ao pesado cetim duchese. Também tenha em mente que, independentemente do tipo de tecido, um vestido vai parecer bem diferente se cortado no fio ou enviesado. A aparência de vários detalhes de roupas, como franzidos e godês, vai depender do peso, da flexibilidade e da propriedade refletora do tecido.

TAREFA 2

Observe fotos de moda para determinar as formas das sombras e das áreas claras de superfícies com brilhos "fortes" e "suaves" (à direita). Lembre-se de que a direção da fonte de luz varia de uma foto para a outra. Faça um diagrama das formas das áreas claras e das áreas sombreadas (o resultado final vai lembrar um desenho de colorir com números).

NOTA Ao trabalhar com o Photoshop, você pode usar as ferramentas "Superexposição" e "Subexposição" para criar os diferentes valores para sombras e realces. Se isso for feito em uma camada separada, essa camada pode ser duplicada para uma superfície mais refletiva.

▶ Os planos do corpo são expressos por meio da roupa – aqui, podemos observar como as áreas claras, os meios tons e as sombras se distribuiriam num vestido de cetim longo numa figura virada.

ÁREAS CLARAS **MEIOS TONS** **SOMBRAS** **ACABAMENTO**

COMO REPRESENTAR BRILHO CAPÍTULO 9

Tafetá branco *moiré*

Materiais necessários:

- Papel para marcador
- Lápis HB ou nº 2
- Marcador preto com ponta pincel ou chanfrada grossa
- Lápis de cor branco e cinza-frio 90%
- Caneta gel branca

Fazer o acabamento de roupas inteiramente brancas apresenta dificuldades específicas. Ilustrações de peças brancas podem parecer inacabadas sem a descrição de áreas claras e sombreadas. No entanto, se as sombras são colocadas pesadamente demais, a roupa não parecerá branca. Neste exercício, você vai fazer o acabamento de uma peça em tafetá branco de brilho mais "alto" com padrão *moiré*.

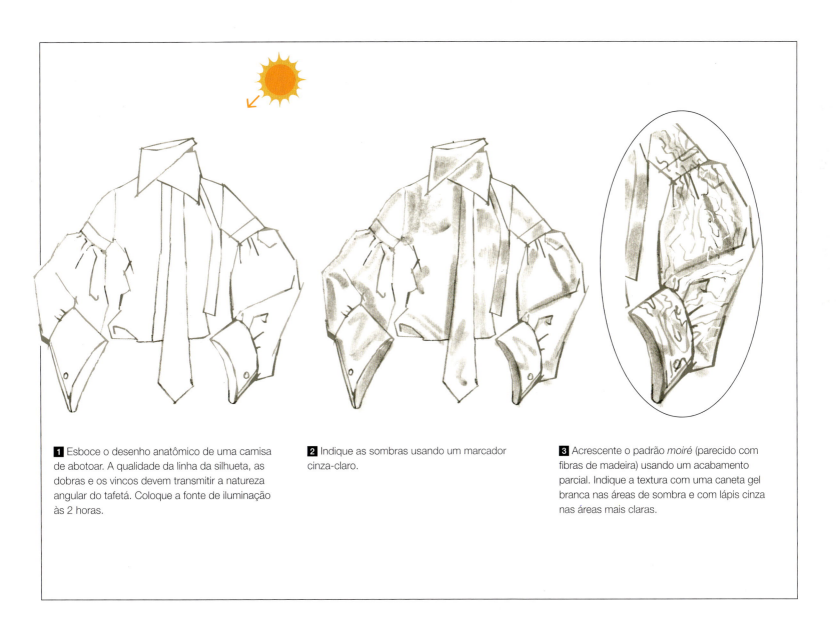

1 Esboce o desenho anatômico de uma camisa de abotoar. A qualidade da linha da silhueta, as dobras e os vincos devem transmitir a natureza angular do tafetá. Coloque a fonte de iluminação às 2 horas.

2 Indique as sombras usando um marcador cinza-claro.

3 Acrescente o padrão *moiré* (parecido com fibras de madeira) usando um acabamento parcial. Indique a textura com uma caneta gel branca nas áreas de sombra e com lápis cinza nas áreas mais claras.

Jérsei lustroso

Materiais necessários:

- Papel para marcador
- Lápis HB ou nº 2
- Marcadores vermelho e cinza 30%
- Marcador branco semiopaco
- Caneta gel branca

O jérsei, uma malha construída com laçadas semicirculares, costuma ser feito com fios de seda ou raiom brilhantes. As malhas têm bastante elasticidade, e, portanto, as roupas de jérsei podem ser usadas para modelar o corpo com o mínimo de pences e costuras. Desenhe e faça o acabamento da seguinte maneira:

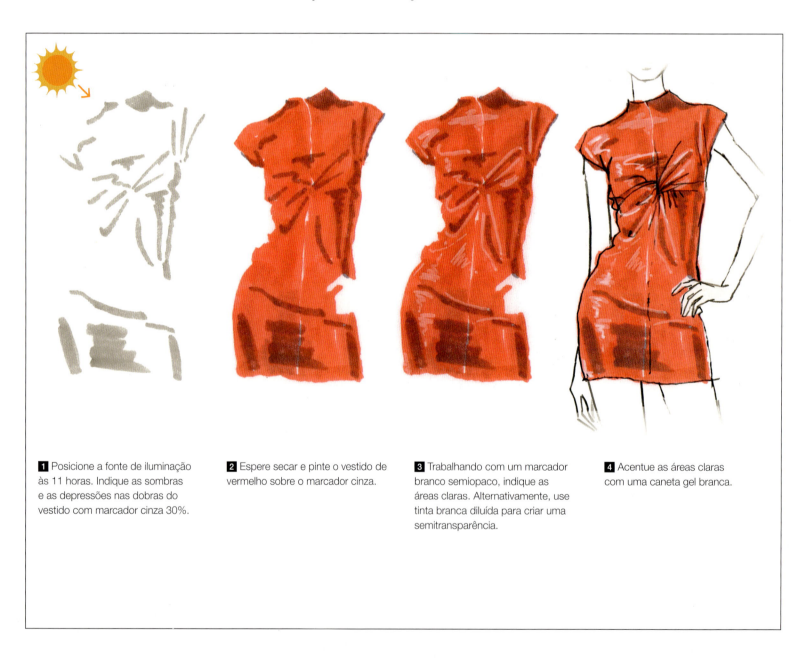

1 Posicione a fonte de iluminação às 11 horas. Indique as sombras e as depressões nas dobras do vestido com marcador cinza 30%.

2 Espere secar e pinte o vestido de vermelho sobre o marcador cinza.

3 Trabalhando com um marcador branco semiopaco, indique as áreas claras. Alternativamente, use tinta branca diluída para criar uma semitransparência.

4 Acentue as áreas claras com uma caneta gel branca.

NOTA Você pode trabalhar com uma fotocópia do seu desenho para experimentar diferentes técnicas de acabamento.

COMO REPRESENTAR BRILHO CAPÍTULO 9 333

Lamê dourado

Materiais necessários:

- Papel para marcador
- Lápis HB ou nº 2
- Marcador amarelo dourado e misturador
- Lápis de cor sépia

O lamê é um tecido plano ou de malha feito com fios metálicos. Embora existam vários marcadores e lápis metálicos no mercado, esses pigmentos são difíceis (se não impossíveis) de serem reproduzidos graficamente (impressoras a jato de tinta e fotocopiadoras não têm tinta metálica). Faça o acabamento das superfícies super-reflexivas usando uma mudança dramática de valores para áreas bem articuladas de sombras e de claridade. Pratique representar o lamê fazendo o acabamento do seu desenho da saia preguada do Capítulo 7 (ver p. 262). Estabeleça uma fonte de iluminação às 11 horas.

1 Aplique o marcador amarelo como o valor médio da saia. O alto brilho do tecido vai criar áreas claras bem articuladas, que serão deixadas brancas.

2 Use o lápis de cor sépia para indicar as sombras e as depressões das dobras. Trate cada prega como se fosse um cilindro.

3 Suavize o lápis de cor com o misturador para criar um tom mais contínuo. Você pode obter esse mesmo brilho para qualquer tecido metálico usando valores bem afastados – amarelo para ouro, cinza para prata, laranja para bronze e assim por diante.

NOTA Ao trabalhar no Photoshop, você pode usar um pincel duro e uma ferramenta de borrar da mesma forma que marcadores e misturadores.

Tafetá furta-cor

Fazendas brilhantes tecidas com fios de cores diferentes na urdidura e na trama têm uma cintilação iridescente nas áreas mais claras. Neste exercício, você vai fazer o acabamento de um vestido de tafetá **furta-cor** com cintura em V e saia rodada. Faça um desenho a lápis do vestido em papel para marcador. Trabalhando com uma amostra de tecido furta-cor, escolha dois marcadores (um de valor mais claro e um mais escuro da mesma cor) para o valor médio e as sombras. As áreas mais claras serão representadas por omissão. Um terceiro marcador de outra cor será usado para transmitir o toque de brilho iridescente. Posicione a fonte de iluminação às 11 horas.

1 Aplique o marcador de valor médio ao tecido, trabalhando uma forma de cada vez e deixando uma margem de branco em torno de cada uma para sugerir as áreas iluminadas.

2 Deixe secar e aplique o marcador mais escuro para as depressões e sombras.

3 Indique a cor do segundo fio aplicando marcador nas áreas claras.

Paetês

Materiais necessários:

- Papel para marcador
- Lápis HB ou nº 2
- Marcadores cinza 30% e 60%
- Caneta branca semiopaca
- Caneta gel branca

Neste exercício, você vai fazer o acabamento de um vestido de jérsei cinza fosco adornado com lantejoulas prateadas. É melhor simplificar com um acabamento parcial do paetê. Esboce um vestido de jérsei bem básico em uma figura feminina, em pose caminhando. Posicione a fonte de iluminação às 2 horas e faça o acabamento da seguinte maneira:

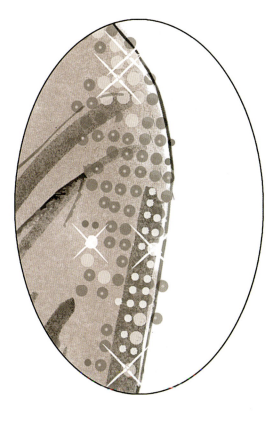

NOTA Você pode aplicar o mesmo princípio quando trabalhar no Illustrator ou no Photoshop, criando pincéis personalizados de dispersão para os brilhos e as lantejoulas.

1 Aplique o marcador para o valor médio e depois as sombras, dando um tempo adequado de secagem entre aplicações. Então use o marcador cinza 60% para indicar as lantejoulas como pequenos pontos esparsamente distribuídos nas áreas de valor médio.

2 Use a caneta branca semiopaca para indicar lantejoulas adicionais em áreas sombreadas. Por causa da transparência da caneta, os pontos vão parecer cinza-claro. Coloque alguns pontos esparsos nas áreas de valor médio.

3 Usando a caneta gel branca, coloque um pontinho branco no centro das lantejoulas e acrescente alguns "X" a caneta pela roupa para criar brilhos aleatórios.

336 PARTE III TÉCNICAS DE REPRESENTAÇÃO E ACABAMENTO

Xantungue

Materiais necessários:

- Cartão Bristol de 2 ou 3 camadas com acabamento de velino, ou papel para aquarela
- Lápis HB ou nº 2
- Guache
- Pincéis

O xantungue, que tem **neps**, reflete a luz e tem textura. Um acabamento parcial é em geral a melhor maneira de indicar textura. É só uma questão de usar um valor mais escuro para indicar a textura em áreas mais claras e, inversamente, um valor mais claro para indicar a textura em áreas sombreadas. Para finalizar o acabamento, os valores são invertidos para luzes e sombras espalhadas ao acaso. A seguir, você vai fazer o acabamento de um terno de xantungue usando tinta opaca à base de água – guache – e trabalhando com três valores, do claro para o escuro. Para evitar uma acumulação espessa de tinta, a camada de baixo deve ter uma consistência mais fluida que as demais. Coloque a fonte de iluminação diretamente acima da peça, às 12 horas.

1 Misture a tinta para chegar aos três valores da amostra de xantungue. Aplique rápida e uniformemente o valor mais alto (claro) sobre o terno todo.

COMO REPRESENTAR BRILHO CAPÍTULO 9 337

2 Espere secar e pinte o valor médio.

3 Acrescente sombras depois de deixar a segunda camada secar.

4 Indique os neps com um acabamento parcial, usando o valor médio nas áreas claras e o valor mais claro nas áreas de sombras.

Couro envernizado

Materiais necessários:

- Papel para marcador
- Lápis HB
- Marcadores preto e cinza 50%

O couro envernizado é uma das superfícies brilhantes mais refletoras. As áreas claras e de sombras são bem definidas e angulares. Os valores usados para representar o brilho são bem afastados. As sombras são pretas (o valor mais baixo possível), e as áreas claras são brancas (o valor mais alto possível). O tom médio é a cor da superfície. Neste exercício, você vai fazer o acabamento de botas de couro envernizado. Desenhe as botas com lápis HB sobre papel para marcador. Coloque a fonte de iluminação às 9 horas.

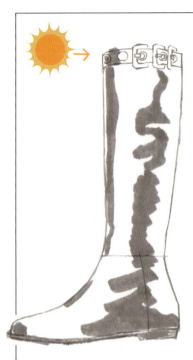

1 Aplique o marcador cinza 50% nas áreas bem definidas de valor médio.

2 Aplique o marcador preto nas áreas de sombra, prestando atenção para preservar as áreas bem definidas de branco para as luzes.

Enfeites metálicos

Materiais necessários:

- Papel para marcador
- Lápis HB ou nº 2
- Marcadores cinza 20%, 30% e 40%
- Marcador preto de ponta fina

A seguir, você vai fazer o acabamento de enfeites metálicos quadrados, muito comuns em jaquetas de motoqueiro e acessórios góticos ou *heavy metal*. Comece desenhando cinco quadradinhos e faça o acabamento da seguinte maneira:

NOTA Você pode seguir os mesmos passos detalhados aqui, trabalhando no Illustrator, e depois salvar a representação da tacha como um pincel personalizado e/ou uma amostra de padrão.

1 Pinte o fundo das formas quadradas dos enfeites metálicos.

2 Trabalhando com o marcador preto de ponta fina, desenhe uma moldura e um "X" no centro de cada quadrado.

3 Pinte como indicado com o cinza de valor médio.

4 Acrescente o valor da sombra com um marcador preto de ponta fina.

5 Complete desenhando uma segunda moldura dentro da primeira, usando um marcador preto de ponta fina.

COMO REPRESENTAR BRILHO CAPÍTULO 9 339

▶ Papéis texturizados podem ser usados para criar colagens, mas você deve tomar cuidado para dimensionar os padrões de modo que não fiquem grandes demais. Ilustração de Pierre-Louis Mascia.

NOTA Para uma representação digital rápida de couro texturizado no Photoshop, preencha uma seção com cor e então aplique os filtros "Ruído" e "Entalhe".

Couro e vinil texturizados

Tanto o couro de verdade como o falso vêm em geral com texturas que simulam a pele de um animal raro. A mesma abordagem usada para representar texturas brilhantes com marcador pode ser aplicada para fazer o acabamento de um padrão de cobra em relevo. Neste exercício, a fonte de iluminação será posicionada diretamente acima da peça, às 12 horas. Trabalhando com o desenho de um sapato alto em papel para marcador, siga as instruções:

1 Use três valores de marcador cinza: para as áreas claras, de valor médio e de sombra.

2 Trabalhando com um lápis de cor cinza frio 90%, indique o padrão nas áreas mais claras.

3 Trabalhando com um lápis de cor branco, indique o padrão nas áreas escuras.

4 Para finalizar o desenho, use caneta gel branca para fazer pontinhos claros aleatórios no centro de algumas escamas a fim de sugerir relevo.

ESPECIALIZAÇÃO: Acessórios

O design de sapatos, bolsas, cintos, luvas e óculos é um campo especializado, com diferentes mercados em cada categoria de produto. Existem sapatos e acessórios específicos para praticar esportes, para crianças, para noivas e assim por diante. Os acessórios valorizam e reforçam filosofias de design e podem ser a maior fonte de faturamento nos mercados de luxo. O comprador aspirante, para quem o preço das roupas de grife é normalmente fora de alcance, frequentemente investe num acessório de marca mais caro. Usadas diariamente, acredita-se que essas peças de investimento ajudam a elevar a aparência geral de quem as usa. Como bolsas, em particular, não precisam se adaptar à forma do corpo, tanto consumidores como estilistas tendem a vê-las como objetos de arte.

A fabricação de acessórios exige materiais próprios, como couro, pele de répteis, plásticos e tecidos supertecnológicos. As mesmas habilidades exigidas para desenhar e fazer o acabamento de roupas serão usadas para os acessórios. À medida que você evolui pelas várias fases do processo de criação, os desenhos vão se tornar cada vez mais focados – passando de vagos esboços conceituais para croquis refinados. Vistas explodidas costumam ser usadas para fornecer informações sobre peças específicas, adornos e detalhes de construção. Existem também muitos programas de CAD especializados em criar apresentações e **fichas técnicas**.

Quando for ilustrar um grupo de acessórios, procure usar uma proporção relativa e um pouco de perspectiva para as várias peças. Posicione o acessório com um grau de rotação que exiba melhor os elementos de design. Por exemplo, embora sapatos sejam em geral desenhados de perfil, alguns elementos característicos (como as solas vermelhas de Christian Louboutin) vão precisar de diferentes perspectivas e imagens ampliadas.

▲ ◄ *A criação de acessórios é inextricavelmente ligada à das roupas com as quais serão usados. Jonathan Kyle Farmer utiliza uma combinação inusitada de materiais (lese, renda e madeira) para o design desses sapatos criativos.*

▶ *Em muitos casos, roupas altamente funcionais e acessórios se tornam uma coisa só. Aqui, Jasmine Dominguez desenha uma coleção de acessórios para um deslocamento urbano. Ela fornece funcionalidade considerando o espaço pessoal limitado dentro do transporte público.*

COMO REPRESENTAR BRILHO CAPÍTULO 9 341

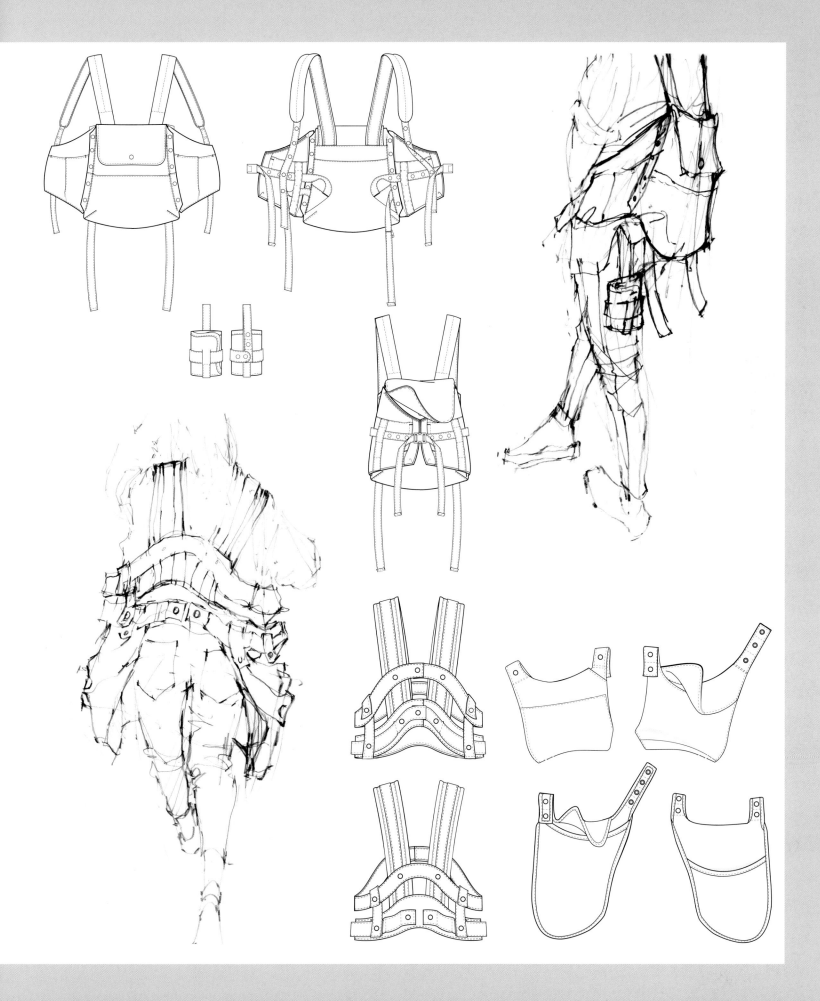

COMO REPRESENTAR BRILHO CAPÍTULO 9 343

◀ ▲ ▶ O nível de detalhes em desenhos de acessórios vai variar dependendo da fase do desenvolvimento do design. Aqui, esboços preliminares de Benyam Assefa.

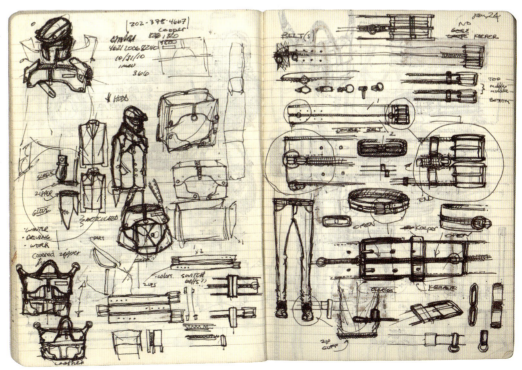

344 PARTE III TÉCNICAS DE REPRESENTAÇÃO E ACABAMENTO

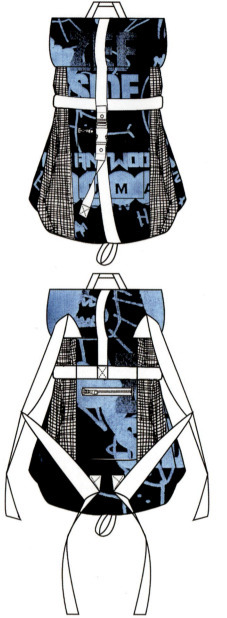
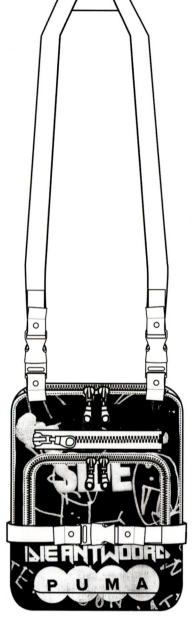

TAREFA 3

Voltando a uma de suas coleções de roupas anteriores, use a mesma inspiração para criar um pequeno grupo de acessórios coordenados. Sapatos, bolsas, cintos e outros acessórios devem ser coerentes com a filosofia de design, a estação e o público-alvo estabelecidos para as roupas. Quais detalhes de construção podem ser levados das roupas para os acessórios? Esses acessórios serão usados no dia a dia, em ocasiões especiais, ou para viajar? Quão duráveis os acessórios devem ser? Pense em incorporar enfeites decorativos desenhados especialmente para transmitir uma estratégia de marca por meio de diferentes categorias de produtos.

COMO REPRESENTAR BRILHO CAPÍTULO 9 **345**

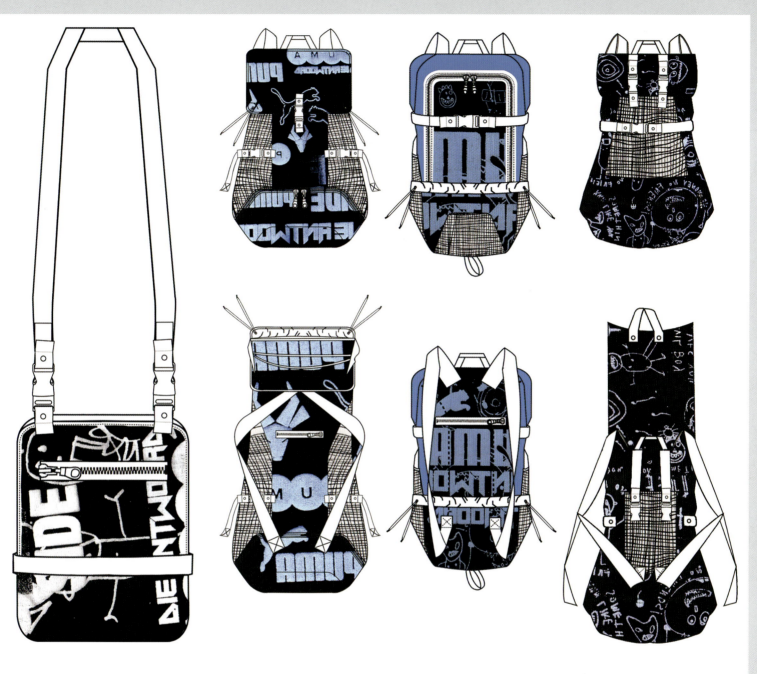

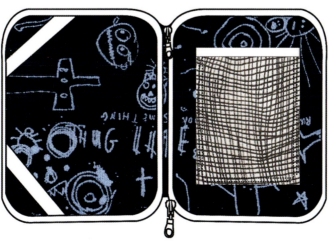

◄◄◄◄▲ *Assim como as roupas, os acessórios são desenhados com um público-alvo específico em mente. Imogine Brown inclui uma boa dose de funcionalidade em seus acessórios para homens jovens, com múltiplas perspectivas para transmitir o funcionamento de cada peça. O tamanho dos dispositivos móveis, que parece mudar com cada iteração, deve ser levado em consideração ao desenhar acessórios.*

346 PARTE III **TÉCNICAS DE REPRESENTAÇÃO E ACABAMENTO**

▲ ▶▶ *O design de acessórios pode ser uma extensão da filosofia do design de roupas. Aqui, a predileção de Flo Hughes por uma mistura extravagante de estampas (ver p. 382) transborda para seu design de acessórios.*

COMO REPRESENTAR BRILHO CAPÍTULO 9 347

348 PARTE III TÉCNICAS DE REPRESENTAÇÃO E ACABAMENTO

▲ A coleção de tênis de Gabrielle King é inspirada no design de acessórios de Niels Peeraer, com muitos dos elementos característicos traduzidos na forma de aviamentos. Ilustração de Stanley Bryant.

O pelo é removível, preso com fechos de metal.

Etiqueta do logo

Etiqueta

TAREFA 4

Muitas das grifes de luxo mais antigas começaram como pequenas lojas de artigos de couro, expandindo para roupas no final do século XX. Crie uma pequena coleção de prêt-à-porter inspirada em uma linha de acessórios, que inclua os mesmos elementos de design da marca, mas na forma de roupas.

COMO REPRESENTAR BRILHO CAPÍTULO 9 **349**

Glossário ilustrado de tecidos com brilho

CAPÍTULO 10
COMO REPRESENTAR TEXTURA

Este capítulo trata da representação de tecidos texturizados. Para começar, é importante parar e discutir brevemente os métodos usados para formar o tecido. O processo começa com as fibras, que são transformadas em fio e então usadas para fazer o tecido – em geral, por tecelagem ou entrelace de malhas, mas também por técnicas como feltragem, TNT (tecido não tecido), laminação ou outros meios de alta tecnologia. Malhas e tecidos muitas vezes são combinados em uma única peça de roupa, em que os tecidos fornecem uma estrutura estratégica e as malhas melhoram o caimento e o conforto.

À medida que você avança por este capítulo, tenha em mente que nada se compara a ver e tocar diferentes tecidos para entender completamente suas diferenças. Então, certifique-se de começar a construir um amplo banco de amostras desde o início.

◀ A incorporação de pontos de costura na ilustração de Tiffany Ju enfatiza e reforça seu conceito desconstruído de design.

▲ A representação extremamente detalhada a lápis de Laura Laine realça a textura da pele e também os longos cabelos da menina, detalhe que é marca registrada da artista.

352 PARTE III TÉCNICAS DE REPRESENTAÇÃO E ACABAMENTO

▲ Ilustrações de moda para os mais jovens devem ter muita atitude, transmitida aqui por meio de gestos e expressões faciais. Design e ilustração de Eri Wakiyama.

▶ Jisun Kim usa um papel colorido rústico, lápis e pastel para representar roupas de inverno texturizadas volumosas.

Texturas de tecido

O método mais comumente usado para a fabricação de tecidos sempre foi a tecelagem, uma técnica que aparece nas artes têxteis de quase todas as culturas indígenas. O tecido plano é formado pelo entrelaçamento de fios de **urdidura** (verticais) e de **trama** (horizontais). Existem muitas maneiras diferentes de entrelaçar os fios, cada uma resultando em um padrão diferente de ligamento, que produz textura. Os tecidos planos incluem tela, sarja e cetim. Os tecidos com acabamento de pelugem têm laçadas que podem ser cortadas ou preservadas. Os pelos salientes resultantes são chamados de **felpa**. Os tecidos planos apresentam grande variedade de pesos, categorizados pelo uso: tecidos de cima para casacos e paletós; tecidos de baixo para calças e saias; e bases de alfaiataria, que funcionam tanto para as peças de baixo como para as de cima.

◄ ▼ A textura é priorizada na coleção "myownasylum" de Abzal Issa Bekov para Hyères.

Texturas de tecido plano

Um tecido plano é construído a partir de um entrelaçamento simples dos fios, por cima e por baixo, que se cruzam em ângulos retos. Eles não têm felpa, embora possam ser ásperos, em razão do tamanho desigual dos fios. Tweeds, sarjas e cetins são todos tecidos planos.

Como representar lã texturizada

Materiais necessários:

- Papel para marcador
- Lápis HB ou nº 2
- Marcadores das cores dos tecidos, marcadores cinza 20%, 40% e 60% e um misturador incolor
- Lápis de cor e marcadores de ponta fina em valores mais claros e mais escuros da cor de base
- Amostras de peças de lãs coloridas lisas: crepe, lã de camelo, buclê e angorá

Faça o desenho planificado de quatro versões do mesmo paletó com uma qualidade de linha relativa, que expresse as quatro diferentes amostras de tecido. Então, faça o acabamento da seguinte maneira:

Crepe de lã

Comece estabelecendo a direção da fonte de iluminação e marque sombras suaves usando um marcador cinza. Como a lã tende a absorver a luz, não haverá grandes áreas marcadas de luz.

Rapidamente, pinte a peça com um marcador da cor da sua amostra. Escolha um marcador comum de ponta grossa ou chanfrada para uma cobertura rápida. Lembre-se de que cores transparentes podem ter uma aparência muito diferente quando passadas por cima de outra cor.

Lã de camelo

Siga os mesmos passos mostrados para o crepe de lã e, trabalhando com um lápis de cor marrom, indique a textura do tecido, evitando a linha de contorno a fim de sugerir dimensão; finalize o acabamento, suavizando o lápis de cor com o misturador incolor.

Buclê

Siga os mesmos passos mostrados para o crepe de lã e, então, usando um marcador de ponta fina de valor baixo, indique os fios retorcidos; usando um lápis de cor de valor alto, indique as áreas mais claras da estrutura de laçadas.

Angorá

Siga os mesmos passos mostrados para o crepe de lã e, usando um marcador de ponta chanfrada de valor mais baixo que a cor de base, indique as fibras peludas com traços para baixo. Use lápis de cor para os valores adicionais, mantendo uma única direção em todos os traços.

▲ *Para representar lãs lisas no desenho planificado, comece com um esboço que use uma qualidade de linha específica para o peso e a textura do tecido. Aqui, a mesma silhueta de blazer foi interpretada (da esquerda para a direita) em crepe de lã, lã de camelo, buclê e angorá.*

COMO REPRESENTAR TEXTURA CAPÍTULO 10 355

Lãs lisas na figura

Materiais necessários:

- Papel para marcador
- Lápis HB ou nº 2
- Marcadores cinza 20%, 40% e 60%
- Lápis de cor cinza-frio 90%
- Caneta gel branca

Para representar lãs lisas na figura, comece com um esboço a lápis que empregue diversas qualidades de linha para representar as diferentes superfícies do seu desenho. Por exemplo, a qualidade da linha usada para definir o rosto e as pernas deve ser bem diferente da usada para descrever a silhueta da roupa. Esboce um blazer de tweed e calças de flanela e faça o acabamento da seguinte maneira:

1 Estabeleça a direção da fonte de iluminação (aqui ela está às 2 horas) e indique sombras suaves usando o marcador cinza 20%.

2 Trabalhando em uma segunda folha de papel para marcador translúcido, colocada sobre o desenho, pinte com um valor escuro da cor do blazer. A cor vai sangrar através do papel sobre o desenho de baixo, criando um efeito de textura. Jogue fora o papel translúcido.

3 Pinte as duas peças aplicando o marcador de maneira rápida e uniforme. O blazer terá um valor de cinza mais baixo (escuro).

4 Indique a textura do tweed com um lápis de cor cinza 90% e caneta gel branca.

COMO REPRESENTAR TEXTURA CAPÍTULO 10 357

▶ *Tinta, lápis e imagens escaneadas são combinadas para dar um efeito inusitado a uma coleção criada e ilustrada por Kelly DeNooyer.*

5 Depois, passe para as calças de veludo cotelê:
a. Com um marcador cinza 50%, cubra as calças com a cor do fundo.
b. Indique as listras em relevo do cotelê com um lápis de cor cinza-frio 90%, usando traços verticais contínuos.
c. Passe o lápis de cor uma segunda vez em alguns segmentos do relevo para indicar a felpa do cotelê.

TAREFA 1

Trabalhando com pelo menos três tecidos lisos de lã diferentes (como buclê, feltro e gabardine), crie uma pequena coleção de alfaiataria coordenada. Quando fizer o acabamento final, leve em conta o peso, o corte (enviesado ou reto), a textura do tecido e seu efeito combinado sobre a silhueta. Você pode tentar fazer o acabamento de um conceito de design usando colagem (à esquerda). Folhas de adesivo para montagem de fotos servem bem para essa técnica. Lembre-se de que o processo de criação não termina necessariamente com a construção da peça; considere os elementos de pós-construção, como feltragem, tingimento, pregueamento, etc., os quais apresentam desafios adicionais para a representação.

Como representar jeans

O brim é um tecido de algodão durável com estrutura trançada de fios paralelos diagonais. Uma característica particular do jeans é que somente os fios de urdidura são tingidos e os fios de trama ficam em branco. Como resultado, a frente e o verso do tecido de brim são diferentes, e é por isso que a barra do jeans é branca. O centro dos fios de urdidura tingidos de índigo permanece branco e vai sendo revelado gradualmente com o uso, criando o visual desbotado característico do jeans. Lavagens da peça inteira são feitas para aumentar a maciez, reduzir o encolhimento e criar um aspecto de usado. O jeans não tratado ou "seco" tem seus entusiastas e é preferido por aqueles que adoram amaciar roupas, criando o ajuste direto no corpo.

COMO REPRESENTAR TEXTURA CAPÍTULO 10 359

▲ A coleção de Anna Hae Won Lee traz uma mistura de jeans "seco" e lavado.

◀ Inspirada em roupas de trabalho e nos milharais do Iowa, Taylor Ormond usa aquarela para uma apresentação criativa de sua coleção de jeans.

PARTE III TÉCNICAS DE REPRESENTAÇÃO E ACABAMENTO

Como representar tecido com acabamento em pelugem e pele

O tecido com acabamento de pelugem tem laçadas, cortadas ou não cortadas, que produzem a superfície do tecido. Alguns exemplos são: veludo, *plush*, tecido atoalhado, aveludado e cotelê. Esses tecidos podem ser manipulados com relevos e tintura saturada para produzir texturas que imitem pelo de animal curto, longo e enrolado. Peles de luxo vêm em cores vibrantes e estampas e podem ter aparência de tecido. Por exemplo, peles coloridas são montadas para simular camuflagem, e o mesmo visual pode ser interpretado em técnica de intársia, com pele falsa de raposa em acrílico. As bainhas de pele falsa muitas vezes são modeladas para parecer uma pele específica de animal. Efeitos de pelo também podem ser obtidos por técnicas de feltragem (ver p. 369).

◀ Aqui, uma representação ostentosa de pele com material molhado, por Yoyo (Lin) Han para Saga Furs.

▲ As peles podem ser cortadas, torcidas e alteradas de formas não convencionais. Novas técnicas inovadoras, como intársia e "pele em tecido", permitem um uso versátil o ano inteiro.

COMO REPRESENTAR TEXTURA CAPÍTULO 10 361

▼ ▶ *A colocação de "pele em tecido" permite um caimento mais fluido e a criação de padrões gráficos e felpudos. Design e ilustração de Chris Lee.*

▲ Os esboços de desenvolvimento de design de Anna Hae Won Lee trazem ricos detalhes para uma mistura inovadora de peles de pelo curto e longo com bordados.

◂ Acessórios divertidos e luxuosos por Chris Lee.

Veludo e jeans

Materiais necessários:

- Papel para marcador
- Lápis HB ou nº 2
- Marcadores marrom e azul-claro de dois valores cada um
- Lápis de cor índigo

Neste exercício, você vai trabalhar com uma combinação de tecidos com muito e pouco brilho ao coordenar um blazer de veludo elegante com jeans desgastados. Desta vez, você vai representar as áreas claras do veludo com um marcador de valor mais alto que a cor de base. Desenhe um blazer com abotoamento simples e gola-xale, camisa e jeans numa figura masculina caminhando. Posicione a fonte de iluminação à 1 hora. Faça o acabamento da seguinte maneira:

1 Aplique a cor de base sobre o blazer, deixando uma boa margem branca junto às bordas dos elementos da roupa e da silhueta, e levando em conta a direção da luz. Espere secar.

2 Usando um marcador de valor mais alto (claro), indique as áreas iluminadas nas margens. Deixe que o marcador mais claro funcione como um misturador; a mescla das duas cores vai criar áreas difusas de claridade.

3 Aplique um marcador azul-claro à camisa e às calças.

4 Usando um lápis de cor índigo, indique as sombras e as variações da cor no jeans (as áreas usadas/desgastadas do brim terão uma cor mais clara). Coloque uma superfície texturizada sob o papel de modo que o lápis capture o relevo.

Texturas de malha

Podemos diferenciar uma malha de um tecido plano determinando a direção em que eles esticam. Os tecidos planos normalmente só esticam na diagonal, ao passo que as malhas também esticam para os lados e/ou para cima e para baixo. É a estrutura criada pelas laçadas a responsável pela elasticidade nos tecidos de malha. As combinações de pontos de tricô formam um número aparentemente infinito de padrões de textura. Como as malhas são feitas de um fio contínuo de estrutura trançada, elas podem facilmente se desfiar ou se desfazer. A espessura do fio e o tamanho das agulhas determinam a tensão (número de pontos por centímetro). O tecido tricotado em máquina, conhecido como jérsei, vem em peças ou rolos e é usado para produzir roupas customizadas. Malhas em modelagem *fully-fashioned* são produzidas tricotando-se à mão ou à máquina partes pré-moldadas da peça. Você pode identificar uma malha *fully-fashioned* pelas marcas criadas pelo aumento e pela diminuição de pontos que dão forma à roupa. Existem também malhas sem costura produzidas com modelagem 3D e estruturas complexas de design de malharia usando processos digitais de alta tecnologia.

COMO REPRESENTAR TEXTURA CAPÍTULO 10 365

Como representar malhas com textura

As características do fio são importantes para determinar a superfície de uma malha. Os fios podem ser finos ou volumosos, lisos ou ásperos, torcidos de forma apertada ou solta. Diferentes pesos, cores e texturas podem ser misturados para obter diferentes efeitos. Por exemplo, uma textura mesclada pode ser obtida torcendo-se diferentes fios coloridos juntos. O mesmo estilo pode parecer totalmente diferente quando interpretado em diferentes fios. Alguns estilistas, como Sandra Backlund, usam técnicas de tricô tridimensionais para criar formas esculturais exageradas, ao passo que outros, como Mark Fast, usam delicados tricôs à máquina para criar roupas justas.

◀ ▶ *Os esboços de design preliminares de Elizabeth Bastian (nesta página e na página anterior) trazem uma representação divertidamente vaga de diversos pontos de tricô e ornamentos. O conceito é desenvolvido posteriormente e reforçado por desenhos planificados detalhados.*

366 PARTE III **TÉCNICAS DE REPRESENTAÇÃO E ACABAMENTO**

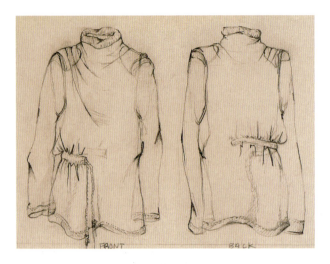

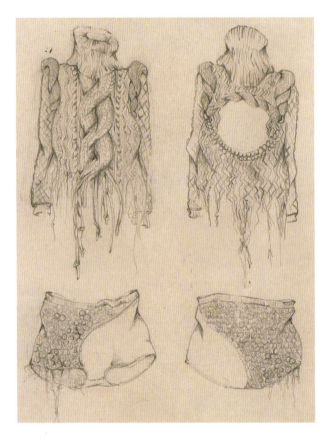

▲ A coleção de malharia de Taylor Ormond inclui jérsei leve para peças customizadas (acima), além de malha para suéteres (abaixo).

▶ As tranças talvez envolvam o trabalho de pontos mais dimensional, com técnicas usadas para conseguir superfícies de corda (torção), corrente (aparência de elos) e trança. As tranças podem ser construídas para posicionamento isolado, mas também aparecem como uma textura contínua. Design e ilustração de Niloufar Mozafari.

COMO REPRESENTAR TEXTURA CAPÍTULO 10 **367**

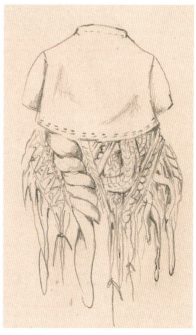

◀ ▲ *A ilustração incrivelmente detalhada de Lantomo de um suéter (à esquerda) sugere um trabalho a partir de uma foto ou modelo vivo. A estilista Taylor Ormond trabalha inteiramente a partir de sua imaginação e, portanto, precisa contar com conhecimento/memória de construção de tricô. Seus esboços (acima) são mais impressionistas por necessidade.*

368 PARTE III TÉCNICAS DE REPRESENTAÇÃO E ACABAMENTO

▲ Ao criar malha para suéter, pode ser útil alternar entre abordagens 2D e 3D. Design e ilustração de Jisun Kim.

TAREFA 2

Crie uma pequena coleção de malha para suéter. Como parte de seu desenvolvimento preliminar de design, explore volume e forma drapeando malhas ou um suéter desconstruído em um manequim. Experimente diferentes pesos. Esboce e/ou fotografe diversas iterações, então exporte para o Photoshop para maior manipulação. Imprima e finalize esboçando revisões em uma folha de decalque. Em seguida, reinterprete as diversas silhuetas como malhas para peças customizadas.

Feltro

Assim como a tecelagem, a feltragem é também uma técnica antiga para a fabricação de tecido. O feltro é produzido emaranhando e prensando fibras de lã para formar a estrutura do tecido. Existem processos molhados e também feltragem com agulha "seca", em que minúsculas agulhas farpadas emaranham as fibras. A feltragem "Nuno" é uma técnica usada para unir fibras soltas, geralmente lã, em um tecido diáfano como gaze de seda, criando um feltro leve. Várias camadas de fibra solta são combinadas para desenvolver cores, texturas e/ou elementos de design no tecido finalizado.

> **TAREFA 3**
>
> Em algumas práticas profissionais, o trabalho do designer têxtil e do estilista de moda é o mesmo. Considere criar alguns (ou todos) dos seus próprios tecidos para uma coleção esportiva, que inclua tecidos texturizados, malhas e feltros. Você pode também usar técnicas de feltragem Nuno para unir os pedaços de diferentes padrões em uma única peça customizada.

▼ ▶ *A coleção final de Victoria Cumming inclui uma exploração abrangente de tecidos.*

ESPECIALIZAÇÃO: Roupas de inverno

As roupas de inverno para mulheres, homens e crianças são um segmento importante da indústria da moda. As categorias incluem roupas de design, casuais e esportivas. A estação mais movimentada é a do outono/inverno, embora também haja um trabalho para capas de chuva na primavera. No passado, quando o código de vestir era mais formal, os casacos eram concebidos em conjunto com os ternos. Depois da Segunda Guerra Mundial, quando o tempo de lazer aumentou e o estilo de vida se tornou mais ativo, o mesmo aconteceu com as roupas. Os excedentes do exército, que originalmente eram a única opção para os esportes de inverno, foram rapidamente substituídos por um vestuário mais "técnico" e por peças criadas especificamente para os esportes. Desde então, iniciou-se uma mistura entre a moda e o vestuário esportivo. Os sobretudos formais, criados para serem coordenados com ternos, ainda têm lugar na moda, mas casacos mais esportivos, emprestados dos esportes, são mais comuns agora.

Considerações de design para roupas de inverno

Acima de tudo, as roupas de inverno são concebidas para manter as pessoas aquecidas e secas. Casacos podem ser longos, médios ou curtos. Como as roupas de inverno são usadas cotidianamente nos climas frios, sobretudos precisam combinar com as várias peças que serão usadas debaixo deles (pense no impacto que isso tem sobre cor e silhueta). Os casacos devem ser fáceis de colocar e tirar. Zíperes e botões têm de ser colocados onde podem ser facilmente alcançados (não abaixo do joelho ou nas costas da peça, por exemplo). Existem muitas outras decisões de design a serem tomadas, como a escolha dos tecidos externos, do forro, do enchimento, do isolamento térmico e dos tratamentos para o tecido (como laminação para proteger contra a água).

A criação de peças de design costuma ser inspirada em roupas militares (o casaco de batalha ou o trench coat), em roupas industriais (casacos usados pelos trabalhadores de serviços médicos ou bombeiros) e na cultura rebelde (a jaqueta de motoqueiro Perfecto usada por Marlon Brando no filme *O selvagem*). O estilo das ruas tem também grande influência.

COMO REPRESENTAR TEXTURA CAPÍTULO 10 371

▼▲ A apresentação de Rachel James para sua coleção de roupas atléticas inclui informações em profundidade sobre tecido, aviamentos e detalhes da peça.

◄► Peças com drapeados e relevos podem ser perigosas quando usadas para praticar esportes na neve. Aqui, a estilista Angela Lee usa estampas distintivas, que podem ser vistas de longe, para adornar as roupas de maneira segura. (Mais informações sobre estampas no Capítulo 11.)

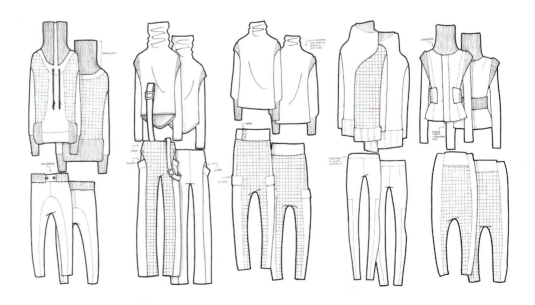

Recentemente, um dos desenvolvimentos mais significativos nas roupas esportivas de inverno foi a substituição das jaquetas pesadas e volumosas por sistemas de camadas. Como uma alternativa para os visuais excessivamente quentes, com cara de boneco Michelin, jaquetas mais leves estão sendo criadas para múltiplas condições climáticas; elas podem ser usadas com capas à prova de água levíssimas e dobráveis. As silhuetas, agora próximas do corpo, usam tecidos com elasticidade para permitir um caimento mais justo e amplitude de movimento, além de serem mais resistentes. Roupas "inteligentes" incorporam tecnologia à estrutura do tecido, como é o caso das lãs sintéticas polares aquecidas, fibras prateadas antimicrobianas, fibras óticas e GPS, por exemplo. Elementos como painéis solares podem ser usados para coletar e fornecer energia para pequenos equipamentos eletrônicos. Variações de tecido em uma única peça aprimoram a funcionalidade (como um tecido impermeável para a parte de trás da pala, tecidos elásticos para os painéis laterais e resistentes ao vento na frente).

Apesar da influência do mercado de roupas esportivas sobre a moda, existem diferenças significativas entre elas. Para as roupas casuais, os estilistas trabalham com uma perspectiva de moda, e as decisões de concepção podem ser mais arbitrárias. A criação de roupas esportivas (também chamadas de técnicas), no entanto, exige que a forma se adapte mais à função (a jaqueta será usada para praticar *snowboard*, esqui, esportes de equipe, etc.?). O que funciona para a moda pode não ser adequado para o vestuário esportivo. Por exemplo, desconstrutivismo e costura aleatória podem ser elementos de design bem interessantes para a moda, mas não funcionariam para esportes, pois cada costura cria uma oportunidade para vento, frio e chuva penetrarem na roupa. Elementos drapeados e adornos salientes comprometem a aerodinâmica e criam riscos para esportes ativos, por isso é importante minimizar costuras usando novas tecnologias, como a laminação, a microcostura e a soldagem com ondas de rádio.

▶ *Texturas e padrões podem ser desenvolvidos no Photoshop, no Illustrator ou em um sistema proprietário de CAD como U4ia. Design e ilustração de Rachel James.*

▶▶ *Devem-se considerar com cuidado os aviamentos e os acabamentos de roupas de inverno. Design e ilustração de Zehra Asma Naqvi.*

TAREFA 4

Crie uma pequena coleção de roupas esportivas coordenadas (esta página e página ao lado). Os acabamentos devem ser apoiados por desenhos planificados de frente e de costas, que mostrem vistas ampliadas de importantes detalhes de construção. Para realizar o acabamento dos tecidos, use amostras ou trabalhe baseando-se no glossário ilustrado das pp. 374-375. Você pode incorporar tecidos e elementos técnicos se sua coleção for voltada para o mercado mais ativo.

Desafios para ilustrar roupas de inverno

Tanto as roupas de inverno atléticas como as do dia a dia serão usadas sobre outras peças de vestuário, e é papel do ilustrador representar o volume. Procure ilustrar com precisão as costuras. Como mencionado, podem ser usados múltiplos tecidos em uma única peça e deve-se atentar para distinguir cada um deles. Os desenhos de roupas de inverno podem ser bastante técnicos por causa das muitas funcionalidades e elementos de design. As figuras devem receber o apoio de desenhos planificados detalhados, especificando o tecido externo, o enchimento, o isolamento e os aviamentos (como cordões, zíperes e debruns). Para as roupas esportivas, poses atléticas podem ser usadas para transmitir a funcionalidade das peças e a prática do esporte; mas certifique-se de que suas poses não sejam ambiciosas demais e que não escondam detalhes importantes de construção ou design. Um cenário pode ser usado para sugerir uma narrativa e um contexto. Em certos casos, roupas de alta tecnologia podem ir literalmente além da imaginação. Por exemplo, embora um casaco volumoso possa não ser a melhor escolha quando comparado a uma silhueta justa de alta tecnologia, ele pode ser visto por consumidores como o que fornece melhor proteção contra o frio do inverno. É papel do ilustrador comunicar aos consumidores a funcionalidade dos novos elementos que, em muitos casos, não são visíveis.

Glossário ilustrado de tecidos com textura

COMO REPRESENTAR TEXTURA CAPÍTULO 10 375

CAPÍTULO 11
COMO REPRESENTAR ESTAMPAS

Este capítulo trata de como representar tecidos com padrões, os quais podem ser produzidos por meio de uma variedade de técnicas, como estampas, tecelagem, aplicação, bordado e tricô. Um padrão é considerado como de **fio tinto**, quando a cor é colocada nos fios antes da construção do tecido. Você pode distinguir entre padrões estampados e tecidos com fios tintos checando o avesso da amostra. Se o padrão aparece apenas de um lado, ele é provavelmente impresso – embora estampas com cores muito saturadas possam sangrar para o avesso do tecido. Camisas havaianas, por exemplo, costumam ter estampas no avesso também, para simular as cores lavadas pelo sol usadas pelos surfistas.

Motivos

Uma estampa é composta de um motivo, como uma flor ou uma figura geométrica, e uma cor de fundo. A escala do motivo e a maneira como ele se repete são os elementos-chave do design. A densidade da distribuição dos motivos também vai variar de acordo com o design. Alguns dos inúmeros tipos de motivos incluem os geométricos (listras, bolinhas e estrelas, por exemplo), os de animais (oncinha, zebra, tigre e pele de cobra) e os florais. Existem cenas pastoris com desenhos delicados conhecidas como *toile de jouy* (estampa francesa). Os motivos também podem ser abstratos, como as formas de bumerangue comuns nos anos 1950. Estilistas costumam incorporar motivos étnicos, como os africanos, o batique e o *paisley*, em suas peças. Também é possível criar uma estampa a partir de uma imagem licenciada (Hello Kitty ou qualquer outro personagem). Algumas estampas decorativas, que mostram motivos inusitados, costumam ser chamadas de **fantasia**. Estampas fotográficas e digitais são criadas com tecnologia de reprodução gráfica. Alguns exemplos dos diferentes tipos de motivos estão no glossário ilustrado de tecidos estampados no final deste capítulo.

▶ *Aqui, Vivienne Westwood usa uma mistura de* argyle, *xadrez e padrão Fair Isle.*

◀ *A representação dimensional das flores amarelas por Tara Dougan ajuda a distinguir as decorações em aplique de estampas.*

Posicionamento

Existem três categorias básicas de tecidos estampados, que têm por base o posicionamento dos motivos. A estampa contínua apresenta motivos distribuídos por toda a metragem. As estampas localizadas exigem um posicionamento específico dos motivos na peça de roupa. Os moldes são, em geral, cortados e estampados antes da construção da roupa. Uma camiseta com uma grande imagem centrada no peito é um bom exemplo de uma estampa localizada. As estampas de borda são um tipo específico de estampa localizada, nas quais os motivos se posicionam nos limites do tecido. Ao construir a roupa, os motivos geralmente se posicionam na barra inferior de camisas, calças e saias.

▲ Uma camiseta estampada em serigrafia é a forma mais básica de estampa localizada. Ilustração de Jenny Williams.

▶ O estilo de desenho decorativo de Daisy de Villeneuve funciona bem para a ilustração de moda e o design de superfície.

COMO REPRESENTAR ESTAMPAS CAPÍTULO 11 **379**

◀ *Saias e calças com estampas de borda na barra podem ser encurtadas apenas pela manipulação da costura da cintura ou então cortando e recosturando a parte de baixo. Ilustração de Jiiakuann.*

◀ *Listras fortes localizadas são os elementos-
-chave do design neste croqui de Nina Donis.*

Repetições

Uma estampa costuma começar com um desenho ou uma imagem digital. Essa imagem deve ser replicada muitas e muitas vezes no tecido. Para obter uma repetição contínua, os designers de superfície devem criar um motivo ou um grupo de motivos para serem repetidos. Algumas repetições são aleatórias, outras seguem uma direção. Os tecidos de decoração costumam ter repetições que seguem uma única direção, enquanto tecidos para a moda em geral têm repetições não direcionais, para permitir um uso mais eficiente da metragem. Os sistemas de repetição incluem:

UMA DIREÇÃO

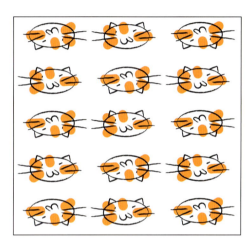

DUAS DIREÇÕES

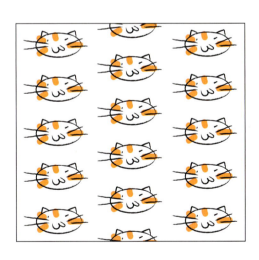

DESLOCAMENTO VERTICAL INTERCALADO

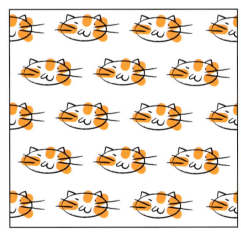

DESLOCAMENTO HORIZONTAL INTERCALADO

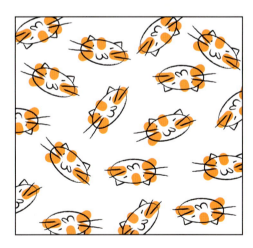

IRREGULAR

NOTA As repetições são facilmente criadas de forma digital no Photoshop pelo filtro "Deslocamento", e no Illustrator com o painel "Opções de padrão".

Estampas

Para representar uma estampa, você deve primeiro capturar o estilo do desenho. Se a estampa tiver um aspecto de pintura, faz sentido usar tinta. Estampas digitais vão exigir algum tipo de reprodução gráfica (a impressão de uma cópia da estampa pode ser reduzida para se adequar à escala e ser incorporada à ilustração como colagem). O estilo de um design têxtil deve ser também filtrado pelo seu estilo pessoal de desenho. Uma interpretação mais livre é preferível: estilize a estampa assim como você faria com a figura. Lembre-se de que uma representação muito detalhada pode esconder detalhes de construção que caracterizam o design da roupa. Estabeleça uma hierarquia, priorizando silhueta, detalhes de construção ou tecido conforme a necessidade do design. O *briefing* do cliente é o que ditará a quantidade de detalhes exigida.

Teste uma variedade de técnicas para descobrir seu jeito único de representar estampas. Use vários materiais para roupas com múltiplas texturas e padrões. É preciso ter uma estratégia para combinar técnicas secas e molhadas, assim como materiais opacos e transparentes. Escolha materiais que transmitam a textura da superfície e a opacidade do tecido. Certifique-se de que a combinação de materiais seja de fato compatível (por exemplo, um marcador não funcionará bem sobre uma aguada).

A boa representação de estampas começa com uma amostra de tamanho adequado, que dá uma ideia do sistema de repetição dos motivos.

◀ Flo Hughes conta com uma mistura extravagante de estampas em todas as suas coleções. Aqui, um acabamento primoroso que usa uma combinação de trabalho manual e digital.

▲ Bryan Conway usa técnicas digitais para representar padrões e ornamentos para silhuetas ajustadas de proporções modificadas.

Para determinar o tamanho do motivo em relação ao corpo, prenda a amostra em um manequim, em uma peça de roupa ou em seu corpo. Quantas vezes você veria o motivo se repetir ao longo da linha dos ombros? Quantas vezes ele se repete em todo o tronco? A relação deve ser reproduzida em sua ilustração.

Como a escala da ilustração será bem menor que o tamanho da amostra, será necessário diminuir o tamanho do motivo e simplificá-lo. Isso é chamado de "reduzir uma estampa". Afaste-se pelo menos 1,5 metro da amostra para predizer como ela vai ficar quando reduzida; elimine da representação o que não conseguir ver dessa distância. Você também pode escanear ou fotocopiar a estampa a 25% do tamanho original para ter uma ideia de como ela vai ser vista na ilustração, isso pode ser usado como um guia aproximado. Se optar por fazer uma representação parcial em um esboço de desenvolvimento ou não quiser que a estampa esconda os detalhes de construção, uma cobertura de 70% é uma boa regra. Siga as curvas do corpo, mas cuidado para não passar a impressão de uma estampa localizada.

O planejamento, que é essencial para uma representação livre, pode ser feito com um lápis duro aplicado diretamente sobre o desenho ou num esboço separado, que será pintado sob o desenho e visto através de uma mesa de luz. Essa última opção tende a dar melhor resultado – pois o desenho e as cores ficam mais limpos. O plano para o posicionamento da estampa deve refletir a construção da peça. Primeiro determine o fio do tecido (e, portanto, a direção da estampa) a ser usado nas diferentes partes da roupa. Então, centralize um motivo predominante sobre o corpo da roupa, assim como nas peças da gola, bainha, mangas e aba do bolso. O erro mais comum quando se representam estampas é trabalhar de um lado da roupa para o outro – você acaba com um posicionamento estranho do motivo, uma indicação de má concepção da peça. Em vez disso, você deve começar no centro da frente e trabalhar de dentro para fora. À medida que desenha os motivos, procure manter a escala e a distribuição em harmonia com a repetição, o movimento do corpo e o caimento da peça.

384 PARTE III TÉCNICAS DE REPRESENTAÇÃO E ACABAMENTO

Listras de duas cores

Materiais necessários:

- Papel para marcador
- Lápis HB ou nº 2
- Marcadores da cor da amostra de tecido e da camiseta, e cinza 20%
- Amostra de tecido listrado

Neste exercício, você vai representar listras horizontais de duas cores. Esboce uma figura virada usando uma camiseta e calças saruel. Estabeleça a direção da fonte de luz e, usando o marcador cinza 20%, marque as sombras e as dobras do tecido. Trabalhando com sua amostra, determine a escala das listras em relação à proporção do desenho. Você pode fotocopiar a amostra para uma escala reduzida e usar a cópia como uma referência visual – mas não decalque!

1 Posicione a listra principal no centro vertical da roupa (logo acima do gancho). Se possível, desenhe essa listra com uma única traçada do marcador.

2 Trabalhando para cima e para baixo, continue a desenhar as listras seguindo o contorno do movimento do tecido e ajustando a inclinação de cada listra conforme o movimento do corpo e o caimento do tecido.

COMO REPRESENTAR ESTAMPAS CAPÍTULO 11 385

Camiseta estampada

Você vai completar a ilustração acrescentando uma estampa localizada na camiseta. Quando o estilo de uma estampa é difícil de capturar, colar uma fotocópia ou impressão do computador dá melhor resultado:

1 Escaneie ou fotocopie o desenho da estampa. Reduza a imagem para o tamanho apropriado do seu desenho e imprima em papel para marcador.

2 Traçando a forma exata da figura, desenhe a silhueta do corpo da camiseta em torno da imagem.

3 Pinte o fundo e corte a forma da camiseta como se fosse uma boneca de papel.

4 Trabalhando com um adesivo permanente, como o *rubber cement*, cole a camiseta de papel sobre a ilustração.

Listras de várias cores

Materiais necessários:

- Papel-pergaminho Bristol de duas camadas
- Lápis HB ou nº 2
- Guache e pincéis
- Amostra de tecido listrado de várias cores

A seguir você vai desenhar listras largas de várias cores e espessuras. Como se pode ver no diagrama abaixo, um dos elementos de design do vestido será o uso multidirecional das listras.

Desenhe uma figura caminhando com um vestido longo com cintura império e barra em pontas. Talvez valha a pena fazer um esboço preliminar em papel vegetal e, então, usando uma mesa de luz, redesenhar a figura no papel-pergaminho. Trabalhando com guache, misture as tintas para combinar as quatro cores das listras. Antes de começar a fazer o acabamento, determine a escala e o posicionamento das listras em relação à proporção do seu desenho. Comece com o posicionamento vertical da listra mais proeminente perto do centro da frente e, então, trabalhe para baixo. Indique a linha horizontal mais proeminente no centro do vestido e trabalhe para cima e para baixo. Ao marcar a estampa, procure usar uma mão leve, já que essas linhas serão apagadas, portanto é importante não serem confundidas com costuras. A maneira como você desenha as listras deve refletir o caimento do tecido e o movimento do corpo. Certifique-se de que a ordem e a largura das diferentes barras de cores permaneçam constantes na repetição.

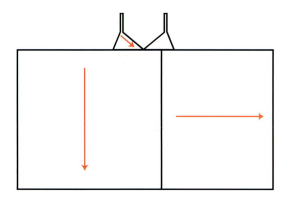

▲ *Determine o fio do tecido para cada peça do molde e marque a estampa.*

NOTA Para pintar listras e xadrezes, é extremamente útil trabalhar com um pincel chato ou com marcador de ponta chanfrada, cuja largura da pincelada se aproxima da largura da listra.

1 Trabalhando com lápis, localize as costuras importantes do vestido.

2 Pinte a listra vertical central.

COMO REPRESENTAR ESTAMPAS CAPÍTULO 11 387

3 Trabalhando de dentro para fora, pinte as outras listras verticais; a pintura de cada listra adjacente deve secar antes que você comece a pintar a próxima.

4 A seguir, pinte a listra horizontal mais proeminente.

5 Pinte as outras listras horizontais, trabalhando para cima e para baixo. Complete adicionando as sombras criadas pelas dobras; intensifique os contornos, se necessário.

388 PARTE III **TÉCNICAS DE REPRESENTAÇÃO E ACABAMENTO**

Estampa floral

Materiais necessários:

- Papel para marcador
- Lápis HB ou nº 2
- Marcadores das cores da amostra do tecido e cinza 20%
- Lápis de cor 90%
- Amostras de tecido floral

Criar com tecidos estampados costuma envolver a manipulação da estampa. Uma **ficha técnica de estamparia**, que apresenta a repetição completa dos motivos e uma descrição precisa das cores (por meio de quadradinhos coloridos), costuma incluir uma substituição de cores sistemática para uma paleta alternativa ou complementar. Neste exercício, você vai recolorir uma estampa floral e representá-la na roupa. Desenhe a figura de uma menininha numa pose relaxada usando um conjuntinho de *shorts* e regata. Faça o acabamento da seguinte maneira:

TAMANHO REAL E PALETA DE CORES ORIGINAL

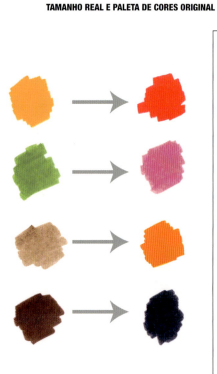

▲ *Substitua sistematicamente cada uma das cores da estampa.*

1 Pinte as sombras criadas pelas dobras do tecido e pelo movimento do corpo. Esboce a estampa vagamente, começando pelo motivo mais proeminente, posicionado no centro da frente.

2 Complete o posicionamento da estampa, trabalhando de dentro para fora.

3 Pinte os motivos com os marcadores das cores novas, trabalhando do claro para o escuro e deixando uma margem branca fina nas bordas da roupa para sugerir dimensão. Reforce os contornos.

Estampa *paisley*

Materiais necessários:

- Papel-pergaminho Bristol de duas camadas
- Lápis HB ou nº 2
- Guache e pincéis

A seguir, você vai representar um padrão *paisley* de fundo escuro. Trabalhando a partir da imagem da amostra de tecido fornecida, determine a escala da estampa em relação ao tamanho do seu desenho. Desenhe a figura de uma menina usando uma jaqueta transpassada com cintura império, coordenada com uma blusa de babados e jeans. Trabalhando a lápis, crie um plano para o posicionamento da estampa. Misture o guache para encontrar as cores que combinam com os motivos e o fundo. A cor do fundo será mais fácil de trabalhar se for um pouco transparente; portanto, dilua a tinta quanto puder sem mudar seu valor (precisa parecer marrom-escura). Acrescente um pouco de branco às cores claras para aumentar a opacidade. Comece o acabamento da seguinte maneira:

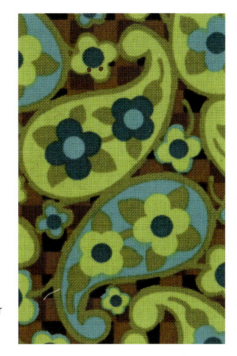

TAMANHO REAL

1 Pinte a peça toda de marrom. Idealmente, seu plano da estampa feito a lápis no fundo deve poder ser visto. Você também pode trabalhar com um guia da estampa colocado sob o desenho, que pode ser visto com uma mesa de luz.

2 Deixe secar e acrescente as cores dos motivos, trabalhando em camadas, da mais clara para a mais escura. Lembre-se de reduzir a estampa eliminando os detalhes menores. Acrescente a camada final de cor (veja à direita).

3 Agora, crie uma estampa complementar para a blusa, extraindo algum elemento do *paisley* (pode ser um simples pontinho).

NOTA Papel quadriculado pode ser usado como guia para o posicionamento equilibrado das estampas – por exemplo, bolinhas podem ser espaçadas uniformemente posicionando-as nas interseções da grade. A ferramenta "Grade" do Illustrator pode ser usada para criar matrizes de diferentes tamanhos.

390 PARTE III **TÉCNICAS DE REPRESENTAÇÃO E ACABAMENTO**

TAMANHO REAL

Estampa de camuflagem

Materiais necessários:

- Papel-pergaminho Bristol de duas camadas
- Lápis HB ou nº 2
- Guache e pincéis

A seguir, você vai representar a camuflagem – uma estampa concebida para esconder quem a usa num local específico (por exemplo, a camuflagem de deserto apresenta motivos das cores da areia). Trabalhando com a imagem da amostra de tecido fornecida, misture o guache para combinar as cores dos motivos com as do fundo da estampa. Desenhe a figura de um jovem usando um casaco de lã sobre uma camisa e uma bermuda. Faça o acabamento da seguinte maneira:

1 Pinte a bermuda toda com a cor do fundo. Indique as sombras e os vincos com uma tinta cinza-claro. Espere secar antes de passar para o próximo passo.

2 Comece a representar os motivos, iniciando com a cor mais clara.

3 Trabalhando do claro para o escuro, pinte os diferentes motivos, deixando que cada camada seque antes de começar a próxima. Reforce os contornos, se necessário.

COMO REPRESENTAR ESTAMPAS CAPÍTULO 11 **391**

▲ *No curta-metragem* The Nightingale *["O rouxinol"], de Grace Ndiritu, tecidos com estampas contínuas étnicas estão colocados sobre uma figura reclinada que remete às odaliscas de Matisse. As influências tribais são levadas para as belas-artes e, depois, para a moda.*

▶ *Rachel James usa técnicas digitais para representar uma estampa gigante localizada de textura de madeira.*

TAREFA 1

Crie uma estampa de camuflagem (à esquerda) para um lugar específico. Pense em como o padrão, a textura e a silhueta podem permitir ao usuário mesclar-se ao ambiente. Então, crie e ilustre um conjunto de peças coordenadas usando a estampa de camuflagem.

▲ A coleção hiperativa e criativa de Rosie Rittenberry traz estampas e ornamentos inesperados.

COMO REPRESENTAR ESTAMPAS CAPÍTULO 11 **393**

▲ ▶ *Annie Appleman se inspira em quadrinhos vintage colecionáveis, que ela então traduz em estampas contínuas e localizadas.*

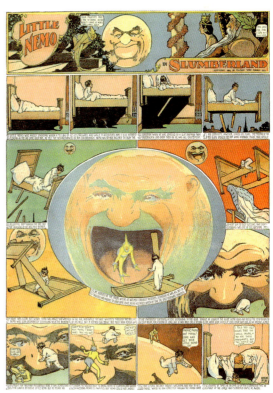

TAREFA 2

A indústria do licenciamento de personagens para roupas é enorme. Peças com estampas contínuas e localizadas se beneficiam automaticamente da popularidade de personagens de séries de TV, filmes e livros. Trabalhando com a amostra de uma estampa contínua derivada de um personagem licenciado, crie uma pequena coleção de peças avulsas coordenadas (cerca de cinco looks). Extraia um motivo dessa amostra para criar uma segunda estampa "gêmea". Sua coleção deve incluir pelo menos duas estampas e três tecidos lisos.

Padrões com fio tinto

Para representar corretamente padrões com fio tinto, é importante entender a diferença entre eles e os padrões estampados. Diferentemente de uma estampa, em que os motivos são impressos depois que o tecido foi fabricado, os padrões com fios tintos são produzidos entrelaçando fios de urdidura e trama de cores diferentes. Quando for representar padrões, é preciso distinguir os dois tipos fazendo uma indicação dessa estrutura. Como os padrões construídos na própria estrutura têm de se conformar ao ligamento do tecido, eles tendem a ser de natureza mais geométrica. O que não quer dizer que não existam estampas impressas em padrões xadrez ou listrado.

Estilistas e ilustradores raramente têm o luxo de trabalhar com uma amostra de tamanho grande. As compras de tecido só costumam ser feitas num estágio mais avançado do desenvolvimento do design, quando considerações sobre a comercialização já foram resolvidas e já se tem uma ideia melhor da coleção. No início do processo de criação, as escolhas de tecido são especulativas e, muito provavelmente, você terá de trabalhar com uma amostra pequena, que apresente apenas uma repetição parcial do motivo. Você precisa usar a imaginação (e observações guardadas na memória) para construir a repetição inteira e predizer o caimento do padrão. Para tanto, ajuda ter um conhecimento básico sobre padrões de tecidos (ver p. 353).

Representar padrões pode parecer complexo de início, mas, se você parar para analisar a cor, a ordem e a espessura das listras, vai perceber que não é tão difícil como imaginava. A coisa mais importante para lembrar quando estiver representando qualquer padrão é que, enquanto sua amostra está em tamanho real, suas figuras e desenhos planificados são feitos numa escala muito menor. A escala é o que diferencia tecidos para roupas de tecidos para decoração, que apresentam listras, xadrezes e motivos muito maiores, ideais para móveis estofados e cortinas. Os padrões são sempre "reduzidos" ou simplificados no desenho de moda. A quantidade de informação visual que você incluir também será essencial para seu sucesso.

▶ *Um padrão é reduzido a seus elementos mais simples na representação a tinta de um tecido xadrez de Nina Donis.*

COMO REPRESENTAR ESTAMPAS CAPÍTULO 11 395

Quando estiver trabalhando com xadrez, procure respeitar a proporção da forma criada pela interseção das listras. Elas formam um quadrado ou um retângulo? Determine se o retângulo é mais alto que largo ou vice-versa.

Assim como nos padrões estampados, uma combinação de materiais pode ser necessária para representar um padrão ou aviamento específico. Aspectos como a transparência, a ordem de sobreposição e o tempo de secagem de materiais molhados também devem ser considerados. Ao estabelecerem camadas de cor, os artistas costumam trabalhar do mais claro para o mais escuro. A cor do seu tecido pode, no entanto, exigir uma abordagem diferente – por exemplo, se você estiver representando um tecido com uma listra branca sobre um fundo cinza-escuro (ver p. 398). Materiais transparentes, como marcadores e aquarela, seriam usados primeiro para fazer a cor do fundo. Um material opaco, como guache, lápis de cor, marcador a óleo ou caneta gel, seria aplicado em seguida para fazer as listras claras. Procure planejar com precisão a localização das listras, trabalhando de dentro para fora a partir do centro de cada parte da roupa: gola, lapelas, bolsos e corpo.

▼ ◀ *Nesta série de esboços rápidos, de July Choi, uma representação abreviada de tecidos (acima, à direita) é usada para visualizar o desenvolvimento do design de peças coordenadas.*

Padrões simples

Materiais necessários:

- Papel para marcador
- Marcador cinza 30%, com ponta dupla
- Marcador preto de ponta fina
- Papel quadriculado

Para começar a desenhar padrões de fios tintos, é melhor partir dos padrões mais simples, de duas cores (ou seja, a cor do motivo e a cor do fundo): *vichi*, *pied-de-poule*, espinha de peixe e príncipe de Gales. Leve o tempo que for necessário para analisar cada padrão antes de começar a desenhar. Coloque uma folha de papel para marcador sobre uma folha de papel quadriculado e siga os passos indicados para representar um pequeno quadrado de teste de cada um dos padrões.

▼ *Uma grade pode ser usada como guia para fazer o posicionamento dos motivos. Aqui, os tipos de xadrez espinha de peixe,* vichi, pied-de-poule *e príncipe de Gales.*

▼ *A representação casual de estampas localizadas e contínuas de Jiiakuann em fio tinto para um vestuário masculino moderno.*

COMO REPRESENTAR ESTAMPAS CAPÍTULO 11 397

▲ Fiongal Greenlaw usa uma representação parcial em seu mix de padrões para não ofuscar detalhes de construção da roupa.

◄ Antes de tentar reproduzir o padrão, procure fazer um plano de como ele vai aparecer nas diferentes partes da roupa (como gola, lapelas e bolsos).

TAREFA 3

Crie uma pequena coleção de peças de alfaiataria que incorpore pelo menos três padrões básicos de fio tinto. Pode ser camisaria ou tecidos para peças de cima e/ou de baixo. Experimente com graus variados de conclusão para sua representação: quanto é necessário para expressar superfície e padrão sem ofuscar os detalhes da construção da peça?

398 PARTE III **TÉCNICAS DE REPRESENTAÇÃO E ACABAMENTO**

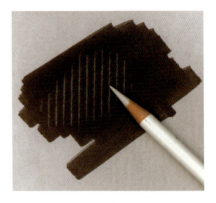

▲ *Trabalhando sobre papel para marcador de baixa gramatura, aplique um marcador cinza-escuro para cobrir a roupa toda. Então, com um pedaço de papelão ondulado colocado sob o desenho, aplique lápis branco com um movimento leve e rápido para capturar o relevo. Vá girando o papelão ondulado para que a inclinação das listras se adapte à ação do corpo. Isso é especialmente importante para poses relaxadas, quando há oposição entre a parte de cima e a de baixo do tronco.*

▼ *Superfícies com relevo, como papelão ondulado, podem ser usadas para técnicas de frotagem.*

Padrões drapeados com fio tinto

Materiais necessários:

- Papel para marcador
- Lápis HB ou nº 2
- Marcador cinza 20%
- Marcadores vermelho e azul de ponta fina
- Um metro de morim e outro de tecido xadrez

Como mencionado, muito provavelmente você vai se ver ilustrando uma peça xadrez sem o benefício de ver uma amostra grande com a repetição completa. Antes de começar a especular sobre o efeito do caimento do xadrez, é importante investigar o que você já sabe, baseado em noções prévias e observações anteriores.

1 Pregue a musselina na parede usando dois pontos de suspensão (ver pp. 252-253). Posicione uma fonte de iluminação para criar sombras bem definidas. Faça um esboço a lápis do tecido drapeado, explorando detalhadamente as sombras criadas nas reentrâncias das dobras.

2 Imagine que existe um único fio de trama (horizontal) em uma cor contrastante correndo sobre o tecido. Desenhe o caminho desse fio como aparece na sua imaginação, atravessando e saltando, entrando e saindo dos diferentes picos e vales no sentido da largura do tecido drapeado. Imagine então um único fio de urdidura (vertical) em uma cor contrastante e acompanhe seu caminho de cima a baixo pelo tecido.

Confronte com a realidade

1 Pregue um tecido xadrez à parede usando os mesmos dois pontos de suspensão.

2 Faça um esboço a lápis do drapeado. Então, acrescente um acabamento colorido baseado na observação cuidadosa do caimento do xadrez.

Volte e olhe para o seu desenho do tecido liso do exercício anterior. Você conseguiu predizer com exatidão o caminho dos fios? Observação e conhecimento adquirido sobre caimento vão ajudá-lo a criar uma imagem verossímil. Como essa observação lhe permite predizer com mais precisão o efeito do drapeado sobre o padrão, o próximo desafio é realizar o acabamento de uma peça de roupa com tecido xadrez.

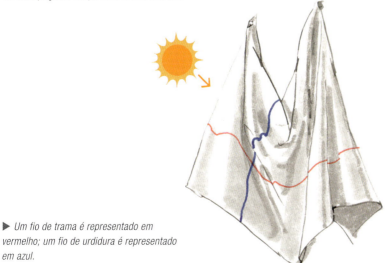

▶ *Um fio de trama é representado em vermelho; um fio de urdidura é representado em azul.*

▲ *A ilustração de Daisy de Villeneuve para um terno xadrez de Vivienne Westwood mostra um mapeamento livremente contornado do padrão.*

400 PARTE III **TÉCNICAS DE REPRESENTAÇÃO E ACABAMENTO**

▶ *Podem-se obter padrões também por meio da manipulação de tecido. Aqui, padrões caleidoscópicos acolchoados são representados minuciosamente à mão. Design e ilustração de Giacomo Meriggi.*

Xadrez escocês

Um xadrez escocês é, na realidade, um quadriculado de várias cores. Costuma-se dizer que as combinações das cores são derivadas dos clãs escoceses. Talvez porque se vestir de xadrez tenha sido ilegal na Escócia durante um certo período, estilistas como Vivienne Westwood e Alexander McQueen incorporaram o xadrez em visuais punk mais subversivos. Estilistas experimentais, como Rei Kawakubo e Junya Watanabe, usam pregas e xadrez para mapear a forma humana.

Xadrez clássico no desenho planificado

Materiais necessários:

- Papel para marcador
- Lápis HB ou nº 2
- Marcadores champanhe e cinza 10% e 20%
- Marcadores vermelho e cinza 40%, de ponta fina

O clássico xadrez Burberry é um bom padrão para uma primeira tentativa de representação. Trabalhando com o desenho planificado de um trench coat, estabeleça a direção da fonte de iluminação hipotética e defina as sombras das dobras usando o marcador cinza 10% ou 20%. Então, siga estes passos para fazer o acabamento xadrez:

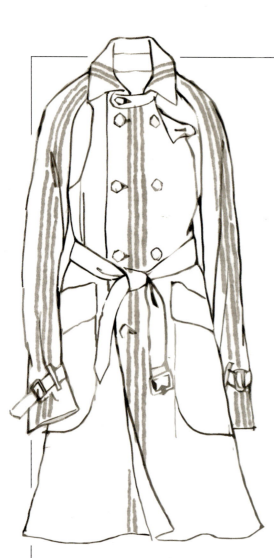

1 Trace as listras verticais cinza usando o marcador cinza 40%. Comece marcando a primeira listra no centro da frente da peça. Da mesma forma, marque uma listra vertical no centro da manga. Distribua as outras listras cinza do padrão de repetição levando em conta a escala do desenho.

2 Começando na barra do casaco, marque as listras horizontais cinza de modo que fiquem mais ou menos perpendiculares às listras verticais já estabelecidas em seu desenho. Acrescente listras horizontais às mangas, alinhando-as com as listras no corpo do casaco. Preencha os espaços negativos com o marcador champanhe.

3 A seguir, usando o marcador de ponta fina, desenhe as listras vermelhas verticais e horizontais.

COMO REPRESENTAR ESTAMPAS   CAPÍTULO 11   **403**

4 Passe o marcador cinza uma segunda vez onde as listras verticais e horizontais se cruzam.

▲ *Xadrez Burberry representado na figura.*

404 PARTE III **TÉCNICAS DE REPRESENTAÇÃO E ACABAMENTO**

Xadrez escuro na figura

Materiais necessários:

- Papel para marcador
- Lápis HB ou nº 2
- Marcador verde de ponta grossa
- Marcadores verde, índigo e cinza 20% e 50%
- Marcador preto de ponta fina
- Lápis de cor cinza-frio 90%

Xadrezes mais escuros, como o escocês do regimento Black Watch, exigem uma sobreposição de cores opacas sobre tons escuros transparentes. No próximo exercício, pesquise ou crie um xadrez escuro na www.houseoftartan.co.uk. Você também pode trabalhar com amostras do glossário ilustrado de tecidos no final deste capítulo. Desenhe uma figura masculina jovem, com o peso do corpo distribuído uniformemente, usando um blazer com gola alfaiate e lapelas. Defina a direção de sua fonte de iluminação e pinte as sombras nas peças usando um marcador cinza-claro. Faça o acabamento da seguinte maneira:

1 Pinte a cor do fundo do seu xadrez usando um marcador verde de ponta grossa.

2 Espere secar e desenhe uma listra vertical índigo no centro da frente da peça. Então, faça o mesmo no centro da manga. Distribua as outras listras verticais, trabalhando de dentro para fora e levando em conta o padrão de repetição e o escorço criado pela rotação da figura.

3 Trace uma listra horizontal na barra do casaco. Distribua as outras listras horizontais sobre o corpo, trabalhando de baixo para cima e levando em conta o padrão de repetição e a escala do seu desenho. Acrescente listras às mangas, alinhando-as com as listras do corpo do casaco.

COMO REPRESENTAR ESTAMPAS CAPÍTULO 11

a

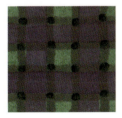
b

c

4 **a.** Acrescente as listras verticais e horizontais secundárias.
b. Passe seu marcador pela segunda vez onde as listras verticais e horizontais secundárias se cruzam.
c. Trabalhando com material opaco (como marcador a óleo ou guache) da mesma cor que o fundo, indique a estrutura de ligamento do tecido.

XADREZ ESCOCÊS *BLACK WATCH*

Xadrez claro na figura

Materiais necessários:

- Papel para marcador
- Papel vegetal
- Lápis HB ou nº 2 e 4H
- Marcadores rosa, cacau, verde-oliva e cinza 20%
- Lápis de cor rosa

Neste exercício, você vai observar como o movimento do corpo faz com que o xadrez caia em diferentes direções. Você terá de ajustar as inclinações das listras verticais e horizontais e, ao mesmo tempo, preservar a relação perpendicular. O efeito da compressão e da expansão também deve ser considerado, assim como o escorço criado pela rotação do corpo. Desenhe um blazer, com abotoamento simples, e calças numa figura virada. Defina a direção da fonte de luz e pinte as sombras usando o marcador cinza-claro.

Depois, crie um guia para o xadrez diretamente sobre o desenho, trabalhando com um lápis duro (4H). Ou, então, planeje seu xadrez em papel vegetal e coloque esse guia debaixo do desenho para ser visto com uma mesa de luz.

Comece traçando uma listra horizontal larga paralela à barra das calças. A seguir, marque uma listra horizontal no joelho. Marque mais uma no quadril. Distribua as outras listras horizontais levando em conta a repetição e a escala do desenho. Continue seu plano marcando uma listra vertical larga no centro da frente e, depois, no centro de cada perna. Procure preservar a relação perpendicular entre as listras horizontais e verticais. Distribua as outras listras verticais, levando em conta a repetição e o escorço criado pela rotação da figura. Agora, faça o acabamento da seguinte maneira:

1 Trace as listras horizontais largas com o marcador verde-oliva, seguindo a mesma ordem que em seu plano (ver a, b e c).

2 Espere secar e trace as listras verticais largas com o mesmo marcador (ver a, b e c).

3 Preencha a cor de fundo entre as listras com o marcador cacau.

COMO REPRESENTAR ESTAMPAS CAPÍTULO 11 407

NOTA Se você está trabalhando no Photoshop, tente usar a ferramenta "Distorção de marionete" para "dobrar" o xadrez, a fim de que ele corresponda ao comportamento do tecido e ao movimento corporal.

Marcador rosa

Marcador cacau

Marcador verde-oliva

Lápis de cor rosa

4 Depois que secar, acrescente as listras secundárias usando lápis de cor rosa.

▲ Faça o acabamento do blazer com o marcador rosa. Para adicionar um leve toque final, indique as estruturas de ligamento e os adornos em alguns pontos com lápis de cor.

Padrões escovados

Materiais necessários:

- Papel para marcador semitransparente
- Papel quadriculado
- Lápis HB ou nº 2
- Marcador chanfrado castanho
- Marcadores bege, rosa, laranja e cinza-quente 30%
- Marcadores opacos creme e rosa
- Lápis de cor rosa

Algumas vezes, a única maneira de conseguir uma cor exata é fazendo uma sobreposição estratégica de materiais e cores. O conhecimento da teoria das cores é essencial para encontrar a mistura perfeita. Por exemplo, imagine que você tem um marcador rosa que é um tanto saturado para sua amostra de tecido. Trabalhando com papel para marcador semitransparente, você pode aplicar um toque da cor complementar (neste caso, verde-claro) no verso do papel para diminuir a intensidade do rosa.

Neste exercício, você vai sobrepor camadas de cor a fim de representar o padrão de lã escovada da amostra fornecida. Desenhe a lápis a figura de uma menina usando um sobretudo transpassado com costuras princesa, dragonas e bolsos embutidos inclinados. Faça o acabamento da seguinte maneira:

1 Coloque a folha de papel quadriculado, virada num ângulo de 45°, sob seu desenho para usar como guia para a colocação dos pontos. Indique o padrão com o marcador chanfrado castanho.

2 Aplique o marcador bege no verso do papel, preenchendo o fundo.

3 Vire o papel do lado certo e aplique o marcador rosa em listras para formar o padrão.

4 Trace as listras creme com o marcador opaco.

NOTA Se está trabalhando no Photoshop, você pode obter uma superfície felpada com a ferramenta de borrar ou o filtro "Desfoque Gaussiano".

COMO REPRESENTAR ESTAMPAS CAPÍTULO 11 **409**

PADRÕES DE LÃ ESPINHA DE PEIXE E ESCOVADO

Marcador bege

Marcador rosa

Marcador laranja

Marcador opaco creme

Marcador opaco rosa

Marcador chanfrado castanho

Lápis de cor rosa

5 Marque círculos com o marcador laranja.

6 Use o marcador rosa opaco para pontuar o padrão.

7 Aplique a camada final à peça toda com lápis rosa para deixar levemente embaçada, sugerindo uma superfície escovada. Trace o padrão de espinha de peixe nas calças sobrepondo hachuras castanhas sobre um fundo cinza--quente 30%.

NOTA A seleção das cores foi feita levando em conta o efeito cumulativo da camada final com lápis rosa.

Padrões de malha

Além da tecelagem, existem também técnicas de malharia que permitem que padrões coloridos sejam criados com a produção do tecido. O método Fair Isle é usado para pequenos padrões repetidos, criados com a alternância de dois fios coloridos diferentes em uma carreira. As malhas com desenho em intársia têm formas mais livres e podem envolver muito mais áreas de cor, cada uma trabalhada com seu próprio carretel à espera do lado avesso do trabalho até que seja necessária para pontos específicos. Os motivos são criados seguindo-se gráficos de tricô cuidadosamente marcados. Os designs podem ser usados como um padrão geral, mas também posicionados como um design de borda ou ampliados para uma única aplicação.

◤▲ *Anne-Marie Jones "reduz" o padrão para uma representação livre de um suéter criado por Henrik Vibskov.*

COMO REPRESENTAR ESTAMPAS CAPÍTULO 11 411

▲ ▶ ▼ *Chris Lee incorpora tecidos e malhas com padrões na coleção de sua tese, inspirada em galos e galinhas. Aqui, o desenvolvimento do design, o esboço conceitual e a realização de um tricô Fair Isle.*

▲◤ *É comum confundir as funções de designer de moda e de têxteis. Aqui, Jiayu Li cria amostras de tricô que são então compostas com esboços de conceito originais no Photoshop.*

COMO REPRESENTAR ESTAMPAS CAPÍTULO 11 413

TAREFA 4

É especialmente difícil incluir ao mesmo tempo padrão e textura no design de uma roupa. Voltando à pequena coleção de malharia desenvolvida para a Tarefa 2 no capítulo 10 (ver p. 368), revisite seus designs de roupa introduzindo padrões de cores obtidos com as técnicas de crochê, Fair Isle ou intársia. Dê uma atenção especial ao posicionamento de motivos e também a como a manipulação dos pontos de tricô pode ser usada para criar silhuetas específicas na roupa.

ESPECIALIZAÇÃO: Trajes de banho

Trajes de banho para mulheres, homens e crianças são mais um segmento próspero na indústria da moda. Entre as categorias estão moda praia e trajes "técnicos", com intersecções para surfe, vôlei e outros esportes. O verão é obviamente a estação com mais movimento, mas também existem as coleções resort, e é possível comprar um traje de banho o ano inteiro. No passado, antes da inovação dos têxteis modernos, os trajes de banho eram feitos de materiais como lã ou aniagem. Nos anos pré-Segunda Guerra Mundial, a invenção das primeiras fibras sintéticas comercialmente viáveis introduziu uma revolução na moda. O nylon, em especial, revolucionou os trajes de banho ao fornecer a elasticidade necessária para um ajuste ao corpo. O spandex (elastano) entrou na equação nos anos 1960, e a evolução das tecnologias têxteis proprietárias continua até hoje, com o intuito de fornecer força, elasticidade, peso e resistência a mofo.

Os trajes de banho técnicos são desenhados para melhorar o desempenho de nadadores competitivos. Maiôs de corpo inteiro feitos de tecido ultraleve de poliuretano, que repele água, comprimem o corpo do nadador tornando-o mais aerodinâmico e, consequentemente, mais rápido. É criada uma costura mínima, usando meios de alta tecnologia, como solda ultrassônica, para reduzir ainda mais a abrasão e o arrasto.

Existem influências recíprocas entre trajes de banho técnicos e de moda, sendo o ajuste ao corpo essencial para ambos. Os trajes de banho de moda oferecem elasticidade e compressão para moldar e sustentar o corpo de forma seletiva. Entre os estilos básicos estão o biquíni, o tanquíni e o maiô, para as mulheres, e bermudas, sungões e sungas, para os homens. Alguns trajes de banho têm uma construção complexa – semelhante a peças de lingerie –, ao passo que outros são mais orgânicos na forma e livre de estruturas de sustentação. Os arremates de borda são muito importantes, uma vez que precisam também esticar e voltar. Tecidos e outros componentes dos trajes de banho precisam resistir a uma grande variedade de elementos, como água, cloro, areia, sal, sol e atividades.

Historicamente, as tendências de design para trajes de banho muitas vezes foram associadas a diferentes destinos turísticos. Na época das primeiras coleções de Patou e Chanel, o vestuário esportivo era oferecido como parte de um estilo de vida ambicioso que incluía férias em balneários de luxo como Deauville,

▲▼▶ *No desenvolvimento do design de sua coleção de moda praia, Julia Blum cria estampas inspiradas nos bordados mexicanos tradicionais. O acabamento reduz as estampas a seus elementos mais básicos.*

TAREFA 5

Crie um pequeno guarda-roupa para um fim de semana prolongado em um destino turístico específico. Sua inspiração pode refletir a cultura local e artesanatos indígenas, adaptados para um apelo global. Certifique-se de pesquisar os últimos avanços têxteis em termos de desempenho de trajes de natação, uma vez que esses tecidos técnicos têm aplicação na moda. Inclua somente peças que sejam absolutamente essenciais e possam ser levadas com facilidade em bagagens de mão. Inclua pelo menos um padrão característico seu. Dependendo de suas habilidades com o computador, texturas e padrões podem ser desenvolvidos no Photoshop, no Illustrator ou em um sistema proprietário de CAD como U4ia.

na França. As listras marítimas e os motivos de âncora que se originaram em Deauville fazem sucesso até hoje.

A Speedo introduziu o primeiro maiô *racerback* não feito de lã em Bondi Beach, perto de Sydney, na Austrália, em 1928. Embora existam evidências de biquínis sendo usados em competições esportivas da antiguidade, é de Brigitte Bardot o crédito de popularizar o maiô na Riviera Francesa. Os biquínis fio-dental e as tangas se originaram na praia de Ipanema, no Rio de Janeiro. O sul da Califórnia é responsável pelo visual surfista imortalizado nos filmes de praia dos anos 1950 e 1960, e também pela moda do neoprene fluorescente dos anos 1980. Destinos de ecoturismo como Tulum, no México, inspiram um look tribal. Também há o visual *kitsch* de *pinups* retrô, com um apelo pós-feminista mais universal.

Muitas tendências e identidades de marca para maiôs são ditadas pelas estampas (por exemplo, looks havaianos desbotados). Além dos maiôs, as coleções resort também incluem vestidos, túnicas, calças, *shorts*, jaquetas e blusas, desenhados para serem usados em camadas de múltiplas maneiras.

Desafio especial para ilustrar roupas de natação

Antes dos retoques digitais, a necessidade de representar trajes de natação na forma idealizada prevalente levava empresas como a Jantzen a contratar ilustradores famosos da época para criar anúncios para seus maiôs. Coles Phillips, Anita Parkhurst Willcox, René Gruau e George Petty foram recrutados para ilustrar anúncios em cores para revistas como *Vogue*, *Life*, *Saturday Evening Post* e *Collier's*. "The Petty Girl", em especial, se tornou tão bem-sucedida que a Jantzen criou um maiô com esse mesmo nome em 1940.

Como os maiôs exigem um caimento justo e revelam muito do corpo, as habilidades de desenho de figura se tornam aparentes. Se as roupas são desenhadas para um público ativo, poses mais ambiciosas podem ser necessárias para criar o contexto apropriado. Figuras cortadas funcionam para peças pequenas e permitem um foco profundo em detalhes de construção, arremates de borda e nas estampas, tão importantes no design de trajes de banho. Desenhos planificados e uma vista explodida dos detalhes de construção são exigidos para esse mesmo propósito.

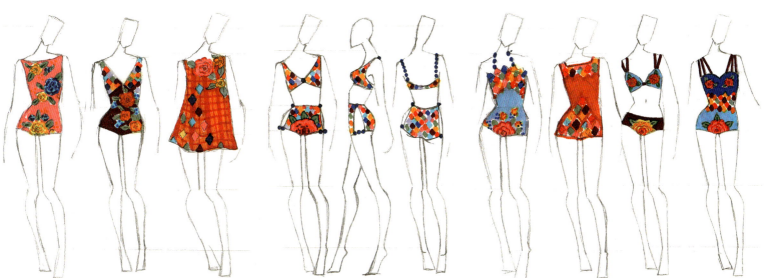

Glossário ilustrado de tecidos estampados

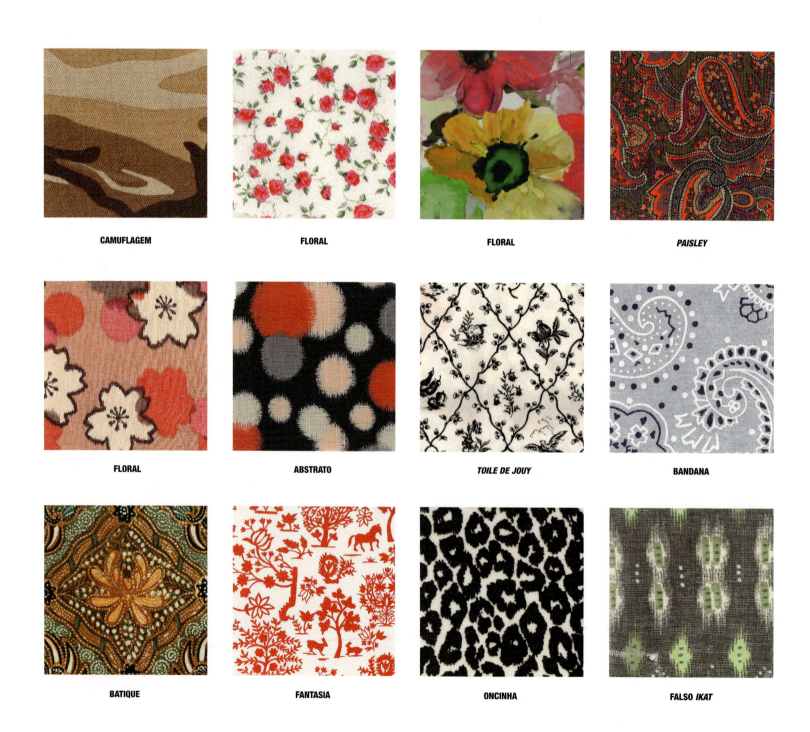

COMO REPRESENTAR ESTAMPAS CAPÍTULO 11 **417**

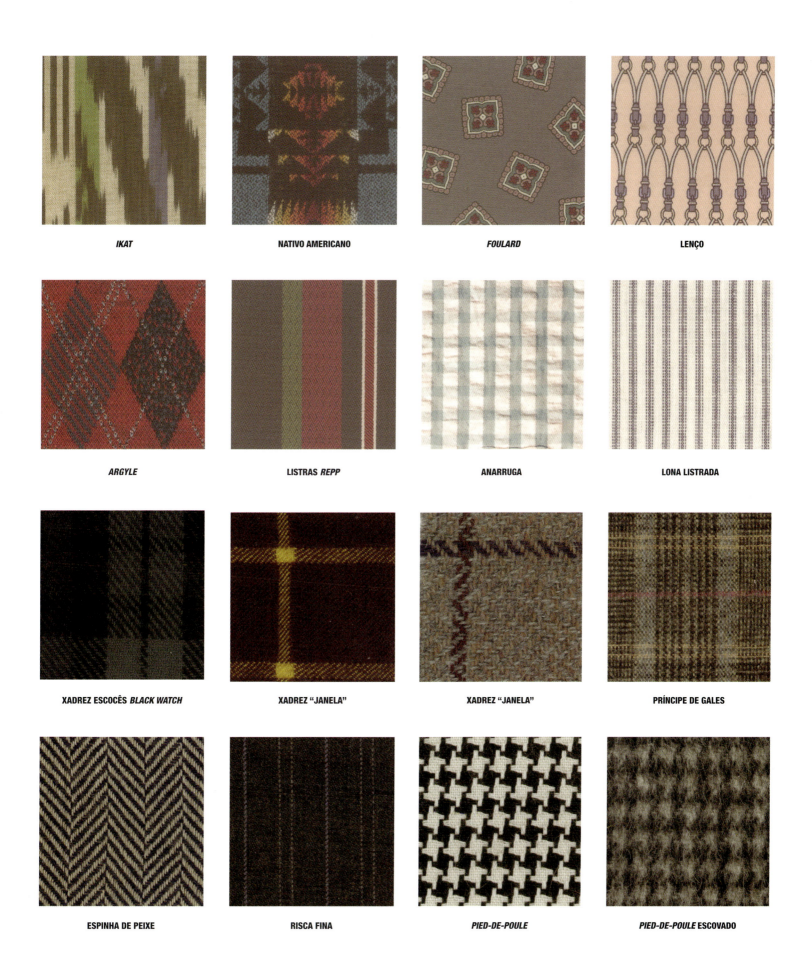

CAPÍTULO 12
COMO REPRESENTAR TECIDOS TRANSPARENTES

Tecidos transparentes vêm em uma ampla variedade de pesos e texturas. Por exemplo, chiffon, gaze, *voile* e jérsei ultrafina são leves como pluma; filó e tule são mais estruturados; crochê, lese, rendas, tecidos cortados a laser ou **devorês** permitem perceber o corpo através dos buracos formados. Essas diferentes propriedades vão produzir silhuetas bem diferentes, transmitidas pela qualidade das linhas e, em alguns casos, por sua eliminação do desenho. Assim como para outras categorias de tecido, a aparência de transparência é determinada pelo peso, pela textura e pelas propriedades reflexivas, mas também pelas roupas que se colocarão sob o tecido. Por exemplo, uma blusa de chiffon vermelho vai parecer muito diferente se usada sobre um vestido cor da pele ou sobre um collant preto. Renda branca pode parecer bem diferente quando usada sobre um tecido branco ou sobre um preto.

Como os tecidos transparentes revelam partes do corpo, eles costumam ser associados às roupas íntimas – uma especialização que será vista no fim deste capítulo. Mas desde 1966, quando Yves Saint Laurent causou comoção com suas blusas translúcidas (sem roupas de baixo), os tecidos transparentes têm sido usados em todas as categorias de vestuário. Estratégias de design para trabalhar com tecido transparente devem incluir uma superposição habilidosa. As folgas das costuras serão parcialmente, se não completamente, visíveis, por isso o número de costuras deve ser mínimo. Peças transparentes também exigem um cuidado especial nos acabamentos das costuras, e as barras são, em geral, deixadas sem fazer.

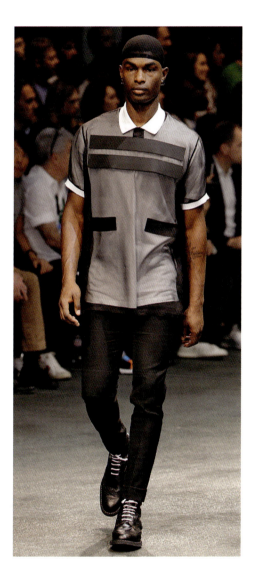

▲◤ *O aspecto da transparência é determinado em grande parte pelo tecido usado sob a peça transparente. Aqui, uma organza preta recobre uma camisa branca (à esquerda) e diretamente contra a pele (à direita) para um efeito totalmente diferente. Designs de Givenchy (à esquerda) e This is the Uniform (à direita).*

◀ *Aqui, uma sobreposição criativa de transparência sobre listras para um vestido de Nina Donis.*

▶ *Tecidos transparentes mais duros, como o vinil, são geralmente usados em casacos, criando efeitos de sobreposição interessantes. A observação do comportamento dos tecidos duros ou leves sobre o modelo vai determinar todos os seus desenhos subsequentes. Desenho com modelo vivo de Ivy Chen.*

420 | PARTE III TÉCNICAS DE REPRESENTAÇÃO E ACABAMENTO

Princípios básicos para representar transparência

Assim como o visual de tecidos brilhantes, de lã e estampados, a aparência dos tecidos transparentes também é previsível, pois é determinada pela ordem e pelo número de camadas de tecido. Com o conhecimento de como o movimento do corpo afeta o caimento da roupa, podem-se prever onde as dobras vão se formar e onde o tecido vai se sobrepor. Essas áreas de sobreposição serão mais altas ou mais baixas em valor dependendo da cor da roupa. Por exemplo, ao fazer o acabamento de uma blusa de chiffon preta ou de cor escura, você usará um valor mais baixo que a cor de base para as áreas com múltiplas camadas de tecido, como os punhos, as golas e a pala.

O filó e o arrastão têm mais estrutura e textura, comparados ao chiffon. Quando estiver ilustrando a textura, é importante manter uma qualidade de linha, um espaçamento e uma inclinação em harmonia com os traços. Uma maneira de fazer isso é utilizar técnicas de frotagem, usando uma amostra de tule ou de outra superfície com textura.

▲ *Quando estiver fazendo o acabamento de tecidos transparentes no Photoshop ou no Illustrator, a transparência pode ser obtida manipulando os modos "opacidade" e "mescla de camadas" (multiplicar vs. normal). Ilustração de Ferdinand.*

◤ *A transparência é um elemento-chave de design na coleção de Lydia Palmiotti, inspirada em raios X.*

COMO REPRESENTAR TECIDOS TRANSPARENTES CAPÍTULO 12 **421**

Chiffon

Materiais necessários:

- Papel para marcador
- Lápis HB ou nº 2
- Marcadores cor da pele, cor do cabelo e cinza* 20%, 30%, 40%, 50% e 70%
- Lápis de cor cinza-frio 90%

Neste exercício, você vai representar uma blusa de chiffon com decote drapeado e manga japonesa. Desenhe a blusa a lápis em uma figura de pose relaxada em papel para marcador. Então, faça o acabamento da seguinte maneira:

1 Pinte o tom da pele e aplique os valores mais altos (claros) de marcador cinza à blusa. Use o cinza 70% para colorir as leggings.

2 Espere a primeira camada de marcador secar e apague as linhas de contorno da blusa. Pinte as partes do corpo visíveis sob a blusa usando o segundo valor de marcador cinza.

3 Espere secar e pinte, com o terceiro valor de marcador cinza, as áreas onde o tecido se sobrepõe. Use o quarto valor em áreas onde mais de duas camadas de tecido se sobrepõem.

* **NOTA** Valores aproximados, pois podem variar de acordo com a marca do marcador. Os tons cinza vêm em gamas frias, quentes e neutras; quando escolher seus marcadores, use a gama de cor mais adequada.

▶ Quando estiver trabalhando com papéis texturizados para técnicas de frotagem, lembre-se de que cada lado do papel tem uma textura diferente e, portanto, terá resultados diferentes.

TAREFA 1

Crie um pequeno conjunto de vestidos utilizando tecidos de diferentes cores e opacidades. Sobrepor tecidos transparentes de diversas cores será semelhante a misturar tintas. Você pode usar seu conhecimento de teoria das cores (ver pp. 319-323) para predizer a aparência de áreas onde as cores se sobrepõem. Por exemplo, a sobreposição de tecidos transparentes de cores complementares vai resultar numa diminuição da saturação nas áreas onde os dois tecidos se sobrepõem.

Tule e lese

Materiais necessários:

- Papel para marcador
- Lápis HB ou nº 2
- Marcadores cor da pele, cor do cabelo e cinza 40%
- Lápis de cor branco
- Uma superfície para frotagem com a textura e a escala apropriadas
- Marcador vermelho de ponta fina

A seguir, você vai ilustrar uma camiseta de manga comprida com um babado de lese branca sobre uma saia de tule também branca. Para esta ilustração, pinte o fundo com uma cor neutra que ajude a roupa branca a sobressair. Trabalhando com uma figura de menina, esboce vagamente as peças e faça o acabamento da seguinte maneira:

1 Pinte o fundo usando um marcador cinza 40%.

2 Espere secar e pinte a cor da pele no rosto e nas pernas. Apague as linhas de contorno nas áreas do corpo que serão cobertas pela saia.

3 Trabalhando com uma superfície texturizada colocada sob seu desenho, faça o acabamento do tule usando uma técnica de frotagem com lápis branco. Certifique-se de usar mais pressão nas áreas onde as camadas do tecido se sobrepõem para que elas sejam definidas por um valor mais alto (claro).

4 Acrescente os ilhoses e o desenho da barra ao babado de lese usando lápis e marcador cinza-claro. Complete o desenho incluindo as listras, bolinhas e cor do cabelo.

COMO REPRESENTAR TECIDOS TRANSPARENTES CAPÍTULO 12 423

Malha esportiva

Materiais necessários:

- Papel para marcador
- Lápis HB ou nº 2
- Marcadores cor da pele, cor do cabelo, verde-oliva e índigo
- Lápis de cor branco e cor da pele
- Uma superfície texturizada para frotagem
- Lápis de cor cinza-frio 90%
- Caneta gel branca

A malha esportiva é um dos tecidos transparentes mais duráveis, podendo ser usada em roupas femininas, masculinas e infantis. Se você conseguir encontrar uma superfície com a escala apropriada para o seu desenho, a técnica de frotagem funcionará muito bem para representá-la. Desenhe um adolescente usando uma camiseta de manga curta em malha esportiva sobre uma regata branca e jeans escuros de cinco bolsos. Faça o acabamento da seguinte maneira:

1 Pinte a camiseta com o marcador verde-oliva; depois, preencha o rosto e os braços abaixo da bainha da manga com marcador cor da pele. Deixe o marcador secar completamente.

2 Trabalhando com uma superfície texturizada colocada sob seu desenho, faça uma frotagem com lápis cor da pele nas áreas onde o corpo apareceria sob as mangas da camiseta. Faça uma segunda frotagem, dessa vez com lápis branco, nas áreas onde a camiseta está sobre a regata. Pinte a calça jeans usando o marcador índigo.

3 Espere secar e, usando o lápis cinza-frio 90%, indique os ligamentos do brim com uma série de traços diagonais. Acrescente a cor do cabelo, os pespontos contrastantes com caneta gel branca e os detalhes dos sapatos para completar o desenho.

424 PARTE III TÉCNICAS DE REPRESENTAÇÃO E ACABAMENTO

Point d'esprit

Materiais necessários:

- Papel para marcador
- Lápis HB ou nº 2
- Marcadores cor da pele, cor-de-rosa e cinza 20%, 30% e 40%
- Lápis de cor cinza-frio 90%
- Uma superfície texturizada para frotagem
- Marcador preto de ponta fina

A seguir você vai trabalhar com uma sobreposição de roupas mais complexa. Trabalhando com uma figura de pose relaxada, esboce vagamente roupas íntimas e meias inspiradas em lingerie antiga. Faça o acabamento da seguinte maneira:

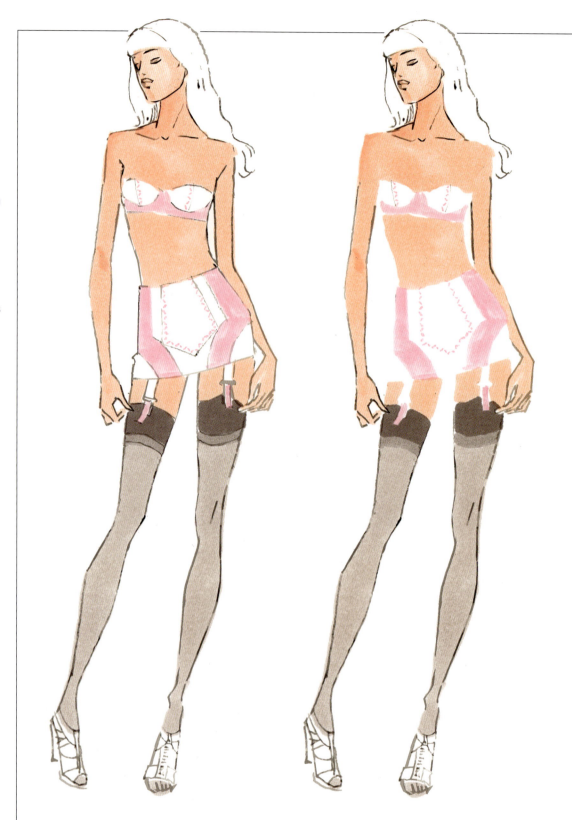

1 Trabalhando com marcadores, pinte a pele e as áreas cor-de-rosa da roupa de baixo. Ilustre as meias usando os marcadores cinza.

2 Apague os contornos a lápis que separam os diferentes valores nas meias, e as áreas do corpo e da lingerie que serão cobertas pelo vestido.

COMO REPRESENTAR TECIDOS TRANSPARENTES   CAPÍTULO 12   **425**

3 Esboce levemente um minivestido com manga japonesa. Use a técnica de frotagem com o lápis cinza 90% para indicar o tule, aplicando mais pressão onde o tecido se sobrepõe.

4 Trabalhando com um marcador preto de ponta fina, acrescente o padrão de bolinhas do *point d'esprit* à base do tule. Acrescente os acabamentos finais. (Para ilustrar enfeites metálicos, ver p. 338.)

Renda

A renda é um tecido de malha aberta que provavelmente evoluiu do bordado. Muitas variedades, como chantili, valenciana e Battenberg, são batizadas de acordo com sua origem geográfica. A renda é um padrão decorativo sobre um estofo de malha aberta, como o filó. Os motivos também podem ser posicionados de modo que permitam que o estofo se dissolva, deixando uma estrutura aberta conectada por barras. O padrão da renda pode ser distribuído como uma repetição contínua ou localizada com posicionamento específico sobre a peça de roupa. Rendas como a veneza e a guipura (Cluny) – ambas variedades com barras – têm superfícies em relevo. As rendas também podem ser rebordadas para acrescentar cor e relevo.

No passado, rendas e bordados intrincados eram associados à domesticidade. Comparado com outras técnicas têxteis, o bordado permite o posicionamento de fios em qualquer posição ou direção e pode, portanto, ser usado para manipular tecidos mais experimentais. Recentemente, a fabricação de rendas foi radicalmente reinventada por artistas e estilistas experimentais, que mesclam métodos tradicionais com novas tecnologias e materiais.

Muitas das considerações gerais sobre como criar com tecidos transparentes aplicam-se à renda. A renda pode ser usada em peças inteiras, mas também em barrados e inserções. Motivos individuais (conhecidos como "medalhões") podem ser cortados de metragens de renda e usados como aplicações decorativas. Roupas de renda costumam apresentar bordas onduladas nas barras de mangas, saias e babados.

Existem muitas técnicas diferentes para representar rendas. Assim como para ilustrar estampas, padrões rendados devem ser redimensionados. A indicação dos motivos deve ser tratada delicadamente. Rendas com superfícies em relevo vão exigir múltiplas espessuras de traço. Antes de começar seu acabamento, leve o tempo necessário para analisar o padrão da renda e definir um plano para a aplicação de linhas e cores.

◀ Hoje em dia, é comum criar rendas com o uso de alta tecnologia como corte a laser. Ilustração de Kazue Shima.

◣▼ Mal Burkinshaw criou uma série de silhuetas em renda como parte do "Beauty by Design – Fashioning the Renaissance", projeto que envolve a associação de pinturas de grandes mestres europeus com moda contemporânea.

Renda preta

Materiais necessários:

- Papel para marcador
- Lápis HB ou nº 2
- Marcadores cor da pele e cinza 20% e 50%
- Marcadores pretos de ponta fina de três larguras diferentes
- Lápis de cor cinza-frio 90%
- Uma amostra de renda preta

Como todos os tecidos transparentes, a aparência da renda é afetada pelo que ela está cobrindo. Neste exercício, você vai ilustrar uma renda preta sobre cetim branco. Trabalhando com uma figura feminina em pose relaxada, desenhe uma combinação simples com sutiã meia-taça. Faça o acabamento da seguinte maneira:

1 Pinte o corpo com o marcador cor da pele. A combinação branca deve ser um pouquinho mais curta que a renda – pinte as pernas pensando nisso.

2 Usando o marcador cinza 20%, pinte as partes onde a renda ficará sobre a camisola branca e as pernas. Complete as partes restantes com marcador cinza 50%.

3 Acrescente o padrão da renda, usando várias espessuras de caneta, de acordo com os diferentes motivos (por exemplo, o acabamento da bainha ondulada vai exigir um traço mais forte).

Cor sobre cor

Materiais necessários:

- Papel para marcador
- Lápis HB ou nº 2
- Marcadores cor da pele, turquesa e cinza 20%
- Marcador vermelho de ponta fina e lápis de cor vermelho
- Uma superfície para frotagem com a textura e a escala apropriadas
- Uma amostra de renda vermelha

Ilustrar renda colorida sobre uma combinação de outra cor pode ser um desafio. O trabalho delicado de desenho exigido para definir os motivos é difícil de realizar com materiais como pincel e tinta. Embora marcadores de ponta fina sejam perfeitos para esse tipo de desenho, sua transparência torna difícil colocar uma camada de cor sobre outra. Neste exercício, você vai usar um método bastante simples para ilustrar cor sobre cor. Desenhe um vestido tomara que caia com cintura império sobre uma figura de pose relaxada. Então, faça o acabamento da renda da seguinte maneira:

1 Indique as sombras nas dobras do vestido com marcador cinza 20%.

2 Use o marcador vermelho de ponta fina para desenhar os motivos da renda. Indique franjas na bainha.

COMO REPRESENTAR TECIDOS TRANSPARENTES CAPÍTULO 12 429

3 Trabalhando com uma superfície texturizada colocada sob o desenho, faça uma frotagem, aplicando pouca pressão com o lápis vermelho para criar um fundo delicado de tule.

4 Vire o papel e acrescente marcador turquesa no verso, sobre e em torno dos motivos, suavizando a densidade da cor à medida que você se aproxima das bordas externas do vestido. Na frente do papel, pinte o cinto de cetim de turquesa, indicando luzes e sombras. Complete acrescentando a cor da pele.

▲ *Tecidos transparentes costumam ser usados em véus. Aqui, uma noiva não convencional de Marina Bychkova.*

TAREFA 2

Como rendas feitas à mão são um luxo caro, tanto tecidos como barrados costumam ser passados de geração a geração. Para esta tarefa, use um banco de dados histórico *on-line* ou procure rendas antigas em brechós ou lojas de antiguidades. Crie uma pequena coleção de vestidos de festa. Você pode querer criar o guarda-roupa para um casamento: vestidos para a noiva (acima), a madrinha, as damas de honra, etc. Faça uma pesquisa de diferentes rituais de casamento pelo mundo. Também considere como rendas herdadas podem ser usadas para adicionar valor sentimental ao design.

ESPECIALIZAÇÃO:
Roupas íntimas

Tecidos transparentes são a chave para criar roupas íntimas – um segmento da indústria da moda que inclui lingerie, modeladores e roupas de dormir. A lingerie é parte (às vezes visível) da roupa do dia a dia que deve ser ao mesmo tempo confortável e atraente, incluindo peças como sutiã, calcinha, combinação, collant e meias. Entre os modeladores estão corpetes, cintas e cintas-ligas. Roupas de dormir incluem camisolas de vários comprimentos, pijamas e robes.

Ao longo da história, as atitudes em relação às roupas de baixo vão se transformando. Por exemplo, a prescrição de Christian Dior de que "sem modeladores não há moda" manteve-se firme ao longo das décadas de 1950 e 1960. No final dos anos 1960, o movimento de liberação das mulheres exigiu a eliminação de qualquer roupa de baixo que fosse restritiva. Então, nos anos 1980, as pós-feministas exigiram o retorno de peças extremamente sexy para serem usadas em público. Até os dias de hoje, roupas íntimas, como camisolas e corpetes, continuam a servir duas vezes, saindo de baixo e sendo usadas como roupa de sair. Os franceses referem-se a isso como *dessus-dessous*, que basicamente quer dizer "de baixo em cima".

Considerações de design para roupas íntimas

Embora a renda e o chiffon sejam os primeiros tecidos que vêm à mente quando se pensa em roupas íntimas, ligamentos de malha de última geração, elastano (Lycra®) e microfibras inteligentes também são usados para fornecer conforto, suporte e controle de umidade. A fabricação de alta tecnologia desempenha um papel importante no design moderno, com inovações como o corte a laser e tecnologias sem costura. Modeladores e lingerie exigem acabamentos de costura, pontos e aviamentos (como barbatanas, ganchos, passantes) específicos para a moda íntima. Outras importantes considerações de design para as roupas de dormir incluem cuidados com a lavagem e resistência à chama.

Assim como para as outras áreas da indústria da moda, as roupas íntimas são concebidas para diversos níveis de preço e com estratégias de mercado específicas. Empresas como Agent Provocateur, Kiki de Montparnasse, Victoria's Secret e Frederick's of Hollywood fabricam roupas íntimas românticas e sedutoras. A Berlei tem uma abordagem mais prática, focando caimento, função e conforto para mulheres de todas as idades, formas e tamanhos. A empresa La Perla visa ao luxo e à elegância, com estilos que incluem muitas rendas e bordados feitos à mão. A Wolford também é uma marca de luxo, mas com uma estética mais moderna e funcional, que se apoia nas tecnologias mais avançadas para alcançar o melhor caimento e conforto possíveis. A VPL, de Victoria Bartlett, oferece uma alternativa subversiva para a lingerie "quase invisível", com referências de design iconoclásticas a médicos, gazes, ataduras e uniformes de hospital.

COMO REPRESENTAR TECIDOS TRANSPARENTES CAPÍTULO 12 **431**

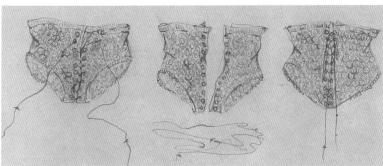

◀ Algumas peças de roupas íntimas são adequadas para o uso no dia a dia, enquanto versões mais provocantes são pensadas para ocasiões especiais. Ilustração de Barbara Pearlman.

▲▲▲ Os desenhos anatômicos artísticos de Taylor Ormond fornecem um contexto surrealista e etéreo para uma coleção fora do convencional, que combina malharia e lingerie.

▲ Jennifer Lee oferece um contexto criativo e macabro para suas roupas íntimas, ilustrando looks em sereias zumbi.

▶ Jenny Lim usa figuras cortadas para o desenvolvimento de design de suas roupas íntimas, para transmitir detalhes de construção.

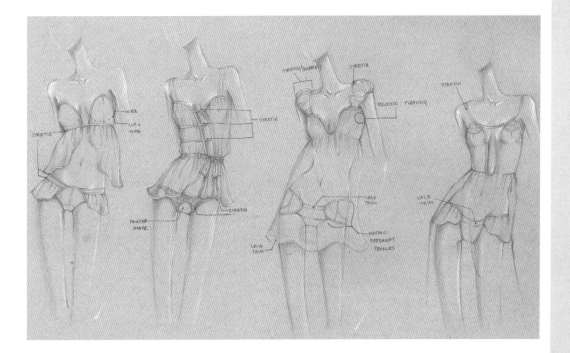

432 PARTE III TÉCNICAS DE REPRESENTAÇÃO E ACABAMENTO

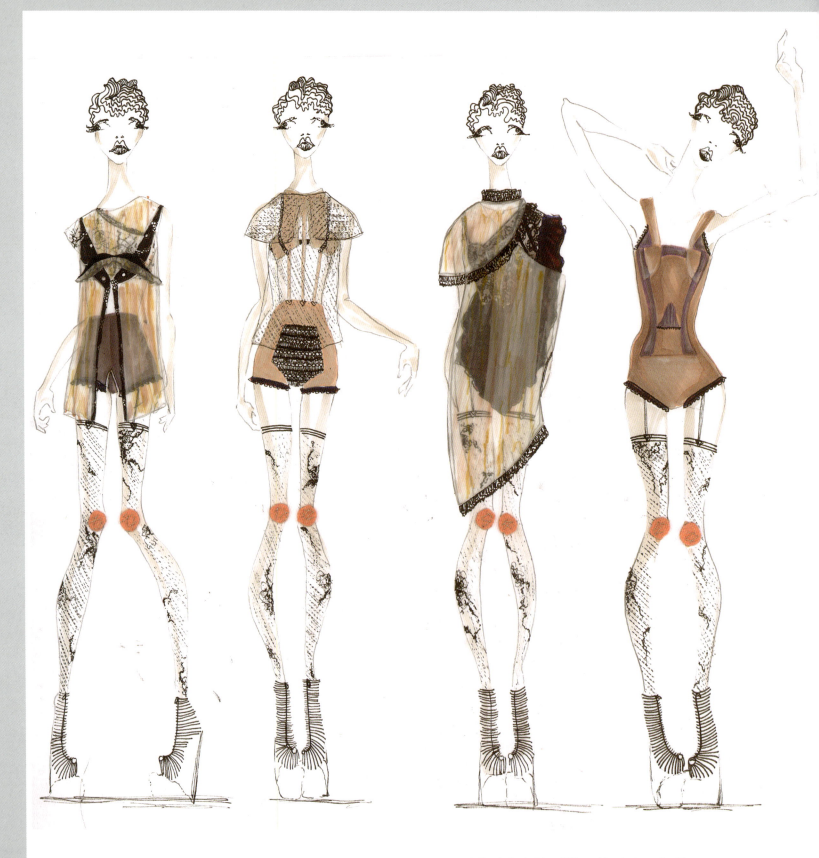

▲ A coleção de Briana Williams é inspirada nos frenéticos anos 1920. Por exemplo, a prática das melindrosas de passar ruge nos joelhos é traduzida na forma de meias atrevidas para as coquetes do século XXI.

COMO REPRESENTAR TECIDOS TRANSPARENTES CAPÍTULO 12 433

Desafios especiais para ilustrar roupas íntimas

Como muito do corpo é revelado pelas peças "quase invisíveis", o maior desafio para ilustrar roupas íntimas é aperfeiçoar seu desenho da figura humana. Figuras cortadas funcionam bem para lingerie e permitem uma perspectiva mais focada em detalhes como aviamentos e costuras, que devem ser ilustrados com precisão. Poses coquetes e provocativas podem ser usadas dependendo do público-alvo. Pode ser interessante acrescentar cenários para sugerir a fantasia ou o romance associados a essa categoria de mercado.

▲ ▼ ▶ *A coleção conceitual elegante e ousada de Julia Blum cruza as fronteiras entre as duas categorias de mercado, garantindo-lhe o prêmio de estilista do ano da Parson's. O desenvolvimento preliminar da coleção (à direita) e sua realização na passarela (acima e abaixo).*

434 PARTE III **TÉCNICAS DE REPRESENTAÇÃO E ACABAMENTO**

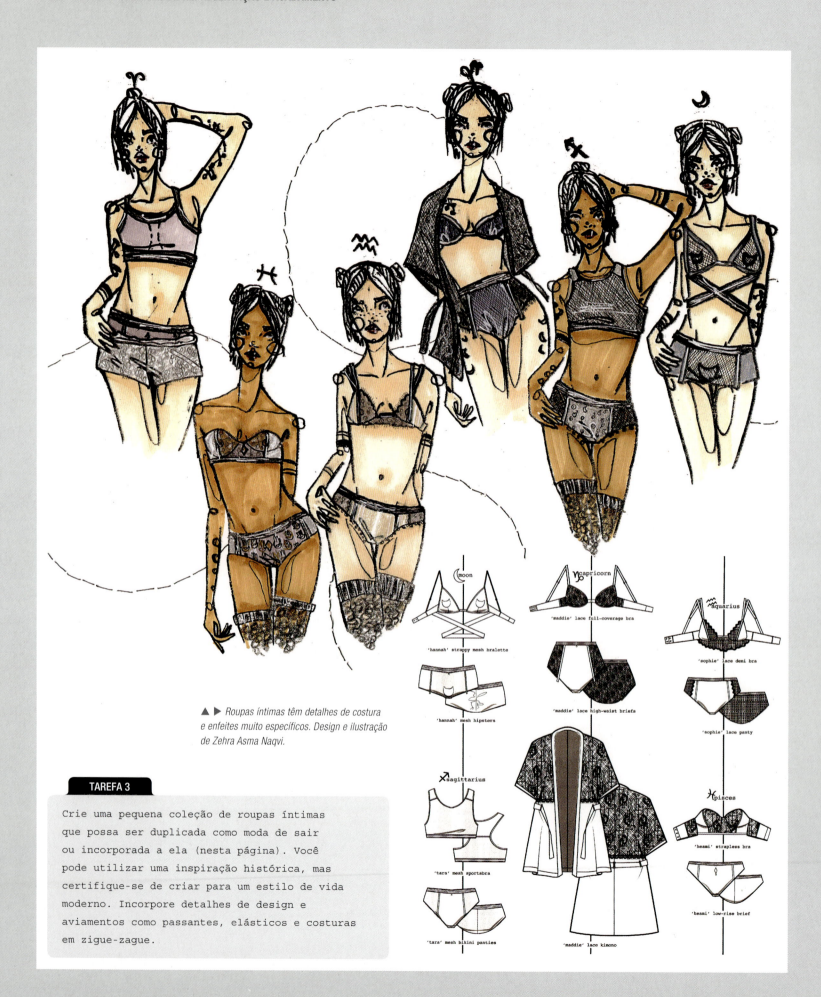

▲ ▶ Roupas íntimas têm detalhes de costura e enfeites muito específicos. Design e ilustração de Zehra Asma Naqvi.

TAREFA 3

Crie uma pequena coleção de roupas íntimas que possa ser duplicada como moda de sair ou incorporada a ela (nesta página). Você pode utilizar uma inspiração histórica, mas certifique-se de criar para um estilo de vida moderno. Incorpore detalhes de design e aviamentos como passantes, elásticos e costuras em zigue-zague.

Glossário ilustrado da renda

Glossário

Acabamento digital

Uso de ferramentas digitais para acrescentar cores, padrões e efeitos como diferentes materiais e texturas a uma ilustração.

Alta-costura

Confecção de roupas sob medida (por oposição à fabricação industrializada) com um desenho original realizado por um estilista. Apenas aqueles que satisfazem os requisitos rígidos da Chambre Syndicale of the Fédération Française de la Couture em Paris têm a permissão de usar a expressão "*haute couture*".

Altura do gancho

O comprimento do gancho até a cintura em um par de calças. Ver também CINTURA HOLLYWOOD.

Amostras de tecido

Amostras de tecido mergulhadas em tinta usadas para encontrar a cor exata especificada por um estilista antes do início da produção.

Anarruga

Tecido de algodão construído por um processo de alternar laçadas apertadas e frouxas, criando uma aparência amarrotada, enrugada em certos lugares. Geralmente listrado ou xadrez.

Animê

Desenho animado originário do Japão. Em japonês, a palavra denota qualquer estilo de animação. Ver também MANGÁ, OTAKU.

Aplicação decorativa

Pequenas decorações em tecido aplicadas a ferro quente ou costuradas numa peça de roupa.

Arquivo de imagens

Coleção de imagens usada como referência para desenhar figuras e detalhes de roupas. Ver também PÁGINAS DE REVISTAS.

Art Déco

Movimento das artes decorativas que teve origem em Paris e se consagrou nas décadas de 1920 e 1930. Era baseado em cores fortes, novos materiais, formas geométricas e motivos orgânicos.

Avatar

A representação visual ou o *alter ego* de uma pessoa na realidade virtual: seu nome, imagem ou modelo em 3D.

Barra em pontas

A barra de uma peça de roupa que tem pregas soltas terminando em pontas, como as pontas de um lenço.

Bases de alfaiataria

Tecidos usados para fazer ternos, portanto apropriados tanto para peças de cima como de baixo. Ver também TECIDOS DE BAIXO, TECIDOS DE CIMA.

Basque

Curta extensão de um corpete presa à cintura de uma jaqueta, blusa ou vestido. Pode ser franzida, pregueada ou construída com godês.

Blog (de moda)

Site ou página de internet atualizado regularmente com comentários sobre diferentes aspectos da moda, desde tendências do prêt-à-porter e celebridades até moda de rua.

Bolso aplicado

Bolso construído pela aplicação de uma peça de tecido (ou outro material) sobre uma roupa.

Bolso curvado

Bolso embutido, com uma curvatura para cima, visto em camisas de estilo *cowboy*; em geral com friso e bordado com setas nos cantos.

Bolso embutido (com debruado duplo)

Bolso embutido com acabamento debruado de cada lado da abertura.

Bolso embutido (com debruado simples)

Bolso embutido com debruado simples, de 1 cm a 2,5 cm de largura na abertura. Em geral, usado para se colocar lenços em blazers ou paletós.

Brocado

Tecido plano pesado que apresenta relevos bordados. Em geral fabricado com fios brilhantes. Ver também JACQUARD.

Buclê

Tecido texturizado feito de fios laçados. O fio é composto de diversos filamentos – em geral três –, um deles mais solto que os outros, de modo que se criam laçadas que ficam aparentes no tecido acabado.

Calandrado

Papel de acabamento muito liso, feito pela passagem da folha através de uma calandra – máquina com cilindros de metal que prensam o papel.

Calças saruel

Calças largas, com um gancho muito baixo, que afunilam perto do tornozelo; é uma variação, originária do norte da África, das calças *johdpur* e *dhoti*, usadas pelos homens indianos.

Carcela

Pedaço de tecido usado para arrematar uma abertura, por exemplo, no decote ou nos punhos, geralmente com botões.

Cava encaixada

Cava que é presa ao corpo de uma roupa junto do ângulo natural do ombro e aberta o suficiente para se ajustar perfeitamente ao contorno do braço.

Cava raglã

Cava que se estende até o decote. A costura para esse tipo de manga começa no decote e se estende diagonalmente por baixo da axila.

Centro da frente

O centro vertical ao longo da frente de uma peça de roupa. O eixo de referência para a posição de botões, zíperes, etc.

Centro das costas

O centro vertical ao longo das costas de uma peça de roupa.

Cetim *charmeuse*

Tecido leve com acabamento acetinado.

Chemise

Vestido curto e folgado cortado reto nos lados. Inspirado na roupa de baixo do mesmo nome. Ver também VESTIDO-SACO, VESTIDO TRAPÉZIO.

Cinto do próprio tecido

Cinto feito com o mesmo tecido que a roupa com a qual ele é usado.

Cintura Hollywood

Tratamento de cintura para saias e calças sem um cós separado. Estilos de cós altos têm os passantes de cinto na cintura natural.

Cintura império

Cintura da roupa posicionada acima da cintura natural do corpo. Ver também DIRECTOIRE.

Círculo cromático

Ferramenta visual com doze tons de cor organizados num círculo.

Circunferência

A circunferência de uma bainha.

Colarinho com pontas

Variação do colarinho de camisa masculina básica, com uma abertura mais ampla entre as pontas.

Coleções intermediárias

Coleção de roupas "de preço acessível" lançada por um estilista a fim de criar uma "ponte" entre os preços do mercado de massa e os do mercado de alta moda.

Contraposto

Pose na qual um modelo fica com a maior parte do seu peso sobre uma das pernas. Quando o peso se desloca, as inclinações da cabeça, dos ombros e dos quadris se ajustam para compensar, trabalhando em oposição.

Cool hunting

Coletar informação sobre tendências e estilos emergentes nas ruas. Ver também PESQUISA DE TENDÊNCIA.

Cores primárias

Vermelho, amarelo e azul. Essas cores não podem ser criadas misturando-se outras cores; elas são misturadas para criar outras cores.

Cores secundárias

Laranja, verde e violeta. Cores que são criadas misturando-se duas CORES PRIMÁRIAS.

Cores terciárias

Vermelho-laranja, amarelo-laranja, amarelo-verde, azul-verde, azul-violeta e vermelho-violeta. Cores criadas ao misturar uma COR PRIMÁRIA com uma COR SECUNDÁRIA.

Corte enviesado

Tecido cortado a 45º em relação ao sentido da urdidura, a fim de criar peças mais maleáveis e que se amoldem ao corpo.

Couro plástico

Couro sintético de preço acessível.

Croqui

Esboço de uma figura.

Decote careca

Decote redondo simples junto ao pescoço.

Decote coração

Decote generoso, cortado baixo, com leves curvas acima da linha do busto sugerindo a forma de um coração.

Decote drapeado

Decote, com profundidades variadas, construído com uma suspensão de dois pontos para criar um drapeado. Um corpete drapeado é geralmente de CORTE ENVIESADO.

Decote transpassado

Decote criado a partir dos dois lados da frente de um corpete, transpassados diagonalmente para formar um "V" profundo.

Desenho anatômico

O desenho de uma peça de vestuário como ela apareceria no corpo, mas sem mostrar o corpo no desenho. Ver também DESENHO PLANIFICADO.

Desenho planificado

Também conhecido como "desenho técnico". É um desenho em branco e preto usado para comunicar as criações para apresentação e produção. As roupas são mostradas fora do corpo, incluindo detalhes de construção e informações técnicas.

Devorê

Processo químico usado para destruir uma de duas diferentes fibras num tecido com o objetivo de criar uma estampa em relevo. Mais comumente usado em veludo, onde se remove a pelugem de algumas partes deixando apenas a pelugem do fundo.

Directoire

Linha de roupas de Paul Poiret (1879-1944), inspirada na moda do período do Diretório na França (1795-1799), que apresenta vestidos com cinturas altas e saias bem soltas. Ver também CINTURA IMPÉRIO.

Drapeado em cascata

Babado preso verticalmente a uma peça de vestuário, que cai como uma queda-d'água.

Entretela

Tecido que se coloca entre as camadas de uma peça de roupa para reforçá-la e estruturá-la. A entretela pode ser costurada ou colada a ferro quente.

Enxoval (de bebê)

Coleção de roupas de vestir e de cama para recém-nascidos.

Escorço

É o que dá a ilusão de profundidade num desenho. Um objeto, ou parte dele, que se afasta da perspectiva de um observador parece menor, enquanto um objeto que se aproxima parece maior. Quando uma figura se vira, o lado do corpo mais distante da vista parece diminuir e vice-versa.

Esquema de cor análogo

Estados Unidos: cores que estão perto umas das outras no CÍRCULO CROMÁTICO.

Esquema de cor complementar

Estados Unidos: cores que estão opostas umas às outras no CÍRCULO CROMÁTICO.

Esquema de cor complementar decomposto

Estados Unidos: as cores de uma matiz e as duas cores adjacentes a seu complemento.

Esquema de cor monocromático

Estados Unidos: cores que compreendem tons de um único matiz.

Esquema de cor triádico

Estados Unidos: cores equidistantes umas das outras no CÍRCULO CROMÁTICO.

Estampa contínua

Tipo de estampa na qual o padrão dos motivos é repetido por todo o tecido, de uma ourela à outra, e portanto por meio de toda a superfície da roupa. Ver também ESTAMPA LOCALIZADA.

Estampa localizada

Tipo de estampa que tem motivos localizados em uma área específica da roupa. Uma estampa de borda é um tipo de estampa localizada. Ver também ESTAMPA CONTÍNUA.

Fantasia

Tecido estampado com temas e motivos incomuns.

Fast fashion

Uma abordagem da moda empregada por grandes lojas nas quais as tendências expostas nos desfiles são rapidamente imitadas, manufaturadas e colocadas à venda em grande quantidade.

Felpa

Pelo saliente nos tecidos lanosos, que se deita em uma direção. Isso afeta a maneira como ele reflete a luz. Uma roupa feita com tecido de felpa cortada tem de ter todas as partes de sua estampa dispostas na mesma direção para evitar variações na cor. São tecidos com felpa cortada o veludo e o veludo cotelê.

Ficha técnica (de desenvolvimento de produto)

Documento fornecido ao fabricante que estipula todas as medidas e instruções relevantes para a confecção de determinada peça de vestuário. Pode incluir também a distribuição das cores e tamanhos das primeiras amostras, especificações sobre onde prender as etiquetas e como fazer a embalagem.

Ficha técnica (de estamparia)

Uma folha de referência que mostra a REPETIÇÃO completa de um padrão de estamparia e inclui amostras das cores a serem usadas na impressão.

Ficha técnica (de modelagem)

Documento fornecido ao modelista que assegura a correta execução da primeira amostra de uma peça de roupa. Inclui os diagramas técnicos, as medidas, as fórmulas de gradação e o rendimento do tecido.

Figura de quadril alto – ver CONTRAPOSTO.

Financiamento coletivo

Financiamento de um projeto pela arrecadação de contribuições monetárias de algumas pessoas ou organizações, normalmente por meio de campanhas na internet.

Fio tinto

Fio que foi colorido antes de ser tecido ou tricotado.

Franzido

Tipo de costura à máquina, geralmente feito em várias carreiras através do tecido, usando um fio elástico para permitir que essa parte da peça se estique.

Furta-cor

Tecidos planos em que os fios da urdidura e da trama têm cores diferentes. As cores parecem cambiantes segundo os ângulos e as luzes.

Gabardine

Tecido forte, durável, com ligamento sarja que apresenta um padrão diagonal. Feito de algodão, lã, seda, viscose ou fibras sintéticas.

Georgette

Tecido de crepe, com estrutura de ligamento tela, leve e transparente, podendo ser feito de seda, lã, viscose ou fibras sintéticas.

GIF (formato para intercâmbio de gráficos, sigla em inglês)

Uma animação repetida em *loop*, útil para a produção de apresentações chamativas, mostrando diferentes padrões e paletas de cores em um único item, ou demonstrando os movimentos de uma peça de roupa.

Gola alfaiate

Gola típica de blazers e casacos, com um entalhe triangular ou formada onde a lapela se une à gola.

Gola funil

Gola de casaco que cria uma chaminé em torno do pescoço quando fechada, e duas abas triangulares na frente quando aberta.

Gola mandarim

Gola elevada numa camisa ou paletó baseada nos modelos asiáticos tradicionais: aberta na frente e com 2 cm a 4 cm de altura. Também chamada de gola mao ou GOLA NEHRU.

Gola Nehru

Gola pequena de pé que aparece numa jaqueta Nehru, como era usada por Jawaharlal Nehru (1889-1964), o primeiro-ministro da Índia independente. Também chamada de GOLA MANDARIM.

Gola-xale

Gola ampla, virada para baixo em um suéter, blazer ou penhoar, que incorpora as lapelas e, portanto, estende-se em uma linha ininterrupta até o busto, formando um "V".

Imagem digital

Imagem digital formada pelo uso de um padrão quadriculado de pequenos pontos (pixels); usada em fotografia e edição de imagem. A resolução da imagem é determinada pelo número de pontos por polegada (dpi). Ver também IMAGEM VETORIAL.

Imagem vetorial

Imagem digital que usa, no lugar de pixels, pontos âncora e demarcadores para criar formas vetoriais; a resolução independe do tamanho da imagem e o arquivo costuma ser menor. Ver também IMAGEM DIGITAL.

Impressão 3D

Técnica de manufatura para produção de peças de roupa e acessórios tridimensionais a partir de uma máquina pré-programada.

Jacquard

Tecido com um padrão de ligamento intrincado, como o BROCADO. Leva o nome de Joseph-Marie Jacquard (1752-1834), o inventor de uma máquina de costura mecanizada que usava uma série de cartões perfurados para controlar a tecelagem de padrões complexos.

Lamê

Tecido brilhante, feito de fios metálicos.

Lantejoula

Pequena lâmina metálica circular pregada em tecido para torná-lo cintilante; paetê.

Licenciamento

Conceder a um fabricante os direitos de uso de uma marca registrada ou imagem em uma categoria específica de produtos em troca de pagamento de direitos autorais.

Linha de equilíbrio

Ou "fio a prumo"; linha vertical que cai pelo centro da figura, perpendicular ao solo. Usada como eixo de referência para determinar o centro de gravidade e o equilíbrio da figura.

Linha do busto

A linha que passa pelo busto, na altura dos mamilos. Num molde, o "ponto do busto" indica a ponta da pence que começa no busto.

Linha princesa

Corpete ou vestido justo criado usando costuras princesa – costuras verticais paralelas ao centro da frente na altura do busto – no lugar de pences retas para criar um busto cheio e ajustado e um caimento longo e esguio; as linhas de modelagem usadas para criar essa silhueta.

Linhas de difusão – ver COLEÇÕES INTERMEDIÁRIAS.

Mangá

História em quadrinhos japonesa, com um estilo visual bem característico, compartilhado pelo ANIMÊ. Ver também OTAKU.

Manga morcego

Manga cortada a uma extensão do corpete que não possui um recorte no ombro, como a manga encaixada, criando assim uma cava profunda e larga da cintura ao punho que se afunila junto à mão.

Manipulação digital

Escanear e trabalhar desenhos em um programa de computador para ajustar as proporções ou acrescentar efeitos.

Masstige

Expressão inglesa que quer dizer "prestígio para as massas". Produtos que podem ser considerados de primeira linha, mas que são vendidos a preços mais acessíveis.

Modelo-vivo

Profissional usado por um estilista ou fabricante de roupas para testar o caimento e o visual de uma roupa. As proporções do modelo devem ser condizentes com as medidas do público-alvo.

Moiré

Padrão ondulado de um tecido.

Nep

Pequeno tufo ou irregularidade que engrossa partes do fio, que pode ser considerado como uma imperfeição ou ser mantido para criar um efeito decorativo em um tecido.

Nesga

Pedaço de tecido triangular, inserido numa peça de roupa para acrescentar volume.

New Look

Silhueta introduzida por Christian Dior (1905-1957) em seu primeiro desfile de alta-costura, em 1947. O visual apresentava uma jaqueta justa com cintura marcada e uma ampla saia rodada que ia até a metade da barriga da perna.

Organza

Tecido fino e transparente, de ligamento tela, em geral usado em vestidos de noiva e camisolas.

Orientalismo

A influência das culturas orientais nas artes. Em moda, o orientalismo foi inicialmente introduzido na primeira década do século XX por estilistas como Paul Poiret, que desenhavam roupas exóticas com silhuetas cilíndricas e adornos e motivos intrincados.

Otaku

Palavra japonesa de conotação negativa, mas que foi recuperada positivamente por um grupo de fãs com interesse obsessivo por ANIMÊ e MANGÁ.

Página de revista

Página retirada dc revistas para ser usada como referência e incluída num ARQUIVO DE IMAGENS.

Pala

Peça de tecido no alto de uma saia ou no ombro de uma camisa ou jaqueta sobre a qual outro tecido é preso.

Paleta de cores

A gama de cores escolhida para uma roupa ou uma coleção. Também se aplica à gama de cores escolhida para um tecido estampado.

Papel-pergaminho

Um tipo de papel transparente de alta qualidade que lembra o pergaminho.

Peça piloto

Versão preliminar de uma roupa, normalmente realizada em morim e usada para testar o molde e o corte.

Pence

Prega costurada pelo avesso que se estreita para auxiliar o tecido a acompanhar os contornos do corpo.

Pesquisa de tendências

A previsão de temas, estilo e cores para a moda; publicada ou contratada para dar apoio a estilistas e comerciantes. Ver também *COOL HUNTING*; SERVIÇOS DE PREVISÃO DE TENDÊNCIAS.

Plano da imagem

A área na qual uma imagem é capturada; um plano imaginário perpendicular à linha de visão do observador.

Point d'esprit

Tecido de malha larga com pequenos pontos espaçados de maneira regular. Costuma ser encontrado em preto ou branco.

Pose relaxada

Ver CONTRAPOSTO.

Público-alvo

A descrição do comprador (potencial) em termos demográficos e de gosto.

Quíton

Túnica usada na Grécia Antiga, tanto por homens quanto por mulheres, consistindo num único retângulo de tecido, drapeado em torno do corpo e preso com amarrações em um ou ambos os ombros ou por um cinto.

Repetição

Motivo ou padrão que é replicado ao longo de uma peça de tecido.

Revolução do Pavão

Movimento na moda masculina, que teve início na Grã-Bretanha no começo da década de 1960, voltado para um visual menos conservador, mais colorido e exuberante.

Saia godê

Saia rodada, muito usada na década de 1950, justa na cintura e nos quadris e construída com um amplo godê.

Saturação (intensidade)

A intensidade de uma cor; que vai da cor pura até o cinza. Em pintura isso é conseguido adicionando-se a cor complementar. Ver também TOM; VALOR.

Serviço de previsão de tendências

Pesquisa cujo objetivo é predizer as tendências, em geral com uma estação ou duas de antecedência. Ver também *COOL HUNTING*.

Tecidos de baixo

Tecidos usados para fazer saias e calças. Ver também TECIDOS DE CIMA.

Tecidos de cima

Tecidos apropriados para as peças de cima – casacos, paletós e coletes. Ver também TECIDOS DE BAIXO.

Técnicas digitais

Ferramentas de computador encontradas em programas como Photoshop e Illustrator da Adobe, como filtros, máscaras de camadas e preenchimento com padrões, que permitem que você produza uma série de efeitos e acabamentos.

Toile de jouy

Tecido criado em *Jouy-en-Josas*, na França. Um motivo com tema pastoral, oriental ou floral é estampado numa única cor sobre um fundo branco ou branco-sujo. Também conhecido como "estampa francesa".

Tom (matiz)

A propriedade intrínseca de uma cor, que define seu nome e lugar no espectro; a cor pura (vermelho, azul ou roxo), em oposição a seu VALOR ou SATURAÇÃO.

Trama

Fios passados no sentido perpendicular do tecido. Os fios da trama são entrelaçados à urdidura em ângulos retos, de uma ourela à outra.

Trespasse

A parte da camisa, blazer ou paletó onde os dois lados da frente se sobrepõem e cuja largura se mede do centro do botão até a borda.

Urdidura

Os fios longitudinais de um tecido. Os fios da urdidura são esticados primeiro no tear, depois os fios da trama são entrelaçados para criar o tecido.

Valor

Quanto uma cor é clara ou escura; os valores mais altos são claros e os mais baixos, escuros. Ver também TOM; SATURAÇÃO.

Veludo molhado

Um veludo macio, esticado, lustroso, com a pelugem deitada. Também chamado de "veludo amassado".

Vestido saco

Estilo criado por Cristobal Balenciaga (1895-1972). Um vestido simples e solto, que cai em linha reta dos ombros até os quadris.

Vestido trapézio

Estilo criado por Yves Saint Laurent (1936-2008) para a Dior. Um vestido folgado, estreito no busto e que se abre progressivamente em direção à barra.

Vestuário sem gênero

Rejeição dos conceitos tradicionais de modas separadas para homens e mulheres, com a criação deliberada de uma única coleção ambígua que possa ser vestida por ambos os sexos.

Vintage chic

Uma abordagem para a moda que envolve a aquisição de itens de segunda mão ou antigos, que em geral são usados misturados com roupas modernas.

Xantungue

Tecido grosso de seda feito com dois fios mesclados fiados juntos para criar um efeito cintilante. Os fios usados são irregulares, o que resulta numa textura decorativa cheia de nozinhos. Também chamado de "seda natural". Ver também NEP.

Leitura complementar

Geral

Livros

BLACKMAN, Cally. *100 Years of Fashion Illustration*. Londres: Laurence King, 2007.

BORRELLI, Laird. *Fashion Illustration by Fashion Designers*. São Francisco: Chronicle Books, 2008.

BROWN, Sass. *Eco Fashion*. Londres: Laurence King, 2010.

DAVIES, Hywel. *Fashion Designers' Sketchbooks*. Londres: Laurence King, 2010.

HALLETT, Clive & JOHNSTON, Amanda. Fabric for Fashion: The Swatch Book. Londres: Laurence King, 2010.

JENKYN JONES, Sue. Fashion Design. 2ª ed. Londres: Laurence King, 2005.

PHAIDON PRESS. *Sample: 100 Fashion Designers – 010 Curators – Cuttings from Contemporary Fashion*. Londres: Phaidon, 2006.

QUINN, Bradley. *Textile Designers at the Cutting Edge*. Londres: Laurence King, 2009.

SEELING, Charlotte. *Fashion: The Century of The Designer 1900–1999*. Cologne: Konemann, 2000.

Revistas

A Magazine, Bloom, Dansk, Dazed & Confused, Elle, Flair, Flare, i-D Magazine, L'Officiel, Numéro, Oyster, Pop, Purple Fashion, Rendezvous, Selvedge, 10 Women, V, Velvet, View on Colour, Viewpoint, Visionaire, Vogue, VS.

Websites

www.anothermag.com
www.businessoffashion.com
www.fitnyc.edu/museum.asp
www.modeconnect.com
www.morefashiondrawing.com
www.vogue.com

agências e associações

www.agent002.com
www.art-dept.com
www.dutchuncle.co.uk
www.fashionillustration.or.kr
fashion.parsons.edu
www.trafficnyc.com

blogs e estilistas independentes

www.ashadedviewonfashion.com
www.costumes.org
designerman-whatisawtoday.blogspot.com
www.ecofashiontalk.com
www.julieverhoeven.com
www.showstudio.com
www.sparked.biz
www.stylewillsaveus.com/blog.php
www.thesartorialist.blogspot.com

novidades e tendências

www.catwalking.com
www.coolhunting.com
www.dazeddigital.com
www.drapersonline.com
www.firstview.com
www.firstviewkorea.com
www.hintmag.com
www.jcreport.com
www.peclersparis.com
www.refinery29.com
www.trendunion.com
www.WGSN.com
www.wwd.com

história do vestuário

www.fashion-era.com
www.kci.or.jp/archives/index_e.html
www.marquise.de
www.museumofcostume.co.uk

fontes de referências

www.biodigital.com
www.human-anatomy-for-artist.com

comércio

www.colette.fr
www.doverstreetmarket.com
www.kirnazabete.com
www.newpeopleworld.com
www.openingceremony.us
www.projectno8.com
www.10corsocomo.com

Capítulo 1

Livros

BARCSAY, Jenó. *Anatomy for the Artist*. Londres: Little, Brown, 2008.

BRYANT, Michele Wesen. *WWD Illustrated*. Nova York: Fairchild Publications, 2004.

HALE, Robert Beverly & COYLE, Terence. *Albinus on Anatomy*. 1ª reimpressão. Nova York: Dover Publications, 1989.

RAMOS, Juan Eugene. *Antonio: 60, 70, 80 – Three Decades of Fashion Illustration*. Londres: Thames and Hudson, 1995.

Capítulo 2

Livros

BLACKMAN, Cally. *100 Years of Menswear*. Londres: Laurence King, 2009.

CHENOUNE, Farid. *A History of Men's Fashion*. Paris: Flammarion, 1996.

DAVIES, Hywel. *Modern Menswear*. Londres: Laurence King, 2008.

HASTINGS-NIELD, D. *Basic Human Anatomy: Introductory CD-ROM from the Anatomy Project Series*. Nova York: Parthenon Group, 1998.

RUBINS, David K. *The Human Figure*. Nova York: Viking Press, 1976.

SCHIDER, Fritz & WOLF, Bernard. *An Atlas of Anatomy for Artists*. Nova York: Dover Publications, 1957.

Revistas

AnOtherMan, Arena Hommes, Esquire, Fantastic Man, GQ, Vogue Hommes, L'Officiel Hommes, Numéro Homme

Websites

www.aitorthroup.com
www.brooksbrothers.com
www.fantasticman.com
www.gq.com
www.nylonguysmag.com

Capítulo 3

Livros

DARGER, Henry & BONESTEEL, Michael. *Henry Darger: Art and Selected Writings*. Nova York: Rizzoli International Publications, 2001.

GARAN, Gina. *Blythe Style*. São Francisco: Chronicle Books, 2004.

MUYBRIDGE, Eadweard. *The Human Figure in Motion*. Nova York: Dover, 1955.

Revistas

FADER, FRUiTS, Girl's Life, Seventeen, Teen Vogue, Vogue Bambini, Yellow Rat Bastard.

Websites

feiras de moda

Fimi Feria, Valencia: www.fimi.es
Pitti Bimbo, Florença:
www.pittimmagine.com
www.playtimetokyo.com
www.playtimenewyork.com

infants and toddlers

www.babesta.com
www.bonnieyoung.com
www.gap.com *(babyGap)*
www.zutano.com

bebês e crianças

www.americangirl.com
www.florahenri.com
www.jcrew.com *(crewcuts range)*
www.oililyshop.com

pré-adolescentes e adolescentes

www.55dsl.com
www.abercrombiekids.com
www.bape.com
store.delias.com
www.drjays.com

referências gerais

www.dccomics.com
www.enchanteddoll.com
www.gaiaonline.com
gorillaz.com
www.herakut.de
www.kidrobot.com
www.lost.art.br/osgemeos.htm
www.manhattantoy.com
www.nick.com
www.secondlife.com
www.whyville.net
www.yoyashop.com

Capítulo 4

Livros

FLY. Peops: *Portraits and Stories of People*. Nova York: Soft Skull Press, 2003.

SILVESTER, Hans. *Natural Fashion: Tribal Decoration from Africa*. Londres: Thames and Hudson, 2008.

Websites

www.allaboutshoes.ca/eng
www.albertusswanepoel.com
www.stephenjonesmillinery.com

Capítulo 5

Livros

ACKERMAN, Gerald M.; BARGUE, Charles; GÉRÔME, Jean-Léon. *Drawing Course*. Courbevoie: ACR, 2003.

EDWARDS, Betty. *The New Drawing on the Right Side of the Brain*. Nova York: Jeremy P. Tarcher/Putnam, 1999.

NICOLAIDES, Kimon. *The Natural Way to Draw*. Nova York: Mariner Books, 1990.

Websites

www.springstudiosoho.com
www.lifedrawingsociety.co.uk

Capítulo 6

Livros

BRYANT, Michele Wesen & DEMERS, Diane. *The Spec Manual*. 2ª ed. Nova York: Fairchild Publications, 2004.

COFFIN, David. *The Shirtmaking Workbook: Pattern, Design, and Construction Resources*. Minneapolis, MN: Creative Publishing International, 2015.

DUNN, Bill. *Uniforms*. Londres: Laurence King, 2009.

PICKEN, Mary Brooks. *A Dictionary of Costume and Fashion: Historic and Modern*. Mineola: Dover Publications, 1999.

Website

www.polyvore.com

Capítulo 7

Livros

BOLTON, Andrew & SUNDSBØ, Sølve. *Alexander McQueen: Savage Beauty*. Nova York, NY: Metropolitan Museum of Art 2011.

JOUVE, Marie-André. *Balenciaga*. Nova York: Assouline, 2004.

MARTIN, Richard. *American Ingenuity: Sportswear 1930s-1970s*. Nova York: Metropolitan Museum of Art, 1998.

_____. *Charles James*. Nova York: Assouline, 2006.

_____ & KODA, Harold. *Haute Couture*. Nova York: Metropolitan Museum of Art/ Abrams, 1995.

NAKAMICHI, Tomoko. *Pattern Magic*. Londres: Laurence King, 2010.

SEELING, Charlotte. *Fashion: the Century of The Designer 1900-1999*. Cologne: Konemann, 2000.

SATO, Hisako. *Drape, Drape*. Londres: Laurence King, 2012.

SATO, Shingo. *Transformational Reconstruction*. Ramona, CA: Center for Pattern Design, 2011. Vol. 1 e 2.

WATT, Judith. *Ossie Clark: 1965-74*. Londres: V & A Publications, 2006.

WAUGH, Norah. *The Cut of Women's Clothes*. Londres: Routledge, 2007.

WOLFF, Colette. *The Art of Manipulating Fabric*. Iola, WI: Krause Publications, 1996.

YOHANNAN, Kohle & NOLF, Nancy. *Claire McCardell: Redefining Modernism*. Nova York: Harry N. Abrams, 1998.

Websites

www.centerforpatterndesign.com
www.julianand.com
www.metmuseum.org/exhibitions/listings/2014/charles-james-beyond-fashion/images
www.trpattern.com

Capítulo 8

Livros

BLACKMAN, Cally. *100 Years of Menswear*. Londres: Laurence King, 2009.

SPINDLER, Amy. "Critic's Notebook: the Power Suit and Other Fictions". Em *New York Times*, 25 de março de 1997.

WOLFF, Colette. The Art of Manipulating Fabric. Radnor: Chiltern Book Co., 1996.

Websites

www.21stcenturykilts.com
www.cesarani.com
www.chesterbarrie.co.uk
www.craigrobinsonnyc.com
www.dege-skinner.co.uk
www.gievesandhawkes.com
www.henrypoole.com
www.historyinthemaking.com
www.krisvanassche.com
www.nortonandsons.co.uk
sites.fitnyc.edu/depts/museum/TailorsArt
www.tombrowntailors.co.uk

Capítulo 9

Livro

STERLACCI, Francesca. Leather Fashion Design. Londres: Laurence King, 2010.

Websites

www.lineapelle-fair.it
www.lostartnyc.com
www.rainbowleather.com

Capítulo 10

Livros

BATES, Susan. *The Harmony Guide to Knitting Stitches*. 1989.

MCQUAID, Matilda. *Extreme Textiles: Designing for High Performance*. Nova York: Princeton Architectural Press, 2005.

SGMA. *Sport Apparel Dictionary of*

Performance Fibers, Fabrics and Finishes. North Palm Beach: Sporting Goods Manufacturers Association, 1997.

Websites

www.invista.com
www.ispo.com
www.pittimmagine.com/en/fiere/filati
www.sagafurs.com
www.schoeller-tech.com/en.html
www.snowsports.org
www.wool.com

Capítulo 11

Livros

BANKS, Jeffrey & CHAPELLE, Doria de La. *Tartan Romancing the Plaid*. Nova York: Rizzoli International Publications, Inc., 2007.

BOWLES, Melanie & ISAAC, Ceri. *Digital Textile Design*. Londres: Laurence King, 2009.

CALLOWAY, Stephen. *Liberty of Londres: Masters of Style & Decoration*. Londres: Little, Brown, 1992.

KENNEDY, Shirley. *Pucci: a Renaissance in Fashion*. Nova York: Abbeville Press, 1991.

LEAPMAN, Melissa. *Mastering Color Knitting: Simple Instructions for Stranded, Intarsia, and Double Knitting*. Londres: Potter Craft, 2010.

MCFADDEN, David (ed.). *Pricked, Extreme Embroidery*. Nova York: Museum of Arts & Design, 2008.

SCHOESER, Mary. *World Textiles: A Concise History (World of Art)*. Londres: Thames and Hudson, 2003.

WOODHAM, Jonathan M. *Twentieth-century Ornament*. Nova York: Rizzoli, 1990.

Websites

www.design-library.com
www.eleykishimoto.com
www.house-of-tartan.scotland.net
www.ivanahelsinki.com
www.liberty.co.uk
www.maxhosa.co.za
www.research.amnh.org/anthropology/database/collections
www.strathmorewoollen.co.uk

Capítulo 12

Livros

DOMINY, Katie. *Contemporary Lingerie Design*. Londres: Laurence King, 2010.

DOYLE, Robert. *Waisted Efforts: an Illustrated Guide to Corset Making*. Halifax: Sartorial Press Publications, 1997.

HALASA, Malu & SALAM, Rana. *The Secret Life of Syrian Lingerie: Intimacy and Design*. São Francisco: Chronicle Books, 2008.

MCFADDEN, David Revere. *Radical Lace & Subversive Knitting*. Nova York: Museum of Arts & Design, 2007.

WORSLEY, Harriet. *The White Dress: Fashion Inspiration for Brides*. Londres: Laurence King, 2009.

Websites

www.agentprovocateur.com
www.fleurdumal.com
www.foundationsrevealed.com
www.kikidm.com
www.laperla.com
www.lingerie-uncovered.com
www.mode-city.com
www.princessetamtam.com
www.solstiss.com
www.the-lingerie-post.com
www.triumph.com
www.underfashionclub.org
www.venacavadesign.co.uk

Fontes de pesquisa

Museus, galerias e livrarias

Museus

Alemanha

Deutsches Historisches Museum
Unter den Linden 2
10117 Berlim
Tel. +49 (0)30 20304 0
www.dhm.de

Lipperheidesche Kostümbibliothek
Kunstbibliothek
Staatliche Museen zu Berlin
Matthäikirchplatz 6
10785 Berlim
Tel. +49 (0)30 266 42 4242
service@smb.museum
www.smb.museum

Austrália

Powerhouse Museum
500 Harris Street
Ultimo
NSW 1238
Tel. +61 (0)2 9217 0111
archive@phm.gov.au
www.powerhousemuseum.com

Bélgica

MoMu
Antwerp Fashion Mode Museum
Nationalestraat 28
B-2000 Antwerpen
Tel. +32 (0)3 470 27 70
info@momu.be
www.momu.be

Canadá

The Bata Shoe Museum
327 Bloor Street West
Toronto ON
M5S 1W7
Tel. +1 (0)416 979 7799
www.batashoemuseum.ca

Espanha

Museu d'Art Contemporani de Barcelona (MACBA)
Placa des Angels, 1
08001 Barcelona
Tel. +34 (0)93 412 08 10 (ext 366)
bibliote@macba.es
www.macba.es

Estados Unidos

Cora Ginsburg LLC 19 East 74th Street
Nova York, NY 10021
Tel: +1 212 744 1352
info@coraginsburg.com
www.coraginsburg.com

Costume Gallery
Los Angeles County Museum of Art
5905 Wilshire Boulevard
Los Angeles CA 90036
Tel. +1 323 857 6000
publicinfo@lacma.org
www.lacma.org

Costume Institute
Metropolitan Museum of Art
1000 5th Avenue at 82nd Street
Nova York, NY 10028-0198
Tel. +1 212 535 7710
www.metmuseum.org

Drexel Historical Costume Collection
Antoinette Westphal College of Media Arts & Design
603, Nesbitt Hall
33rd and Market Streets
Fiiladélfia, PA 19104
Tel. +1 215 571 3504
www.drexel.edu

Museum at the Fashion Institute of Technology
7th Avenue at 27th Street
Nova York, NY 10001-5992
Tel. +1 212 217 7999
museuminfo@fitnyc.edu
www.fitnyc.edu

Museum of the City of New York
Costume and Textile Collection
1220 5th Avenue at 103rd Street
Nova York, NY 10029
Tel. +1 212 534 1672 (ext 3399)
research@mcny.org
www.mcny.org/

Smithsonian Cooper-Hewitt, National Design Museum
2 East 91st Street
Nova York, NY 10128-0669
Tel. +1 212 849 8400
(General)/849 8452
(The Textile Collection)
tex@si.edu
www.cooperhewitt.org

França

Fondation Pierre Bergé Yves Saint Laurent
5 avenue Marceau
75116 Paris
Tel. +33 (0)1 44 31 64 00
www.fondation-pb-ysl.net

Institut Français de la Mode (IFM)
36 quai d'Austerlitz
75013 Paris
Tel. +33 (0)1 70 38 89 89
ifm@ifm-paris.com
www.ifm-paris.com

Musée des Arts de la Mode
et du Textile
Palais du Louvre
107 rue de Rivoli
75001 Paris
Tel. +33 (0)1 44 55 57 50
www.ucad.fr

Musée de la Mode et du Costume
Palais Galliéra
10 avenue Pierre 1er de Serbie
75116 Paris
Tel. +33 (0)1 56 52 86 00
www.palaisgalliera.paris.fr/en

Musée de la Toile de Jouy
54 rue Charles de Gaulle
78350 Jouy-en-Josas
Tel. +33 (0)1 39 56 48 64
www.museedelatoiledejouy.fr

Le Musée des Tissus et des
Arts Décoratifs
34 rue de la Charité
F-69002 Lyon
Tel. +33 (0)4 78 38 42 00
info@musee-des-tissus.com
www.musee-des-tissus.com

Holanda

Centraal Museum Utrecht
Nicolaaskerkhof 10, Utrecht
Tel. +31 (0)30 2362362
www.centraalmuseum.nl
infocentrum@centraalmuseum.nl

Gemeentemuseum Den Haag
Stadhouderslaan 41
Postbus 72, 2501 Den haag
Tel. +31 (0)70 3381111
www.gemeentemuseum.nl
info@gemeentemuseum.nl

Itália

Fondazione Antonio Ratti
Villa Sucota
Via per Cernobbio 19
22100 Como
Tel. +39 (0)31 233111
info@fondazioneratti.org
www.fondazioneratti.org

Fondazione Cerratelli (theatrical
costume collection)
Via G. di Vittorio 2
San Giuliano Terme, 56017
Tel. +39 (0)50 817900
fondazione@fondazionecerratelli.it
www.fondazionecerratelli.it/home.html

Galeria del Costume
Palazzo Pitti
Piazza de' Pitti 1
50125 Florença
Tel. +39 (0)55 238 8611
www.polomuseale.firenze.it/en/
musei/?m=costume

Museo Fortuny
Palazzo Fortuny

San Marco 3958
Veneza 30124
Tel. +39 (0)41 520 09 95
fortuny.visitmuve.it

Museum Salvatore Ferragamo
Palazzo Spini Feroni
Via Tornabuoni 2
50123 Florença
Tel. +39 (0)55 3360 456
museoferragamo@ferragamo.com
www.museoferragamo.it

Triennale Design Museum
Viale Alemagna 6, 20121 Milão
Tel. +39 (0)2 724 341
www.triennaledesignmuseum.it

Japão

Kobe Fashion Museum
9, 2-chome
Koyocho-naka
Higashinada, Kobe 658-0032
Tel. +81 (0)78 858 0050
www.fashionmuseum.or.jp/english/
index.html

Kyoto Costume Institute
103, Shichi-jo Goshonouchi
Minamimachi
Shimogyo-ku, Kyoto
600-8864 Japão
Tel. +81 (75)-321-8011
www.kci.or.jp
info@kci.or.jp

Reino Unido

Museum of Costume
Assembly Rooms
Bennett Street
Bath BA1 2QH
Tel. +44 (0)1225 477173
fashion_bookings@bathnes.gov.uk
www.museumofcostume.co.uk

Somerset House Trust
Strand
Londres WC2R 1LA
Tel. +44 (0) 20 7845 4600
www.somersethouse.org.uk
info@somersethouse.org.uk

Victoria and Albert Museum (V&A)
Cromwell Road
South Kensington
Londres SW7 2RL
Tel. +44 (0)20 7942 2000
vanda@vam.ac.uk
www.vam.ac.uk

Bibliotecas de tecidos

Estados Unidos

American Textile History Museum
491 Dutton Street
Lowell, MA 01854-4221
Tel. +1 978 441 0400
www.athm.org

American Museum of Natural History
www.amnh.org/our-research/
anthropology/collections/database

The Design Library
400 Market Industrial Park, Suite 1
Wappingers Falls, NY 12590
Tel. +1 845 297 1035

info@design-library.com
www.design-library.com

Material ConneXion®
1271 Avenue of the Americas
17th Floor
Nova York, NY 10020
Tel. +1 917 934 2899
info@materialconnexion.com
materialconnexion.com

Source4Style
www.lesouk.co/info@earthpledge.org

Reino Unido

The Design Library
11 Sandringham Court
Dufours Place
Londres, W1F 7SL
Tel. +44 (0)20 7287 7336
kdenham@design-library.com

Galerias e arquivos especializados em ilustração de moda

Galerie Bartsch & Chariau GmbH
Galeriestrasse 6
D-80539 Munique, Alemanha
Tel. +49 (0)89 295557
galerie@bartsch-chariau.de
www.bartsch-chariau.de

Fashion Illustration Gallery
FIG at The Mayor Gallery
1st Floor, 21 Cork Street
Londres W1S 3LZ
Tel. +44 (0)20 7112 1979
info@fashionillustrationgallery.com
www.fashionillustrationgallery.com

**The Frances Neady Collection/
Special Collections**
The Gladys Marcus Library at FIT
7th Avenue at 27th Street, E-Building
Nova York, NY 10001-5992
museuminfo@fitnyc.edu
www.fitnyc.edu/12506.asp
www.flickr.com/photos/
fitspecialcollections/

Kellen Design Archives
Parsons The New School for Design
66 Fifth Avenue, lobby level
Nova York, NY 10011
Tel. 212-229-5942
dev.library.newschool.edu/speccoll/
collections/kellen

Museus para crianças

Estados Unidos

American Visionary Art Museum
800 Key Highway
Baltimore, MD 21230
Tel. +1 410 244 1900
info@avam.org
www.avam.org

Mercer Museum
84 South Pine Street
Doylestown, PA 18901-4999
Tel. +1 215 345 0210
info@mercermuseum.org
www.mercermuseum.org

Reino Unido

V&A Museum of Childhood

Cambridge Heath Road
Londres E2 9PA
Tel: +44 (0)20 8983 5200
moc@vam.ac.uk
www.vam.ac.uk/moc

Fabricação de rendas

Le Musée des Beaux-Arts et de la
dentelle, Calais
(história da fabricação de rendas em
Calais)
25 rue Richelieu
62100 Calais, França
Tel. +33 (0)3 21 46 43 14
www.musee.calais.fr

Concursos e prêmios

All Japan Fashion Teachers Contest
295 Madison Ave.
Nova York, NY 10017-6304
Tel. +1 212 685 4971

Arts of Fashion Foundation competition
555 California Street
Suite 4925
São Francisco CA 94104
Tel. +1 415 734 7126
contact-us@arts-of-fashion.org
www.arts-of-fashion.org

Concept Korea fashion collective
www.conceptkorea.org

**Council of Fashion Designers of
America**
65 Bleecker, Floor 11
Nova York, NY 10012
info@CFDA.com
cfda.com/programs/scholarships/cfda-
scholarship-program
cfda.com/programs/scholarships/the-liz-
claiborne-design-scholarship-award
www.cfda.com/geoffrey-beene-design-
scholar-award

Femmy Awards
Underfashion Club Inc.
326 Field Road, Clinton Corners
Nova York, NY 12514
Tel. +1 845 758 6405
www.underfashionclub.org/femmy.html

H&M Design Award
designaward.hm.com/faq

ITS Award
www.itsweb.org/jsp/en/fashion/index.jsp

Mittelmoda/The Fashion Award
Mittelmoda International Lab
Via Cotonificio, 96, 33030
Torreano di Martignacco (Udine), Itália
Tel. +35 (0)3 862478170
www.mittelmoda.com

Villa Noailles festival
Villa Noailles
Montée Noailles, 83400 Hyères
Tel. +33 (0)4 98 08 01 98
contact@villanoailles-hyeres.com
www.villanoailles-hyeres.com

The Woolmark Prize
www.woolmarkprize.com/
prize@wool.com

Lojas e fornecedores

(materiais artísticos, salvo indicação
contrária)

Austrália

NSW Leather
www.leatherco.com.au

Textile & Lace Imports
Tel. +61 (02)9662 4566

Coreia

Atom Trading Co.
Namdaemun4-ga 20-1
Jung-gu, Seoul, 100-094

Dongdaemun Complex Market *(tecidos)*
www.ddm-mall.com

Homi Art Co.
www.homi.co.kr

Espanha

Tot en Art
www.totenart.com

Estados Unidos

Active Trimming *(ombreiras e acabamentos)*
Tel. +1 212 921 7114

Adel Rootstein USA Inc. *(manequins)*
www.rootstein.com

Alpha Trims Inc.
www.alphatrims.com

B&J Fabrics
bandjfabrics.com

Blick Art Materials
www.dickblick.com

Blissett Textile *(impressão digital têxtil)*
info@blissetttextile.com
www.blissetttextile.com

Brewer-Cantelmo *(produtos personalizados)*
www.brewer-cantelmo.com

Britex Fabrics
www.britexfabrics.com

La Button Boutique Ltd.
250 West 39th Street
New York, NY 10018-4414

Button Works
www.buttonworks.com

Buttonwood Corporation
www.woodbuttons.com

Dharma Trading Co.
Tel. +1 415 456 1211
www.dharmatrading.com

Fermin's Fashion Inc. *(couro)*
Tel. +1 212 575 2088

Global Leathers
globalleathers.com

Hemp Traders
Tel. +1 562 630 3334
contact@hemptraders.com
www.hemptraders.com

Kinokuniya Bookstore
Tel. +1 212 869 1700
www.kinokuniya.com

La Lame Inc. *(tecidos e acabamentos elásticos)*
Tel. +1 212 921 9770
www.lalameinc.com

Libra Leather, Inc.
info@libraleather.com
libraleather.com

M&J Trimming
Tel. +1 212 391 6200
www.mjtrim.com

Mendels and Far Out Fabrics
Tel. +1 415 621 1287
sales@mendels.com
www.mendels.com

Metalliferous *(acessórios de metal, ferramentas e suprimentos)*
Tel. +1 212 944 090
www.metalliferous.com

Mood Fabrics
www.moodfabrics.com

NY Elegant Fabrics
Tel. +1 212 302 4980
info@nyelegant.com
www.nyelegant.com

Pacific Coast Fabrics
Tel: +1 310 327 3792
www.pacificcoastfabrics.com

Pacific Trimming
Tel. +1 212 279 9310
epacifctrimming@gmail.com

Paron Fabrics
Tel. +1 212 768 3266
www.paronfabrics.com

The Pellon Company *(interfaces e apliques)*
www.pellonideas.com

Quick Fuse & Cut Inc
Tel. +1 212 967 0311

Rainbow Leather
http://rainbowleather.com

Robert Kaufman Fabrics
Tel. +1 310 538 3482
info@robertkaufman.com
www.robertkaufman.com

Service Notions
Tel +1 212 921 1680

Snap Source
Tel. +1 800 725 4600 or 248 280 1411
www.snapsource.com

Spandex House
Tel. +1 212 354 6711
www.spandexhouse.com

Stanley Pleating & Stitching Company
Tel: +1 718 392 2417
www.stanleypleatingandstitching.com

The Strand Bookstore
Tel. +1 212 473 1452
www.strandbooks.com

Superior Model Form Co.
Tel. +1 212 947 3633
www.superiormodel.com

Swarovski Crystal Company
Tel. +1 212 332 4300
www.swarovski.com

Tender Buttons
Tel. +1 212 924 4136
www.tenderbuttons-nyc.com

Utrecht Art Supplies
Tel. +1 212 924 4136
www.utrechtart.com

Zipperstop *(zíper)*
Tel. +1 212 226 3964
www.zipperstop.com

França

Bazar de l'Hôtel-de-Ville (BHV)
(materiais de arte, aviamentos, máquinas, linhas)
Tel. +33 (0) 977 401 400
www.bhv.fr

Bouchara *(tecidos)*
www.bouchara.com

Dominique Kieffer *(tecidos)*
www.dkieffer.com

La Droguerie à Paris *(tecidos & acessórios)*
Tel. +33 (0)1 45 08 93 27
contact@ladroguerie.com
www.ladroguerie.com

Le Géant des Beaux Arts
Tel. +33 (0)1 40 78 00 80
magasin.paris13@geant-beaux-arts.fr
www.geant-beaux-arts.fr

Marché Carreau du temple
(tecidos e panos)
Rue Perrée, 75003 Paris

Marché St Pierre *(tecidos)*
www.marchesaintpierre.com

Mokuba *(fitas)*
Tel. +33 (0)1 40 13 81 41
infos@mokuba.fr
www.mokuba.fr

Moline Tissus *(tecidos para interior)*
Tel. +33 (0)1 46 06 14 66
www.frou-frou-mercerie-contemporaine.com

Pierre Frey *(tecidos e mobiliário)*
www.pierrefrey.com

Rougier & Plé
Tel. +33 (0)1 56 81 18 35
info@rougier-ple.fr
www.rougier-ple.fr

Tissus Reine *(tecidos fora de linha)*
www.tissus-reine.com

Tombées du Camion *(bric a brac)*
www.tombeesducamion.com

Librairie 7L *(livraria de Karl Lagerfeld)*
Tel. +33 (0)1 42 92 03 58
www.librairie7l.com

Holanda

Harolds Grafik B.V.
www.harolds.nl

De Vlieger Amsterdam B.V.
www.vliegerpapier.nl

Peter van Ginkel
www.petervanginkel.nl

Van der Linde
www.vanderlinde.com

Van Beek
www.vanbeekonline.com

Itália

Arte 3
www.arte3.it

Vertecchi
www.vertecchi.com

Nova Zelândia

The French Art Shop
www.thefrenchartshop.co.nz

Reino Unido

Alma Leather
alma1938.com

Barnet Lawson *(fitas, rendas, penas, elásticos)*
Tel. +44 (0)20 7636 8591
info@bltrimmings.com
www.bltrimmings.com

Borovick Fabrics
borovickfabrics.com

Broadwick Silks
Tel: +44 (0)20 7734 3320
sales@broadwicksilks.com
www.broadwicksilks.com

Cass Art
Tel. +44 (0)207 619 2601
www.cassart.co.uk

Cloth House
+44 (0)20 7437 5155
47@clothhouse.com
www.clothhouse.com

The Cloth Shop
Tel. +44 (0)208 968 6001
theclothshop@gmail.com
www.theclothshop.net

Creative Beadcraft
www.creativebeadcraft.co.uk

The Handweavers Studio *(fios, fibras, corantes, livros)*
www.handweavers.co.uk

London Graphic Centre
www.londongraphics.co.uk

MacCulloch & Wallis Ltd. *(armarinho)*
www.macculloch-wallis.co.uk

Morplan *(equipamentos)*
www.morplan.com

Pongees *(tecidos)*
www.pongees.co.uk

Rai Trimmings *(acessórios de costura)*
Tel. +44 (0)20 7437 2696

Rose Fittings (James & Alden)
Tel. +44 (0)20 8830 8008

William Gee *(forros, armarinho, aviamentos)*
www.williamgee.co.uk

Suíça

Boesner GmbH
www.boesner.ch

Interproducts AG
Tel. +41 (0)44 422 70 23

artwaremail
www.artwaremail.ch

Índice

Os números de página em **negrito** referem-se às legendas das imagens

A

acessórios, 15, **114**, **150**, 338, 340–8, **362**; *veja também* luvas; sapatos
acetato, 313
Ackermann, Haider, 250, **260**
adesivos gráficos, 318
Adrian, Gilbert, 14
aerógrafo, 15, 20, 316
Agent Provocateur, 65, 430
Ahn, Ike, **107**
Albaz, Alber, 250
alfaiataria, 278–303
  criação, 279, 289–93, 299–303
  desenho planificado, 280–2, **283**, 295–6
  na figura, 282–8, 297–8
  peças transpassadas, **242**, 280, 282, 286–7, **409**
  pregas, 294–9
  roupa esportiva/casual, **89**, **289**
  tendências históricas, 23, 250, 279, 289 *veja também* ternos/paletós
Alfaro, Victor, **379**
algodão tingido, 358, **374**
American Apparel, 93
Anderson, J.W., 93, **275**
androginia, 13, 18, 20, 27, **62**, **147**, 293
angorá, 337, 338, **360**
anilina, 176, 315, 322, **374**
animê, 25, 135
anos 1920, 13, 139, 279, **432**
anos 1930, 13, 14, **15**, 20, 247, 289
anos 1960, 10, 16, 18–19, 20, 139, 250, 279, **307**, 414, 415, 430
anos 1970, 20–1, 139
anos 1980, 10, 22–3, 291
anos 1990, 24–5
anti-pizza, **91**
Appleman, Annie, **393**
apresentações
  bloco de desenhos, 198, 202, **203**, 205–11
  desenho planificado, 37, 78, 95, 207, **210**, **211**, 220
  desenhos anatômicos, 207, **210**, **229**
  seleção do tecido, **73**, 207, **208**
Arbus, Diane, **66**
Arias, Fabiola, **133**
Armani, Giorgio, 20
arquivo de imagens, 58, 159
arremate, **238**, **242**, **245**, **348**, **372**, 395, **434**
Art Déco, 13, 20, **307**
Artaksiniya, **137**, **167**, 279, 327
arte e moda, 13, 16, 18, 20, **22**, 23, **66**, **67**, **209**, **307**
Assefa, Benyam, **343**
Azria, Max (para Hervé Léger), **267**

B

Backlund, Sandra, 365
Baird, Olga, **188**
Balenciaga, Cristóbal, 16
barra, 228, 250
barras e bainhas, 13, 215, 216, 228, **239**, **241**, 269
Bartlett, Victoria, 430
basques, 14, **238**, **240**, **241**, **244**, 290
Bastian, Elizabeth, **365**
Batekhin, Leonid, **208**, **209**
Bauernfeind, John, **61**, **279**, **292**
"Beauty by Design" (Burkinshaw), **426**
Beetson, Sarah, **97**, **103**
Bekov, Abzal Issa, **249**, **353**
Belle Époque, La, 11, 12
Berlei, 430
Berning, Tina, **95**, **143**
biomimetismo, **274**, **291**
Birtwell, Celia **269**
blazers, 86, **242**, 280–2, 284–5, 363, 406
bloco de desenhos, 198–204
  amostras de tecido, 198, 202
  apresentações, 198, 202, **203**, 205–11
  conceito, 29, **199**
  conteúdo, 198, **201**, 202–4
  de observação, 80, 176, 179, 180, 207
  desenho/esboço, 10, 23, **36**, **73**, 140, **141**
  desenhos de produção, 196, 212–13
  formatos, 198, **200**, **201**
  materiais, 198
  na figura, 225–7, 255, 262–5, 272–3, 282–8, 297–8, 404–7
  página de experimentação, 202, 207
  para pesquisa, 198, 202
  seleção de papel, 198, **205**
  veja também desenho planificado; desenhos anatômicos
blog *What My Daughter Wore* (Williams), 26, **129**
blogs, 26, 72, 202
Blum, Julia, **414**, **433**
blusas, 11, **238**, 254, 421
bolsas, 340, **346**
bolsos, 215, **240**, **242**, **243**, 286, 289
bonecas, 95, **124**, **156**, **311**, **429**
bonés, 14, **160**, 161
botão de pressão, 215, 284, **348**
botões e casas, 215, **243**, 280, 282, 284, 286
Bouët-Willaumez, René, **14**, **15**
Bowery, Leigh, 23
Bray, David, **142**
Breakey, Annabelle, **321**
brim, **280**, 300, 358–9, 363, **374**

Broadway, Steven, **114**
brocado, 249, 325, **349**
Brown, Imogine, **95**, **345**
Browne, Thom, 291
buclê, 354, **355**, **374**
Burger, Janette, **187**
Burkinshaw, Mal, **426**
Burrows, Stephen, 250
Burton, Jesse Lee, **185**, **187**
Bychkova, Marina, **124**, **158**, **429**

C

Caballero, Paula Sanz, **322**
cabeças e rostos, 132–4, 135
  crianças, 155–8
  elementos faciais, 135, **136**, 139, 142, 145, **146**, 151
  escorço, 132, 135, 137, 142, **145**
  guias, 134, 136, 144–6, 151–3
  homens, 74, 150–4
  inclinação 137
  perfis, 146–7, 153
  trabalhando com modelo vivo, 184
  virando, 142–9, 152–4
  vista de três quartos, 144–5, 152
Cabrera, Alfredo, **10**, **24**, **52**, **115**, **121**, 267
cadernos; *veja* blocos de desenho
calças, 15, 20, 23, 28, 185, 222–3, 232–3, **246**, 261, 356–7, 406–7; *veja também* jeans; macacão
camisas, 218–19, **221**, **239**
camisetas, 16, **229**, **378**, 385, 422, 423
canetas, **18**, **220**, **310**, 316, 395
Cardin, Pierre, 18
Carollo, Kelley, **66**
Carrozza, Jillian, **181**
carvão, **133**, 176, 181, 307, 314
casacos, **242**, 280, 283, 286–7, **300**, 356–7, 370, 402–3, **409**
Casey, Joey, **103**
cavas, 37, **79**, 86, **229**, **239**, **241**
cetim, 325, 328–9, 330, **349**
Chabluk Smith, Felix, **301**
chambray, **374**
Chanel, Coco, 13, 14, 279, 414
chapéus, 13, 139, 159–62, **163** *veja também* bonés
Chen, Ivy, **419**
Chen, Wendy, **210**
chiffon 419, 420, 421, 430
Choi, Jenny Yewon, **131**
Choi, July, **394**, **395**
Cid de Diego, Carla, **187**
cinema e moda, 12, 14, 16, 20, **24**
cintas; *veja* modeladores
cintura, 13, 14, **15**, **232**, **241**
  império, **238**, **240**, 260
Clark, Ossie, 18, 250, **269**
Clark, Peter, **79**, **318**

colagem, **79**, 95, **176**, 193, 202, 313, **318**, **339**, **357**, 385
coletes, 15
contraposto; *veja* pose relaxada
Conway, Bryan **383**
cor
  formas, colorir as, 187, 234
  moda, 322
  significado da, 321
  sobre cor, 428–9
  teoria das cores, 319–20
cordões, **215**, **245**, 257, **257**, 259
corte a laser, **26**
corte enviesado, 13, 14, 249, 266–7, 269–73, 290, 330
cortiça, **375**
costuras, 86, 216, 220, 222, 226, **239**, **241**, 290, 419
costura pespontada, 220, 290
cotelê, 356–7, 360, **375**
couro envernizado, 327, 328
couro plástico, 328
couro, 325, 327, 328, 338–9, 340
Courrèges, Andrè 18
Covington, Cleveland **269**
crepe (lã), 354, **355**, **374**
crianças e jovens, 95–6
  adolescentes, **96**, 120–7, 155, **352**
  bebês de colo, 96, 97, 98–100, 155, **157**
  bebês que andam, **96**, 97, 101, **101**
  bebês, 95, 96, 98–100, 155, 166, 170
  cabeças e rostos, 155–8
  crianças mais velhas, 102–3, 110–13, **157**, 166
  desenhos planificados, 95, **112**
  mãos, 166
  meninas, 102, 104–5, **108**, 110–12, 116–18, 122–5, 155, **156**, 276
  meninos, **103**, 106–7, **109**, 113, 116–18, 126–7, 155
  pernas e pés, 170
  poses, 95, 99–101, **104–5**, **111**, 113, 118, **123**, **127**
  pré-adolescentes, **96**, **103**, 114–19, **156**
  proporção, 95–6, 98, 104–5, 106, 110–11, 116–17, **121**, 122–3, 126, **177**
  vista dorsal, **105**, **111**, 118, **123**, **127**
Cubismo, **67**
cultos à juventude e moda, 13, 16, 18, 20
Cumming, Victoria **369**
cursores (zíper), **215**, **247**, **288**

D

Dagworthy, Devon, **109**, 112
Davis, Amy, **25**
Davis, Katie, **107**
De Kuyper, Dana, **156**
De Laurentis, Janae, **175**

De Villeneuve, Daisy, **378**, **399**
Dee, Amy, **309**
Del Rey, Lana, **67**
Dempsey, Elisabeth, **177**
DeNooyer, Kelly, **59**, **357**
desenho anatômico
  apresentações, 207, **210**, **229**
  detalhes, 192, **215**, **229**
desenho com modelo vivo
  com ambas as mãos, 191
  com dois modelos, **186**, 190
  corrigindo desenhos, 193
  Desenho com modelo vivo, 80–1, 174–93, **367**
  equilíbrio, 182
  escorço, 45, 54, **80**, **90**, 96, 99, 100, 132, 137, 183
  espaço negativo 187, 190
  imaginação, 179, 180, 189
  interpretação de informação visual, 186–93
  materiais, 176, 180, 181, 187, 189, 191, 192
  poses viradas, 183
  princípios básicos, 179–93
  proporção, 176, 179, 180, 181
  veja também desenho/esboço
desenho planificado
  alfaiataria, 280–2, **283**, 295–6
  desenho planificado, 37, 78–9, 95, **112**, **192**, 207, **211**, 220, **307**, **317**, **354**, **365**
  detalhes de roupas, 207, **209**, **215**, 218–24, 236
  do drapeado, 254, 260–1, 270–1
  técnicas de representação e acabamento, **354**, **365**
design 3D, **197**, 202, **203**, 250, **277**, **368**
detalhes de roupas, 215–17
  desenho planificado, 207, **209**, **215**, 218–24, 236
  desenhos anatômicos, 192, **215**, **229**
  desenhos de produção, 196, 212–13
  escorço, 218, 225, 226, 264, 288
  glossário, 238–47
  na figura, 225–7
  seleção do tecido, **201**, **217**
Dior, 16, **17**, 430
Do, Peter, **73**, 291
Dominguez, Jasmine, **201**, **340**
Donis, Nina, **68**, 70, **285**, **289**, **294**, **307**, **381**, **394**, **419**
Donovan, Bil, **90**
Doré, Garance, 26
Dougans, Tara, **139**, **193**, **377**
drapeado
  babado, 14, 225, **249**, 250, 251, 256–8, 264–5, 266, **267**, 268, **269**
  compressão afeta, 185, 228, **229**, 230, **231**, **232**, 255,

283, 406
desenho planificado, 254, 260–1, 270–1
evasê, 266, 268, 269–72, 297
forma do corpo afeta, 185, 226, 228, **229**, 330
godê, 250, 266-7, 269–72, 297, 330
gravidade afeta, 185, 215, 228, **229**, **231**, 250, **255**
movimento afeta, 215, **225**, 226, 228–37, 255, 406, 420
na figura, 255, 262–5, 272–3
poses afetam, 185, 226, **227**, 228, 232–3, 264–5, 272–3, 283, 284–8, 297–8, 330
pregas, 14, 216, 249–50, 256–63, 290, 330
flares, 250, 266–7, 268, 269–73, 330
princípios básicos, 252–3
tecidos brilhantes, 325, 328–9, 330
veja também corte enviesado
Duan, Siyu, **199**, **251**
Dunn, Jourdan, **65**

E
Elia, Albert, **22**, **307**
enfeites metálicos, 336
Erickson, Carl, **17**
escaneamento, 38, 90, **200**, 220, 221, 307, 312, 382, 383, 384, 385
escorço
cabeças e rostos, 132, 135, 137, 142, **145**
desenho da figura, 49, 54, 58, **80**, **90**, 96, 99, 100, 132, 137, 183
detalhes de roupas, 218, 225, 226, 264, 288
mãos, 164
pernas e pés, 168, **169**, 171
espaço negativo, **186**, 187, 190
espartilhos **11**, **15**, 23, 430;
veja também modeladores
estampas
comparação com padrões de fios tintos, 377, 394
contínua, **97**, **129**, 378, **391**, **393**, **396**
localizada, 378, **381**, 385, **396**;
veja também padrões
Expressionismo abstrato 16

F
faille, **349**
Farmer, Jonathan Kyle, 27, **103**, **196**, **217**, **256**, **289**, **340**
Fast, Mark, 365
fechamentos, **245**, **275**, 370
veja também botões; cordões; zíperes
feltro, feltragem, 351, 357, 360, 369

Ferdinand **153**, **420**
Ferragamo, Salvatore 16
ferramentas de desenho, 220
figura feminina,
ajustando a proporção, 62–7
equilíbrio, 40–8
estrutura óssea, 48, **55**
figura anatômica, 34–6
figura planificada, 37, **63**, **64**
figuras grávidas, 65
gravidez, 65
perfis, 54–5
planejamento, 29–30, 33
pose virada, 30, 49–57, 65
poses, 29, 30, 40–7, 48, 58–61, 65
proporção, 29–30, 32–9, 70, 74, 82
vista dorsal, 56–7, 138
figura masculina
equilíbrio, 88
estrutura óssea, 78, 89
figura anatômica, 81–3
figura planificada, 84–5
planejamento, 77–8
pose virada, 94
poses, 88, 92–5
proporção, 75, 77–8, 80–7
rostos, 78
figuras tamanho grande, 63, 64, 131, **177**
figuras tamanho pequeno, **177**
filó, 419, 420, 426
fixadores, 314
flanela, 16, **374**
folhas de especificações, **79**, 212, 340
Ford, Tom 25
fotocópia, 38, **52**, **307**, 332, 333, 383, 384, 385
franzido, 215, **257**, **259**
Frederick's of Hollywood 430

G
Galliano, John, 25
Gama, Carmen, **203**, **302**
Gaultier, Jean Paul, **65**
gaze, 419, **435**
Gibson, Charles Dana, 11
Givenchy, **419**
godês, 216, **244**, **267**
golas/colarinhos, 11, 18, **143**, **216**, **239**, **240**, **242**, **284**, 289
Grady, Mark, **119**
grafite, 23, **124**, **156**, **158**
Greenlaw, Fiongal, **129**, **397**
Grès, Alix ("Madame"), 250, 275
Grimaldi, Mia, **293**
Grimm, Issa, **32**, **139**
Gruau, René, 415
guache, 315, 336, 395
guias
cabeças e rostos, 134, 136, 144–6, 151–3
proporção, 30, 33, 34–5, 38, **67**, 74, **81**, 96, **121**
guipura, 426, **435**

H
Haines, Richard, 26, **70**, **125**,

141, **163**
Han, Yoyo (Lin) (para Saga Furs), **360**
Harper, Sara, **179**, **185**
Hatori, Yuki, **97**
Herakut, **124**, **156**, **158**
história da moda e do desenho de moda 10–27, **247**, 250, 279, 289, 348
Hood by Air, 93
Hough, Wyatt, **152**
Houtkamp, Angelique, **134**
Huang, Zirui, **67**
Hughes, Flo **259**, **346**, **383**

I
Ibraham, Ruann, **317**
ícones da moda, 11, 14, 15, 20, **24**
Illustrator (Adobe), **141**, 151, 220, 221, 306–7, 335, 336, 389, **420**
iluminação, 178, 310, **321**, 330
Im, Siki, **290**
imagens licenciadas, 95, 158, 377, 393
impressão 3D, 27, **171**, **172**, 202, 250
inspiração, traduzindo, 59, 66–7, 131, 138

J
Jacquemus, Simon Porte, **302**
James, Charles, 16, 250
James, Rachel, **371**, **372**, **391**
jaqueta de motoqueiro, 21, **85**, **234**, 327, 356
jeans, 16, 18, 215, **246**, 363
jérsei, 325, 332, 338, 364, **366**, 419
Jiiakuann, **70**, **72**, **90**, **93**, **147**, **154**, **379**, **396**
Johansson, Anna, **252**
Johnson, Julie, **132**
Jones, Anne-Marie, **150**, **410**
Jones, Leslie, **224**
Ju, Tiffany, **351**
Jung, Daphne Hansol, **311**

K
Kang, Jiwon, **61**
Karman, Bijou, **32**
Kawakubo, Rei, 402
Kichler, Emily, **199**
Kiki de Montparnasse, 430
Kikuchi, Noriko, **176**
Kim, Daphne Hansol, **276**
Kim, HyunWoo Shawn, **309**
Kim, Jeun, **352**
King, Gabrielle, **274**, **348**
Kiper, Anna, **401**
Kobayashi, Erika, **177**
Kova, Alona, **186**
Kuhl, Kelly, **236**
Kusama, Yayoi, **311**
Kwan, Sylvia, **201**

L
lã de camelo, 354, **355**, **374**
La Perla, 430
Lacroix, Christian, 23
Lagerfeld, Karl, 291

Laine, Laura, **266**, **351**
lamê, 322, 325, 333, **349**
Lang, Helmut, 28, 291
Lange, Liz, 65
Lantomo **367**
Lanvin, Jeanne, 276
lapelas, **242**, 283, **284**, 289, 290
lápis de cor, **310**, 314, 316, 395, **407**, **409**
lápis solúveis em água, 176, 314
Lau, Anna, 213
Lee, Angela, **371**
Lee, Anna Hae Won, **37**, **199**, **312**, **359**, **362**
Lee, Chris, **79**, **361**, **362**, **411**
Lee, Christy, **249**
Lee, Dahae, **67**, **200**
Lee, Jennifer, **431**
Lee, Ximon, **280**
Lester, Rebecca, **30**, **306**
Leyendecker, J.C., 11
Li, Jiayu, **412**
Lim, Jenny, **431**
Ling, Tanya, **131**
linha princesa, **36**, 215, **240**
listras, 49, 86, 185, **271**, **287**, **381**, 384, 386–7, 394, 395, 414, **419**
"Lolitas góticas", 25, **119**, **277**
Lopez, Antonio, **19**, **159**
Louboutin, Christian, 340
luvas, **165**, 167, 184, 340

M
Mabille, Alexis, **224**
macacão, 20, 255
Magritte, René, **15**
Maison Martin Margiela, 173
malhas, 18, 20, 332, 333, 351, 364–9, **375**, 410–13, **431**
mangá, 29, 139, **143**
mangas, **79**, 86, **217**, **229**, **231**, **238**, **239**, **240**, **241**, **242**, 269
mãos, desenho, 164–7, 184
maquiagem, 142–3, **144**
marcadores, 59, 213, **300**, 301, 303, 314, 343, 372, 387
marionetes, 95, **124**
Marman, Laurie, **144**, **147**
Marshall, Andrea, **36**, **63**
Mascia, Pierre-Louis, **328**
Mayer, Gene, **275**
McCardell, Claire, 21
McCartney, Stella, **241**
McClaren, Malcolm, 24
McQueen, Alexander, 29, **173**, 348
Milão e a moda, **26**
misturadores, 316, 317
moda desconstruída, 23, 203, 291, 302, **351**, 372
moda do século XXI, 26–7
moda punk, 20, 139
Molinari, Anna, **34**
Mota, Juan, **190**
motivos, 301, 342, 344, **345**, 363, 364–5, 368–9, 394
Mouret, Roland, 283
movimento Memphis, 26

Mozafari, Niloufar, **34**
música e moda, **22**, 24, 27, 29

N
Nakamuchi, Tomoko, 250
Naqvi, Zehra Asma, **234**, **372**, **434**
Ndiritu, Grace, **391**
Negron, Paul, **280**, **299**, **326**
"New Look", 16, **17**
nesga, 216, 238, **267**, 273, **Newman**, Whitney, **182**
Nieuwenhuyse, Stefanie, **32**, **134**, **149**

O
óculos, 163, 340
Oglesby, Elena, **211**
Oh, Ji, 325
Oknyansky, Bryan (Shoes by Bryan), **171**, **172**
ombros, **14**, **15**, **16**, 20, **238**, **240**, 259
organza, **217**, **293**, **419**
orientalismo, 11, 12, 13
Ormond, Taylor, **207**, **359**, **366**, **367**, **431**

P
paetês, 325, 335
Pages, Jean, **13**
tintas, 310, 315, **317**
paletós, 14, 15, 16, 23, **242**, 270, 280, 283, 288, 290–1, 354–5, 404–5 *veja também* blazeres
palmer//harding **219**, **235**
Palmiotti, Lydia, **67**, **420**
papel
colorido, 187, **188**, 313, **352**
em relevo/texturizados, 313, 339, **398**, **421**
formato sanfona, 181
gramatura, 312, 313
papel-jornal, 176, 180, 181
para marcador **52**, 313, 339, **398**
quadriculado, 389, 396
seleção, 59, 176, 189, 198, **200**, 310, 312–13
superfície, 312–13, **316**, **352**
tamanhos, 33, 198, 312
papel-pergaminho, **133**, 313
Paris e moda, 11
Park, Jun Hyung, 325
pastel 176, 181, 187, **310**, 314, **352**
padrões
abstrato, **312**, **377**, **379**, **416**
acabamento, **129**, **306**, **307**, **309**, 331, **346**, 376–413
animal, 377, **416**
argyle, 377, **417**
bandana, **416**
barra, 378, **379**
batique, 377, **416**
caleidoscópicos, **400**
camuflagem, 390–1, **416**
espinha de peixe, 396, **409**, **417**

fantasia, 377, **416**
fios tintos, 377, 394–9
florais, 18, 377, 388, **416**
foulard, **417**
geométrico, 377, **416**
ikat e falso *ikat*, **416**, **417**
lã escovada, 408–9
lenço, **417**
motivos, 313, 377, 378, 381, 382–3, 394, 410
nativo americano **417**
paisley 389, **416**
pied-de-poule, 396, **417**
posicionamento, **97**, **129**, 378–9, 383
repetições, 381
risca fina, **275**, **398**, **417**
toile de jouy 377, **416**
tricô, 410–13
veja também xadrez; estampas; listras; xadrez escocês
Pearlman, Barbara, **20**, **431**
Peeraer, Niels, **348**
peles, **217**, **351**, 360, **361**, **362**, **375**
pences, 14, 215, **239**, **240**, 290
Peng, Shuyang, **293**
penteados, 13, **125**, 138–41, **150**
pernas e pés, como desenhar, **62**, 168–70, 184
perspectiva, 49, **138**, 171, 340
pés, como desenhar; *veja* pernas e pés
pescoços e decotes, 135, 137, 138, **143**, **216**, **225**, **238**, **239**, **240**, **241**, 254
pesquisa, 198, **201**, 202, 322
Petty, George, 15, 415
Phillips, Coles, **10**, 11, 415
Photoshop (Adobe), 27, **36**, 90, 148, 193, 202, 220, 306–7, 330, 335, 407, **420**
Picasso, Pablo, **67**
Pimsler, Al, **16**
pincéis, **67**, 315, 386
plissados Fortuny, 298
point d'esprit, 424–5
Poiret, Paul, 11
ponto de vista, 49, 58, 96, 225–7, 250, 266, 268
Pop Art 18, **307**
pose de quadril alto; *veja* pose relaxada
pose relaxada
efeito sobre o drapeado, 226, **227**, 228, 232–3, 264–5, 272–3, 286–7, 297–8
em desenho com modelo vivo, 182, 183
figura feminina, 30, 40–7, 48, 61, **63**, 65, **65**
figura masculina, 82, 86
posição das mãos, 166
poses
análise, **41**, 42, 46, 48, 86, 182
caminhando, 45, 46–7, 58, 61, 86, **227**, 284–5, 330
crianças, 95, 99–101, **104–5**, **111**, **113**, 118, **123**, **127**

curva em S, **44**, 48, 56, 82
efeito sobre o drapeado, 185, 226, **227**, 228, 232–3, 264–5, 272–3, 283, 284–8, 297–8, 330
figura feminina, 29, 30, 40–7, 48, 58–61, 65
figura masculina, 82, 86–91
sentada (bebês), 100
virada, 30, 49–57, 61, 65, 88, 183, **233**, 288, **330**; *veja também* pose relaxada
pós-guerra (1945-1959), 16–17, 370
Prada, 28
previsão de tendências, 202, 322
Primeira Guerra Mundial (1914-1918), 12, 279
projeto de pesquisa Raw Color, 321
proporção
ajustando a, 38, 41, 63, **64**, 74
ajustes, 62–7, 74, **79**
analisando, 38–9, 80
crianças, 95–6, 98, 104–5, 106, 110–11, 116–17, **121**, 122–3, 126, **177**
elementos faciais, 135
em desenho histórico 14, 15, **25**
estilizada, 29, **30**, 70, 72, 78, 96, 176
figura feminina, 29–30, 32–9, 70, 74, 82
figura masculina, 69, 70–3, 74–81, **177**
guias, 30, 33, 34–5, 38, **67**, 74, **81**, 96, **121**
mãos, 164
pernas e pés, 168
público-alvo, 29, 62, 63, 69, **84**, 132, 140, **150**
Pugh, Gareth, **225**

Q
Quant, Mary, 18
Quesada, Moises, **150**
Quillamor, Myrtle, **249**, **306**, **314**

R
Radke, Scott, **59**
Ráfia, **375**
Rankeillor, Mary-Ellen **66**
Raynus, Helen **183**
referências fotográficas, 58–9, 80, 86, 128–9, 132, **171**, 175, 202, 207
renda, **293**, **340**, 419, 426–9, 430, **435**
Reppe, Shona, **124**
revistas de moda, **12**, 26, 415
Revista *Vogue*, **15**
Rhew, Yong Chu JLyn, **311**
Rittenberry, Rosie, **392**
Roberts, Julian, **250**, **277**
Rodarte, **266**
Rodgers, Kathryn Elyse, 26, **103**
Romer, Dan, **313**, **316**
Rosenfeld, Richard, **18**, **80**, **84**, **178**
rostos; *veja* cabeças e rostos

roupa de banho 58, **69**, 86, 414–15
roupa de dormir, 430
roupa esportiva/casual, **13**, 69, **89**, **91**, **129**, **211**, 234, 279, **289**, 320, 370–1; *veja também* trajes de banho
roupa para grávida, 72–3
roupas de inverno, 370–3; *veja também* casacos
roupas infantis, **13**, 95, **97**, **103**, 276
roupas íntimas, 419, 424, 427, 430–4
roupas unissex, 93, 190, **275**, 293

S
saias, 11, 15, **17**, 18, 23, 25, **244**, 254, 262–3, 271–3, 295–7, 299
Saint Laurent, Yves, 16, 18, 279, 419
Sand, George (Amantine Dupin, baronesa de Dudevant), 293
Sander, Jil, 291
sapatos, 16, 170, 171–3, 184, 339, 340, **342**
Sato, Shingo, 250
Schiaparelli, Elsa, **247**
Sectional System of Gentlemen's Garment Cutting, The (Thornton), **301**
seda e seda dupioni, 325, 336, **349**, **375**
Segunda Guerra Mundial (1939-1945), 15
série Muybridge, 100
Sheehy, Nick ("Showchicken"), **66**
Shima, Kazue, **26**, 70, **89**, **426**
Shin, Boaz, **302**
Shoemaker, Kristin, **189**
silhuetas, 15, 20, 216, **266**
sistema de cor Pantone, 202, 316, **322**
Slimane, Hedi (for Saint Laurent Paris), **290**
Smirnova, Zoya, **151**
Smith, Paul, 291
Spielman, Meghan, **200**, **215**, **234**, **277**
Stavrinos, George, **21**
Stays, Sabia, **204**, **205**, **310**
Strathmore 400 Series (blocos da), **200**
Strimbu, Jessica, **38**
Surrealismo, 13, **20**

T
tafetá, 325, 329, 331, 334, **349**
Tang, Kadence YingYing, **197**, **251**
Tangye, Howard, **175**, **178**, **180**, **183**, **184**, **188**
Taverner, Dylan **69**
tecelagem
representação de tecidos lisos, 351, 353–63
roupas de inverno 370–3
tecido com acabamento em pelugem, 353, 360–3
tecido plano, 353, 354–9
tecido

amostras, 198, 202, 322, 382–3, 394, 404, 408, **412**
de baixo e de cima, 228, 249, 290, 322, 330, 353, 419
direção do fio, 216, 266, 269, 330, 383, **386**
seleção, **73**, **201**, 207, **208** *veja também* malharia; estampas; tecidos transparentes; tecidos brilhantes; tecidos "inteligentes"; tecelagem
tecidos brilhantes, 325, 327
acabamento, 325, 328–38
acessórios, 338, 340–8
drapeado, 325, 328–9, 330
glossário, 349
padrão, 325, 331
textura, 331, 338–9
tecido de lese, **340**, **374**, 419, 422, **435**
tecido para paraquedas, 23, **349**
tecidos texturizados, 325, 339, **349**
tecidos tingidos, 357, 360
tecidos transparentes, 419
acabamento, 419, 420–34
roupas íntimas, 419, 424, 427, 430–4;
veja também renda
técnicas de frotagem, 193, 313, **398**, 422, 423
técnicas de representação e acabamento, 139, **205**, 306–9
acessórios, 340–8, **362**
cor, 306, **307**, **309**, 310, 319–23, 421, 428–9
desenho planificado, **354**, **365**
iridescente, 334
motivos/padrões, **129**, **306**, **307**, **309**, 331, **346**, 376–413
seleção de materiais, **66**, **67**, **133**, 176, **200**, 306–7, 310–18, 336, 382, 395
tecelagem, 351, 353–63
tecidos brancos e pretos, 329, 331
tecidos brilhantes, 325, 328–38
tecidos transparentes, 419, 420–34
técnicas digitais, 193, 306–7, **309**, **372**, 382, 389
textura, **188**, 193, **307**, 313, 331, 338–9, 350–69, **372**, 373, 420
tipos de tecido, 249; *veja também em* técnicas digitais
tecidos "inteligentes", 202, 372, 430
técnicas digitais
acabamento, 193, 306–7, **309**, **372**, 382, 389
desenho, 25, 27, 90, **141**, 148, **149**, 307, **412**
veja também Illustrator;

Photoshop; escaneamento
tecnologia digital, 20, 23, 25, 27, 33, 58, 62 *veja também* técnicas digitais
ternos/paletós 13, 16, 18, 20, 279, **279**, 289; *veja também* casacos; calças
Thanaprasittikul, Seksarit, **73**
This is The Uniform, **299**, **419**
Thornton, J.P., **301**
threeASFOUR, 250
tinta à base de água, 315, 336, **359**, 395
Tisci, Riccardo, **72**, **290**
Traylor, Cheryl, **190**
tule, 420, 422, **435**
Tunstull, Glen, **164**
tweed, 354, 356–7, **374**
uniformes, 12, 16, 279, **290**, 303, 320

U
uniformes, 12, 16, 279, **290**, 303, 320
Uniqlo, 93

V
Van Assche, Kris, 291
veludo, 325, 327, **349**, 360, 363
vestido de noiva, 321, 340, **429**
vestidos, 13, 16, 230–1, **234**, **235**, **240–1**, 254
Vibskov, Henrik, **410**
Victoria's Secret, 430
vinil, 325, 339, **349**, 419
Vionnet, Madeleine, 13, 250
Viramontes, Tony, **23**
Vladov, Lubo, **125**
VPL (Bartlett) 430

W
Wakiyama, Eri, **29**, **61**, **148**, **352**
Watanabe, Junya, **300**, 402
Wegener, Gerda, **12**
Westmark, John, **318**
Westwood, Vivienne, 20, 250, **377**, 402
WGSN, 58, 202
Willcox, Anita Parkhurst, 415
Williams, Briana, **432**
Williams, Jenny, 26, **129**, **378**
Wolford, 430
lãs 249, 354–7, **375**, 396–8, 408–9 *veja também* crepe

X
xadrez, 25, **271**, **287**, **377**, 386, 394, 395, 396, 399, 402–7, **417** *veja também* xadrez escocês
xadrez escocês, 299, 404, **405**, **417** *veja também* xadrez

Y
Yamamoto, Yohji, 291
Yousefzada, Osman, **216**

Z
zíperes, 215, 223, **242**, **243**, **247**, 288

Crédito das imagens

O autor e o editor agradecem às seguintes pessoas e instituições por cederem os direitos de suas imagens para o uso neste livro. Todos os esforços foram feitos para dar os devidos créditos aos detentores do *copyright*. No entanto, caso tenha havido alguma omissão ou erro, o editor se compromete a inserir os agradecimentos apropriados nas edições subsequentes deste livro.

e = à esquerda; d = à direita; c = no centro; a = no alto; ae = no alto, à esquerda; ad = no alto, à direita; b = embaixo; be = embaixo, à esquerda; bd = embaixo, à direita

Capa: © Tina Berning
Contracapa: © Helen Raynus

1: © Laurie Marman
2–3: © Sylvia Kwan
4: © Richard Rosenfeld
5ac: © Eri Wakiyama
5be: Desenho do Steven Broadway
6be: Croquis de Abzal Issa Bekov
6bd: © Lydia Palmiotti
7: © Laura Laine
8–9: © Alfredo Cabrera
11bd: Colgate-Palmolive
13ad, 14, 15be: © Condé Nast Collection
16: © Alvin J. Pimsler
17: Carl Erickson (Eric), ilustrações de moda, Arquivos e Coleção Especial da New School. The New School, Nova York, NY. © Condé Nast Collection
18: © Richard Rosenfeld
19: Cortesia do espólio de Antonio Lopez e Juan Ramos e Galerie Bartsch & Chariau
20: © Barbara Pearlman
21: © George Stavrinos
22: © Albert Elia
23: © Espólio de Tony Viramontes. Imagem cortesia de Dean Rhys Morgan
24: © Alfredo Cabrera
25: Ilustrado e estilizado por Amy Davis
26: © Kazue Shima. Aquarela, lápis, Photoshop, Illustrator (kazueshima.com)
27: © Jonathan Kyle Farmer MA(RCA)
28: © Eri Wakiyama
29: firstVIEW
30: © Pippa McManus
31: © Rebecca Cory Lester
32l: Desenho da estilista de moda & designer têxtil Stefanie Nieuwenhuyse. Desenho de moda com caneta de ponta fina do "21st Century Bodies Project". (behance.net/stefanienieuw)
32c: Lookbook inspirado nos anos 1960 Pré-Outono de 2014 © 2013 por Issa Grimm
32d: © Bijou Karman
37b: © Anna (Hae Won) Lee
38: © Jessica Strimbu
46: Frazer Harrison/Getty Images for Caffe Swimwear
52–53: © Alfredo Cabrera
58: Garota com leque, da série "Psychedelica" © 2006 Andrea Marshall
59ad: Imagem de Kelly de Nooyer, usando elementos de *clip art*
60l: © Eri Wakiyama
60r: © John Bauernfeind
61: © Jiwon Kang
62: Foto: FashionStock.com
65r: Pierre Verdy/AFP/Getty Images
66ad: © Nicky Sheehy (nickysheehy.com)
66be: © Mary-Ellen Rankeillor
66bd: © Kelley Carollo
67ae: © Zirui Huang
67ad: © Lydia Palmiotti
67bd: © Dahae Lee
68: © Nina Donis (ninadonis.com)
69e: Dylan Paul Moran Taverner
69d: firstVIEW
70: © Richard Haines
71e: © Kazue Shima. Aquarela, lápis, Photoshop, Illustrator (kazueshima.com)
71d: © jiiakuann. Referência de imagem: imagem editorial do modelo na revista *Varón* #2011. Modelo usa peça da coleção masculina P/V 2011 de Thom Browne
72e: Alex Mein para Slashstroke magazine
72d: © jiiakuann. Ilustrações editoriais para a revista *FHM China* edição P/V 2014. Stylist Michael Xufu Huang. Riccardo Tisci usa peça da coleção masculina P/V 2014 da Givenchy
73e: Peter Do
73d: Seksarit Thanaprasittikul
78: © Christy Jeehyun Lee
79be: Photo: Peter Clark. Design by Peter Clark
80, 84–85: © Richard Rosenfeld
86: firstVIEW
89: © Kazue Shima. Aquarela, lápis, Photoshop, Illustrator (kazueshima.com)
90a: © jiiakuann. 1. Imagem do modelo Rogier Bosschaart na revista *i-D*, edição de outono de 2011; 2. Imagem editorial do modelo Victor Nylander, edição #5 V/O 2011 da revista *Hero*; 3. & 4. Moda de rua; 4. Modelo inspirado no desfile P/V 2013 da Topman
90b: © Bil Donovan
91: © Daria Lipatova
92e: Ilustrações baseadas nas coleções de alta-costura unissex de Rad Hourani, de #0 a #12. Criações de Rad Hourani. Arte original de Roberto Sánchez em caráter voluntário para um projeto de ilustração sem fins lucrativos
92d, 93e: © John Bauernfeind
93d: © jiiakuann. Imagem inspirada na coleção masculina O/I 2009 de Gareth Pugh
94: Tina Berning, representada por 2agenten.com (Alemanha e Europa), CWC-i.com (América do Norte), Synergyart.co.uk (Reino Unido) e CWCtokyo.com (Ásia)
95: © Imogine Brown. Ilustração inspirada na colaboração hipotética entre Puma & Die Antwoord com Rodger Ballen
97e: Yuki Hatori a/c CWC International, Inc. www.cwc-i.com
97d: Coleção para meninos da Heat P/V 09, 2007. Técnica mista em papel. Cliente: Stylesight (previsão de tendências de moda) illustrationweb.com/sarahbeetson © Sarah Beetson/Stylesight
102: Kathryn Elyse Rodgers
103ae: Scratch my Record, 2005. Técnica mista em papel. illustrationweb.com/sarahbeetson © Sarah Beetson
103ad: © Jonathan Kyle Farmer MA(RCA)
103b: Designer/artista: Joey Casey
107a: Ilustração e acabamento de Katie Davis com Adobe Photoshop
107b: © Ick Jeong Ahn (Ike Ahn)
108–109, 112: © Devon Dagworthy
114: Desenho de Steven Broadway
115: © Alfredo Cabrera, versões de bonecas 2013
119: Mark Grady (Grady Echegaray strangepixels.net)
120e: © Richard Haines
120d, 121l: © Alfredo Cabrera
121d: © Richard Haines
124e: © Marina Bychkova. Edição de imagem de Chad Isley
124d: Cinderella desenhada e confeccionada por Shona Reppe fantoches. Foto: Esther Sundberg
125: © Herakut
128e: © Jenny Williams
128-129b: © @fiongal (fiongal.co.uk)
130: © Tanya Ling 2009. Chanel RTW O/I 2009. Imagem: cortesia da fashionillustrationgallery.com
131: © Yewon Jenny Choi
132: © Julie Johnson (juliejohnsonart.com)
133a: © Fabiola Arias
134ae: Desenho da estilista de moda e designer têxtil Stefanie Nieuwenhuyse. Este desenho é parte de uma série de gravuras. O projeto completo pode ser consultado em behance.net/stefanienieuw
134ad: Desenho da estilista de moda e designer têxtil Stefanie Nieuwenhuyse. Seleção inicial para a coleção sustentável de biomimetismo de 2011. O projeto completo pode ser consultado em behance.net/stefanienieuw
134b: © Angelique Houtkamp
137d: © Artaksiniya. Esboço para o tema do menu comissionado pelo Museu V&A, para a exposição Rules of Adornment (2013)
138ad: Chanel Haute Couture P/V 2013, série In Like a Lion. © Tara Dougans for SHOWstudio.com
139: Yohji Yamamoto Look Outono 2010 © 2014 por Issa Grimm
140: © Laura Marman
141d: © Richard Haines
142: David Bray representado por Private View (pvuk.com)
143ae: © Pippa McManus
143ad: Tina Berning, representada por 2agenten.com (Alemanha e Europa), CWC-i.com (América do Norte), Synergyart.co.uk (Reino Unido) e CWCtokyo.com (Ásia)
145d: © Pippa McManus
147d: © jiiakuann. Referência da imagem reference: Imagem editorial da modelo Kim Noorda da revista *Muse* edição #16
148: Eri Wakiyama
149a: Desenho da estilista de moda e designer têxtil Stefanie Nieuwenhuyse. Projeto Luctor et Emergo para mestrado em moda na Universidade de Kingston. O projeto completo pode ser consultado em behance.net/stefanienieuw
150e, 150c: © Anne-Marie Jones
150d: Thibault Kuhn, ilustração a mão em papel Canson, escaneada e finalizada em Photoshop e Illustrator © Moises Quesada, Estilista de moda/ilustrador - @moises_quesada
151ad: Ilustração de moda por Zoya Smirnov
152ad: © Wyatt Hough
153ae: Ferdinand (ferdinand.nowhasa.com)
154: © jiiakuann. Referência e inspiração: imagem editorial do modelo Joschka Netz, da revista *10 Men* O/I 2007; Coleção Masculina P/V 2010 de Jil Sander
155ad: © Bijou Karman
156e: Dana De Kuyper (damneddollies.com)
156d: © Herakut
158ae: © Marina Bychkova. Edição de imagem de Chad Isley
158bd: © Herakut
159: Cortesia do espólio de Antonio Lopez e Juan Ramos e Galerie Bartsch & Chariau
163b: © Richard Haines
164a: © Glen Tunstull Original na coleção particular de Renaldo Barnette
167d: © Artaksiniya. Desenho da coleção de Alexander McQueen para o projeto SHOWstudio durante A Semana de Moda Masculina de Londres 2014
171ad, 172ae: Design, produção e fotografia © Bryan Oknyansky 2011 (bryanoknyansky.com)
174: © Janae DeLaurentis
175: Mike H. Sleeping © Howard Tangye
176: © Noriko Kituchi
177ad: © Elizabeth Dempsey
177be: © Erika Kobayashi
178tr: George in Jean Paul Gaultier and Levis © Howard Tangye
178be: © Richard Rosenfeld
179d: Sara Harper
180ad: Nathan © Howard Tangye
181b: © Jillian Carrozza
182: © Whitney Newman
183d: © Helen Raynus
183be: Desire © Howard Tangye
184: Emma G. © Howard Tangye
185e: © Sara Harper
185r: © Jesse Lee Burton
186: Alona Koval
187ae: © Jesse Lee Burton
187be: © 2005 Carla Cid de Diego (carlaciddediego.blogspot.com)
187bd: Ilustração de Janelle Burger
188ad: Michele © Howard Tangye
188be: © Olga Baird
188bd: © Juan Mota
189e: © Kristin Shoemaker-Schmidt
189d: Alex Mein for Slashstroke magazine
190ad: © Kerianne E. Meehan
190be: © Cheryl Traylor
192, 193e: © Kerianne E. Meehan
193bd: Prada O/I 2012, Série Thou Supersensual Libertine © Tara Dougans para a revista masculina *commons&sense*, edição número 13 (Japão)
194–195, 196: © Jonathan Kyle Farmer MA(RCA)
197: © Kadence Tang, Ei8ht
198: © Si Yu Duan
199a: © Anna (Hae Won) Lee
199b: Fashion Fruit por Emily Kichler; designer de roupas, joias e acessórios sustentáveis
200ae: © Meghan Spielman
200ad: © Dahae Lee
201ad: © Jasmine Dominguez
201b: © Sylvia Kwan
202-203: © Carmen Gama
204–205: © Sablá Stays
206–207: © Taylor Ormond
208–209: © Leonid Batekhin, Coleção Todos nós viemos de nossa infância, 2015. Técnica mista
210: © Wendy Yen Hua Chen
211: © Elena Oglesby
212–213: © Anne Lau
214: © Meghan Spielman
215: © Bradley Mounce
216: Osman P/V 2009. Photo: Sam Mitchel
217: © Jonathan Kyle Farmer MA(RCA)
219d: imagem da coleção P/V 2015 de palmer//harding. Foto: Christopher Dadey
225e: catwalking.com
233l: © Look 10 Coleção Resort 2015 Maiyet
234–235a: © Zehra Naqvi
234bd: © Meghan Spielman
235d: imagem da coleção P/V 2015 da palmer//harding. Foto: Christopher Dadey
236–237: © Kelly Kuhl
238–247: © Sylvia Kwan
248: © Myrtle Quillamor
249e: Design de Abzal Issa Bekov. Foto: Ryan Teeramate
249d: © Christy Jeehyun Lee
250: Observações de Subtraction Cutting por Julian Roberts, 2014. Foto: Julian Roberts
251a: © Kadence Tang, Ei8ht, Si Yu Duan
251b: © Kadence Tang, Ei8ht
252e: Designer: Anna Johansson. Foto: Jan Berg
256: © Jonathan Kyle Farmer MA(RCA)
259r: © Flo Hughes - University of Westminster Fashion Design graduate. Graduate collection - Wilder
266ac, 266ad: Pixelformula/SIPA/Rex
266be: © Laura Laine
267ad: © Alfredo Cabrera
267d: Frazer Harrison/Getty Images para a Mercedes-Benz Fashion Week
269e: Foto © Christie's Images/Bridgeman Images
269d: © Cleveland Covington
274: © Gabrielle King
275: Pixelformula/SIPA/Rex
276: © Hansol Jung
277ae: © Meghan Spielman
277d: Observações de Subtraction Cutting por Julian Roberts, 2014. Foto: Julian Roberts
278: © John Bauernfeind
279: © Artaksiniya. Ilustração inspirada na última coleção de Marc Jacobs para a Louis Vuitton
280ae: © Ximon Lee. Photo: Shirley Yu
280bd: © Paul Negron
285d: © Nina Donis (ninadonis.com)
289e: © Jonathan Kyle Farmer MA(RCA)
289d: © Nina Donis (ninadonis.com)
290e: Slaven Vlasic/Getty Images
290c: Victor Virgile/Gamma-Rapho via Getty Images
290d: Pixelformula/SIPA/Rex
291: © Peter Do
292ae: © Bradley Mounce
292d: © John Bauernfeind
293ae: © Shuyang Peng
293b: © Mia Grimaldi
294d: © Nina Donis (ninadonis.com)
299e: © Paul Negron
299d: © This is the Uniform. Foto: Beth Alderson
300ac: Tristan Fewings/Getty Images
300ad: Fairchild Photo Service/Condé Nast/Corbis
300b, 301: © Felix Chabluk Smith
302a: © Carmen Gama
302be: Francois Durand/Getty Images
303: © Boaz Shin
304–305: © Rebecca Cory Lester
306be: © Myrtle Quillamor
306d: © Albert Elia
307: © Nina Donis (ninadonis.com)
308: © Shawn Kim
309: © Amy Dee, Ilustrações inspiradas em uma coleção hipotética para Proenza Schouler
310: © Sablá Stays
311a: © Hansol Jung
311b: © J-Lyn Yongchu Rhew
312: © Anna (Hae Won) Lee
313a: © Dan Romer
313b: © Dan Romer (na coleção de Leon Zinder)
314: © Myrtle Quillamor
315: © Allison Mora
316: © Dan Romer
317: © Ruann Ibrahim
318ad: Foto: Peter Clark. Desenho de Peter Clark
318be: Fortress, John Westmark. 122 × 122 cm; moldes de papel e acrílico em tela
321ad: Annabelle Breakey/Getty Images
321b: Foto: Raw Color (rawcolor.nl)
322: As cores Pantone exibidas aqui podem não corresponder exatamente aos padrões identificados da Pantone. Consulte os gráficos de cores atuais da Pantone para obter uma cor precisa. Pantone®, myPantone™ e outras marcas registradas da Pantone são propriedade da Pantone LLC. e só podem ser usadas com autorização por escrito da empresa. Portions © Pantone LLC, 2010
323: Gus Van Sant, Paula Sanz Caballero, lápis e colagem de tecidos feita para NYLON GUYS 2011
324: Hannah Hae In Lee
325: Fairchild Photo Service/Condé Nast/Corbis
326: © Paul Negron
327ad: © Artaksiniya. Esboço para o tema do menu comissionado pelo Museu V&A, para a exposição Rules of Adornment (2013)
339ad: © Pierre-Louis Mascia
340: © Jonathan Kyle Farmer MA(RCA)
341: © Jasmine Dominguez, 2015
342–343: © 2010 Benyam Assefa
344–345: © Imogine Brown. Ilustração inspirada em uma colaboração hipotética entre

Puma e Die Antwoord com Rodger Ballen
346–347: © Flo Hughes - Graduação em moda pela Universidade de Westminster. Ilustração inspirada na Coleção Núcleo da Fendi e nas Kon Bags, P/V 2014
348ae: © Stanley C. Bryant
348ad, 348b: © Gabrielle King
350: © Tiffany Ju
351: © Laura Laine
352ae: © Eri Wakiyama
352d: © Jisun Kim
353a: Design de Abzal Issa Bekov
353b: Desenhos de Abzal Issa Bekov
357ad: © Kelly DeNooyer
358: © Taylor Ormond
359: © Anna (Hae Won) Lee
360e: © Yoyo (Lin) Han
360cd, 360br: © Saga Furs
361, 362bl: Christy Jeehyun Lee
362ad: © Anna (Hae Won) Lee
364–365: © Elizabeth Bastian
366e: © Taylor Ormond
366d: © Niloufar Mozafari
367e: © Iantomo (iantomo.com)
367d: © Taylor Ormond
368: © Jisun Kim
369: Design e ilustração Victoria Cumming
370–371a: © Rachel James
370–371b: © Angela Lee
372: © Rachel James
373: © Zehra Naqvi
376: Chanel Haute Couture P/V 2013, série In Like a Lion. © Tara Dougans para SHOWstudio.com
377: Fairchild Photo Service/ Condé Nast/Corbis
378e: © Jenny Williams
378d: Arte comissionada de Daisy de Villeneuve. Desenho de moda de garota vestindo Jean Muir. Publicado na revista Selvedge, janeiro de 2008
379: © jiiakuann. ilustração editorial para L'Officiel Hommes China, edição de agosto de 2013. Estilista Michael Xufu Huang, editor Lawrence Lau. Modelo veste casaco e sapatos Dolce & Gabbana O/I 13, calças NADZ Studio O/I 13 e camisa Bottega Veneta P/V 13
380: © Nina Donis (ninadonis.com)
382: © Flo Hughes - University of Westminster Fashion Design graduate. Graduate collection - Wilder
383: © Bryan Conway
391ae: Foto: Grace Ndiritu, tirada de um vídeo intitulado "Still Life: Lying Down Textiles", de Grace Ndiritu
391d: © Rachel James
392: © Rosie Rittenberry
393a: © Annie Appleman
393bd: Quadrinhos Little Nemo por Winsor McCay
394: © Nina Donis (ninadonis.com)
395: Min Ae (July) Choi
396d: © jiiakuann. Ilustração editorial para L'Officiel Hommes China, agosto de 2013. Estilista Michael Xufu Huang, Editor Lawrence Lau. Modelo veste casaco E. Tanz O/I 13, short, meia e mala Thom Browne O/I 13, camisa, gravata, lenço e blazer Alexander McQueen P/V 13 e sapatos Valentino O/I 13
397a: © @fiongal (fiongal.co.uk)
399d: Desenho de moda de uma menina vestida com Vivienne Westwood. Publicado

na revista Selvedge, janeiro de 2008
400–401: © Giacomo Meriggi
410e: © Anne-Marie Jones
410d: Julian Parker/UK Press via Getty Images
411: © Christy Jeehyun Lee
412–413: © Jiayu Li
414–415: © Julia Faye Blum
418: © Nina Donis (ninadonis.com)
419ce: Victor Virgile/Gamma-Rapho via Getty Images
419c: © This is the Uniform. Foto: Beth Alderson
419bd: Desenhado por Yen-Chu Chen, na Parsons New School for Design. Professor Sr. Richard Rosenfeld, 2009
420e: Ferdinand (ferdinand. nowhasa.com)
420ad: © Lydia Palmiotti
426ae: © Kazue Shima. Aquarela, lápis, Photoshop, Illustrator (kazueshima.com)
426b: Paletós produzidos por Mal Burkinshaw em colaboração com Sophie Hallette Lace, do Beauty by Design: Fashioning the Renaissance na Scottish National Portrait Gallery. Foto: Stuart Munro
429ad: Enchanted Doll © Marina Bychkova
430: © Barbara Pearlman
431ae: © Taylor Ormond
431ad: © Jung Eun Jennifer Lee
431bd: © Jenny Lim
432: © Briana Williams
433: © Julia Faye Blum
434: © Zehra Naqvi

As imagens seguintes são de © Michele Wesen Bryant:
6ad, 33, 34–35, 36, 37c, 39, 40–41, 42–43, 44–45, 47, 48–49, 50–51, 54–55, 56–57, 59be, 63, 64, 65e, 74–75, 76–77, 79d, 81, 82–83, 87, 88, 96, 98–99, 100–101, 104–105, 106, 110–111, 113, 116–117, 118, 122–123, 126–127,133bc, 133bd, 135, 136, 137e, 138e, 141e, 143b, 144, 145ae, 146, 147be, 149b, 151b, 152b, 153ad, 153b, 155b, 157,160–161, 162, 163a, 164b, 165, 166, 167e, 168–169, 170, 171b, 172ad, 172b, 173, 177bc, 177bd, 179e, 180be, 181a, 191, 200b, 218, 219e, 220–221, 222–223, 224, 225d, 226–227, 228–229, 230–231, 232, 233d, 252d, 253, 254–255, 257, 349, 374–375, 381, 416–417, 435

Desenhos de Michele Wesen Bryant baseados na pesquisa de Colette Wolffe em The Art of Manipulating Fabric:
258, 259e, 260–261, 262–263, 264–265, 267c, 268, 270–271, 272–273, 281, 282–283, 284, 285e, 286–287, 288, 294e, 295, 296–297, 298, 327be, 328–329, 330–331, 332–333, 334–335, 336–337, 338, 339b, 354–355, 356, 357e, 363, 384–385, 386–387, 388–389, 390, 396e, 397be, 398, 399be, 402–403, 404–405, 406–407, 408–409, 421, 422–423, 424–425, 427, 428, 429e

Agradecimentos

Tenho de agradecer a muitas pessoas pelo inabalável apoio durante todo o tempo – muito mais do que qualquer um poderia imaginar – necessário para trazer este livro à luz.

Obrigada à equipe da Laurence King por sua visão coletiva sobre o que um livro de estudos sobre desenho de moda deveria ser: Jo Lightfoot, Angus Hyland, Anne Townley, Gaynor Sermon, Mark Holt, Davina Cheung, Angela Koo, Nicola Hodgson e Sue Farr.

Tive a imensa sorte de ter recebido sugestões construtivas de revisores atentos. Este livro ficou melhor graças a Kristy Buchanan, do Stephens College, Missouri; Gywnneth Carville, do Manchester College, Reino Unido; Cynthia Golembuski, da Drexel University, Filadélfia; Gael Henry, da Northumbria University; Louise Pickles, da Bath Spa University; Andrea Reynders, da School of the Art Institute of Chicago.

Obrigada a todos os artistas que contribuíram tão generosamente com seu trabalho. Não teria sido possível demonstrar a natureza pessoal e diversificada do desenho de moda – a tese deste livro – sem a sua participação.

Agradecimentos especiais a Lee Ripley por ter defendido o projeto logo de início.

Agradecimentos pessoais a meus pais, Elayne e Phillip Wesen, pelo DNA, amor e incentivo para seguir um caminho criativo desde o comecinho da minha vida; a Yayoi Tsuchitani e Piet Halberstadt pelas divinas refeições e especialmente pela atenção dispensada; aos meus colegas Alfredo Cabrera, Karen Dietshe e Lisa Feuerherm pelas conversas que levaram à importante revisão de vários rascunhos.

Agradecimentos infinitos a meu marido, Stan Bryant, por sacrificar quase todo o seu tempo livre durante todo este projeto. Eu não teria conseguido terminar este livro sem seu apoio carinhoso, seu bom humor e sua paciência imensurável.